KB057695

Θάνατος
타나토스 총서
06

죽음 의례와 문화적 기억

θάνατος
타나토스 총서
06

잘 죽기 위해서는 반드시 살아 남은 자들의 도움이 절대적으로 필요하다. 바로 이 지점에서 우리는 '나의 죽음'을 마무리하고 '나의 기억'을 보존하는 타인의 존재에 주목하게 된다. 그리고 '타인의 죽음'을 마무리하고 '타인에 대한 기억'을 보존하고 있는 나의 존재에도 주목하게 된다. 우리가 죽음문화를 이야기하면서 '죽음의례'와 '문화적 기억'에 주목한 것은 이 때문이다.

죽음 의례와 문화적 기억

한림대학교 생사학연구소 엮음

풀어 좋은 모시는사람들

※ 이 저서는 2012년 정부(교육부)의 재원으로 한국연구재단의 지원을 받아 수행된 연구임(NRF-2012S1A6A3A01033504).

서문

많은 사람들이 현재 우리의 죽음문화에 문제가 많다고 이야기하면서 각자의 자리에서 서로 다른 의견을 제시하고 있다. 문제 많은 현상은 참 이야기하기 좋은 대상이다. 우리의 죽음문화는 어떤 비판도 적합성을 지닐 만큼 총체적으로 망가져 있는 것 같다. 정말 칭찬할 만한 좋은 점이 하나도 없는 문화인 것 같다. 그러나 우리가 인간에 대한 최소한의 신뢰성을 지니고 있다면, 우리의 죽음문화 자체를 이렇게 부정해도 되는 것일까? 죽음문화로부터 소외되어 있다는 의식, 이것이 우리가 해결해야 할 가장 큰 문제는 아닐까?

죽음문화의 퇴락 현상에 대한 지적은 이제 누구나 공감하는 상식적인 이야기인 것 같다. 그러나 사람들의 이야기는 무성하지만, 이야기의 축적과 상관없이 죽음문화는 자기만의 속도와 방식으로 짐작하기 어려운 목적지를 향해 나아가고 있는 것처럼 보이기도 한다. 우리는 그 목적지에 대해 물을 필요가 있다. 어쩌면 이것은 문화 자체의 생명력을 긍정하는 일이기도 하다. 왜냐하면 우리의 죽음 이야기 자체가 이미 현대 죽음문화의 산물이거나 그 구성요소일 수밖에 없기 때문이다. 어차피 우리는 죽음문화 안에서 그 속도와 리듬에 따라 이야기하고 있는 것은 아닐까? 그렇다면 현대 죽음문화의 속도와 리듬에 생명을 부여하는 것은 무엇인가?

언제부턴가 한국사회의 죽음문화가 거의 10년 단위로 급변하고 있다는 인상을 지울 길이 없다. 이미 우리는 10년 전처럼 죽지 않고 있으며, 10년 후에는 또 다른 방식으로 죽음을 맞이하고 있을 것이다. 이쯤 되면 문화라는 말은 어울리지 않는다. 오히려 죽음 유행, 죽음 상품, 죽음 정치, 죽음 사업이라는 말이 더 적합한 듯도 하다. 따라서 이러한 시대에 현대의 죽음문화를 정태적이며 구조적으로 서술하는 것은 무의미하거나 불가능한 일인지도 모른다. 그저 죽음문화가 변화하는 속도와 리듬을 세밀히 추적하면서, 그 유행의 양태를 기술하고 그 의미와 영향 관계를 정리하는 것이 우리가할 수 있는 일인지도 모른다. 그러나 이것이 문화의 부재는 아니다.

오히려 죽음문화가 총체적으로 잘못되었거나 아예 없다는 자의식, 나는절대 현재의 죽음문화를 긍정할 수 없다는 자의식, 즉 나는 결코 이런 식으로 죽을 수 없다는 자의식, 또는 다른 방식으로 죽을 때 비로소 우리가 제대로 죽을 수 있을 것만 같다는 허위의식을 면밀히 관찰할 필요가 있다. 죽음문화를 묻기보다 죽음문화를 부정하는 우리를 물어야 하는 것이다.

흔히 우리는 나의 죽음, 너의 죽음, 익명의 죽음 등을 구분하여 서술한다. 그러나 우리는 조금은 다른 접근을 시도할 수 있다. 먼저 우리는 죽지 않고자 하는 희구를 발견한다. 몸의 불멸이다. 이러한 희구가 한풀 꺾이면 죽어도 죽지 않는다는 희구로 변형된다. 정신의 불멸이다. 그러나 다시 이러한희구가 한 번 더 절망을 겪고 나면, 인간은 오로지 다른 인간의 도움을 받아야만 한동안이라도 살아남을 수 있다는 자의식을 갖게 된다. 처음으로 죽음이 나의 문제가 아닌 우리의 문제로 확대되는 계기는 이렇게 해서 만들어진다. 이것을 다른 말로 바꿔 표현해 보자.

우리는 이러한 희구의 삼단계를 '죽고 싶지 않다'에서 '죽어서라도 살고싶다'로, 다시 '잘 죽고 싶다'로 나누어 서술할 수 있다. 죽음문화는 최소한이러한 세 가지 층위로 두껍게 구성된다. 그러므로 우리는 당대의 죽음문화가 이 세 가지 차원을 어떻게 종합하고 있는지를 유념할 필요가 있다. 그런데 이 책에서는 세 번째 층위, 즉 '잘 죽고 싶다'로 표현될 수 있는 차원에 주목하려 한다. 그것은 내가 다른 사람들의 기억 안에서 어떻게 존재할 것인가에 대한 물음이기도 하고, 죽음의 사회적 차원에 대한 물음이기도 하고, 죽은 자와 살아 있는 자의 관계의 문제이기도 하다. 잘 죽기 위해서는 반드시 살아 남은 자들의 도움이 절대적으로 필요하다. 바로 이 지점에서 우리는 '나의 죽음'을 마무리하고 '나의 기억'을 보존하는 타인의 존재에 주목하게 된다. 그리고 '타인의 죽음'을 마무리하고 '타인에 대한 기억'을 보존하고 있는 나의 존재에도 주목하게 된다. 우리가 죽음문화를 이야기하면서 '죽음 의례'와 '문화적 기억'에 주목한 것은 이 때문이다.

이 책은 크게 2부로 구성되어 있다. 제1부에서는 죽음이라는 사건이 벌어진 시점에서 주로 장례를 통해 죽은 자에 대한 물질적 기억이 만들어지는 과정을, 제2부에서는 죽음 이후의 세계에서 비물질적으로 기억이 보전되고 재생산되는 문제를 다룬다.

제1부 '죽음 의례, 기억의 형성'에는 총 다섯 편의 글이 수록되어 있다.

이창익은 「죽음의 연습으로서의 의례」에서 살의 장례식과 뼈의 장례식으로 이루어진 이중장의 사례를 통해, 장례식이 어떻게 인간의 몸으로부터 영혼을 구제하는 장치로 기능했는가를 고찰한다. 이중장은 죽은 자의 개체성을 증발시켜 집합적 영혼을 추출해내는 기술이다. 즉 죽은 자에 대한 개별적인 기억을 삭제하는 이미지 조작을 통해 영혼의 상태를 익명의 집합적 존재로 변형시키는 것이다. 거기에는 상징적인 죽음의 체험이 있다. 장례식이 '죽음의 훈련장'인 것이다. 이것은 의례가 부재하는 현재 우리의 죽음 개념과는 전혀 다른 모습이다.

그런데 한국 문화에서도 이중장의 모습을 확인할 수 있다. 현재는 많이 사라졌으나 남해안 도서지역을 중심으로 일부 남아있는 초분(草墳)이 바로 그것이다. 초분은 망자의 시신을 바로 묻지 않고 육탈될 때까지 기다렸다가 뼈를 깨끗이 씻어 매장하는 풍습이다. 조경만은 「초분과 씻김굿 속의 산 자와 죽은 자」에서 진도의 초분과 씻김굿을 통해 이 의례와 연희를 수행하는 사람들이 개념화한 죽음의 세계를 살펴본다. 초분과 씻김굿은 결국 몸과 장소와 사물을 상징으로 하여 사람들이 추구하는 하나의 문화세계를 보여주는 것이자, 나아가 인간존재와 자연과 사회에 대한 개념들을 재구성한 문화적 드라마라고 할 수 있다.

이웃 일본의 경우에도 오키나와 등지에는 이중장의 하나인 세골장(洗骨葬)의 풍습이 남아 있다. 시신을 매장한 곳에서 뼈만 거두어 개장하는 장법이기에, 사령(死靈)에서 조령(祖靈)으로의 전환을 의미한다는 점에서, 이른바 양묘제(兩墓制)의 원시형태라고 보는 견해도 있다. 양묘제란 한 명의 사자에 대해 사체를 매장하는 무덤과 영혼을 모시는 무덤을 각각 만든다고 하여 붙여진 이름으로, 일본 민속학에서 조령 신앙을 뒷받침하는 고유의 옛 습속으로 한때 강력하게 주장된 바 있다. 배관문은 「두 개의 무덤, 하나의 시신」에서에도 시대 모토오리 노리나가가 유언장에 지시한 두 곳의 묘에 대한 의문을 양묘제와 연결시켜 설명했던 종래의 논의를 비판적으로 검토한다. 국학자로서 그가 구상했던 묘와 장례의 형식이 당시 파격적인 것이었음은 분명하지만, 그것은 그가 세간의 이목을 의식하여 사회적 체면을 유지하는 동시에 자신의 학문적 신념을 지키기 위한 방편이었다고 해석된다.

한편 임현수는 「상여는 망자의 집」에서 한국 전통 상여의 역사적 변천을 추적한다. 남아 있는 문헌자료와 실물 자료를 중심으로, 조선시대 왕실 상여 및 그것을 모델로 한 일반 계층의 상여에 이르기까지 그 변화 과정과 차이점을 상세히 비교 고찰하고 있다. 이 글에는 상여의 변천사를 관통하는 본질적인 물음으로 '상여란 무엇인가'라는 문제의식이 깔려 있다. 즉 전통 사회에서는 상여를 단순히 망자를 장지까지 운반하는 도구적 차원이 아니라 어디까지나 '집' 그 자체로 이해했다는 점에서, 현재 죽음 의례가 제대로 기능하지 못하는 우리에게 시사점을 던지는 것이다.

구미래는 「죽음 의례에서 옷의 상징성」에서 망자의 옷이라는 요소에 주목하여 불교 상례를 재조명한다. 불교 상례에는 시신의 몸을 씻은 후 떠나보내기 위해 입히는 수의(壽衣)뿐만 아니라, 영혼을 대상으로 옷을 갈아입히는 지의(紙衣)에서부터 실제의 한복(韓服)과 관념적인 해탈복(解脫服)에 이르기까지 다양한 유형의 옷이 씻음·태움이라는 의례와 연계되어 등장한다. 화장에서 사십구재에 이르는 일련의 불교의례 체계가 망자의 몸과 영혼을 온전히 저승으로 통합시키기 위한 것이라면, 그 과정에서 옷은 의례의 목적과 사회적 의미를 극대화하여 드러내는 핵심적 상징물인 셈이다.

제2부 '죽음 이후, 기억의 전달'에도 총 다섯 편의 글이 수록되어 있다.

나희라는 「고대 한국인의 저승관과 지옥의 이해」에서 사후세계를 이상향으로서의 타계와 연관 짓는 고대 한반도의 저승 관념에 주목한다. 이러한 타계관은 일반적으로 저승을 어둡고 무섭고 비관적인 지하세계로 상정했던 중국이나 일본과는 다소 다른 측면을 지니기에 흥미롭다. 구체적으로는 사복설화 분석을 통해, 불교설화로 윤색된 이야기 속에 사자들의 지하세계를 연화장 세계로 묘사하는 원초적 이상타계의 흔적을 볼 수 있다고 지적한다. 이로 인해 불교 전래 이후 지옥사상이 수용되었을 때, 한반도에서는 동아시아 다른 지역에 비해 지옥의 심판을 전제로 한 풍부한 인과응보담이 상대적으로 널리 유포되지 않았다고 할 수 있다.

홍태한은 「서울 진오기굿의 죽음과 저승 인식」에서 바리공주 무가를 중심으로, 망자를 저승으로 보내는 과정을 반복적으로 보여주는 저승굿의 의미에 대해 밝힌다. 특히 바리공주를 구송하는 말미거리는 저승굿의 다른 거리와는 달리 망자를 중심에 두기보다, 망자를 저승에서 맞이하는 신격의 입장에서 굿을 진행한다는 점이 특징적이다. 또한 바리공주에서는 수평적 공간 이동이 일어나는데, 무엇보다 서천서역국이 일상세계와 연속되어 있는 점은 한국 무속의 현실 중시 사고관의 반영으로 볼 수 있다. 이와 함께 계속적으로 일어나는 공간의 확장은 그때마다 주어진 문제 해결과 밀접하게 관련되며, 이것은 곧 망자가 가지고 있던 제약을 해소하여 생전의 한을 풀어준다는 의미로 해석할 수 있다.

지영임은 「제주 4·3희생자 위령 의례의 국가화와 그 후」에서 한국 현대사에서 국가 주도의 위령이 어떻게 이루어졌는지를 고찰하기 위해, 4·3사건 관련 위령 의례에서 위령의 대상과 주체의 변화를 검토한다. 4·3사건 발발 직후부터 군경 전사자에 대해서는 국가에 의한 위령제가 성대히 치러졌고, 1966년부터는 국가유공자들을 대상으로 한 불교 위령의례도 지속적으로 행해졌다. 그런데 민주화의 진전과 더불어 2000년의 4·3특별법 제정으로 진상규명이 이루어지면서, 위령 대상은 1만 5천여 명의 4·3사건 희생자로 확대되었으며, 그에 따라 위령 주체는 토벌대에 의해 희생된 유족들이 중심이 되었다. 이는 기존에 위령제의 중심에 있었던 국가유공자 유족들을 비롯한 우익단체의 반발을 초래하여 이들이 더 이상 4·3위령제에 참여하지 않는 계기가 되었다. 이처럼 4·3위령 의례의 변화는 죽은 자의 기억이 산 자들의 정치적 맥락에 의해 어떻게 재구성되는지 보여주는 전형적인 사례에 해당한다.

정효운은 「『삼국사기』에 나타난 고대 한국인의 사생관」에서 한국인의 영혼관과 내세관의 기층에는 무교, 유교, 불교, 도교 등의 다양한 종교사상이 복합적으로 작용하고 있음을 지적한다. 구체적으로는 『삼국사기』에 보이는 '영(靈)', '혼(魂)', '귀(鬼)', '신(神)'의 용례를 분석하여, 오늘날 일반적으로 죽은 자의 영혼을 의미하는 개념들이 각각 다른 말과 합성하여 사용되는 점을 확인한다. 또한 『삼국사기』에 등장하는 '사생(死生)'과 '생사(生死)'라는 용어에 주목하여, 현대 한국에서 주로 생사관이나 생사학이라 일컬어지는 개념들에 대해 그 연원의 일단을 밝히고자 시도한다.

김진영은 「정화, 신성함, 조상의 탄생」에서 힌두교 죽음 의례의 특징을 죽음 이후 사자를 신성화하는 구조로 파악한다. 슈라다제(śrāddha祭)라는 의례를 통해 사자가 조상의 지위를 획득하는 것은 생과 사 중간에 걸쳐 있는 불안정한 존재 쁘레따(preta)의 임계성을 제거하고 안정된 신격으로 탈바꿈하는 것이다. 즉 조상의 신격화 과정의 축약판을 힌두 죽음 의례에서 엿볼 수 있다. 여기에서 의례는 죽음에 대한 외형적인 정화의 기능을 담당할 뿐만 아니라 죽은 자가 산 자와 결탁하여 질적으로 거듭나는 사건으로 정의된다. 한편으로는 종교적 수행자의 경우와 같이 이러한 의례를 행하지 않는 특수한 죽음이 추앙되는 경우도 있어, 의례적 구조를 초월하여 존재하는 죽음의 가치 체계를 역설적으로 보여주기도 한다.

이 책에서 우리는 먼저 시신, 무덤, 유언, 상여, 수의 같은 죽음의 물질적 차원에 주목했다. 기억은 머릿속에 존재하는 무형의 실체가 아니다. 특히 죽음에 대한 기억은 물질적으로 화려하게, 자극적으로, 단단하게 가시화되고 고정될 때만 효과를 자아낼 수 있다. 사라진 것을 기억하려면 가시화 작업이 필요하다. 따라서 우리는 죽음이 어떻게 의례적 차원에서 물질적으로 기억되는지를 먼저 살펴보았다.

그러나 형성된 기억은 항상 보존의 문제에 직면한다. 아무리 물질에 각인하더라도 기억은 사라지기 위해 존재하는 것처럼 연약하고 투명하다. 그러므로 기억을 보존하는 각종 장치가 필요하다. 따라서 우리는 저승관, 진오기굿, 위령제, 영혼, 귀신, 조상이라는 주제를 통해 강력한 비물질적 기억 보존의 장치를 다루었다. 이승과 함께 공존하며 교류하는 저승의 모습, 이승의 삶을 심판하는 저승의 정치학과 윤리학, 비극적인 죽음을 맞이한 채 구천을 떠도는 영혼을 저승에 안착하게 하는 위령제, 조상이라는 상징적인 존재로 의례와 기억의 공간에 거주하는 일의 중요성 등을 살펴보았다.

이 책은 한림대학교 생사학연구소 타나토스 총서로 기획되었다. 연구소 내외의 전문가들이 각각의 분야에서 최근 죽음 의례에 대해 다룬 글들을 모아 엮으면서 죽은 자의 기억을 둘러싼 문제에 접근하는 다양한 방식을 확인할 수 있었다. 특히 이 책의 취지에 공감을 표하면서 기꺼이 옥고를 내어준 필진들에게 감사의 말씀을 전한다. 우리는 원래 떨어져 있던 이 원고들이 함께 모였을 때, 더 잘 기억되고 더 잘 전달될 거라 믿었다. 실제로 이 책을 통해 각 필진의 글이 좋은 기억으로 보존되는 것만이 유일한 보답이라 생각한다. 이 책이 오늘날의 죽음문화를 다른 시각에서 성찰할 수 있는 또 다른 토양이 될 수 있기를 기원해 본다.

2015년 5월
한림대 생사학연구소 총서 편집위원회

제2부   죽음 이후, 기억의 전달 ──────────173

제 **1** 부

죽음 의례,
기억의 형성

죽음의 연습으로서의 의례
─ 이중 장례식의 구조와 의미

/ 이창익

1. 절대의 역사를 쓴다는 것

영화감독인 데이비드 크로넨버그는 어떤 인터뷰에서 클리브 루이스의
『사랑의 알레고리』가 어떤 식으로 자신의 사랑 개념을 바꾸어 놓았는지를
이야기한다.[1] 이 책에서 루이스는 우리가 믿는 사랑, 특히 낭만적인 사랑이
기원 후 1100년 무렵에 프랑스에서 만들어진 '시적 발명품'이었음을 논증한
다. 그러나 지금 우리가 사는 21세기에 대부분의 사람들은 사랑으로 인해
살고 사랑으로 인해 죽으며, 드라마·영화·소설·시에 이르기까지 모든
예술은 연일 사랑의 찬가를 음송한다. 이제 우리에게 사랑은 인간적인 삶에
고유한 '절대적 실재'가 되어 버렸다. 결국 루이스의 작업은 상상적 발명품
이 '절대적 실재'가 되는 역사적 과정을 추적한 것이라 할 만한 것이다.

그렇다면 사랑은 인간의 선험적인 속성이 아니다. 오히려 사랑은 '몸의
욕망'을 '정신의 미학'으로 치환하는 과정에서 생겨난 역사적 산물이다. 굳
이 루이스를 거론하지 않더라도, 20세기에 이루어진 형이상학에 대한 일련
의 반성 작업을 통해서, 우리는 절대성 역시 역사적 산물이라는 것을 알게

되었다. 결국 절대성은 상상력의 노동이 빚어낸 결과물인 것이다. 마찬가지로 종교 역시 어느 순간에 인간에게 뚝 떨어진 계시의 산물이 아니라, 역사 속에서 행해진 집요한 인간 노동의 산물이다. 종교는 '성스러운 노동'의 현장이며, 종교의 제작과 유지에 투여되는 막대한 비용과 노동량을 측정하는 것 역시 종교 연구의 중요한 의제가 된다. 그래서 종교학자 엘리아데(Mircea Eliade) 역시 '상상력'이 '이성'이 되는 과정의 역사, 즉 상상의 산물이 선험적 범주로 고착되는 과정에 이르는 '절대의 역사'를 쓰고자 했다. 다시 말해서 '절대의 상대화'를 통해서 '절대성의 전기'를 작성하고자 했던 것이다.

크로넨버그에 의하면 영화는 카메라의 면도날로 공간들을 잘라 엮어 만든 이야기이다. 그는 카메라의 메스로 근대문화의 비가시적인 영역에서 꿈틀거리는 '사랑의 역사'를 도려낸다. 예컨대, 그는 「플라이」, 「데드 링거스」, 「네이키드 런치」, 「M. 버터플라이」, 「크래쉬」, 「엑시스텐츠」와 같은 영화를 통해서 우리가 믿는 낭만적 사랑의 허구를 해체한다.[2] 그는 생화학이나 물리학과 관계를 맺으면서 진화하는 사랑, 혹은 근대문화의 테크놀로지가 만들어내는 사랑을 이야기하려 한다. 그에 의하면 동성애 역시 근대성의 '사랑 신화'가 낳은 새로운 형태의 사랑이 된다. 어쩌면 우리는 '자연적인 동성애'의 권리 회복 이상으로, 역사에 의해 '만들어지는 동성애'에 주목해야 한다. 물고기가 물이라는 매질을 통해 생식을 하듯이, 인간 역시 이제 시험관과 산부인과라는 매질을 통해 물고기처럼 생식을 한다. 이렇듯 이미 우리의 의학 테크놀로지는 인간 생식의 정의를 바꾸어 놓았으며, 이때 당연히 사랑의 형식 역시 변하게 된다. 나아가 머지않아 우리는 종교나 신조차도 게임이나 영화를 통해서만 학습하게 될지도 모른다. 지금 우리가 믿는 사랑도 사실은 대부분 문화적으로 학습된 것이며, 이제는 사랑이 거의 종교적인 역할까지도 수행하고 있다는 생각마저 든다.

아마 종교사의 관점에서 사랑의 역사를 쓴다면, 우리는 신에 대한 '신비주의적 사랑'이 어떻게 이상적인 연인에 대한 '낭만적 사랑'으로 인간화되었는지를, 그리고 다시 이러한 '낭만적 사랑'이 자본주의적 체제 속에서 어떻게 윤리와 도덕과 법에 의해 보호받으면서 '절대적 사랑'으로 변모하여 가족의 탄생을 주도했는지를 추적해야 할 것이다. 이것은 사랑과 종교의 함수관계를 보여준다. 하지만 여기에 한 가지 더 추가할 것이 있다. 그것은 바로 사랑의 본질을 재정의하는 작업이다. 어떤 형식이든 간에 인간은 끊임없이 '사랑'을, 다시 말해서 다른 존재와의 결합과 융합을 추구한다. 결국 사랑의 역사는 타자와의 만남에 대한 모든 욕망의 역사일지도 모른다. 마찬가지로 우리는 종교의 역사 안에서 '타자 만들기'와 '타자 만나기'를 위한 집요한 실험의 이야기를 읽게 된다. 그렇다면 종교의 역사 안에 사랑의 역사가 포함되어 있는 것은 당연하다. 그 역도 마찬가지다.

크로넨버그는 자동차 사고의 상처, 타투, 신체 절단, 피어싱, 아내 스와핑에 카메라를 들이대면서, 마치 시인 김수영처럼 "욕망이여 입을 열어라 그 속에서 사랑을 발견하겠다."라고 외친다. 중산계층에서 이루어지는 아내 스와핑의 경우에 언론과 대중은 그것을 성적 환희나 성적 탐험 정도로 생각하면서, 그것이 피상적인 욕망이나 성적 광기에 근거한 도덕적 일탈일 뿐이라며 애써 무시하고자 한다. 절대 그것은 사랑이 아니라고 부정하는 것이다. 그러나 스와핑이 사랑을 표현하고 경험하는 새로운 형식을 실험하는 현장이라고 생각하면 어떠할까? 다시 말해서 이미 우리의 섹슈얼리티가 발터 벤야민(Walter Benjamin)이 말한 바 있는 '예외가 규칙이 되는 상황'에 들어서 있다면 어떠할까? 우리의 신경계 속에 녹아들어 있는 낭만적 사랑에 저항하는 새로운 신경망이 우리의 몸속에서 생성되고 있다면 어떠할까? 크로넨버그가 사랑을 가지고 하는 '인지적 실험'은 대략 이러하다.

여전히 사랑은 현대의 인간학을 정의하는 많은 절대성 가운데 하나이다. 그러나 우리는 인간 개념 역시 신과 동물 사이에서 정의되는 '경계선 개념'이라는 것을 알고 있다. 한편으로 인간은 동물이면서 동시에 신적인 존재이지만, 다른 한편으로는 동물도 신도 아닌 존재이기 때문이다.[3] 인간은 자신의 동물성을 부정하면서 끊임없이 신성을 향해 상승하는 존재일 뿐만 아니라, 역으로 신성을 포기하고 철저하게 동물성에 몸을 내맡기는 존재이기도 하다. 그런데 불확실하고 유동적이었던 인간 개념의 경계선이 지금처럼 단단해진 것은 19세기 인문학의 발전 덕분이었다.[4] 실제로 우리의 인간 개념은 인간의 수많은 욕망과 힘과 더불어 상상적 절대성이 교차하는 지점에서 만들어진 결절이다. 그러나 인문학이 만들어낸 많은 허구들은 이미 낡은 실재이다. 그러므로 과거의 인문학이 인간을 이해하는 데 오히려 방해가 되고 있다면, 우리는 인간 개념의 변화에 기초하는 새로운 인간학을 향해 나아가야 할 것이다.

죽음 연구를 위한 글에서 사랑을 이야기한 것도 이 때문이다. 우리는 사랑과 인간에 대한 이러한 관점을 죽음 개념에도 동일하게 적용할 필요가 있을 것이다. 죽음은 어떤 개념보다도 더 절대적인 영향력을 행사하는 개념이자 실재이다. 그러나 우리가 죽음 연구에 뛰어드는 순간 우리는 '죽음 개념'이 곧장 문제가 된다는 것을 알게 된다. 우리가 죽음을 정의하고 이해하며 처리하는 방식은 항상 역사적이며 사회적이며 정치적이다. 우리는 죽음 연구와 죽음 이해가 죽음이라는 생물학적 사실 앞에서 얻어야 하는 위안이나 대범함이나 타협의 문제 이상이라는 것을 지적해야 한다. 죽음은 나의 끝이다. 단지 그뿐이다. 그러나 항상 종교는 죽음을 그 이상이라고 말한다. 종교는 수많은 믿음, 개념, 이미지, 실천으로 죽음을 장식한다. 특히 우리는 종교가 '죽음'을 '재생'으로 전환시키는 메커니즘을 이해할 필요가 있다. 이 글은 그러한 메커니즘을 이해하기 위한 것이며, 아울러 우리의 죽음 개념 역시 '절대의 역사'를 통해 해체되어야 한다는 것을 강조하기 위한 것이다. 이를 위한 단초로서 현재 우리의 죽음 개념과는 전혀 다른 죽음 개념 하나를 상세히 살펴볼 것이다. 우리의 최종 목표는 장례식을 비롯한 의례적 장치들이 어떻게 '죽음의 연습'을 위한 현장으로서 기능하였는지를 이해하는 것이다. 장례식이 본래 죽음을 극단적으로 '가시화' 하여 죽음을 직접적으로 응시하고 넘어서게 하는 장치였다는 것을 염두에 둘 때, 비로소 우리는 현대 사회 안에서 이루어지는 '죽음의 비가시화' 현상이 죽음 개념에 어떤 영향을 주는지를 이해하게 될 것이다.

2. 살의 장례식: 일차 장례식

본래 장례식은 인간의 몸으로부터 영혼을 증류해 내는 기술이다. 그러므로 장례식은 부패하는 신체로부터 영혼을 구제하기 위한 일련의 세밀한 절차들로 구성된다. 특히 여기에서 우리는 단일한 장례식이 몸의 장례식과 영혼의 장례식, 혹은 살의 장례식과 뼈의 장례식으로 이중화되는 사례를 제시함으로써, 장례식이 어떻게 영혼의 추출 장치로 기능했는지를 살펴볼 것이다. 이를 위해서 우리는 죽음과 장례식에 대한 고전적인 연구인 「죽음의 집합 표상 연구를 위한 의견」이라는 로베르 에르츠의 글을 분석의 기반으로 삼고자 한다.[5] 에르츠의 장례식 연구는 '장례식의 원형적 구조'를 찾기 위한 시도이다. 그러므로 '장례식의 원형'과 '장례식의 변종' 사이에 개재하는 변형과 일탈의 정도를 단계화함으로써, 우리는 '장례식의 유형학'뿐만 아니라 '죽음의 유형학'에까지도 이를 수 있는 실마리를 얻을 수 있을 것이다. 이것은 결국 '장례식의 유형학'을 통해서 그에 상응하는 죽음 개념의 변형을 읽어낼 수 있을 것이라는 전망을 가져온다.

우리는 죽음이 무엇인지를 잘 알고 있다고 믿는다. 그러나 우리의 상식이 전제하듯 죽음의 문제가 그렇게 단순하지만은 않다. 왜냐하면 인간에게 죽음은 단순한 생리학적 현상이 아니라, 믿음·정서·의례 등이 결부되는 복잡한 현상이기 때문이다. 보통 죽음과 매장 사이에는 2~3일 정도의 시간 지연이 요구되는데, 이것은 단지 장례식에 필요한 물품을 준비하고 친척과 친구를 불러 모으기 위해 필요한 시간이 아니다. 오히려 장례식은 우발적인 죽음을 그저 수용하는 것이 아니라, 죽음을 통제하고 관리하려는 의도에서 나온 것이다. 장례식은 죽음에 대한 사회적 선언이며, 장례식을 치르지 않은 죽음은 죽음으로 인정받을 수도 없게 된다. 장례식이 완료되기 전에 인간은 아직 죽은 것이 아니라고 말할 수도 있다.

에르츠는 장례식의 구조를 '죽은 자의 몸', '영혼', '생존자'라는 세 가지 범주로 구분하여 서술한다. 에르츠가 분석하는 인도네시아 보르네오의 다약족(Dayak)은 일반적으로 시체를 바로 매장하지 않고 일시적인 거처에 다소 긴 기간 동안 놓아 두었다가 최종 매장의 의식을 행했다. 족장이나 부유한 자의 시신은 죽음 이후에 한동안 그들의 집에 안치했으며, 이후에 관 안에 시신을 넣은 다음에 수지(樹脂)로 관을 봉했다. 그러나 네덜란드의 식민지가 되면서 네덜란드 당국은 위생학적 이유를 내세우면서 시체를 묻지 않는 이러한 관습을 금지했다.[6] 또한 다약족에게는 길쭉한 집 한 채가 하나의 마을 전체를 형성하기도 했기 때문에, 시신을 집 안에 두는 것은 많은 금기를 발생시켜서 살아 있는 자들을 불편하게 하였다. 그래서 근래에는 장기간의 시체 전시가 오히려 예외적 현상이 되었다.

그러나 집 안에 시신을 두는 불편함을 감수할 만한 죽음이 아닌 경우에는, 며칠 동안 시신을 전시한 이후에 작은 나무집이나 지붕이 있는 단 위에 관을 두기도 했다. 좀 더 고대적인 관습으로는 시신을 나무껍질이나 나뭇가지로 감싼 채로 전시하는 경우도 있었다. 그리고 이런 것들이 여의치 않을 경우에는 관을 일시적으로 땅 속에 매장해 두기도 했다. 그러나 어떤 경우나 예외 없이 시신의 일시적인 일차 매장지와 최종적인 이차 매장지의 장소는 달랐다. 그리고 일차 장례식에서 최종 장례식까지 소요되는 기간 역시 천차만별이었다. 최소한 7~8개월에서 1년이 걸리기도 하고, 보통은 대략 2년이나 4~6년 혹은 10년이 걸리기도 했다. 인도네시아 티모르 지역에서는 최종 매장까지 1세기가 걸리기도 했는데, 이때는 아버지에서 아들에게로 최종 장례식의 의무가 상속되었다.

그렇다면 장례식을 이렇게 지연시키는 이유는 무엇일까? 에르츠에 의하면 죽음 이후에 즉각 시체를 매장하지 않는 가장 큰 이유는 시체가 완전히 부패하여 뼈만 남게 될 때까지 기다리기 위한 것이다. 즉 부패하여 습한 시신을 뼈만 남을 때까지 건조시켜야 한다는 것이 매장 지연의 이유인 것이다. 실제로 말레이 반도의 인도네시아인은 시신을 넣고 관을 밀봉한 다음에 부패한 살을 땅으로 흘려 보내거나, 아니면 관의 하단에 구멍을 뚫어 대나무 관을 관통시켜 부패한 액체를 빼내거나, 액체가 담긴 대야를 매일 일정한 의식을 통해 비우거나, 부패한 액체를 몸에 문지르거나, 그러한 액체를 질그릇에 담아 애도 기간 동안 쌀과 섞어 먹는 카니발리즘(cannibalism)의 모습을 보여주기도 했다. 이러한 의식은 모두 일차적으로 '뼈의 건조'를 위한 것이었다. 그리고 관을 밀봉하는 이유는 시체와 그 냄새의 사악한 힘이 생자(生者)에게 영향을 미치는 것을 막기 위한 것이었다.[7] 반대로 시체의 눈을 감기거나 몸의 구멍을 동전이나 구슬로 막는 것 역시 시신에 내재하는 사악한 힘을 막거나, 아니면 시신을 외부의 사악한 힘으로부터 보호하기 위한 것이라고 볼 수 있다.

이러한 일차 매장 동안에 사자(死者)의 영혼은 이승과 저승 사이에서 방황하는 존재로 그려진다. 적어도 이차 매장이 이루어지기 전까지 죽은 자는 완전히 죽은 것으로 간주되지 않으며 하루에 두 번씩 식사가 제공되기도 했다. 또한 이러한 전이의 시기 동안에는 영혼의 존재 역시 이중적으로 그려져서, 이승과 저승 어디에도 아직 깃들이지 못한 주변부의 존재이자 양쪽 세계 모두의 이방인이자 침입자로 생각되었다. 그래서 아직 이차 매장에 도달하지 못한 영혼은 연민과 공포를 동시에 불러일으켰다. 사자의 영혼이 복수를 하는 존재로서, 그리고 생존자들에게 질병을 퍼뜨리는 사악한 존재로서 그려지는 것도 이 때문이었다.[8] 그래서 장례식을 주관하는 사제에게는 '영혼인도자(psychopomp)'이자 '축귀자(exorcizer)'라는 이중적인 임무가 주어졌던 것이다. 영혼과 관련된 장례식의 구조에 대해서 에르츠는 애니미즘(animism)에 입각한 해석을 전개한다. 즉 살아 있는 동안에는 몸 안에 저장되어 있던 '영혼(soul)'이 죽음과 더불어 몸 밖으로 탈출하여 '정령(spirit)'으로서의 독자적인 존재 방식을 획득하는 과정이 바로 죽음 의례의 골격을 형성한다고 생각한 것이다.[9] 에드워드 타일러(Edward B. Tylor)의 애니미즘에 의하면, '영혼'은 개별적인 사물이나 신체에 결부된 존재이지만 '정령'은 개별적인 물질적 기반 없이 독립적으로 존재할 수 있는 정신적 존재이다. 결국 장례식은 신체에서 빠져나온 영혼을 정령으로 변형시켜서 죽은 자의 세계에 온전히 안착하게 만드는 장치인 것이다.

또한 죽음은 전염적이고 오염적인 성격을 띤다. 이러한 오염은 보통 '접촉'과 '유사성'이라는 두 가지 방식에 의해 이루어진다. 즉 사자에게 속했거나 사자나 시체와 접촉했던 모든 것뿐만 아니라, 사자의 이미지와 내밀하게 연관되는 모든 것이 죽음에 의해 오염된 것으로 간주된다. 그리하여 오염된 물건들은 더 이상 세속적인 용도로 사용할 수 없기 때문에, 모두 파괴되거나 사자에게 바쳐지거나 일정한 정화 의례를 통해 오염이 제거된 후에만 사용된다.[10] 사자의 친척 역시 엄격한 금기를 통해 공동체의 다른 사람들로부터 구분된다. 그들은 음식, 옷, 장식, 머리카락 모양 등에서 정상적인 방식과는 다른 방식을 취한다. 낡은 나무껍질 옷, 누더기 옷, 흰색이나 검정색의 단색 옷을 입는 것이 대표적이다. 또한 애도 기간은 친족 관계의 원근에 의해 달라지며, 다른 사람들을 대신하여 단 한 명에게 애도의 금기가 집중되는 경우도 있다.[11] 보통 근친의 애도 기간은 죽음과 이차 장례식 사이의 기간과 일치한다. 그리고 이 기간 동안에는 미망인인 과부나 홀아비는 재혼하지 못한다. 예컨대 이 기간 동안 정절을 지키지 못한 과부는 간통을 저지른 것으로 간주되어 처벌을 받는다. 우리는 여기에서도 이차 장례식까지 죽은 자가 여전히 살아 있는 자로 간주된다는 것을 알 수 있다. 그리고 이러한 사실이 이차 장례식을 앞당기는 중요한 원인으로 작용하기도 했다.

애도 기간이 지나면서 사자의 시체와 영혼의 위험성도 감소해 가며, 이것이 일정한 의례들을 통해 표현된다. 그러므로 일차 장례식과 이차 장례식 사이에서 거행되는 '중간 의례'가 금기를 해제하고 애도를 끝내는 시점으로 간주되기도 했다. 그러나 이것은 일차적으로 생자의 편의를 위한 것이었다.

죽음 이후 49일째 되는 날에 열리는 의례를 통해 애도 금기를 해제하는 경우가 그러하다.[12] 다른 지역에서는 사자의 친척이 수행하는 머리사냥에 의해 애도의 금기를 해제하기도 했다. 다른 사람의 머리를 잘라내는 인간 희생 제의가 장례식을 마무리하는 필수적인 요소로 간주되는 곳에서는, 머리사냥이 이차 장례식을 대체하는 현상이 벌어지기도 했다. 죽임을 통한 죽음의 제거라는 역설적인 현상이 벌어졌던 것이다. 본래적인 관습이 후대에 점차 약화되면서 장례식의 수많은 변종을 낳았던 것이다.[13]

이와 비슷하게 우리는 에스키모인이 시신의 살을 야생동물의 먹이로 준 다음에 뼈만을 수습하여 장례를 치르는 방식을 떠올려 볼 수 있다. 중앙 오스트레일리아 부족은 나뭇가지 위에, 파푸아인이나 반투족 가운데 일부는 생자의 집 안에, 그리고 폴리네시아인과 많은 북아메리카 인디언은 특별하게 만든 단 위에 시신을 전시했으며, 남아메리카 인디언은 일시적인 매장을 시행했다. 그러므로 일차 매장은 세계적으로 상당히 일반적인 현상 가운데 하나라고 할 수 있다. 물론 시체를 방부 처리(embalmment)하여 시체가 부패하거나 해골로 변형되는 현상을 차단하거나, 화장(cremation)을 통한 신속하고 완전한 '시체 파괴'를 통해 자연적인 부패에 선수를 치는 인공적인 방식도 있다.[14] 그러나 에르츠는 방부 처리와 화장을 본래적인 장례식 유형의 변형체로 간주한다. 이집트에서도 '미라 만들기(mummification)'는 원래 땅이나 공기의 건조 작용에 의한 자연적인 결과물이었으며, 인공적인 미라 제작 기술은 단지 후대에 도입되었다.[15] 보통 시체가 겪는 변화 과정은 고통스럽고도 위험한 것으로 생각되기 때문에, 부패 기간을 단축하거나 부패의 강도를 약화시키거나 불길한 영향력을 중화시키는 조치들이 취해진다. 시체에 향기 나는 연고를 발라 연기 나는 불을 쬐게 하는 경우가 그러하다. 이러한 관습이 나중에는 잔가지로 만든 틀로 시체를 훈증하거나 시체를 방부 처리 하는 관습으로 발전했던 것이다. 그러므로 여기에서는 '육탈시켜 뼈만 남기는 자연 건조'로부터 '미라를 만들어 살과 뼈 모두를 건조시키는 방식'으로의 전이라는 차이만이 나타나는 것이다.

이집트에서 방부 처리를 하는 사람들은 70일 동안 시체에 침투하는 부패와 싸워야만 했으며, 마침내 방부 처리가 끝났을 때 비로소 시체를 최종적으로 무덤에 안치할 수 있었고 애도의 기간도 끝이 났다.[16] 초보적인 형태의 미라 제작은 타히티 섬, 사할린의 아이누족(Ainu) 등에서도 보이는 관습이다. 그러나 이때 미라를 만드는 것은 족장이나 사랑하는 아이를 위한 경우에 국한되는 예외적인 의례에 속한다. 오스트레일리아 동남쪽의 쿠르나이족(Kurnai)은 방부 처리의 예비적인 과정으로 내장을 꺼내서 시체의 건조를 가속화시켰다. 반면에 멜라네시아의 섬에서는 시체에 물을 쏟아 부어 부패를 촉진시키기도 했다.[17] 그러나 미라와 마찬가지로 자연건조 후에 남은 건조된 뼈나 부패의 잔류물은 죽은 자의 부패할 수 없는 몸을 의미했다.

화장에는 부패 전에 시체를 화장하는 것과 자연건조 후에 최종 매장을 하기 전에 뼈를 화장하는 경우가 있다. 그러나 부패 전에 화장하는 것이 일반적이다. 화장 역시 연이은 다른 의례들을 필요로 한다. 시체를 불태운 후에 남겨진 뼈와 재는 일정 기간 보관되다가 장례 기념물 안에 저장된다. 그러나 인도에서는 집안 가장의 유골 이외에 나머지는 땅에 매장하거나 강물에 버렸다. 인도에서 화장과 최종 매장 사이의 간격은 고대에는 10일, 오늘날에는 3일이 일반적이다. 다른 한편, 고대 아즈텍족은 화장 후에 사자의 가면, 즉 데스마스크(death mask)를 지닌 조각상 안에 뼈를 4년 동안 봉인했다. 그리고 나서 이차 화장을 한 후에 최종 매장을 했다. 그때서야 비로소 영혼이 죽은 자의 세계에 들어갈 수 있었다. 인도 남부의 토다족(Toda) 역시 시체를 화장한 후에 한 달에서 일 년 정도 외투로 감싸서 유골을 마치 시체처럼 다루다가 이차 화장을 하여 재를 매장했다.[18] 오리건의 톨코틴족(tolkotin)의 경우에는 화장된 뼈를 과부에게 넘겨 주면 대략 3주 동안 과부가 뼈를 지니고 다니다가 최종적으로 장례 기념물 안에 봉인했다.[19] 그러므로 화장은 일차 장례식에, 뼈의 매장은 이차 장례식에 해당된다고 할 수 있다. 과테말라의 퀴세족(Quiché)은 화장과 미라 제작을 결합하는 기묘한 장례 풍습을 가지고 있었다. 그들은 화장 후에 타고 남은 재를 고무로 응고시켜서 조각상을 만들었는데, 이 조각상에는 죽은 자의 특징을 표상하는 가면이 부착되었다.

모든 일차 장례식은 단지 몸을 뼈로 변형시키는 분해 과정만을 의미하는 것이 아니라, 시체를 '새로운 몸'으로 변화시켜서 영혼을 구제하기 위한 것이다. 이때 건조된 뼈는 부서지지 않는 단단한 영혼을 상징하는 물질적 기반이다. 이처럼 죽음은 추상적으로 이해되는 것이 아니라, 신체라는 물질의 변형에 상응하는 영혼의 변형 과정으로 이해된다. 화장 역시 불로써 신속하게 살을 파괴하여 몸을 불변적인 뼈로 탈바꿈시키는 장치이다. 다만 화장이 다른 일차 장례식과 다른 점은 시체 변형의 속도와 방식이다.[20] 불은 생자를 부패의 악한 영향력에서 벗어나게 해 줄 뿐만 아니라, 불로 살을 태워 몸 안의 영혼을 담금질 하는 연금술적 변형 작용을 동시에 수행한다.

더욱 극단적인 살의 제거 방식으로는 엔도카니발리즘(endocannibalism), 즉 '족내 식인 행위'가 있다. 카니발리즘의 한 형태로서 엔도카니발리즘은 특정한 친척들이 사자의 살을 의례적으로 섭취하는 행위를 가리킨다. 이것은 잔인성이나 식욕의 문제가 아니라 사자의 뼈의 정화를 위한 것이다. 이러한 의례를 통해 생자는 사자의 육체 안에 남아 있는 특별한 생명력과 속성을 자기 존재 안으로 통합시킨다. 엔도카니발리즘을 실행하는 부족은 살 속에 존재하는 생명력을 그냥 부패하도록 내버려 둔다면 자기 부족의 힘이 상실될 것이라고 믿는다. 여기에서 우리는 부족의 생명력의 양이 일정하기 때문에, 생자와 사자의 생명력이 제로섬의 관계를 갖는다는 믿음을 만난다.[21] 엔도카니발리즘에 의해 사자는 느리고 불쾌한 부패 과정에서 해방되어 즉시 뼈의 정화를 이루게 된다. 그리고 사자의 살은 생자의 몸을 묘지로 삼게 된다.[22] 오스트레일리아 원주민에 대한 민족지는 유아 살해(infanticide) 이후에 유아의 살을 손위 형제나 손위 자매가 섭취하여 자신을 강화시키는 사례를 보여준다.[23]

마찬가지로 인간 몸의 지방(脂肪)의 주술적인 힘에 대한 광범위한 믿음이 있다. 오스트레일리아 남부의 디에리족(Dieri)은 단지 사자의 지방만을 섭취했으며, 이로 인해 친척들은 평화를 되찾고 슬픔을 덜었다. 기독교로 개종한 어떤 남아메리카 인디언이 기독교식 매장으로 인해 자신의 몸이 친척들이 아니라 벌레들에 의해 먹힐 것이라고 불평했다는 사실은 우리에게 엔도카니발리즘의 의미를 명확히 일깨워준다.[24] 물론 엔도카니발리즘의 경우에도 친척들은 살의 소비 후에 뼈를 모아서 최종 장례식 때까지 보관했다. 혹은 나무껍질로 뼈를 싸서 한동안 노대 위에 보관한 다음, 다시 포장하여 일년이나 그 이상 동안 두 갈래로 나누어진 나무기둥 위에 올려 두었다. 혹은 뼈가 하얗게 될 때까지 나무에 올려 둔 다음에 최종 장례식을 치르기도 했다.

이러한 사실들은 최종 장례식이 변하지 않는 건조된 뼈에 대해서만 수행되었다는 것을 보여준다. 조로아스터교의 『아베스타』에서는 또 다른 방식의 살의 장례식이 보인다. 조로아스터교의 신자에게 시체는 신의 선한 창조물을 오염시킬 수 있는 불결한 대상이다. 부패하는 살에는 악마적인 전염력이 있기 때문에 시체가 땅·물·불 등에 닿지 않도록 하기 위해서, 그들은 시체를 멀리 떨어진 황폐한 고지에 있는, 태양에 노출되어 있고 돌로 둘러싸여 있는 '침묵의 탑'에 버려두었다.[25] 그렇게 함으로써 육식을 하는 개나 새, 독수리, 야생동물이 시체의 살을 뜯어먹게 했다. 일 년 후에 뼈가 노출을 통해 건조되면 이제 시체는 오염 없이 접촉할 수 있는 것으로 여겨졌으며, 비로소 최종 매장지인 납골당에 들어갔다. 그러나 오늘날에는 이차 장례식이 사라지고 없으며 '침묵의 탑'에 있는 중앙 우물 속으로 일 년에 두 차례 건조된 해골이 던져진다. 그러나 9세기까지도 해골은 '침묵의 탑'에서 치워져야 했다. 조로아스터교의 장례식은 살과 뼈에 대한 후대의 신학적 사변의 결과물이다.[26]

어느 지역이든 시체의 상태와 영혼의 상태의 일정한 상응 관계가 보인다. 프랑스령 기아나의 카리브인은 뼈가 노출될 때까지 일시적으로 시체를 구덩이 안에 놓아 두었는데, 이것은 살이 없는 자만이 하늘로 올라갈 수 있다고 믿었기 때문이다. 시체에 살이 붙어 있는 동안 사자의 영혼은 지상에 결박당해 있다는 것이다. 여기에는 희생제의(sacrifice)의 기본적인 논리가 내재되어 있다. 물질적인 대상이나 살아 있는 존재를 이 세상에서 저 세상으로 보내기 위해서는, 혹은 물질로부터 영혼을 해방시키거나 영혼을 창조하기 위해서는, 가시적인 대상이나 존재가 파괴되어야만 한다. 가시적인 존재는 파괴되어야만 다른 세계에서 변형을 통해 재구성될 수 있다.[27] 사자에게 바치는 물건을 불태우는 행위도 같은 맥락에서 이해할 수 있다. 북서 아메리카의 어떤 부족은 시체가 부패하는 동안 '이전에 죽은 자들'의 영혼이 밤마다 찾아와 시체의 살을 땅의 중심에 있는 영혼의 집으로 운반해 간다고 믿었다. 그리고 이러한 운반 과정이 끝날 때 죽은 자가 낡은 몸과 비슷한 새로운 몸을 저승에서 갖게 된다고 생각했다.[28] 저승에서의 '몸의 정신적 복제'뿐만 아니라, 살아 있는 동안 몸과는 독립적인 존재 방식을 갖는 영혼의 존재에 대한 믿음 역시 존재했으며, 이때는 몸을 떠난 영혼이 사체의 부패를 야기한다고 믿어졌다.[29] 이러한 사실들로부터 우리는 근대인이 믿는 몸과 영혼, 혹은 몸과 정신의 이분법이 장례식에 그 기원을 두고 있는 것이라는 가설을 세워볼 수 있다.

멜라네시아 섬들에서는 시체가 부패하는 동안에는 영혼의 힘이 매우 약하지만 부패 과정이 끝나면 그 힘이 강력해지게 되며, 주술적인 힘인 마나(mana)가 풍부한 영혼은 생자의 숭배를 받는 수호령이 된다고 믿었다. 멜라네시아인은 사자의 영혼이 상어나 군함새 같은 다양한 동물들의 몸 안에 거주한다고도 생각했다. 이러한 사례들은 근대인이 생각하는 것처럼 죽음이 순간적이거나 단절적인 사건이 아니라고 이야기한다. 오히려 죽음은 사후 세계에 대한 상상력, 즉 '장례식의 상상력'의 구도 속에서 설명되는 지속적인 선적 과정의 일부일 뿐이다.[30]

마다가스카르의 시하나카족(Sihanaka)은 살과 뼈가 분리될 때 영혼이 극심한 고통을 겪게 되는데, 이 고통을 극복한 영혼은 독립적인 정령이 되고 고통에 굴복한 영혼은 나비의 몸 안에 들어간다고 믿었다. 이때도 역시 영혼의 고통은 몸의 부패와 연결된다. 마다가스카르에서는 살의 부패 과정에서 생겨나는 액체가 영혼의 새로운 육화로서 신화적인 동물을 낳는다는 일반적인 믿음이 존재했다. 이 때문에 그들은 부패한 액체를 질그릇 단지에 받아서 황소 피와 함께 흩뿌렸다. 또한 같은 지역의 베칠레오족(Betsileo)은 사자가 작은 벌레의 형태로 돌아오지 않는 동안에는 유해를 매장하거나 들판에서 일하는 것을 금지했다. 이것들은 모두 사자의 영혼이 새로운 몸에 거주한다는 믿음과 관련된다. 또한 이들은 유명한 사람이 죽고 난 몇 달 후에 무덤가에서 일정한 의식과 함께 뱀을 찾아 마을로 데려왔는데, 이후로 이 뱀은 마을 수호자가 되었다.[31] 이처럼 사자의 몸이 부패를 통해 증발하여 영혼이라는 우월한 존재 양식이 만들어지는 과정은 일종의 '죽음의 승화'를 의미한다.

흔히 부패하는 살은 영혼의 새로운 살로, 뼈는 탈육화된 영혼의 물질적인 기반으로 간주된다. 여기에서 우리는 두 가지 보완적인 관념을 읽게 된다. 첫째, 죽음이 순간적인 사건 행위로 완결되지 않는다는 것이다. 죽음은 부패가 종결되기 전까지 지속되는 과정이다. 둘째, 죽음은 단지 파괴가 아니라 다른 존재로의 전이로 인식된다. 죽음이 진행됨에 따라 동시에 재탄생도 진행된다. 애도 기간 동안 사자가 여전히 생자처럼 취급받는 것이다. 그래서 최종 장례식까지 아내는 재혼을 하지 못하고, 죽은 추장의 계승자가 선포되지 않았던 것이다. 라이베리아의 나이지리아인 부족의 경우에, 왕의 시체는 그의 계승자가 죽을 때에야 매장되었다. 계승자가 통치하는 기간은 죽은 왕의 첫 번째 장례식 기간에 상응하는 것이었으며, 이 기간 동안에는 죽은 왕이 계승자를 보살피고 돕는 것으로 생각되었다. 그러므로 실제로 살아 있는 동안 왕은 죽은 왕의 섭정을 받는다고 할 수 있다. 아프리카의 베닌족(Benin)은 왕이 죽을 때 하인을 같이 묻어서 매장된 하인에게 질문을 던졌다. 하인이 답변하는 한 음식이 제공되고 애도 기간이 지속되었고, 4~5일 후에 하인의 답변이 없을 때 비로소 왕위 계승이 이루어졌다. 또한 궐위 기간은 정치적·도덕적으로 혼란스러운 기간이기 때문에 왕의 죽음이 일정 기간 비밀에 부쳐지기도 했다. 또한 족장이 죽을 때 그의 가족은 식량과 물품을 약탈당하기도 했는데, 이것은 죽은 족장의 속죄의식에 해당된다. 또한 방화·약탈·살인·매춘 등이 공공연히 벌어지기도 했는데, 이러한 아나키 상태는 계승자가 선포되면서 종식되었다.

흔히 시체의 불결은 공포의 대상이다. 그래서 일차 매장지 곁을 지나가는 동물은 오염되었기에 살해되어야 하며 그 고기도 먹을 수가 없다. 심지어 안다만 제도에서는 사자를 매장한 후에 마을을 버리고 최종 장례식까지 일시적인 피난처로 대피하였으며, 버려진 마을에는 나뭇잎으로 금줄이 쳐졌다. 멜라네시아의 다양한 지역에서는 사자의 카누, 나무, 개를 만져서는 안되었다. 그리고 애도의 기간에는 생자와 사자의 연대성이 지속되었으며, 이로 인해 인도네시아뿐만 아니라 오스트레일리아, 뉴기니의 파푸아, 뉴브리튼, 뱅크 제도 등에서도 부패한 시체에서 나온 액체를 과부나 친척이 몸에 바르거나 음식에 섞는 일이 벌어졌다. 이것은 생자가 사자의 현재 상태에 참여하는 행위가 된다. 그리고 이러한 일은 사자에 대한 애정이나 상실감의 표시로 이야기되기도 하지만, 그보다는 이에 응하지 않을 경우에는 사형을 당할 정도로 엄격한 의무 사항이었다. 이때 '썩은 액체 먹기'는 친척들에게 죽음에 대한 면역력이 생기게 할 뿐만 아니라 사자와 소통할 수 있게 하기 때문에, 이로 인해 죽음이 다른 위험을 일으키지 않는다고 믿어졌다. 또한 이것은 시체의 신비한 힘을 흡수하는 행위로도 해석되었다. 어떠하든 간에, 이러한 의식을 행하는 사람들은 죽음과 내밀하면서도 지속적인 관계를 맺었다.

심지어 애도 기간에 있는 유족들은 거의 시체와 구별할 수 없을 정도의 고통 속에 빠져든다. '시체와의 동일시' 혹은 '시체 되기'로 인해서 이들에게 죽음은 결코 타자로 머물지 않는다. 그래서 에르츠는 이들을 '죽음의 사람들'이라고 부른다.[32] 타히티에서 시체 방부 처리를 하는 사람은 자기 손으로 음식을 먹지 않았는데, 왜냐하면 더럽혀진 손에 의해 오염된 음식이 자신의 죽음을 초래할 것을 두려워했기 때문이다.[33] 알래스카의 우날리트족(Unalit)의 경우에 죽음이 발생한 첫날 마을 주민 전체는 자신들을 시체처럼 연약한 존재라고 여겼다. 둘째 날에 그들은 조금 더 단단해졌다고 생각했으며, 셋째 날에는 자신들이 얼어붙은 시체와 같은 단단함에 접근했다고 생각했다. 그리고 오줌 목욕을 통해서 악한 힘으로부터 자신들을 구제하고 자신들의 살을 단단하게 만들었다. 이것 역시 생자와 사자의 대응 관계를 잘 보여준다.[34] 콰키우틀 인디언(Kwakiutl)의 경우에 사자의 가장 가까운 친척은 4일 동안 움직이지 않아야 하고, 12일 동안 걸어서는 안 되었다.[35] 또한 남아메리카 인디언의 경우에 영혼의 지상 체류와 타계 여행의 기간은 4일로 설정되었다. 특히 죽음과 관련하여 4라는 숫자의 탁월성은 두드러진다. 애도의 기간은 40일, 4달, 혹은 4년이 되기도 한다. 고대 프랑스 국왕의 장례식에서는 애도 기간이 40일이었으며, 이 기간 동안에는 사자를 표상하는 초상화에게 음식을 제공했다.

이중 매장 혹은 이중 장례식이 세계의 모든 곳에서 관찰되는 것은 아니다. 그러나 우리는 이중 장례식을 통해서 장례식 일반의 구조를 해명할 수 있는 많은 시사점을 얻게 돈다. 남아메리카의 어떤 인디언 부족의 장례식에서는 시체에 밧줄을 묶어 매장했는데, 이때 밧줄의 한쪽 끝이 무덤의 지표면에 노출되게 했다. 이 밧줄이 닳거나 비로 인해 사라질 때 비로소 사자의 영혼이 지상을 떠나 타계로 간 것으로 생각되었다. 이러한 장례식 역시 이중 장례식과의 연관성을 통해 해석해 볼 수 있다. 많은 장례식을 이중 장례식의 변이형으로 생각해 볼 수 있는 것이다.

이러한 방식으로 에르츠는 세계 각지에서 보이는 이중 매장, 혹은 이중 장례식을 분석한다. 첫 번째 장례식은 개체성의 상징인 살을 부패시켜 제거하며, 이렇게 해서 만들어진 하얀 뼈를 가지고서 두 번째 장례식을 치르게 된다. 첫 번째는 살의 장례식이자 개체성의 장례식이고, 두 번째 장례식은 뼈의 장례식이자, 개체성의 증발을 통해서 얻어진 집합적 영혼의 장례식이다. 흔히 뼈가 '재생'과 '생식력'과 '영혼'의 상징이 되는 것도 이러한 맥락에 서일 것이다. 그러므로 이러한 이중 매장은 죽은 자로부터 개체성을 탈각시켜서 집합적 영혼을 추출하는 기술이라고 할 수 있다. 실제로 이중 매장은 한국 사회에서도 여전히 이루어지고 있는 장례 방식이기도 하다. 이때 개체성, 생식, 살은 모두 개별성의 징표이며, 그래서 죽음의 구성요소가 된다. 그러므로 장례식은 개체성을 지워서 집합성을 창조하는 의례, 즉 시간을 지우고 영원을 창조하는 의례가 되는 것이다.

3. 뼈의 장례식: 이차 장례식

로베르 에르츠에 의하면, 최종적인 장례식을 위한 연회는 매우 성대하고 중요한 의식으로서 보통 며칠 내지 한 달 정도 지속되며, 때로는 혼음난교(orgy)로 타락하기도 한다. 이 큰 연회를 위한 정성스러운 준비 과정과 많은 비용으로 인해서 사자의 가족이 극도의 가난에 빠지기도 했고, 중앙 셀레베스의 토페바토족(Topebato)의 그리 중요하지 않은 연회에서는 물소 80마리, 염소 20마리, 돼지 30마리가 도살될 정도였으며, 페리티비(Pertibi)의 바탁족(Batak)의 추장이 죽었을 때는 물소 200마리가 희생되었다.[36] 이로 인해서 올로웅가주족(Olo Ngaju)의 장례 연회인 '티바(tivah)'에서는 보통 여러 가족이 비용을 분담하면서 여러 명의 사자를 위해서 동시에 연회를 개최했다. 이러한 연회에는 주변의 모든 마을 사람들을 초청했는데, 티바 연회의 경우에는 때로 800~1,000명의 사람들이 참여했다. 또한 다른 곳에서는 연회가 주기적으로 개최되어 그 사이에 죽은 자들을 위해 합동 장례 연회를 열기도 했는데, 중앙 셀레베스의 알푸루족(Alfuru)의 경우에 장례 연회는 3년 주기로 열렸고, 툰다이족(Toundae)의 경우에는 10명이 죽었을 때마다 열렸다.[37] 또한 죽은 자의 유해가 모두 건조될 때까지 최종 장례식을 유보하기도 했는데, 이 원칙이 반드시 지켜지는 것은 아니었다. 그리고 이러한 최종 장례식에서는 사자의 가족이 아니라 사회 전체가 주도적인 역할을 하는 것으로 보인다. 이러한 최종 장례식의 목적은 보통 세 가지로 정리된다. 첫째는 죽은 자의 유해를 매장하는 것이고, 둘째는 영혼의 평화를 보증하고 영혼이 죽은 자의 세계에 들어가게 하는 것이며, 셋째는 생자를 애도의 의무에서 해방시키는 것이다.[38]

동남 보르네오의 다약족의 경우에는 경질재의 높은 나무 기둥 위에 지어진 산동(sandong)이라는 가족 매장지에 사자의 몸을 최종적으로 안치했다. 두 가지 유형의 산동이 있는데, 사자의 건조된 유해를 담은 관들이 안치되는 '산동 라웅(sandong raung)'과, 뼈를 천으로 감싸거나 단지 안에 넣어 보관하는 매우 작은 '산동 툴랑(sandong tulang)'이 있다. 뼈를 화장하기도 했는데, 이 관습은 보통 힌두교의 영향을 받은 것으로 생각된다. 산동 라웅의 경우에는 보통 30구 정도의 유해가 안치되며, 하나가 가득 차면 바로 옆에 또 다른 산동 라웅이 세워진다. 보통 산동은 마을을 보호하는 울타리 안쪽의 집 근처에 세워지며, 때로는 멀리 떨어진 곳에 있는 가족의 땅에 세워진다. 산동 라웅과 산동 툴랑이라는 두 가지 매장 유형은 보다 원시적인 매장 형태에서 파생된 것으로 볼 수 있다. 산동 툴랑은 보르네오 내륙 부족들이 여전히 실천하는 원시적인 매장 형태에서 파생된 것으로 볼 수 있는데, 이들은 속을 파낸 경질재의 나무줄기 안에 사자의 유해를 봉인한다. 산동 라웅은 아마도 말레이 군도에서는 매우 일반적이었던 관습의 변형물인데, 이러한 관습에 따르면 뼈를 포함하는 모든 관들은 최종적으로 바위틈이나 지하 동굴 안에 놓인다. 보르네오와 셀레베스 지역에서는 이슬람교의 도입 이전에 지하 동굴이 주로 매장지로 이용되었다.[39]

그러나 가장 중요한 것은 첫 번째의 일시적인 매장에서는 시신이 홀로 고립되어 있는 데 반해서, 최종 매장에서는 유해가 가족적이거나 집단적인 형태의 묘지에 안장된다는 것이다. 유해의 이러한 이동은 단순히 장소의 변화를 의미하는 것이 아니라 사자의 상태 변화를 의미한다. 즉 사자가 죽음 이후의 고립 상태에서 벗어나서, 이제는 그의 몸과 조상들의 몸을 하나로 재통합하게 되는 것이다. 먼저 사자가 잠정적인 묘지에서 마을에 있는 화려하게 장식된 남성 결사단체의 집이나 장례용 집으로 옮겨진다. 보통은 먼저 주의를 기울여서 뼈들을 세척하는 의식이 행해진다. 만약 육탈이 아직 완전하지 않다면, 뼈에 붙어 있는 살을 제거한 이후에 새로운 포장지로 뼈들을 감싼다. 이것은 물리적으로도 혐오스러울 뿐만 아니라, 초자연적인 위험으로 가득 찬 작업이다. 그리고 나무껍질로 뼈들을 싸거나, 어떤 지역에서는 연회 동안에 나무로 된 가면으로 사자의 머리를 장식하고 나머지 뼈들은 포장지로 싸서 매우 작은 관 안에 둔다. 이런 식으로 사자의 몸을 정화하고 사자에게 새로운 옷을 입힘으로써 불길했던 한 시기의 끝과 찬양되는 새로운 시기의 시작을 알린다. 이제 비로소 사자가 조상들과 한패가 되는 것이다. 격식에 맞는 고별의식과 화려한 지상의 마지막 날들을 거친 후에 사자가 지상을 떠난다. 생자는 사자의 뼈 가까이에 성스러운 단지와 가족의 진귀한 보물들을 전시함으로써 고인을 달래려 한다. 이렇게 전시되는 물건의 영혼이 사자를 따라가서 타계에서의 윤택함을 보증한다고 믿는다.[40]

또한 다약족은 물질적인 영혼이 비물질적인 영혼과 재통합될 수 있도록 시신의 모든 유해를 수집하였는데, 심지어는 생전에 사자의 몸으로부터 분리되었을 머리카락과 손발톱 모두를 유해에 다시 되돌려 달라고 정령들에게 기도를 드리기도 했다. 신화적인 영혼 인도자인 '템폰 텔론(Tempon Telon)'의 아내가 유해에 생명의 물을 뿌린 다음에, 템폰 텔론이 유해로부터 물질적인 영혼을 추출해 내며, 그 다음에 사자의 영혼이 천상으로 안내된다. 영혼에게 일어난다고 생각되는 상상의 사건들과 정확하게 대응하는 일들이 바로 시신에 대해서 행해진다. 이러한 의례의 진짜 목적은 사자의 몸의 진정한 부활이다.[41] 중앙 셀레베스의 알푸루족은 연회에 앞선 달에 사자의 유해를 둘러싸고 춤을 추며, 손님들이 도착하면 여사제들이 포장된 뼈를 팔로 안고 연회의 집 안에서 이틀 내내 노래를 하면서 전시를 했다. 이런 식으로 생자는 최종 이별 이전에 마지막으로 사자에게 생전과 동일한 애정을 보여주었다. 매장지가 멀리 강가에 있다면, 화려하게 장식된 배 안에 시신을 놓고, 여사제들과 친척들은 다른 배를 탔다. 산동에 도착하여 뼈가 그 안에 넣어지면, 여사제는 그 주변에서 춤을 추면서 앞서 죽은 자들이 신입자를 환영해 줄 것을 요구하는 노래를 했다. 사자의 뼈가 산동 안에서 선조들의 뼈와 하나가 된 것처럼 사자가 선조들과의 교류에 들어가도록 했던 것이다. 그제야 생자는 사자에게 빚진 것이 없다는 느낌과 함께 침묵을 깨고 노래하고 술을 마시면서 즐겁게 산동을 떠났다. 이처럼 이차 장례식은 죽음이 지배하는 어두운 시기를 종결하여 새 시기를 여는 것을 의미한다. 이러한 의례 이후에 생자가 뼈에 대해서 느끼는 감정은 이전 시기에 시체들에 대해 느꼈던 감정과 다르다. 물론 그 이후에도 지나치게 가깝게 뼈와 접촉하는 것은 두려운 것이며, 사자와 생자 사이의 적정한 거리를 확보하는 것을 선호한다. 그러나 그 이후에는 혐오와 반감보다는 공경하는 신뢰의 감정이 지배적이다. 또한 불운으로부터 마을을 보호하고 생자의 일을 돕는 유익한 영향력이 뼈로부터 발산된다고 믿는다. 적절한 유골 숭배가 확립됨으로써 최종 장례식의 성격에서 중대한 변화가 일어나는 것이다.[42]

중앙 셀레베스의 알푸루족의 경우에는 뼈를 장식하기 위해서 사용되는 작은 나무껍질 조각들을 보관하여 사자의 보호를 받기 위해서 전장에 나갈 때 지니고 다녔다. 다른 곳에서는 산에 있는 동굴에 유해를 가져다 놓는 임무가 주어진 여자들이 그곳에서 나뭇가지를 가져와서 마을 주민들에게 나뭇잎을 나눠주기도 했다. 동부 셀레베스의 알푸루족의 경우에는 주술적인 효력이 있다고 믿는 뼈를 가족 구성원들이 나누어 갖기도 했다.[43] 추장이나 중요한 인물의 유해일 경우에는 효력을 얻기 위해서 생자의 집 안에 항구적으로 유해를 보관하기도 했다. 말레이 군도에서는 사자의 힘이 응축되어 있는 두개골을 장식하여 집안에 두거나 가까운 곳에 두었다. 다른 뼈들은 집단 납골당에 두었다. 때로는 두개골에 음식을 제공하고 특별한 액체를 바르며, 두개골을 가족의 번영을 보증하는 성스러운 보물처럼 취급했다. 그러므로 사자의 유해가 반드시 공동 무덤 안에서 선조들의 유해와 재통합되는 것은 아니지만, 그렇다고 해서 이차 장례식의 의미가 변하지는 않는다. 숭배되는 조상이자 보호하는 조상으로서 생자의 거주지로 되돌아온 유골은 이미 이차 장례식에 의해 가해진 변화로 인해 숭배의 대상이 된 것이다.[44] 사자의 아들은 불운을 피하기 위해서 사자의 첫 번째 추골 두 개를 지니기도

했다. 또한 유골을 보존하지 않는 부족들조차도 두개골만은 집단 무덤에 두기도 했다.[45]

그러나 생자뿐만 아니라 사자를 위해 유익한 결과를 만들어 내는 이차 장례식은 가장 위험한 죽음의 전염력을 포함하기 때문에 고통스럽고 두려운 것이다. 이차 장례식의 사체 노출은 특별한 예방조치와 정화의식을 요구하는 위험한 작업으로 여겨졌다. 심지어 니아스(Nias) 섬의 남부에서는 폭력적으로 사로잡은 한 개인에게 이차 장례식의 직무를 맡긴 후에, 그의 머리를 잘라 사자의 유해와 함께 두었다는 보고도 있다.[46] 그리하여 자연스러운 발전이나 외부의 영향력에 의해 많은 부족들은 위험하고 번잡한 이차 장례식을 폐지하였다. 그리고 사자를 위한 연회를 앞당겨서 거행함으로써 일차 장례식이 최종 장례식이 되게 하기도 했다. 이차 장례식의 연회는 제때 치르지만, 무덤을 바꾸는 것은 단지 흔적만 남아 있는 경우도 있다. 이슬람교도가 된 중앙 셀레베스의 알푸루족은 더 이상 최종 의식을 위해 무덤에서 시체를 꺼내지 않는다. 그들은 단지 무덤 위의 잡초를 뽑고, 무덤을 덮은 작은 집을 제거하고, 영혼의 여행을 위해 새로운 나무껍질 옷과 식량을 무덤에 둘 뿐이다.[47] 올로웅가주족의 경우에는 때로는 유해의 발굴 없이 정교하게 조각된 대나무를 무덤에 세워 두는데, 이것은 영혼이 죽은 자들의 거주지에 들어갈 수 있다는 신호가 된다.[48] 이런 식으로 이차 장례식의 잔재가 점점 사라질 때, 정화된 뼈를 일시적인 휴식처에서 최종적이고 집단적인 무덤으로 옮긴다는 최종 장례식의 본질적인 목표도 차츰 망각된다.

최종 장례식에서는 사자의 유해에 행해지는 작업에 대응하여 사자의 영혼의 상태를 변경시키는 장례 의례가 수행되었다. 타계에 이르는 길은 온갖 위험이 산재한 위험천만한 길이라서, 보통 영혼은 올로웅가주족의 템폰 텔론 같은 강력한 영혼인도자의 안내와 보호를 받았다. 템폰 텔론의 진짜 이름은 '악어'를 의미하는데, 산동을 장식하는 조각은 보통 악어와 뱀의 문양을 지녔다. 템폰 텔론은 호랑이나 코뿔새로도 표상되었다. 말레이 군도에서 남자와 악어 혹은 호랑이는 밀접한 친족 관계를 형성하고 있었으므로, 죽은 이후에 남자의 영혼이 이러한 동물들의 몸속으로 들어간다는 믿음이 존재했다. 사제와 여사제가 천상의 정령들을 땅으로 초청하면, 정령들은 사자의 영혼들, 장례 연회를 위해 희생된 동물의 영혼들, 연회 때 전시된 보물의 영혼들을 모두 배에 싣는다. 북과 총소리에 맞추어 템폰 텔론이 젓는 배가 빠른 속도로 출발한다. 이러한 상상의 드라마가 절정에 도달하면서 감정은 점점 격렬해진다. 템폰 텔론과 동일시되는 사제가 발작을 일으키면서, 그의 얼굴은 뒤틀리고 입에서는 거품이 나오고 온몸은 땀으로 흥건해진다. 템폰 텔론이 보트를 위협하는 불의 회오리바람과 위험들을 통과한 후에 마침내 죽은 자의 도시에 도착한다. 밝게 빛나는 영혼들이 축하의 춤을 추면서 황금빛으로 번쩍이는 죽은 자의 도시를 본다. 그러나 티바 의식 때까지 시신과 함께 머무르는 뼈의 영혼, 머리카락의 영혼, 손발톱의 영혼이 오랜 마비상태에서 깨어나 천상의 도시에 도착하여 본래적인 영혼에 합류해야만, 영혼의 구원과 해방이 완결된다. 바로 이러한 상상의 드라마에 맞추어 장례식의 의례가 행해지는 것이다.[49]

어떤 이는 이러한 신화적 설명이 사제가 창안한 허구에 불과하다고 말한다. 영혼은 유해에 결부되어 있는 것이기 때문에, 결국 영혼이 도달하는 천상의 집은 집단 무덤인 산동을 의미한다는 것이다. 그러므로 천상의 집 이야기는 뼈에 대해서 수행되는 의례를 신화의 언어로 번역한 것에 불과하다는 것이다. 그러나 조상과의 재통합은, 사체를 집단 무덤 안에 안치하는 행위와, 영혼을 조상들의 집단적인 거주지에 입주하게 하는 행위에 의해서 완결된다. 의례는 신화적 개념을 위한 물질적 기반을 제공하며, 신화적 상상력은 단지 의례가 명시하는 것을 확장하여 완성하기 때문이다.

천상에 올라간 죽은 영혼은 불멸성을 획득하지 않는다.[50] 보통 영혼은 천상에서 3번 내지 7번의 생사를 반복하는데, 중앙 셀레베스의 알푸루족의 경우에 영혼은 각각의 생존 기간 동안 서로 다른 이름을 갖고 새로운 환경 속에 들어간다고 믿어졌다. 니아스의 원주민은 영혼이 연속적으로 9번 죽는다고 믿었는데, 타계에서의 각각의 생명은 지상에서와 같은 수의 기간 동안 지속된다.[51] 천상에서의 죽음을 다 겪고 나면 영혼은 다시 지상으로 내려와서 마을 근처에 있는 버섯이나 열매 속으로 들어간다. 어떤 여자가 이 버섯이나 열매를 먹을 때, 영혼이 여자의 몸속으로 들어가 다시 인간 형태로 태어나는 것이다. 이것을 물소, 사슴, 원숭이 같은 동물이 먹을 때 영혼은 동물 형태로 태어나게 되며, 이 동물을 인간이 잡아먹을 경우에만 다시 인간으로 태어날 수 있다. 그러나 인간이 먹지 않은 채 동물이나 열매가 죽어 없어지면 영혼은 영원히 사라지게 된다.[52] 다약족은 초식동물 안에 인간의 영혼이 있을 수 있기 때문에 기꺼이 이 동물들의 고기를 먹는다고 한다. 그러나 조상들의 영혼이 내재해 있을 수 있기 때문에, 사슴이나 수퇘지나 특정 야자 잎을 다약족이 먹지 않는다는 보고도 있다. 올로웅가주족에 의하면, 물소가 인간과 동일한 조상을 가지고 있기 때문에, 그들은 티바 의식에서 사람 대신에 물소를 희생제물로 삼았다.[53] 발리 섬 주민은 영혼이 천상에서의 존재 이후에 이슬 형태로 땅에 다시 내려와서 동일한 가족의 아이로 환생한다고 믿는다. 격세유전에 의한 가족의 유사성은 이렇게 설명된다.

그러나 많은 민족들은 환생에 대한 믿음을 상실했다. 따라서 영혼은 이슬로 땅에 돌아오거나, 아니면 숲에 사는 이름 없는 식물이나 곤충이 되어 사라진다고 믿어지며, 이와 함께 영혼의 실제적이고 인격적인 존재도 폐기되는 것으로 설명된다. 여기에서 우리는 원시적인 믿음의 피폐화를 보게 된다.[54] 그러나 예외적인 경우를 제외한다면, 영혼은 부단히 죽음과 재생의 순환을 겪게 되며, 조상들과 더불어 하늘에 머무는 것은 단지 지상에서의 두 가지 육화 사건을 분리하는 전이 단계일 뿐이다. 그러므로 죽음이란 개인의 역사 안에서 단지 한 번 일어나는 유일한 사건이 아니다. 죽음이란 부단히 되풀이되는 사건이자, 한 가지 존재 형태에서 다른 존재 형태로의 이행을 표시하는 사건이다. 그러므로 최종 장례식으로 인해 사자의 친척들이 영혼에 대한 마지막 의무를 벗어 버리는 순간, 영혼도 친척들을 떠나게 된다. 장례 연회 이후에 다약족은 사자를 잊어 버리며, 사자의 유령도 생자를 잊어버린다. 물론 생자의 공동체와 사자의 공동체 사이에 존재하는 정기적인 관계가 있다. 생자는 사자에게 희생제의를 올리고 사자는 추수와 같은 지상적인 일의 성공을 보증한다. 또한 성화된 물체나 사자를 본 딴 작은 조각상 안에 거주하는 것으로 여겨진 사자의 영혼이 숭배되기도 했다. 이처럼 이차 장례식을 통해 조상들의 영혼에 통합된 사자의 영혼에게는 수호신의 성격이 부과되기도 했다.[55]

로티(Roti) 섬에서는 영혼이 사자의 세계로 가는 날에 특수한 방식으로 야자수 잎을 잘라서 거기에 희생 동물의 피를 흩뿌렸다. '마이크(maik)'라고 불리는 이 잎에는 사자의 이름이 부여되며, 이전에 죽은 다른 이들을 표상하는 동일한 잎들에 덧붙여져서 지붕 아래에 매달렸다. 이러한 의식을 통해 사자는 죽음을 공인받았다. 낡거나 벌레를 먹어 마이크가 사라지더라도 새로운 마이크를 만들지 않았다. 이로 인해서 정령들은 마이크가 있어서 집안에서 희생제의를 받는 정령들과, 마이크가 없어서 집 밖에서 희생제의가 드려지고 더 이상 생자가 이름을 기억하지 못하는 정령들로 나누어졌다. 그러므로 가정의 숭배는 가까운 조상들에 관련된 것이고, 나머지 영혼들은 일정한 시간 이후에 마을의 집단적인 영혼들 안에 통합되어 개별성을 상실했다. 니아스 섬 북쪽에서는 죽자마자 타계로 가는 '그림자-영혼(shadow-soul)'과 20일 내지 30일 이후에 거미로 변신하는 '심장-영혼(heart-soul)'이 있다고 믿었다. 친척들은 무덤 위에서 거미를 찾아내서 가족의 집으로 데려오며, 거미는 조상들의 이미지에 덧붙여진 작은 조각상 안에서 살게 된다. 이러한 의식들은 모두 이차 장례식이 사라지면서, 최종적인 장례 연회에서처럼 영혼을 추출하기 위해 고안된 의식들이라고 할 수 있다. 마이크나 조각상은 위에서 살펴본 바 있는 사자의 두개골 숭배를 대체하는 것으로 간주될 수 있다. 티모르 라우트(Timor Raut) 섬들에서는 두개골에서 조각상으로 이행하는 과도기적 형태가 보인다. 여기에서는 사자의 머리가 집안에 보관될 뿐만 아니라, 사자를 표상하는 조각상도 만들어졌다. 영혼이 항구적으로 두개골이나 조각상 둘 중 하나에 거주하는 것이 아니라, 초혼(招魂) 때마다 두 곳 가운데 하나를 선택하는데, 특히 파리가 앉는 곳이 영혼이 선택하는 장소가 되었다.[56]

마지막으로 장례연회는 친척들을 죽음의 애도에서 해방시키는 기능을 수행한다. 올로웅가주족의 티바 의식에서 '티바(tivah)'라는 말은 '자유롭다, 금지에서 해방되다'를 의미한다. 티바의 첫 날에는, 여자들만 참여하는 연회 후에 여자들 가운데 한 명이 사자들의 영혼들을 위해서 7개의 작은 쌀 꾸러미를 준비하고, 악령을 위해서도 7개를 준비한다. 이러한 공물은 생자와 사자가 분리될 시간이 다가왔음을 알리는 첫 번째 신호이다. 여사제들은 주문을 외면서 앞치마 안에 생자의 영혼들을 담아 마치 어린아이처럼 운반한다. 장례식에는 생자의 영혼을 천상으로 끌어당기는 매혹이 존재한다. 그러므로 천상까지 사자를 따라갔던 친척들의 영혼들이 천상에 머무르게 하지 않으려면, 이름을 불러 그들을 지상으로 되돌려 놓아야만 한다. 여사제들은 가장 강력한 정령을 불러내서, '생명을 단축시키는 돌'을 꺼내기 위해서 생자의 몸을 압착하여 죽음의 기운을 내쫓는다. 이것은 생자에게서 장례식의 오염을 제거하는 치유 의례의 성격을 띤다. 또한 영혼 인도자인 템폰 텔론은 생자를 재생시키고 부활의 물을 생자의 몸에 뿌려 장수를 보증한다. 또한 템폰 텔론은 강력한 마력으로 생자의 부, 교역의 성공, 영광을 보증한다. 사악한 힘은 제거하고 유익한 힘은 끌어오는 것이다. 나쁜 것을 축출하기 위해서 집과 가구를 박박 문지르고 때려서 정화하기도 한다.[57] 사자의 유해에서 영혼을 추출하여 다른 차원의 삶으로 부활시켰던 작용이 이제는 생자에게도 적용되는 것이다. 천상의 정령을 대신하여 주로 여사제들이 이러한 의례를 수행한다. 말과 행동에 의한 이러한 의례에 의해서 생자는 깊은 변화를 겪게 되며, 새로운 생명력과 사회적 힘을 얻어 정상적인 삶으로 복귀한다. 이런 식으로 생자에게 장례식은 항상 '죽음의 연습'이 되는 것이다.[58]

가장 확실하게 불순함을 제거하기 위해서 다약족과 대부분의 인도네시아인은 인간의 머리를 잘라 희생제의를 올리고 머리를 따로 보관했다. 이전에 미리 주술로 영혼을 제거했던 죄수나 노예를 희생제의 기둥에 묶고, 사자의 남성 친척들이 그 주위에서 춤을 추면서 창으로 가격을 한다. 고통의 비명은 환희를 불러일으키는데, 고문이 잔인할수록 사자의 영혼이 행복해진다고 믿어진다. 마침내 제물이 쓰러지면 머리를 잘라서 사자의 뼈와 함께 놓아두거나 산둥 근처에 세운 기둥 꼭대기에 매달아 놓는다. 여사제는 제물의 피를 받아서 생자에게 뿌리는데, 이것은 생자와 사자의 화해를 의미할 뿐만 아니라 터부가 제거되었음을 알리는 기능을 한다. 니아스 남부에서는 인간 제물이 시체를 향해 그의 마지막 숨을 내뿜게 했는데, 이로부터 우리는 제물의 피 역시 사자를 부활시키는 상징적 기능을 수행했다는 것을 알 수 있다. 또한 살아 있는 죄수나 노예가 없을 때는, 머리사냥을 통해 사람을 살해하여 그 머리를 가지고 희생제의를 흉내 냈다. 그러므로 흔히 인도네시아 장례식의 일부로 생각되는 머리사냥은 진정한 인간 희생제의의 대체물이거나 단순화에 불과한 것이라고 할 수 있다.[59]

종교 의례는 의례 동안에 참여자가 획득한 위험한 힘을 정화한 후에 다시 그를 세속적인 세계로 되돌려 보내는 과정을 포함한다. 장례 연회 동안에 생자는 죽음의 왕국과 접촉하게 되는데, 이것을 정화하기 위해서 사자의 친척이나 장례 참여자는 때로는 희생된 동물의 피가 뿌려진 강물에서 목욕을 한다. 그리고 그들이 강둑까지 헤엄치는 동안에 여사제가 배로 그들을 따르면서 불타는 횃불과 성스러운 빗자루로 사악한 기운을 쓸어낸다. 이러한 과정이 끝나야만 생자는 죽음의 전염을 모두 털어낼 수 있다. 장례식은 사자를 조상의 세계로 통합시킬 뿐만 아니라, 사자의 친척들을 다시 생자의 공동체에 재통합시킨다. 이것은 생자와 사자라는 서로 다른 범주의 사람들에게 적용되는 동일한 종류의 해방 행위가 된다.[60]

로베르 에르츠는 토테미즘이 존재하는 오스트레일리아 원주민의 장례식을 분석하면서, 신화적인 꿈의 시간에 인간이나 동물의 형상을 한 토템 조상들이 사라지면서 남긴 영혼들이, 바위나 나무 등에 다수의 '영혼의 식민지'를 건설했다고 말한다.[61] 그리고 이러한 영혼들이 지속적으로 환생을 반복하면서 인간 집단을 구성한다. 또한 각각의 인간은 보통 토템 조상의 이름을 소유하게 된다. 예컨대 빈빈가족(Binbinga)의 경우에는 죽음 후에 대략 일 년이 지나면 이차 장례식을 거행하는데, 이때 사자의 토템이 그려져 있는 속이 빈 나무줄기 안에 뼈들을 넣어서, 이 관을 연못 위에 매달린 나뭇가지들 위에 놓아 둔다. 이와 달리 와라문가족(Warramunga)은 모든 뼈가 아니라 팔에서 취해진 요골(橈骨)만을 가지고 최종 장례식을 거행한다. 그리고 요골을 도끼로 내리쳐서 조각들로 깨부순 다음에 작은 무덤 안에 놓고 나서 평평한 돌로 무덤을 봉한다. 이로써 애도의 시간이 끝나고 사자는 그의 토템과 다시 하나가 된다. 그러므로 죽음은 무화(無化)의 사건이 아니라 지속적인 환생의 한 과정으로 이해된다. 그러나 어떤 토템 조상이 동물 형태를 취하고 있을지라도, 사자가 동물로 변형되는 경우는 없다. 죽음이 토템과 영혼을 하나로 만들지만, 영혼은 언젠가 여자의 몸 안으로 들어가서 다시 인간으로 살아간다. 그러나 보통 뼈가 먼지가 되거나, 빗방울이 뼈를 씻어 정화한 후에만 영혼의 환생이 이루어진다. 우리는 여기에서도 뼈의 상태와 영혼의 상태의 연관성을 보게 된다. 그러므로 오스트레일리아에서도 뼈의 장례식은 영혼을 추출하여 공동체를 위해 영혼을 보존하기 위한 기술이 된다.[62]

인도네시아의 다약족과 오스트레일리아 원주민의 이차 장례식은 모두 애도의 끝을 알리고 영혼을 조상들의 세계로 보내기 위한 것이며, 양쪽 모두 죽음 이후의 영혼 상태가 영원히 지속된다고 믿지 않는다. 다만 인도네시아에서보다는 오스트레일리아에서 훨씬 더 환생의 개념이 강력한 것으로 남아 있다. 다시 말해서 오스트레일리아에서는 죽은 자의 사회가 훨씬 더 적은 자율성과 안정성을 지니고 있으며, 이로 인해서 영혼은 부족 영토의 특정한 중심지들 이곳저곳에 흩뿌려진다. 그러므로 오스트레일리아에서는 뼈들의 집단 매장이 이루어지지 않는 것이다. 아룬타족(Arunta)의 경우에는 조상들의 영혼의 생존은 토템적인 표지가 새겨진 '추링가(churinga)'라고 불리는 성스러운 사물의 보존과 연결된다. 추링가는 토템 조상이 사라지면서 '육체가 없는 영혼'의 집으로 사용되도록 남겨 놓은 것이다. 오스트레일리아 북쪽 지역에서는 의례적으로 장식된 뼈가 추링가를 대신하여 정령의 몸의 역할을 한다. 그래서 와라문가족의 최종 장례식은 토템적인 장소에 요골을 두는 것으로 마무리된다. 카니발리즘을 실행하는 루리차족(Luritcha)은 살해된 희생자의 뼈를 파괴하여 환생을 막음으로써 죽은 자의 복수를 근절하기도 했다.[63]

대부분의 지역에서는 같은 살과 같은 뼈를 가진 자들은 재결합해야 한다고 생각했기 때문에, 친족의 뼈와 이방인의 뼈가 뒤섞이는 것을 신성모독으로 생각했다. 타지에서 사망하여 영원히 친족으로부터 분리되는 것을 개인에게 닥친 가장 큰 재난으로 생각했던 것도, 모국으로 뼈를 가져와서 선조들의 뼈와 하나가 되게 하는 것도 모두 같은 생각에서 비롯한 것이다. 아메리카 인디언은 사냥에서 살해된 동물의 뼈를 모아두었는데, 이것은 뼈가 동물의 영혼을 담고 있어서 뼈를 모아두면 언젠가 동물이 다시 살을 입고 대초원에 환생할 것이라고 믿었기 때문이다. 인간의 뼈 역시 미래 존재의 싹으로 생각되었으며, 따라서 납골당은 조상들의 거주지일 뿐만 아니라, 후손들을 낳는 영혼의 저장소였던 것이다. 그러므로 아메리카 인디언의 집단적인 이차 장례식인 '영혼의 축제'에서처럼, 최종 장례식을 통해서 죽은 자의 사회를 확립한다는 것은 결국 동시에 생자의 사회를 주기적으로 갱신한다는 것을 의미했다.[64]

또한 사자의 뼈는 성스러울 뿐만 아니라 주술적인 힘을 지닌 것으로 여겨졌다. 그러므로 뼈의 파괴에 대한 두려움과 뼈의 유익한 힘을 전유하려는 욕망에서, 뼈를 가족의 집으로 다시 가져오거나, 뼈를 착용하도록 친척들에게 나눠주기도 했다. 안다만 제도에서는 장신구가 아니라 사악한 정령에 대한 방어막으로서 인간의 뼈로 된 목걸이를 착용한 성인을 쉽게 볼 수 있었다. 다양한 남아메리카 부족들의 경우에는 최종 장례식에서 뼈를 화장하거나 분말로 만들어서 몸에 문질러 바르거나 음료에 타서 삼켰다. 그래서 어떤 인디언들은 뼈에 영혼이 거주한다고 믿기 때문에 뼈를 먹어 죽은 자를 그들 몸 안에서 부활시키고자 한다고 말하는 것이다. 이차 장례식은 항상 뼈에 작용을 가하여 죽음으로부터 영혼을 구제하기 위한 것이다. 에스키모의 경우에는 아이가 태어나면 마을에서 가장 최근에 죽은 사람의 이름이나 멀리에서 죽은 친척의 이름을 아이에게 붙인다. 그리고 이러한 이름 전달의 의식은 아이의 몸으로 죽은 자를 부활시키는 결과를 가져온다. 그러므로 새로 태어난 아이는 같은 이름을 소유했던 죽은 자의 살아 있는 육화가 된다. 아이는 죽은 자의 재능을 물려받는 것으로 생각되며, 죽은 자를 위한 연회에서 그를 표상한다. 한두 살 난 아이가 아프면, 가족은 어떤 영혼이 아이에게 해를 끼치고 있는지를 알아내기 위해서 점쟁이에게 간다. 그리고 죽은 자의 이름을 아픈 아이에게 붙여서 죽은 자의 '이름-영혼'에게 다시 생명을 준다. 그러므로 '이름의 부활'은 일종의 이차 장례식의 기능을 수행한다. 이름의 부활은 영혼을 새로운 생명으로 구제하는 것이기 때문이다. 어떤 인디언 부족의 경우에는 죽은 추장이나 저명인사의 이름이 새로운 추장이나 저명인사에게 전달되는데, 이것으로 인해 죽은 자가 부활하게 된다.[66]

물론 지금까지 이야기한 이차 매장은 오늘날 뚜렷한 퇴행 현상을 겪고 있다. 그러나 우리는 일정 시간이 지나면 석관을 열어서 식사를 제공한 연후에 영원히 무덤을 닫는 의식이나, 무덤을 밟는 의식이나, 장례 기념물을 세워 무덤을 봉인하는 의식 안에서 여전히 이차 장례식의 흔적을 볼 수 있다. 죽은 지 일 년이 지난 후에야 묘비를 세우는 유대인의 관습도 그러한 흔적이라고 할 수 있다. 장례식은 몸과 영혼의 밀접한 연관성을 보여준다. 현재 우리의 경우처럼 죽은 후에 곧장 최종 장례식을 치를 경우에, 장례식은 생자가 사자의 현재 상태에 참여하여 그의 영혼을 구원하는 과정을 담지 못하며, 그저 의무적인 슬픔을 나타내는 현장으로 전락한다. 또한 이차 장례식의 소멸로 인해서 우리는 장례식 이후에도 계속해서 사자의 영혼의 구원에 관심을 기울일 수밖에 없게 된다. 이제 이차 장례식은 대개 제사나 기념일로 남아 있다. 그러나 이것들 또한 이제는 사자의 죽음을 기념한다는 의미만을 지닐 뿐이다.[67]

죽음은 극단적인 분노와 절망을 야기한다. 그래서 와라문가족은 죽은 사람 위에 몸을 내던져 비명을 지르면서 자신의 신체를 훼손하기도 했다. 이처럼 인간은 어떤 형태로도 온전히 죽음을 인정할 수 없다. 그래서 모든 종교에서는 항상 죽음과 부활의 관념이 연계되어 있다.[68] 원시부족에게 죽음이 항상 입문 의식의 의미를 갖는 것도 이 때문이다. 그리고 종교적 진화에 의해서 종교가 다른 사회적 영역으로부터 분화될수록, 죽음 이후의 세계는 자율적인 영역으로 특화되어 '천국화'되거나 '지옥화'되고, 몸을 지닌 지상의 존재는 그저 영혼에게 닥친 육화의 재난으로 간주된다. 우리는 장례식의 구조 변화를 통해서 이러한 변이 과정을 추적할 수 있다. 장례식은 죽음을 물질적으로 처리하기 위한 장치이며, 모든 죽음의 관념과 신화는 이러한 물질적 사건에서 파생되고 확장된다. 따라서 장례식의 형태론과 통사론적 구조에 관심을 기울일 때에야 비로소 우리는 죽음의 역사에 대해서 많은 것을 알 수 있게 된다.

죽음이 가시적인 세계에서 비가시적인 세계로의 이행으로 이해되는 것처럼, 소년을 여자들의 공동체에서 분리시켜 성인 남성사회에 합류시키는 장치인 성인식도 죽음과 부활의 상징에 의해 지배된다.[69] 성인식은 어린아이를 죽여서 어른으로 부활시키는 장치, 즉 죽음을 이겨낼 수 있는 영혼을 지닌 인간을 만드는 장치이다. 그러므로 성인식은 장례식과 유사한 구조로 이루어진다.[70] 마찬가지로 결혼식은 여자를 그의 가족이나 씨족에서 분리시켜 남편의 가족이나 씨족으로 입문시킬 뿐만 아니라, 여자를 소녀에서 여성으로 변모시키는 장치이다. 또한 출생 의례는 장례 의식이 역전된 구조를 취하는데, 즉 이때 영혼은 비가시적인 세계에서 가시적인 세계로 이동하여 새로운 존재로 부활하는 것으로 이해된다. 현재 우리 사회에서 개인의 삶은 출생에서 죽음까지 대략 동일한 방식으로 진행된다. 그리고 하나의 이야기로 일관성 있게 유지되는 개인의 삶과 아이덴티티가 강조된다. 그러나 덜 진보된 사회에서 개인의 삶은 이질적이고 분리된 국면들의 연속으로 정의되며, 한 국면에서의 죽음을 통해 다른 국면에서의 생명을 획득하는 형태로 구성된다. 즉 이때는 삶 자체가 끊임없는 '죽음의 연습'이 되는 것이다. 그러므로 이러한 사회에서 장례식의 죽음은 일반적인 현상의 특수한 사례에 불과한 것이 된다.[71]

입문 의식은 생물학적 존재를 폐기하여 인간을 정신적인 존재로 거듭나게 하기 위한 장이었다. 그리고 입문 의식뿐만 아니라 대부분의 종교 의례는 생물학과 벌이는 전투의 현장이었다. 의례의 목적은 인간을 몸을 넘어서는 새로운 존재 방식, 즉 정신적인 존재로 다시 태어나게 하기 위한 목적을 갖는다. 다시 말해서 입문의식을 비롯한 종교 의례는 '정신의 발견'을 도모하기 위한 수단이었다. 의례를 통해서 상징적으로 죽음과 부활을 체험함으로써 몸과 분리된 자율적인 정신세계를 경험했던 것이다. 물론 근대인은 의례가 아니라 학교 교육을 통해 정신을 발견하고 강화시킨다. 그러나 여기에서 빠진 것은 바로 상징적인 죽음의 체험이다. 그러므로 현재 우리 세계가 죽음을 전적인 타자로서만 만나고 있다면 우리는 그 이유를 바로 의례의 쇠퇴에서 찾아볼 수도 있다. 의례의 부재, 즉 죽음 교육의 부재가 죽음의 공포를 낳는 주요한 원인일 수 있는 것이다.

신체적인 죽음만으로는 사람들의 마음속에서 죽음이 완결되지 않는다. 사자의 이미지는 이 세계의 사물들의 체계의 일부분이기 때문에, 단지 점진적인 일련의 이별 과정을 통해서만 그 이미지가 제거된다. 죽은 자는 이미 우리 본질의 일부분이었기 때문에 하루아침에 그를 제거한다는 것은 불가능하다. 죽음이라는 사실에도 불구하고 기억, 이미지, 욕망, 희망의 홍수가 생자를 습격하기 때문이다. 그러므로 죽은 자에 대한 심리학적 표상이 최종적으로 안정화되는 상태를 확보하지 못하는 이상, 죽음이 자아내는 고통은 끝나지 않는다.[72] 그래서 죽음을 유발한 가상적인 존재에게 피의 복수를 수행하여 또 다른 죽음으로 죽음을 지우기도 하는 것이다.[73] 친숙한 사람의 이미지를 곧장 조상의 이미지로 대체한다는 것은 불가능하다. 따라서 우리가 앞서 살펴본 대로 죽음과 부활 사이에서 보통 중간 단계가 설정되고, 이차 장례식을 통해서 죽은 자에 대한 개별적인 기억을 삭제하여 죽은 자를 익명의 집합적 존재로 변형시키는 것이다. 그래서 에르츠는 기독교의 연옥 개념이 최종적인 해방에 선행하는 단계, 즉 일차 장례식과 이차 장례식 사이의 중간 기간의 도덕적인 번역물이라고 평가한다. 사자의 개별성을 집합성으로 전환시키기 위해서 필요한 의례적 과도기가 지상에서의 죄를 속죄하기

위한 도덕적인 시간으로 변형된 것이 연옥이라는 것이다.[74]

우리가 살펴본 살과 뼈의 장례식은 사자의 신체를 통한 이러한 구체적인 이미지 조작을 통해서 영혼의 상태를 주술적으로 변경하기 위한 것이다. 사체 조작을 통해서 영혼의 상상적 드라마를 조정하는 것이다. 그래서 장례식을 통해서 우리는 당대 문화의 영혼에 대한 관념을 역으로 추적해 볼 수도 있다. 예컨대 아이의 영혼은 쉽게 본래의 자리로 되돌아갈 수 있기 때문에, 사회가 아직 아이에게 아무것도 주지 않았기 때문에, 아이의 죽음은 큰 반향을 일으키지 않는다. 유아 살해가 대수롭지 않게 이루어졌던 것도 아이의 영혼에 대한 이러한 관점을 반영한다. 그래서 코스타리카에서는 아이의 장례식은 즐거운 연회이기에 눈물이 금지되었다. 아이는 정령의 세계에 근접해 있는 존재이기 때문이다. 마찬가지로 주술사나 고행자는 살아 있는 동안에 이미 지상의 사회에서 배제되어 정령들에 속하게 된 사람들이기 때문에, 그들에게 죽음은 아무 의미가 없다. 그래서 힌두 고행자는 화장 같은 특별한 의식 없이 곧장 매장된다. 또한 나이 든 노인들 역시 정령의 세계에 근접한 자들이므로, 많은 곳에서 그들의 죽음은 애도의 부재나 축소를 낳을 뿐만 아니라 사체도 즉시 매장된다. 노인은 이미 사회로부터 배제된 존재일 뿐만 아니라 사회로부터 부여된 속성이 철회된 존재이기 때문에 '자연사'할 수 있는 유일한 존재였던 것이다.[75]

또한 남부 반투족(Bantu)의 경우에 번개에 맞아 죽은 사람은 애도하지 않는데, 왜냐하면 이때 애도는 하늘에 대한 도전으로 여겨지기 때문이다. 또한 머리가죽이 벗겨진 전사의 시체는 이미 영혼이 제거된 '썩은 고기'에 불과한 것으로 취급된다. 성스러운 땅에 자살자를 매장하지 않는 것은 매우 널리 퍼진 관습이다. 목을 매달아 죽은 사람의 영혼은 영원히 시체 곁에 머무른다는 믿음 역시 존재한다. 서부 에스키모인은, 죽음 후에 지하세계로 가는 다른 사람들과는 달리, 폭력적인 죽음을 맞이한 사람은 하늘로 가서 햇빛 안에서 윤택하게 산다고 믿는다. 고대 아즈텍인은 전사한 남자와 출산 중에 죽은 여자는 태양에 의해 하늘로 인도된다고 믿었으며, 익사한 사람이나 번개에 맞은 사람에게도 유사한 해석이 가해졌다. 그러므로 비정상적인 죽음이 항상 저주받은 죽음으로 이해되었던 것은 아니다.[76] 유사하게 불길한 방식으로 이 세계에서 찢겨나간 사람의 죽음은 치유할 수 없는 것으로 여겨졌다. 생자의 기억 속에 그의 죽음의 순간이 너무 강한 이미지로 자리하기 때문이다. 이러한 이미지는 결코 지워지지 않으며, 따라서 아무리 시간이 지나도 죽은 자를 조상의 범주 안에 통합시킬 수 없다. '죽음의 끝'이 없는 영원한 죽음에 빠지는 것이다.

생자에게 일차 장례식이 죽음의 세계로의 입장을 의미한다면, 이차 장례식은 죽음의 세계로부터의 퇴장을 의미한다. 장례식에서 인간은 사체를 통해 영혼을 요리하는 기술을 발휘한다. 그리고 이중 장례식은 생자로 하여금 죽음에 참여하여 죽음을 극복하는 과정을 강렬하게 경험하게 한다. 그러므로 장례식은 본래 생자가 죽음을 연습하는 훈련장이었다. 바로 이러한 장례식의 상실이 우리의 죽음에 어떤 영향을 미치고 있는지를 우리가 물어야 하는 것도 이 때문이다. 죽음은 의례적 학습을 통해서만, 즉 미리 죽어 보는 연습을 통해서만 극복될 수 있기 때문이다. 레나토 로살도는 의례를 전체적인 종교성이 응축된 소우주로 보는 방식을 극도로 경계한다. 그래서 로살도는 장례식은 구조와 체계라기보다는 수많은 이종의 실들이 만나는 교차점이라고 말한다. 장례식의 시공간에서 갑자기 조우하는 낯선 것들의 관계에 주목해야 한다는 말이다.[77] 필립 아리에스의 말을 빌리자면 현재 이미 우리에게 죽음은 '거꾸로 뒤집힌 죽음'인지도 모른다. 오로지 살점에만 집착할 뿐 영혼에는 관심이 없는 죽음인 것이다.[78]

현대의 장례식과 앞서 우리가 논의한 이중 장례식의 비교는 현재 우리에게 죽음이 무엇인가에 대한 많은 성찰을 던져줄 것이다. 지금 우리에게 죽음은 시간적으로든 공간적으로든 철저하게 타자화되어 있다. 그러나 이중 장례식을 치르는 이들에게 죽음은 일상화되어 있고 내재화되어 있다. 그들은 죽음을 먹고 바르고 전시한다. 이런 맥락에서 우리는 이중 장례식이 일종의 '죽음의 훈련장'이었음을 알게 된다. 현재의 우리에게 가장 큰 문제는 죽음이 교육되지 않고 있다는 것이다. 그러나 정작 중요한 죽음 교육은 죽음학의 정립 같은 것이 아니라 삶 속에서 직접적으로 죽음과 마주치는 훈련일 것이다.

4. 물이 물속에 존재하는 것처럼

조르주 바타유의 말에 따르면, 동물은 마치 물이 물속에 존재하는 것처럼 세계 속에 존재한다.[79] 다른 동물을 잡아먹은 동물의 시선은 마치 더 큰 물방울이 더 작은 물방울을 흡수하는 것 같은 냉담함을 보여준다. 동물은 자신과 세계의 연속성에 대해서 근심하지 않는다. 동물은 세계 개념이 없기에 하이데거(Martin Heidegger)가 말하는 '세계 내적 존재'가 아니다. 세계가 없으므로 동물에게는 인간이 겪는 죽음도 없다. 동물의 존재는 다른 동물의 존재와 쉽게 뒤섞일 정도로 열려 있다. 동물은 마치 물을 마시듯이 다른 존재를 먹을 뿐이다. 그러나 인간의 죽음은 세계 외부로 튕겨져 나가면서 생겨나는 세계와의 단절을 의미한다. 그러므로 우리는 역으로 인간이 '동물 되기'를 통해 죽음을 극복하려 할 수도 있을 것이라고 추측해 볼 수 있다.

인간은 살아 있는 몸이 차디찬 시체가 되는 순간 몸과 정신의 이분법을 발명한다. 죽음이 부드러운 몸을 딱딱한 사물로 치환시킬 때, 인간은 그 둘의 차이에 대한 상상력을 전개한다. 이처럼 살아 있는 몸과 시체의 '차이'가 죽음의 개념을 형성한다. 즉 인간은 시신이라는 극도의 물질성으로부터 정신이라는 고도의 추상성을 연역해 낸다. 시체 없이는 영혼도 없고 정신도 없다. 죽음을 통해 영혼의 존재가 증명되는 것이다. 바타유의 말처럼 "시체는 정신에 대한 가장 완벽한 긍정이다."[80] 그러므로 우리는 '영혼의 역사'와 '정신의 역사'를 되짚어 봄으로써 역으로 죽음의 역사를 이해할 수도 있을 것이다.

근대적인 인간 개념은 죽음 앞에서 속수무책이다. 현재 우리는 인간을 생물학적 존재로 규정함으로써 의학이나 유전학 같은 테크놀로지에 의해 인간의 신체를 관리하여 죽음을 정복하려 한다. 이때 인간은 정신이 소거된 몸 덩어리로 전락하며, 오로지 몸의 건강, 질병의 치유, 노화의 방지만이 죽음의 극복 장치가 된다. 인간이 자신의 동물성 안에서 죽음의 해법을 모색하는 것이다. 근대의학의 발명품인 식물인간(neomort)이나 코마 상태에 빠진 인간은 우리에게 삶과 죽음의 경계선에 서 있는 인간의 모습을 보여준다. 그들은 인간 안에서 생산된 비인간이며 인간의 몸에서 분리된 동물이다. 그리고 그들의 존재로 인해서 우리는 지속적으로 죽음이 무엇인가에 대한 질문을 던질 수밖에 없다.[81]

죽음은 가장 우발적이고 예측 불가능한 사건이다. 그래서 죽음은 삶이라는 안정성이 허상이었음을 증언해 주는 불안한 사건이 된다. 언제라도 죽을 수 있다는 사실은 살아 있다는 것이 얼마나 취약한가를 보여주기 때문이다.

그러므로 종교는 계속해서 죽음의 이러한 우발성과 예측 불가능성을 통제하려 했다. 결국 죽음의 통제는 삶을 위한 것이기도 했다. 죽음의 때와 장소를 스스로 정하는 일부터 종교적 자살에 이르기까지, 그리고 시체 먹기로부터 섹슈얼리티의 부정에 이르기까지 인간은 살과 개체를 부정하려는 온갖 종교적 노력을 기울여 왔다.

중세시대에는 썩지 않는 시체는 속죄를 거칠 필요가 있는 자, 즉 영적으로 교회에서 파문당한 자로 간주하여 기도를 하면서 의례적으로 그 시체에 채찍질을 가했다. 그리고 다시 매장하여도 시체가 썩지 않으면 성자의 징표로 간주되었다. 비슷한 맥락에서 섹스를 하지 않은 순수한 육체는 썩지 않는다는 믿음 역시 존재했다. 즉 섹슈얼리티가 죽음을 유발한다고 생각했던 것이다.[82] 유대-기독교적인 믿음에서 섹슈얼리티는 죽음과 인간 생식의 원천으로 간주되며, 이것은 섹스 없는 신적인 생식력에 반대되는 것이었다. 우리는 생식이 인간의 죽음을 유발하는 부패하는 살에 대해 책임이 있다는 주장과도 계속 마주치게 된다. 그러나 우리가 앞서 본 이중 장례식은 정신을 위해서 육체를 포기하지 않는다. 오히려 살의 부패를 이용하여 몸에서 영혼을 추출한다. 죽은 몸을 아무데나 내버리기보다는 의례적으로 철저하게 이용하는 것이다.

에덴동산에 대한 신학적 논쟁 중에 파라다이스의 화장실 논쟁이 있다. 에덴에는 화장실이 없어야 한다. 화장실이 있다는 것은 배설을 한다는 것이고, 배설을 한다는 것은 먹어야 한다는 것이고 먹지 않으면 죽는다는 것이기 때문이다. 그래서 에덴에는 화장실이 없다. 그리고 에덴동산에는 성적 환희도 없다. 파라다이스에서는 생식이 이루어지지 않기 때문이다. 생식은 자신의 죽음을 낳기 때문이다. 오로지 죽는 것들만이 생식을 하는 것이다.

중세 신학이 에덴에 존재하는 화장실과 식탁과 성적 환희를 부정하려 했던 것은 모두 죽음의 문제로 귀착된다. 성에 눈을 뜨고 음식을 탐내는 순간 아담과 이브는 곧장 에덴에서 추방당한다. 그래서 처음으로 죽게 된다. 아담은 음식을 위해 자신의 몸과 같은 땅을 파야 했고, 이브는 수태를 통해 죽음을 잉태했다. 기독교 성서 창세기의 죽음 창조 신화는 이렇게 전개된다.[83]

이브의 유혹은 세계 속에 죽음을 들여놓았고 파라다이스로부터의 추방을 결과했다. 파라다이스는 섹스도 죽음도 없는 세계였다. 창조는 오로지 신의 소관이었다. 신의 창조물의 자연적인 생식력으로 인해서 아담과 이브는 어떤 수고도 없이 식량을 얻을 수 있었다. 그러나 그들이 신의 명령을 저버렸을 때 신은 이브를 저주했다. "나는 극심하게 너의 슬픔을 증가시킬 것이다. 슬픔 속에서 너는 아이들을 낳을 것이다." 그리고 다시 신은 아담을 저주했다. 아담의 처벌은 땅이 저주를 받아 가시와 엉겅퀴만을 낳을 것이며, 얼굴에 땀이 가득한 채 아담이 빵을 먹을 것이라는 저주였다. 그렇게 아담은 추방당하여 자신을 만든 재료인 땅을 경작하도록 저주받았다.[84]

초분과 씻김굿 속의 산 자와 죽은 자

/ 조 경 만

1. 초분과 씻김굿을 생각하기

1) 의례와 예술로 문화세계를 일으키기

의례와 예술은 사람들에게 문화를 전일적(holistic)으로 인식하게 한다. 생활의 한 부분에 대한 분석적·합리적 인식을 뛰어 넘어 고도로 고양되거나 절제된 의식 상태에서 자기 존재와 그 존재가 몸담고 있는 문화세계가 전체적으로 불러일으켜진다.[1]

연행(演行) 계기나 표출 내용이 문화의 어느 한 국면, 한 부분에 치우친 것이라 하더라도 의례와 예술은 사람들로 하여금 그들 문화세계에 대한 전체적·통합적 인식을 갖게 한다. 의례는 사람들이 분석적·부분적 인식을 뛰어 넘고 합리·비합리의 잣대를 뛰어넘어 전인격적(全人格的) 자아로 자기 문화세계 전체를 결부시키는 사건이다. 이러한 점은 예술도 마찬가지이다. 사람들이 춤을 추는 것은 몸을 상징적 매개물로 하여 자아를 문화세계 전체 속에 드리우는 것이고, 몸으로 그 전체를 지각하며, 몸으로 다른 이들과 소통하는 것이다.[2]

이 글은 의례와 그 속에 포함된 연희들을 대상으로 한다. 의례와 연희가 펼쳐 내는 문화세계를, 그리고 사람들이 의례와 연희 속에서 보이는 문화적 반응을 살피는 작업이다. 전남 진도군에서 전승되는 초분(草墳) 관행(慣行)과 씻김굿, 그리고 씻김굿 과정 속에 포함된 연희를 본다.

초분 관행은 망자 몸의 존재 방식에 대해 전통적으로 내려온 개념, 달리 말해 그 몸이 어디에 어떠한 상태로 있어야 할 것인가에 대한 생각에 따라 사람들이 몸과 그 몸이 안치될 장소를 연관시키는 것이다. 몸과 대지와 짚이 한편으로 자연 상징(natural symbol)으로 다른 한편으로 사회문화적 상징으로 존재한다. 본 연구에서는 사람들에게 전승되어 온, 이것들의 물성(物性, materiality)에 대한 정의(定義), 관계에 대한 정의를 살핀다. 자연은 자체의 물질적 속성과 체계와 과정을 갖는다. 상징은 인간이 자의적으로 만들어 어떤 다른 사물이나 사실을 나타낸 것이다. 자연 상징에는 자연적 존재라는 사실과 인간 자의적 존재라는 두 가지 존재 방식이 복합되어 있다. 어떤 사물이나 행위의 자연적인 물적 속성과 관계에 근거하여 이를 인간 문화세계에 끌어들인 것이다. 자연 속 인간 존재, 초자연과 인간의 관계, 인간의 사회적 관계 같은 것들이 자연 상징의 물성과 관계에 근거하여 개념화되고, 경험되고, 표현되며 사회생활과 세계관과 미학을 구성한다. 초분 관행은 사람들이 몸, 대지, 짚 등의 자연 사물들의 물성과 그것들의 관계에 대한 개념들을 갖고, 관행의 과정 속에 배열된 이것들에 대하여 의미를 부여하는 상징적 행위이다. 또한 사람들이 이 상징들로써 사회생활을 형성하고 세계관과 미학을 형성하는, '자연의 문화적 구성'이다.[3]

씻김굿에서는 '곽머리 씻김'처럼 망자의 몸이 실체로서 등장하는 경우도 있으나 기본적으로 사람들이 망자의 정신적 실재라고 규정한 '넋'이 주된 상징이 된다. 그 넋이 관계를 맺는 장소도 관념적이다. '이승'은 사망 이전에 현존했던 현실에 대한 관념 세계이고 저승은 사망 이후 좌정하는 관념세계이다. 이 모든 관념적 장소들과 망자를 이동시키는 과정들이 상징들로 구축(構築)되며 그 상징을 매개로 자연 속 인간 존재, 초자연과 인간의 관계, 인간의 사회적 관계가 개념화되고 상징적 의미들로 변환된다. 여기서 주목되는 것은 의례의 절차들 그리고 그 속의 연희들에서 작동되는 상징들의 물성이 현실 세계의 몸, 장소, 길의 물성에 근거하고 있다는 점이다. 예를 들어 넓은 몸과 의관의 형상을 따서 만든 종이 조형물이다.

이 글은 진도에서 관습적으로 내려온 초분 관행과 씻김굿 의례 및 연희들 속에 반영되어 있는 자연과 인간과 사회에 대한 개념들을 찾아 해석하는 작업이다. 또한 현장에서 이 의례와 연희들에 참여하는 사람들이 보이는 반응들을 찾아 해석하는 작업이다. 어떠한 작은 의례와 연희의 관습적 절차와 행위에도, 그 안에서 발견되는 개념들에도 그리고 사람들의 세세한 반응에도 전승되어 온 혹은 현장에서 새롭게 생성되는 문화세계의 전체성이 담겨 있다. 이 세상 모든 것들이 담겨 있다는 뜻이 아니다. 작은 부분이 궁극적으로 이 관행들에서 설정된 자연, 인간, 사회의 전체성에 맞닿아 있다는 뜻이다. 또한 사람들은 어느 한 가지 의미를 지시하는, 에컨대 몸의 자연적 변화를 지시하는 부분적 상징물을 대하면서도 자신의 사회문화적 · 전인격적 자아를 투여한다.

2) 현장 기록의 한계, 사물과 행위의 외형적 관습 기록

이 글을 위한 현장 연구는 마치 고고학적 복원과 같았다. 유물의 깨어진 몇 조각, 현장의 문화적 맥락을 알 길이 없게 물건만 제시된 몇 조각을 놓고 형태와 형상 전체를 다시 맞추며, 유물의 형식이나 그에 새겨진 상징적 의미에 의존하여 문화적 맥락 전체를 맞추는 고고학과 같은 것이다. 사실은 이러한 작업을 위해서 사람들의 생생한 반응이 담긴 현장 상황에 대한 접근이 있어야 하고, 사람이 담긴 자료 기록이 있어야 한다. 그러나 지금까지 초분과 씻김굿에 대한 현장 연구 기록물들은 절차, 행위, 물건, 언술, 사회 계보 등 관습 자체의 외형적 양상들만 알려주고 있다. 사실은 어떠한 자연적·사회문화적 맥락에서 어떤 의미가 연행 당시에 현현(顯現)되었는가를 기록해야 한다. 또한 사람들이 그 연행 속에서 무엇을 구현하려 했으며, 그 연행이 그 당시 그 사람들의 사회적·문화적 현실에 대해 어떠한 의미를 주는가를 기록해야 한다. 그러나 지금까지의 현장 연구 기록물들은 필자의 것을 포함하여 단지 외형적 양상과 제보자의 해석 수준을 넘지 않는다. 이러한 정황을 떠안고 이 글은 관습적 절차, 행위, 물건, 언술 그리고 이에 대한 제보자들의 해석들을 질료로 하여 초분과 씻김굿의 고고학적 그릇을 하나 빚어 보려 한다. 이 글에서 사용하는 자료는 필자가 1980년대 말 조사했던 초분과 씻김굿의 기록들이다.

1986년 목포대학교 박물관의 문화유적지표조사의 일환으로 진도군의 민속에 대한 조사를 실행한 바 있다.[4] 이때 조사팀이 초분 28기를 발견하였다. 무속에 대한 개괄적 조사도 실행하였다. 다음 1987년 국립민속박물관 연구의 일환으로 무속에 대한 현지조사를 실행하였다. 이때 발간된 『진도무속현지조사』에 수록된 의례[5], 무가[6] 기록이 이 글에 사용되는 주요 자료이다. 아울러 한국방송공사가 방영한 『다큐멘터리 진도』[7]의 학술조사와 고증 작업도 수행한 바 있다. 이 글에서는 당시 상황에 대한 필자의 기억을 돕기 위해 초분 파묘(破墓)와 이장(移葬) 장면과 다시래기 연행 장면을 참고했다. 이 모든 자료들보다 본 논문의 바탕이 된 것은 필자가 현장을 다니며 생각해 보았던 사항들이다. 사실 기록이 아니었기에 보고서에 수록하지는 않았다. 이 글에서는 당시 필자가 생각했던 것에 대한 기억과 부분적인 노트에 의존하였다.

2. 초분을 통한 사회와 문화의 개념화

1) 초분: 자연의 문화적 구성

초분(草墳)은 이중장제(二重葬制)에 속한 것으로, 망자(亡者)의 시신을 본묘(本墓)에 안치하기 이전 단계의 무덤을 말한다. 우리나라 서남해 도서지방과 연안에 아직 많이 남아 있고 목포대학교 박물관 조사팀이 1986년 진도에서 9기를 조사한 바 있다(이종철·조경만, 1987:246-252, 289-290). 초분을 만들고 망자의 시신을 그곳에 안치하는 과정이 상례(喪禮)에 속한다. 어느 정도 세월이 흐르면 초분을 파묘하고 아직 남은 살을 떼어 내고 뼈만 모아서 본묘에 안치하는데 이 과정이 또 하나의 상례이다. 진도의 관습을 보면 시신을 눕힌 관을 평평한 땅 위에 놓고 초가지붕 모양의 짚을 덮는다. 초상의 제반 절차를 모두 따르되 그 묘가 초분인 것이다. 초분은 통상 집 가까운 밭이나 숲 속에 둔다. 주민들의 설명에 의하면 실질적으로는 본묘를 쓸 땅을 급히 마련하기 어려울 때 초분을 쓴다. 그러나 굳이 이러한 토지문제에 봉착하지 않은 집들도 초분을 마련했으며, 1980년대 말 조사 당시 노인들의 소망 중 하나가 자손이 자신의 시신을 우선 초분에 안치시키는 것이었다.

관념적 차원에서는 대지와 시간이 개념화된다. 음력 정월은 신성 시간이면서 동시에 세계가 새롭게 자리를 잡는 이행기이다. 매우 민감한 이때에는 그 어느 것도 교란시킬 수 없다. 이때 대지를 교란할 수 없기 때문에 음력 정월에 상이 나면 본묘를 마련할 수 없다.

　망자의 몸의 생물학적 상태와 대지 사이의 적정한 접촉과 그렇지 않은 접촉을 구분하는 관념도 있다. '생 땅에 생장(生葬)은 안 된다'는 것이다. 이제막 사망하여 시신이 된 몸을 묻을 수는 없다는 뜻이다.

　사람이 죽으면 그 몸이 자연으로 돌아가고 그 자연의 과정에 몸이 맡겨지는 것은 생태학적으로 순리이다. 대지와 몸 모두 자연적 존재로 개념화되고 양자의 상호작용도 자연적인 것으로 개념화된다. 시간도 자연적 존재이다. 그러나 사람들의 관념에 따라 이 자연적 존재들도 다시 분류된다. 우선 음력 정월은 시간의 흐름을 역법(曆法)에 따라 분할한 시간이다. 태양에 따라 밤낮이 바뀌는 것과 달이 차고 기우는 것에 따라 일월(日月)이 정해진 역법에 따라 정월이 설정되었다. 그 정월은 한 해의 시작이 되며 초하루에서 대보름까지 의례, 근신, 금기, 일상을 벗어난 놀이들이 가득 차 있다. 농민들은 거름을 내어 말리는 정도의 일상적 일들 외에는 생업도 않다가 '초하드렛날'이라 불리는 음력 이월 초하루에 생업 시작을 알리고 자연의 활력을 기리는 의례들을 한 후에야 생업을 시작한다. 이 정월에 대지는 생활 공간의 신성화를 위한 몇 가지 종교적 질료로 사용되는 외에는 교란되지 않는다. 붉은 흙을 마을 당(堂)이나 당제 제관의 집 문 앞에 깔아 신성 공간의 분리와 일상적 출입의 금기를 나타낸다. 비닐하우스 농사로 정월에도 생업으로 바빠진 현대사회에서도 관념적으로는 이러한 금기와 종교적 관행이 잔존하며, 특히 공동체 의례를 위한 장소들에서는 강하게 지속된다. 당제를 앞두고는 사망 부정(不淨), 피(血)의 오염력을 지닌 출산 부정, 월경의 부정, 인간과 가축의 소리에 따른 장소의 교란이 억눌러지고, 회피된다. 세계는 깨끗하고 정숙해야 하는 것이다.

죽음이라는 매우 커다란 자연적 사건이자 인생의 사건, 가족공동체와 마을공동체의 사건을 이때에 접하면 세계가 위험하게 된다. 더욱이 사망 부정의 오염력이 큰 매장 행위로 대지를 건드리는 것은 있을 수 없다. 조사 당시 진도에서는 이 관념이 강하게 지속되고 있었고, 초분은 이 시기 대지를 건드리지 않기 위한 방편으로 설명되고 있었다. '생 땅에 생장은 안 된다'는 말은 좀 더 강한 물리적 · 생물학적 개념들을 나타내고 있다. 그러나 자연의 상태와 망자 몸의 상태에 대한 이 자연과학적 개념들도 사실은 자연적 존재에 대한 종교적 재분류에 따른 것이다. 주민들은 주검을 두고 '진 것'과 '마른 것'을 구분한다. 죽음이라는 사건 자체가 이 구분에 따르기도 한다. 갓 죽음을 겪은 망자의 몸은 앞으로 부패의 과정을 겪어야 할, 수분이 많은 '진 것'이다. 그 상태의 시신이 대지에 들어가면 생물학적으로 오염력이 크다는 상상을 할 수 있다. 그보다 더 확실한 것은 상징적 오염력이다. 진 상태의 시신이 표출하는 강한 오염의 이미지가 대지에 부여된 관념적 · 종교적 안정과 생생함의 세계를 위험하게 하는, 상징적 오염력의 논리인 것이다. 1987년 가을, 의신면 원두리 함인천(65세, 1987년 현재) 씨는 생업에 밀리고 적절한 때를 잡지 못하여 12년간 초분에 부친의 시신을 두었다가 그때에서야 부친의 초분을 파묘하고 이장을 하게 되었다. 그의 초분에 대한 설명은 단호했다. '생 땅에 생장'은 절대로 안 되었기 때문이다.[8]

초분 관행은 사람들이 세월을 보내면서 주검이 진 상태에서 벗어나 뼈만 남을 때까지 기다리는 관습이다. 사람들은 초분을 집 가까이 놓고 망자를 돌본다. 초분 장소에 들를 때마다 솔가지를 짚에 꽂아 방문과 돌봄의 표식을 하는 가족들도 있다. 그러나 초분은 여전히 과도기의 사물이다. 본묘로의 이장이 비로소 망자를 제 자리에 좌정시키는 일이다. 뼈는 정화된 것으로 취급된다. 이 상태에서야 비로소 대지에 매장이 되며 망자가 제자리를 차지한 것으로 간주된다. 이상의 사례를 보면 대지와 망자의 몸의 자연적 상태가 종교적 관념에 따라 분류되고 처리됨을 알 수 있다. 초분은 망자의 몸이 대지에 묻히기 전 적정 상태로 변화하도록 자연 과정을 겪는 장치인 동시에 정·부정의 종교적 개념에 따라 상징적 과정을 겪는 장치이다. 그리하여 최종적으로 대지에 망자의 뼈가 들어가 주민들이 생각하기에 적정한 자연 접촉이 일어나며, 종교적 적정화가 일어난다. 결국 망자는 종교적으로 규정된 자기 장소를 갖게 되는 것이며, 스스로의 사후 활력에서나 남겨 둔 가족원들과의 사회관계와 교류에서나, 위협의 요소가 없고 안정적이며 생산적인 세계를 구성하게 된다. 초분에서부터 본묘 안치에 이르는 이 과정은 자연이 종교적 관념, 좀 더 넓게는 문화에 따라 정의되고 분류되며 처리되는 '문화적 구성'의 과정이다. 또한 망자의 상태를 잘 조성해 나감으로써 그와 남은 자들 간의 사회적 관계를 위험이 없이 잘 맞추려는 관념의 소산이고, 그에 따라 남은 자들의 생애가 안전해지도록 하려는 관념의 소산이다. 임시적인 초분과 좌정을 할 대지와 망자의 몸의 자연적 상태를 놓고 세계관을 부여하고, 사회관계에 대한 개념들을 부여하는 '자연의 문화적 구성'이 초분 관행이다.

2) 사물의 질서화: 파묘, 뼈의 수습과 본묘 안치

1987년 함인천 씨와 부인 채정례(62세, 1987년 현재) 씨가 함씨 부친의 초분을 파묘하고 뼈를 추려 이장을 하는 과정은 이후 다른 어떤 곳에서도 참여할 수 없었던, 희소한 자리였다. 무속의 단골이었던 채정례 씨와 굿의 반주를 맡는 고인(鼓人)이었던 함인천 씨와 오랜 기간 이야기를 나누던 사이였기에 가능했다. 이들은 필자가 자신들의 문화를 이해하고 공유한다는 생각을 하였고, 그 때문에 자신의 어떤 의례 자리도 허용하기에 이르렀다. 이 자리는 한국방송공사가 진행하던 다큐멘터리 작업의 일환이기도 했다. 감독과 스탭진이 1년 가까이 이들과 접촉을 하고 친밀 관계를 맺고 이들의 문화를 공유하려 했던 때문에 촬영이 가능했다. 그렇지만 제작진에서도 이 과정의 참여자는 연출자와 촬영감독으로 제한되었다. 제작진은 자료 수집보다도 그 종교적 상황의 보전에 더 주안점을 두어 언제든지 가족원이 원하지 않는 장면에서는 어떤 학술과 촬영 행위를 하지 않기로 했다. 타자(他者)로서의 연구자, 촬영자가 그 입장을 최대한 벗어나고, 또 다른 타자, 즉 의례 실행자의 문화세계에 함께하는 존재로서 최대한 가깝게 있으려 했던 것이었다.

한편 실제 상황에서는 함씨 가족과 외부자였던 필자 간에 상황 인식, 상황에 대한 정서에 상당한 차이가 있었다. 촬영감독은 그 자리 가까이로 다가갔지만 연출자와 필자는 파묘와 시신 처리 현장으로부터 어느 정도 거리를 두고 바라만 보려 했다. 함씨가 짚을 걷어내고 목관을 뜯고 부친의 주검을 드러낼 때 필자에게는 이 상황은 숨이 막힐 것 같은 적막함과 공포로 다가왔다. 그 상황에 친밀하게 다가가기 어려운 정서적 장벽과 같은 것이 느껴졌다. 실제로 그러한 소리가 발생하지 않았음에도 필자에게는 적막함을 가르는, 강한 금속성의 소리가 귓전을 맴돌았다. 필자에게 이 현장은 인식과 정서에 있어서 거리가 두어지고 장벽이 쳐진 곳이었다. 이에 비해 함씨는 살아 있는 부친을 일상적으로 만나는 듯한 태도를 보였다. 평안함이 함씨 부부의 표정에 감돌았다. 함씨는 관을 앞두고 부친에게 평상시 말을 건네듯이 '이제 좋은 곳으로 모시려 하니 놀라지 말고 계시라'는 말부터 시작했다. 이후 관을 뜯고 부부가 검은색으로 변한 뼈를 하나하나 추려서 한지에 싸서 가지런히 놓았다. 오랜 세월이 지났음에도 어떤 뼈들은 살점의 자국들이 남았는데 부부가 이를 일일이 떼어 내고 닦았다. 이들은 두개골에서부터 발끝까지 신체 부위들이 남김 없이 수습되었다고 판단한 뒤에 이 일을 끝냈다. 이후 필자는 참여하지 못했으나 본묘에서 이 뼈들이 신체 구조에 따라 다시 맞추어지고 사각으로 파낸 흙구덩이에 안치되었다.

더글러스에 따르면 정과 부정의 의례는 경험상의 일치(一致)를 산출하며 상황의 조정에 기여한다. 부정한 것(더러운 것)을 닦고 씻어 내는 것은 부정을 피하고자 하는 불안에 사로잡힌 것이라기보다는 어떤 개념에 맞추어서 환경(상황, 필자 첨가)을 다시 질서 있게 만드는 것이다. 이는 형상을 기능과 연결시키고, 경험의 일치를 성취하기 위한 창조적 움직임이다.[9] 함씨가 초분을 파묘하고 뼈를 수습하는 과정은 망자의 몸에 대한 진도 사람들의 문화적 관념, 그리고 망자와 가족원들 간에 규정된 사회관계의 지속과 친밀관계의 관념에 맞추어 상황의 질서를 만드는 것이다. 망자 몸의 상태를 뼈를 중심으로 다시 체계화함으로써 망자가 저승에서 좌정할 수 있는 적소로 향하게 하는 것이고, 망자와 가족원들 간의 관계를 안정화시키는 적정화·질서화 작업이 이 관행이다. 좀 더 구체적으로 보자.

함씨의 초분 관행은 이들 부부가 부친의 신체 부위 하나하나에 다가가고 돌봄의 행위를 하는 구체적 관계망의 현장이었다. 자연적 존재로서의 주검은 관계망에 놓인 사회적 존재이기도 했다. 초분 파묘와 뼈 수습의 현장은 시신에 대한 종교적 관념에 따르면서 뼈만 남게 하고, 이에 가족관계, 친밀관계에서 비롯된 정서를 발현하며 재구성하는, 복합적인 자연의 사회적·문화적 구성의 예이다. 또한 뼈 하나하나를 추리고 깨끗하게 닦아 내는 행위는 망자를 제대로 된 상태로 구현하고자 하고 상황을 질서 있게 체계화하려는 미적 행위이기도 했다. 나아가 본묘에서 신체 구조에 맞추어 뼈를 배열하는 것, 일반 상례와 똑같은 절차와 도구들, 기념물들을 사용하는 것도 제대로 된 상태를 지향하는 미적 행위로 볼 수 있다.

진도의 죽음 의례와 관련 연희들은 죽음을 겪은 인간의 몸이 의례 과정을 거치며 취하게 되는 자연적, 사회적 존재 양식을 나타내고 있다. 사람들이 그 몸의 자연적, 사회적 존재가 무엇인지에 대한 정의를 해 왔고 개념을 부여해 왔기 때문이다. 또한 이 몸이 놓이게 되는 장소와 몸을 둘러싼 사물에 대한 정의가 있고 개념이 있다. 이 글에서는 우선 초분 관행에서 망자의 몸을 보았고 대지와 초분 분묘를 보았다. 망자의 몸은 그것이 어떤 상태이어야 하고 대지가 어떤 상태에서 그것을 받아들여야 하며, 경과적인 사물로서 초분이 어떤 존재로 규정되고 있는가를 보았다. 이러한 사항들은 모두 자연적 존재로서의 몸과 사물에 관련된 것이고 장소성에 관한 것이다.

사람의 몸은 사회적 영향력을 갖는다. 잘못 놓여진 몸은 사회관계에 영향을 미친다. 사람들은 몸의 자연적 상태에 대한 분류로 사회 질서를 구현하기도 한다. 몸의 자연적 상태를 그들의 이상에 맞게 조정해 냄으로써 사회적 질서의 교란을 막는다. 의례 때 몸의 각종 금기들이 이와 연결되어 있다.

초분에서의 망자의 몸은 정(淨)과 부정을 분별하는 사고에 따른다. 이는 자연 과정 내에 놓인 인간 몸의 존재 양식에 관한 것이다. 죽어서 갓 시신이 된 몸은 질다. 앞으로 부패가 될, 자연적으로 오염력이 크고, 그 때문에 가족원에 대한 상징적·사회적 오염력도 크다. 가족원 중 누군가가 질병이나 액운을 만났을 때 진도 무속에서는 그 기인(起因)을 가족이나 친족 연망에서 찾는다. 그 가족이나 친족원이 망자일 경우 몸이 어떠한 상태로 처리되었는가를 찾는다. 또한 초분 관행은 문화적으로 구성되는 것이기도 하다. 대지가 어떤 상태의 몸을 받아들일 것인가에 대한 규정도 몸의 자연적 과정과 상태에 따라 이루어진다. 초분이 아직 대지에 받아들여질 수 없는 몸을 받아서 오랜 시간에 걸쳐 뼈만 남긴 상태의 몸으로 전환시킨다. 이 몸과 대지와 초분, 이 사물들의 자연적 사실들은 그러나 지극히 문화적으로 정의되는 것들이다. 음력 정월의 문화적 시간 개념이 작용하고, 뼈를 정화와 연결시키는 문화적 가정이 작용한다. 또한 초분 관행을 둘러싼 전체가 정상성, 안정, 대지와 몸과의 생태적으로 적합한 접촉에 관한 사고 등을 규정하는 문화적 가정에 의해 체계화된다. 그리하여 망자의 몸은 초분을 거치고 대지에 안치되면서 정상적이고 안정적이라 문화적으로 규정된 장소를 갖게 된다. 대지는 사람들이 망자와의 원활하고 안정적인 사회관계를 성취하고자 하는 바람을 갖고 그 존재를 관념적으로 규정한 문화적 적소(適所)이기도 하다. 이 모든 과정이 망자의 몸과 대지와 초분이 무엇이어야 하는가에 대한 개념화의 산물이다.

3. 죽음 의례에 반영된 사회와 문화의 개념들

1) 다시래기 속의 죽음과 생식력

바코펜에 의하면 죽음 의례는 삶과 죽음이라는 두 사실에 원리를 부여하는 자연 전체를 찬미하는 것이다. 그 때문에 삶의 상징이 무덤에서 그리도 자주 발현된다.[10]

진도에서는 일반적인 상례와 씻김굿, 다시래기, 그밖의 놀이, 현장에서 망자의 몸을 처리하는 초분 등이 하나의 범주 속에 있다.[11] 이들 중 몇 가지가 함께 실행되며 서로서로 개념적으로 연결되어 있다. 다시래기는 초상 때 연희된다. 초분 관행을 치르기 전 초상 때나 본묘 이장 후에 그리고 수시로 산 사람들이 필요를 느낄 때에는 씻김굿이 행해진다. 전체적으로 볼 때 죽음에 대한 신체적, 관념적 처리를 통해 상례, 씻김굿, 다시래기, 놀이, 초분 등이 죽음과 관련된 하나의 범주를 형성한다. 특히 죽음과 놀이, 죽음과 생식력 등 역설적 주제들을 살펴보면 죽은 자와 산 자의 안정과 생산력을 도모한다는 공통적 주제가 담겨 있기도 하다.

진도 다시래기는 상례 때 행하던 놀이이고 연극이다. 초상 때 씻김굿을 행하는 경우에는 굿의 현장과 다시래기의 현장이 겹친다. 양자는 별도의 연행물이기는 하나 공통된 주제가 하나 있다. 다시래기부터 살펴보자.

현재 다시래기는 무형문화재로만 남아 있고, 전승 공연, 대중 공연이라는 공연 형식을 취하고 있다. 상례로서의 사회적, 문화적 맥락을 파악하기 어려운 관행이다. 우리나라 전역에서 빈상여놀이 등의 형식으로 퍼져 있는 연희들 중 한 갈래로 보여진다. 빈상여놀이는 실용적으로는 주민들이 발인 전날 밤에 빈 상여를 메고 발을 맞추기 위함이다. 그러나 이는 놀이이기도 하다. 사람들은 상여를 메고 재담을 풀고 술을 마시며 놀이를 벌인다. 진도 다시래기는 빈상여놀이와는 다른 놀이 형태이다. 연희자 한 사람을 상여 틀에 태운 행렬이 상가에 들어온다. 다음 상주와 문상객들을 앞두고 연희가 벌어진다. 눈이 먼 독경쟁이, 각시, 각시와 눈이 맞은 승려가 등장한다. 간단한 극으로 구성된 이 놀이의 마지막은 각시의 죽음과 아이의 탄생, 그리고 상여 행렬이다. 죽음의 현장에서 아이가 태어나는, 죽음과 생식(生殖)이라는 두 가지 사실이 공존한다. 연희자들에게서는 어떠한 해석도 들을 수 없다. 그러나 죽음의 현장에서 죽음의 연희와 출생과 생식력의 연희를 한다는 것은 다시 한 번 생각해 볼 필요가 있다. 적어도 이 연희가 새롭게 연출된 것이 아니라면 이는 이 대비적인 자연적 사실들이 세상의 전체적 질서를 이루고 있음을 나타내는 표현 행위이다. 또한 두 사실이 긍정환류(肯定還流)로 죽음의 현장을 생명과 생산적 의미의 장으로 조성하고자 하는 의례행위이다. 대비적 사실들에 대해 사람들이 경험적 일관성의 관념을 갖도록 하는 의례행위이다. 죽음과 생명이 순환하는 자연의 질서를 다시 문화적으로 구성한 것이다.

2) 씻김굿 속의 죽음과 생식력

씻김굿 전반에 걸쳐 죽음과 생식력의 공존 사례가 나타난다.[12] 씻김굿의 초기 절차들 중에는 '손굿' 혹은 '손님굿'이라 불리는 절차가 있다. 손님은 천연두 마마신을 뜻한다고 하나 조사 당시 어떤 단골들은 조상 계열에 들지 않는 비교적 먼 친척과 친구들이라고 설명하기도 했다. 주목되는 것은 굿에 초청되어 오는 신격들 중에 생식력을 관장하는 제왕이 있고 그가 손님의 앞에서 길을 트고 사람들을 마련하면서 온다는 점이다. 무가의 리듬에 맞추어 그대로 적은 기록은 다음과 같다.[13]

제왕은 조선국나와
인간마련
인간탄생 시키면은
손님은 뒷을 따라
인간의 인물당사
도리낙점 점을주어
인물적간 하시더라

직접적으로 주검을 다루는 묘제와 달리 상징적으로 죽음의 사건을 다루는 씻김굿에서도 초분에서처럼 '진 것'을 특별히 다루는 관행이 있다. 초상이 나서 치르는 '곽머리 씻김'은 '진 것'이다.[14] 이때에는 죽음과 직접 연결된 정화의례들에 초점이 맞추어진다. 이에 비해 초상의 주검으로부터 상징적으로 어느 정도 거리를 둔 '날받이 씻김'은 죽음의 상징적 처리와 동시에 집안 수호신의 위무, 가족원에 연결된 여러 조상과 친지의 위무의 성격이 강하다. 진도의 '진 것'이라는 개념은 시신의 자연적 상태, 죽음의 초기 사건에 적용되고, 정(淨)·부정(不淨)의 관념에 따라 장제와 씻김굿에서 상징화된다. 그러나 날받이 씻김은 물론 죽음 초기의 '진' 의례들에서도 생식력과 출생의 관념은 강하다.

단골 채정례 씨는 제왕은 인간을 마련하는, 즉 인간의 출생을 관장하는 아주 중요한 신으로서 사람들을 위해 등장해야 마땅하다고 설명한다.[15] 씻김굿을 '진 것'과 그렇지 않은 것을 구분하는 관념과도 상관없이 모든 굿에서 출생의 신격이 등장한다.

제왕이 앞장을 서서 인간을 마련하면서 내려오면 손님이 뒤에서 인물에 낙점을 찍으며 '적간'을 한다. 이 용어의 뜻은 확실치 않으나 짚어 낸다는 뜻으로 추정된다. 손님의 얼굴이 천연두 자국들을 가진 형상인 것이 은유적으로 인간을 낙점하는 것으로 연결되어 있다.

진도에서 제왕은 생식력을 전달하는 신격, 특히 기자(祈子)의 생식력을 전달하는 신격으로 알려져 있다. 제왕맞이라는 무속에서는 생식력이 아이의 태(胎)가 묻힌 대지로부터 항아리로 옮겨지고 부엌에 항아리를 놓으면 여기서부터 안방까지 '질베'라 불리우는, 긴 무명천을 통해 이어진다. 아이를 낳고자 하는 부녀자가 안방에서 짚을 깔고 앉아 있으면 그녀가 쥐고 있는 긴 무명천을 따라 항아리로부터 그녀의 몸 속으로 생식력이 들어온다. 자연적 사물로서의 대지와 자연적 몸 부위이며 생식력을 담은 아이 탯줄이 접촉하여 대지는 생식력의 장소로 변환한다. 그 힘을 항아리에 담아 인간 거주 공간에 놓는다. 부엌이라는 여성 공간이고 생명력의 원천인 음식을 낳는 공간이다. 안방에서는 부녀자가 또 다른 방식으로 자연을 표상하는 짚을 깔고 앉아 있고 질베를 통해 생식력을 전달받는다.[16] 다양한 의미들을 지닌 다양한 상징들로 구성된 제왕맞이는 궁극적으로 몸, 대지, 생식력이라는 자연적 사실들에 대한 문화적 구성이다.

제왕은 인간을 마련하는 신격으로 씻김굿이라는 죽음 의례에서는 그 현장에 참여해야 할 주요 신격으로 인정되고 있다. 생식과 출생, 이 무가에 따르면 '인간 마련'이 있으면서 죽음도 있는 것이다. 그 뒤를 따르는 손님은 그 인간을 짚어내고 분별하고 조직화하는, 사회적 역할을 하는 신격이다. 자연적 존재로서의 인간이 마련되고, 사회적 존재로서의 인간이 조직화되는 가운데 한 사람의 자연적 소멸이고 사회적 상실인 죽음에 대한 의례가 수행된다. 제왕과 손님이 내려와서 굿의 현장까지 도달할 때에는 치국잡이라는 무가가 불린다. 치국잡이는 지방사회의 행정적 구성을 짚어 낸다는 뜻이다. 관료주의가 생활 의식에 크게 자리잡고 있었던 우리나라에서는 사회가 행정적 용어로 표현되곤 한다. 치국잡이는 결국 사회들을 짚어 내고 환기시킴으로써 굿의 현장이 놓인 사회적 맥락을 펼쳐 보이는 것이다. 죽음과 출생, 죽음 현장과 전체 사회의 언어적 상징들이 복합되어 씻김굿의 초기 절차는 본격적 죽음 의례를 앞두고 의례의 생산적·사회적 조건을 마련하는 것이다. 그 뒤를 잇는 선영모시기는 조상들과 자손들의 사회적 관계들을 마련하는 절차이다. 제석굿은 수명과 풍요를 관장하는 제석신으로부터 생산적 힘을 집안의 부녀자 치마 속에 전하고, 다시 그것이 집안의 보호신 성주동아리로 옮겨진다.[17] 이렇게 하여 자연으로서의 수명과 풍요가 가족이라는 사회와 연결된다.

씻김굿에 등장하는 장소들은 의례와 연희 속에서 구현되는, 관념적인 것이다. 굿이 행해지는 실제적, 물리적 장소는 넋이 안치되었다가 다른 세계로 향하는 관념적인 장소가 된다. 죽음을 다루는 관념적 장소는 동시에 수명, 다산, 풍요라는 개념을 입는다. 물건들도 마찬가지이다. 집안에 거두어들인 쌀이 조상과 망자의 제를 지내고 진설을 하는데 사용되는가 하면 집안에 수명과 풍요를 가져다주는 노적이 되고, 촛불과 함께 쌀그릇에 꽂힌 실타래는 긴 수명을 뜻한다. 이 모든 물건들이 가족 집단의 사회적 번성을 도모하는 상징적 도구들이다.

망자가 처리되는 죽음의 현장은 애도와 슬픔과 상실이라는 단일한 의미가 아니라 생식력, 생산력의 의미를 합쳐 복합적인 의미의 현장이 된다. 단골은 일견 불일치하게 보여지는 이 상징적 의미들을 공존시키고 전체적으로 연결시켜 가면서 의례 현장을 그에게 적정한 것으로 간주되는 의미의 복합체로 만드는 것이다. 이렇듯 죽음을 처리하기에 앞서 생식력과 사회를 불러일으키는 상징 행위들이 이어진 후 씻김이라는 본격적 정화 의례가 시작된다.

4. 분리 의례에 반영된 사회적 안정의 개념

1) 사회적 분리와 노정(路程)

씻김굿의 본 절차는 넋올리기부터 시작된다.[18] 망자의 넋을 나타내는 종이 조형물이 가족원의 머리에 얹히고 단골의 지전(紙錢)이라는 도구를 따라 머리로부터 떼어져 올라가는 과정이다. '넋올리기'는 망자의 사회적 분리를 시작하는 의례이다. 망자의 넋의 심기(心氣), 이승에 대한 섭섭함이나 불만의 여부, 이승으로부터의 분리 의사를 시각적으로 확인하는 절차이다. 이후 '희설'이라는 절차는 이야기 위주이다. 단골이 망자가 접어들게 되는 저승의 육갑을 풀고, 생시에 쌓은 공덕에 관해 문의를 하며, 저승으로 가는 고개를 넘을 때마다 해야 할 일을 이야기한다. 왕생극락의 축원과 남은 가족원에 대한 축원도 있다. 작고한 단골 채자녜(80세, 1987년 현재) 씨는 채정례 씨의 맏언니이고 이들을 포함한 세 자매가 모두 인근 신안군 하의도에서 혼입해 진도에서 무업을 한 경우이다. 그녀의 부친은 하의도에서 채씨 무계의 계보를 잇던 사람이고 채씨 자매들은 유년기부터 자연스럽게 굿을 익혔다. 채자녜 씨는 본 연구자에게 희설 사설 내용의 풍부함과 체계의 일관성이 단골의 격을 말해준다는 점을 강조했다. 여기서 망자가 저승길을 가는 과정의 대목마다의 대처 방법과 자기 표출 방법이 충분하고 일관적이어야 그 이야기의 힘으로 망자의 여행이 제대로 된다는 것이다. 이야기의 제대로 된 전개가 망자에게 적절한 여행 세계를 제공한다는 것이다.

이후 정화 의례인 씻김이 이어진다. 넋을 표시하는 종이 조형물을 그릇에 담고 향물과 쑥물과 맑은 물로 그릇을 씻는 것이 정화 의례이다. '길닦음'은 몇 차례 거듭되었던 하직의 마지막이며 여행의 시작이다. 기다란 질베에 망자의 넋을 실은 '넋당석'이 있다. 단골은 이것을 움직이면서 서서히 앞으로 나아간다. 망자의 이동이고 새로운 세계로의 진입이다. 이러한 일련의 과정을 보면 살아 있는 사람들이 저승과 그곳까지 가는 길에 대한 지적 체계를 갖추고, 정서적 동기를 부여받는 과정이라 할 수 있다. 망자가 가는 여행길의 이야기와 상징들을 통해 자신들의 지적 세계가 충족되고 의례 수행의 정서적 동기가 유발되는 것이다. 죽음으로 인한 불안한 세계에 직면하여 망자의 길에 대해 지식을 갖추고 안정적인 대응을 할 수 있도록 하는 것이다. 희설 절차와 맞물려 있는 '손대잡기'라는 절차가 이 점을 뚜렷이 말해준다.

망자의 떠남과 관련된 절차의 한 곳에 오히려 망자가 현장으로 강신하는 혼돈스러운 절차가 손대잡기이다. 망자를 만나고자 하는 바람과 죽음이라는 사건을 직접 듣고 이해하고자 하는 가족원의 욕구가 담겨 있다. 손대잡기는 가족원 중 한 사람이 작은 대나무 가지를 잡고, 단골이 그 나무를 통해 망자를 부르는 의례이다. 이어 가족원의 입으로 망자의 말이 나온다. 6.25 전쟁을 치르는 동안 손대잡기를 원하는 사람들이 급격히 증대했다.[19] 가족원의 사망에 직면한 많은 사람들이 손대잡기를 통해 사망 당사자로부터 직접 이야기를 들음으로써 죽음의 원인이나 운수에 대한 막연한 의혹을 풀고, 불행을 대처하고자 했기 때문이다. 당시 진도 전역에 망자들이 자기 굿의 장소로 차를 타고 온다는 이야기가 퍼졌고, 그 때문에 사람들은 굿을 벌이고 그가 오는 것을 기대했다.

희설 말미에 부르는 노래가 '천근풀이'이다. 망자의 발걸음이 천근처럼 무거움을 나타내는 노래말이 '천근'이다. "천근이야~"라는 후렴구는 통상 단골과 이웃, 친지들이 함께 부른다. 천근풀이는 결국 사람들이 망자를 천근처럼 무겁게 보낸다는 뜻이다.

씻김을 비롯하여 망자를 위한 여러 절차가 진행되다가 거의 마지막에 '길닦음'이 있다. 이때의 무가는 망자를 보내는 내용으로 채워져 있다. 망자를 위해 길을 닦자는 내용, 고개를 넘을 때의 과정, 다리를 건널 때의 과정, 쉬어 가는 과정, 질베(길)을 걷는 과정, 그리고 끝내 망자와 이별하는 과정이 묘사된다.[20]

통상 망자가 도달하는 세계는 '극락'이라고만 표현된다. 무가를 보면 그곳까지 가는 길에서 즐기게 되는 경관에 대한 묘사가 있지만 정작 도달하는 곳이 어떠한 장소인지에 대한 묘사는 찾기 어렵다. 채자네 씨는 조사 당시 연로하여 무업을 한 지 오래되었고 무가를 기억하지 못했다. 그러나 망자가 가는 길과 도달하는 곳에 대해 몇 가지 이미지를 품고 있다. 하나는 다리이고 다리 밑의 물이다. 그녀에 의하면 사람은 죽어서 꼭 물을 건넌다. 그 물을 건너서 도달하는 곳은 온갖 것이 피어 있는 곳이다. 그녀에게는 이 정경이 강력한 기억을 낳았다. 그래서 특별하게 이 정경을 이야기했다. 이 단편적인 몇 마디의 진술만 가지고 해석을 발전시킬 수는 없다. 그러나 적어도 그녀에게 극락은 온갖 것들이 피어 있는 곳이다. 실체적 개념으로 꽃밭이 극락과 연결되는지 꽃밭이 극락의 은유인지 알 수 없지만 여하튼 망자는 이 온갖 것들이 피어 있는 세계에 도달하는 것이고 그 세계에 깃드는 것이다.

그를 보낸 뒤에는 단골이나 가족원 중 한 사람이 집 밖에서 의례 때 '영돈'이라는, 망자 신체 형상을 나타낸 조형물에 입혔던 옷을 태운다. '종천멕이'라는 절차이다. 옷을 태움으로써 망자는 상징적으로 분리되고, 살아 있는 사람들의 세계에서 이 죽음 사건이 종결된다.

단골의 종천멕이 무가를 보면 사람들이 겪은 근현대사를 표현하는 노랫말이 나오고, 이어 다른 망자들에게 음식을 풀어 먹이라는 노랫말이 나온

다.[21]

> 험난한 시국에
>
> 요란한 해철에
>
> 총맞아 가고 칼맞아 가고
>
> 몽둥이 맞아 간 혼신네나
>
> (중략)
>
> 걱정근심 다걷어갖고
>
> 산 좋고 물 좋고
>
> 경치 존데 가옵실 때
>
> 자시고 남은 놈은
>
> 이고지고 가시다가
>
> 혹간에 못 받아 자셨다고
>
> 염나고 귀나는
>
> 혼신네 있거들랑
>
> 나눠주옵시사

　위의 사설은 단골 채정례 본이다. 통상 의례 때 사용하기에 고정적으로 된 것이지만 여느 절차와 달리 주민의 현실적 경험들이 많이 포함되어 있다. 우리 역사에서 겪었던 질곡과 고통들이 각종의 '혼신네'가 되어 나타난다. 형식 진행에 구속되는 본 의례와 달리 종천멕이는 말미에 비교적 자유롭게 진행하는 것이기에 그 어느 때엔가 사회역사적 경험, 질곡의 현실 경험이 노래 속에 들어왔다고 생각된다.

또 하나가 주변인에 대한 이야기이다. 위의 무가에 등장하는 '혼신네'들은 망자가 길을 가다가 만나게 되는 존재들이다. 비정상적인 죽음을 겪고 떠도는 존재들을 풀어 먹이며 가는 길이고, 아무것도 얻어먹지 못해 위험스럽게 된 존재들을 풀어 먹이며 가는 길이 망자의 길이다. 망자가 가는 길은 극락으로 향하는 정규적인 길이다. 그러나 이 길에서는 주변을 떠도는 존재들에게까지 먹을 것을 나눔으로써 주변이 수습되고 길이 안정되며 망자가 안정된다. 이질적인 것들과의 연계를 통해 길이라는 사물과 망자라는 인간 존재가 사회적으로 안정되는 것이다.

2) 울음과 연희의 사회적 과정

망자의 넋은 장소적으로 분리가 되고 사회적으로 분리가 되어 사후(死後) 장소로 이동을 한다. 거기서 망자는 새로운 자연적, 사회적 존재들과 관계를 맺게 된다. 전 과정을 보면 죽음과 사후 세계와 아름다운 경관과 인생의 고난 등 다양한 이야기들이 장소와 물건과 노래와 춤에 담겨 있다.

씻김굿의 본 절차, 특히 망자의 넋을 씻기는 '씻김' 절차에서부터 길닦음까지의 과정에는 많은 의례적 몸동작과 도구들과 노래들이 배열되어 있다. 가족원과 친지들의 울음도 이 배열을 탄다. 사람들의 춤이나 몸동작도 이 배열 속에 있다. 개인적 슬픔이 북받쳐 울음이 되는 것이겠지만 다른 한편 그 울음은 의례 진행에 따라 멈추거나 잦아 들었다가 특별한 국면에서 다시 커진다. 슬퍼서 우는 것이 의례의 국면에 의해 조정되어 어느 의례 절차에 오면 울게 되는 정형성을 갖게 되는 것이다.

사람들의 춤도 그러하다. 우선 씻김굿 전체 과정에서의 연희를 볼 필요가 있다. 씻김 절차가 있기 이전 선영모시기까지는 사람들이 먹고 마시고 논다. 채정례 씨의 굿을 보면 곽머리 씻김 때는 제석굿이라는 절차를 하지 않는다. 선영모시기가 끝나면 곧바로 망자를 보내기 위해 이승과 저승의 전체 내력을 밝히는 희설로 들어간다. 날받이 씻김 때는 제석굿이 선영모시기 뒤에 이어진다. 제석굿은 단골이 주도하며 매우 정형화된 몸동작과 춤과 무가를 진행한다.

선영모시기는 가족원들이 주도하는 의례이다. 망자와 조상들의 영정이 놓인 제상 앞에서 제를 지낸다. 가족원들의 제가 끝나면 대개의 굿에서 휴식시간을 갖는다. 이때가 모두 음식을 먹는 때이다. 굿 틈틈이 음식을 먹지만 선영모시기 다음이 그날 가장 큰 식사 시간이 된다. 사람들의 춤과 놀이가 성행하는 것도 이때이다. 액상(厄喪) 때에는 덜하지만 호상(好喪) 때에는 놀이적 분위기가 매우 강하다. 친지들이 상주를 일부러 웃기고 상주가 함께 춤을 추기도 한다. 이후 '씻김' 절차에서부터 죽음 의례가 본격적으로 시행되면 의례의 의미에 따라서 춤과 몸동작, 노래가 진행된다. 1980년대 말 조사 당시만 하더라도 많은 주민들이 이 핵심적 절차들에 기민한 반응을 보였다. 망자가 드디어 떠나는 국면에서는 가족원이 오열했다. 이웃과 친지들은 '하적(하직)이야' 등 망자와의 결별 노래를 따라 불렀다. 무심코 선율에 맞추어 추는 춤을 보아도 정해진 동작은 없지만 전체적 진행이 '하적이야'의 선후창(先後唱)에 따랐고 하직이라는 주제가 몸동작의 아우라(aura)가 되었다. 모여든 사람 중에서 이렇게 분위기에 맞추어 추는 이가 한두 명 씩은 있게 마련이었다. 1987년 진도군 의신면의 한 현장에서는 동갑내기 이웃의 죽음을 접한 노인이 북을 잡고 노래를 부르다가 곡(哭)을 하기를 여러 차례 반복했다. 망자가 이승을 떠나 저승으로 향하는 과정은 단지 단골만이 이끄는 것이 아니었다. 사람들이 울음과 노래와 춤으로 반응하고, 질베 위에 노자

돈을 놓으면서 이 과정을 이끌었다.

이러한 양상은 어느 굿에서나 발견되는, 정형화된 것이다. 공유되는 문화적 사실로 되어 있기에 사람들은 그때그때에 맞게 체계적 반응을 하는 것이다. 모스는 일상적 몸동작들을 두고 이미 문화적으로 패턴화된 것이어서 지방마다 그 지방다운 '걷는 방식'의 세트가 있다고 하였다.[22] 비슷하게 진도에서는 의례의 의미가 문화적으로 공유되고 의례 진행에 익숙해 있기 때문에 사람들은 정형화된 반응을 하는 것이었다. 이는 사람들로 하여금 의례의 의미에 따라 일관된 행위와 정서를 갖게 하고 사회적으로는 정형성을 통해 공통된 행위 반응을 낳게 한다.

울음은 슬픔에서 우러나는 것이다. 그러나 그 울음이 사회적으로 일정한 패턴을 갖고 체계화되어 있다는 것은 한 사회의 문화에 따라 기대되어지는 어떤 공유된 개념을 반영하는 것이다. 씻김굿 절차들에 맞춘 울음은 분리에 대한 정서적 반응이면서 그 분리를 확인하고 대응하는 것이다. 분리는 양자 모두의 새로운 질서로의 재통합을 이끈다. 죽은 자나 산 자나 각각의 세계에서의 안정적인 재통합을 이끄는 재통합이 분리의 의례인 것이다. 길닦음에서 모두의 울음과 섞인 노래들은 한편으로는 정서의 산물이지만 다른 한편으로는 의례화된 반응이다. 이 모든 표현 행위들은 분리 의례에서 기대되는 공동적·정서적 반응인 동시에 분리의 확인이고 비로소 안정적 세계로 진입하는 것을 확인하는 과도기 상징이다. 씻김굿을 통해 사람들이 얻고자 하는 문화세계, 망자의 안정과 그로 인한 산 사람들과의 안정적 관계로 향한 정서적, 사회적, 과도기적 연희 반응이 울음과 노래들이라 할 수 있다.

5. 초분과 씻김굿, 존재론의 세계

이 글의 사례들은 사람들이 사물을 통해 인간의 자연적, 사회적 존재를 표현하고 사물에 자기 존재의 개념을 부여하는 과정을 이야기하고 있다. 역으로 보면 사물이 사람의 경험을 매개하고 자연적, 사회적 존재를 물화시키는 과정이다. 이러한 과정에서 핵심적으로 작용하는 것은 통상 존재론(ontology)라고 불리는 인간 사고이다. 존재론은 철학적 담론에서만 찾을 수 있는 것이 아니다. 대중의 일상생활에도 존재론이 있다. 존재론은 간략히 말해서 사람이 자신과 자신을 둘러싸고 있는 환경에 대해, 그것이 무엇인지에 대한 가정[23]을 하는 것이고, 정의를 내리는 것이며 개념을 부여하는 것이다. 존재론은 지극히 문화적인 것이다. 지역에 따라, 시대에 따라 사람들이 자신과 환경에 대해 특정한 정의를 해 왔고 개념을 부여해 왔다.

이 글은 진도의 초분 관행과 씻김굿 과정을 따라서 사람들이 의례와 연회속의 사물과 행위에 대해 부여하는 인간 존재와 자연과 사회에 대한 개념들을 살핀 것이다. 산 자의 세계가 아니라 산 자가 수행하는 죽음의 의례 속에서 죽음의 세계에 대해 부여하는 개념들을 본 것이다. 우선 초분 관행을 보자. 사람들은 죽은 자의 몸과 장소를 정·부정의 사고에 따라 분류하고, 몸의 상태와 초분과 최종적 안치 장소인 대지를 연관시키고 있다. 여기서 나타나는 것은 사람들이 망자의 몸과 주변 사물들을 매개로 하고 망자 세계의 질서화를 추구하면서 결국 자신들이 감당해야 할 세계의 논리적 체계화, 자기 사회의 안정을 도모한다는 점이다.

인간의 몸은 자연의 일부로서 환경인 동시에 문화의 일부로서 자아의 미디어이다.[24] 몸이 자연의 질서화와 문화의 질서화의 사이에 있는 국면이다.[25] 이 국면에서 자연 사물들이 위험, 안정 등으로 개념화되고 자연 상징이 되어 문화적 질서화의 과정에 놓인다. 엄밀히 말하면 자연 질서의 자연 과정과 그 안에 놓인 사물의 물성을 놓고 문화적으로 개념화된 상징들을 만들고, 이들로써 세계관을 표현하고 사회관계를 확인하며 문화적 질서화를 도모하는 것이다. 이 초분 관행에서의 이 과정은 몸과 사물의 물성, 몸과 사물들 간의 접촉적 관계에 근거하고 있다. 몸과 사물들의 자연적 물성과 불안정, 위험, 이행, 안정의 상징들이 접촉적 관계를 타고 배열되어 있다. 그리하여 망자와 산 자들 간의 사회관계에 준거한 산 자의 사회적 안정이 추구된다. 이는 사물들을 '진 것', 위험한 망자의 몸, 초분과 정화된 뼈, 안정된 것, 대지 등으로 나누어 개념화하고 어떤 몸이 어떤 사물과 접촉할 것인가를 이 개념들에 따라 정하는 논리를 보여준다. 또한 망자와 산 자들 간의 위험한 관계, 안정된 관계, 산 자들의 사회생활의 불안과 안정이라는 사회적 개념들과 연계된다.[26]

이 글의 씻김굿을 논하는 자리에서는 씻김굿과 같은 범주에 속하는 죽음 의례인 다시래기부터 살폈다. 그 다음 씻김굿에서 다시래기와 상사적(相似的)으로 나타나는 현상을 살폈다. 죽음 의례에서의 생식력과 생산력의 상징이 두 연행에 나타나고 있다. 또한 씻김굿의 자리로 출산의 신격인 제왕이 내려오는 것 역시 죽음 의례에 생식력, 생산력의 상징들이 자리를 잡고 있음을 말해준다. 이러한 현상은 사람들이 죽음의 자리를 죽음과 생식의 긍정 환류(positive feedback)의 상징적 장(場)으로 개념화하고 있음을 말해주는 것이다. 아울러 죽음의 자리를 이 생식력, 생산력이 불러일으켜지는 세계로 만들고자 하는 것으로 사람들이 추구하는 문화세계의 단면을 보여준다.

망자의 분리 의례는 정·부정의 개념들, 상징 행위들, 망자가 겪었던 이승세계, 이승에서 저승으로 가는 길에서 접하는 저승 세계들에 대한 설명과 안전한 노정의 기원으로 채워져 있다. 이 과정들이 은유 관계 속의 상징물들에 의해 구성되어 있다. 우선 상징물의 조형적, 물적 현상부터 보자.

메스켈에 의하면, 인간의 조형물은 사람들의 세계에 대한 투여, 이해, 그리고 사물의 물성을 형상화하고자 하는 욕구가 물적으로 구현된 것이다. 조형물의 이미지는 사람의 정체성, 인성, 시각적 유사성을 담지한 것이며 사람이 죽은 후에 그 사람에 대한 지시물(指示物)이 된다. 이 물리적 실재는 새로운 존재 영역으로 들어감으로써 바람직한 신체성(corporeality)를 구현한다. 인간의 신체, 그리고 그를 감싼 관, 기타 표상들은 망자를 묘사함으로써 오랫동안 활력과 파워를 갖는 것으로 간주된다.[27]

씻김굿의 주요 상징인 넋은 망자의 표상이다. 종이 조형물은 넋이다. 그종이 조형물은 망자의 신체와 의관 디자인으로 되어 있다. 신체를 모방한 형상이 넋이며 넋은 망자이다. 이 일련의 사물들이 연결된 한 세트의 관념체계가 더 넓은 체계인 의례 속에 놓이고 의례적 전개 과정을 탄다. 망자의 신체를 모방한 상징물, 노정의 은유인 질베, 넋의 정화에 대한 은유인 향물, 쑥물, 맑은 물의 씻김, 이승의 고(苦)의 은유인 질베 매듭들과 그 해소(解消)의 상징 행위, 망자가 만나는 세계에 대한 종교적 언술 등의 세계 속에서 넋이 이승에서 분리되어 저승으로 가는 과정이 씻김굿이다. 이것들이 절차에 따라 배열되면서 망자의 이승에서의 사회관계, 앞으로 겪게 될 초자연적 존재와의 관계, 길과 강과 온갖 꽃들이 피어 있는 자연세계로 개념화된 망자의 노정과 안식처를 표현한다. 이는 의례를 수행하는 사람들이 그려내는 죽음의 문화세계이다. 엄밀히 말하면 사람들이 추구하는 죽음의 문화세계이다. 그에 대한 추구는 망자의 몸에 대한 조형물의 형상화에서부터 시작해서 그 조형물의 친족원 머리로부터의 분리, 정화, 이승에서의 생애와 사회관계의 관념적 해소, 그리고 새로운 세계로의 아름다운 노정, 자기 영역 밖의 주변인들에 대한 호혜, 그리고 새로운 세계로의 좌정 등 사람들이 희구하는 가치들로 채워져 있다. 사람들이 망자를 보낼 때의 정규화된 울음과 노래는 이 의례에서 사회적으로 익숙한, 기대되는 연행이고, 이들이 추구하는 문화 세계로의 진입을 표현하거나 역설적으로 강화하는 연행이다.

초분과 씻김굿은 결국 몸과 장소와 사물을 상징으로 하여 사람들이 추구하는 한가지 문화세계를 보여주는 관행이고 의례이다. 나아가 인간 존재와 자연과 사회에 대한 경험을 재구성한 문화적 구성이고 드라마이다.

두 개의 무덤, 하나의 시신

– 노리나가의 유언장과 양묘제

/ 배 관 문

1. 두 곳의 묘에 대한 의문

이 글은 18세기 일본의 대표적인 국학자(國學者)인 모토오리 노리나가(本居宣長)의 「유언장(遺言書)」에 대한 분석을 통해 근세 일본의 죽음과 사후세계에 대한 담론을 고찰하는 것을 목표로 한다.

노리나가의 유언장에 따르면, 그는 자신의 묘를 주쿄지(樹敬寺)라는 절과 묘라쿠지(妙楽寺) 부근의 두 군데에 정했다. 주쿄지는 에도 시대(江戸時代, 1603-1867)의 단가제도(檀家制度; 각 집마다 정해진 사찰에 속하도록 만든 것으로 일종의 호적제도와 같이 기능)에 기초한 모토오리 가문의 보리사(菩提寺)였고, 묘라쿠지는 마쓰자카(松阪) 시가지에서 남쪽으로 약 7킬로미터 남짓 떨어진 야마무로산(山室山) 속의 절이다. 노리나가는 국학의 완성자로 당시 유교와 불교에 대해 철저히 비판하는 사상적 입장에 있었음에도 불구하고, 세간의 관습에 따라 장례를 주쿄지에서 불교식으로 치르라고 지시한다. 그런데 자신의 유해는 생전에 미리 정해둔 야마무로의 묘라쿠지 부근 묏자리에 장례식 전날 밤 두세 명이 몰래 가서 묻은 뒤에, 다음 날 주쿄지 본당까지는 빈 관으로 장송을 치

를 것을 부탁한다. 원문에는 '가라다비(空送, ヵヲ夕ビ)'[1]라고 되어 있다. '다비'는 '茶毗', 즉 불교에서의 화장을 말하므로, '가라다비'란 시신을 넣지 않은 관의 장송을 뜻한다. 다시 말해 노리나가의 유지는 자신을 밀장(密葬)한 후에 화장을 수반하지 않는 장례를 치러 달라는 것으로 풀이된다.

이 글에서는 이처럼 노리나가가 지시한 두 곳의 묘에 대한 의문을 당시의 장묘제와 연결시켜 설명해 왔던 종래의 논의를 비판적으로 검토하고, 유언의 의미를 그의 사상 안에서 이해하고자 하며, 나아가 그것이 국학자들의 사후세계 담론을 불러일으키는 결정적인 계기가 되었다는 점에 주목하고자 한다.

2. 유언의 내용

유언장은 1800년 7월 노리나가가 장남 하루니와(春庭)와 차남 하루무라(春村) 앞으로 남긴 것이었다. 그리고 노리나가가 세상을 떠난 것은 유언장을 쓰고 나서 일 년 남짓 지난 1801년 9월 29일, 향년 72세였다. 애초에 사후 남아 있는 가족과 주위 사람들에 대한 배려가 중심이 되는 일반적인 유언장과는 달리, 이 유언장의 내용은 납관하는 방법, 매장 방법, 장례 방식, 장례식 때의 행렬, 묘소의 위치, 묘의 양식, 위패의 법명(法名), 상월(祥月)의 제사 및 시주 금액, 성묘 등에 대한 상세한 지침서로 되어 있다. 게다가 그것은 하나하나 그림과 함께 매우 구체적으로 제시되어 있다. 고전 작품에 대한 치밀한 주석서와 연구서들만큼이나 일상생활 면에서도 노리나가의 꼼꼼한 기록벽 등의 성격은 원래 유명한 편이라, 그렇게 생각하면 크게 이상할 것도 없을지 모른다.

유언장의 시작은 "반드시 죽은 당일을 기일로 정할 것. 임의대로 날짜를 바꾸지 말 것"[2]이라 하여, 정확히 그 시각은 전날 밤 자정부터 다음 날 밤 자정까지가 된다고 명시하고 있다. 이어서 장송하는 동안 염불은 불필요하다는 것을 강조한다. 단, 임종 직후 주쿄지의 승려인 법수원(法樹院)이 집으로 찾아와 불단에 염불하는 것은 상관없다고 덧붙이고 있는데, 장송 시의 염불은 기본적으로 거부한 것이다. 다음으로 시체를 씻기고 납관하는 법에 대해 설명하는데, 예컨대 뚜껑 덮는 법이며 못 박는 법까지 일일이 지시한다. 여기서 '관은 곽으로 만들어'라는 기술로 보아, 노리나가가 지시한 관은 당시 토장을 위해 일반적으로 사용되었던 좌관(座棺)이 아니라 시신을 눕히는 형식의 침관(寢棺)임을 알 수 있다.[3] 묘지에 대해서는 앞에서 언급한 바와 같이, 시신은 묘라쿠지에 묻되 장례식은 주쿄지에서 행하도록 하라는 지시를 다시 한 번 반복한다. 그리고 이 점에 대해 본인이 직접 유언한 내용이라는 사정을 장송 전에 양쪽 절에 신속히 알려 두라는 지시도 있다.

노리나가는 주쿄지 본당에 걸어둘 법명도 '고악원석상도계거사(高岳院石上道啓居士)'라고 자신이 직접 정했다. 집안의 불단에 안치할 위패도 이에 준한다. 그리고 부인 오카쓰(お勝)의 법명도 같이 만들어 두고, 후에 부부합장묘로 하도록 지시한다. 한편 주쿄지의 묘석에 법명을 쓴 것과는 대조적으로, 묘라쿠지의 비석에는 '모토오리 노리나가의 무덤(本居宣長之奧津紀)'[4]이라고만 쓰도록 했다. 그 밖에 비석의 옆면이나 뒷면에는 아무것도 새기지 못하도록 하고, 꽃을 꽂는 화통(花筒)도 필요없다고 했다. 다시 말해 이 비석은 묘석이 아니라, 모토오리 성과 생전의 이름을 가지고 그의 묘가 있는 곳임을 지시하는 간단한 표식 같은 것으로 이해할 수 있다. 또한 둘레에 연석(延石)을 깔았으면 좋겠지만 비용을 고려하여 당분간은 주변에 있는 둥근 돌이라도 주위 쌓아 두었으면 한다고 했다.

유언장의 묘소 구획도(地取之図)와 묘지 설계도에 따라 개관해 보면, 먼저 봉분을 만들고 중앙에서 약간 뒤쪽으로 벚나무를 심어 달라고 한다. 여기서 나무는 산벚꽃나무로, 그것도 질 좋은 것으로 하라고 특별히 지시가 붙어 있다. 더욱이 나중에도 때때로 살펴 관리를 잘 하도록 하고, 혹시라도 시들거나 하면 바꿔 심도록 덧붙인다. 장례식은 전부 검소하고 간단하게 치를 것을 반복해서 말하면서, 반면에 벚나무만은 일류로 주문하고 관리까지 집요하게 요구하는 점이 흥미롭다. 상징적인 의미에서는 유언장의 가장 핵심이라고도 할 수 있다.

묘지에 대한 지시 다음에는 성묘에 대한 지시가 있다. 매달 기일의 제사는 주쿄지에서 행하고 하쓰오본(初盆; 고인의 사십구재 후에 처음 맞는 우란분) 및 그 밖의 행사도 모두 평범하게 해도 좋으나, 묘라쿠지의 성묘는 일 년에 한 번, 꼭 당일이 아니더라도 상월에 날을 잡아서 따로 해 달라고 한다. 그리고 "타 지역의 사람들이 나의 묘에 대해 물으면 묘라쿠지를 가르쳐주기 바란다"[5]라고 당부한다. 짧은 문구이기는 하지만, 노리나가가 자신의 진정한 묘를 묘라쿠지라고 생각했던 사실을 짐작할 수 있다는 점에서 중요한 부분이다. 이 때는 서재에 자신의 초상화를 걸고 평소 애용했던 책상을 놓고, 분향 대신에 계절의 꽃을 꽂아 두고 촛불을 켜고 제사상을 차려 달라고 한다. 초상화 앞에는 위패 대신 일본식 시호로 '아키즈히코 미즈 사쿠라네노 우시(秋津彦美豆櫻根大人)'라는 영패를 세우도록 지시한다. 그것은 그가 생전에 애용했던 벚나무로 만든 홀(笏)을 그대로 영패로 사용하도록 한 것이다. 또한 매년 상월에는 좋은 날을 잡아 제자들을 모아 와카(和歌)를 읊는 모임(歌会)을 열기를 바란다고 되어 있다. 와카 모임 때는 술을 준비하고 손님들에게 내놓는 음식을 국 한 그릇과 나물 한 가지만으로 할 것 등을 상세히 지시한다.

마지막은 가계의 존속과 친목을 당부하고 선조와 부모에 대한 효행을 바라며 맺고 있는데, 어쩌면 이 부분만이 거의 유일하게 흔히 생각하는 유언장다운 소박한 내용에 가까울지도 모른다.

3. 유언의 해석

1) 양묘제 관련설에 대해

이상과 같은 유언장을 두고 일찍이 평론가 고바야시 히데오(小林秀雄)는 노리나가의 '사상의 결실'이자 '마지막 유작', 그리고 '유언장이라기보다는 차라리 독백이자 신념의 피력'이라고 했다.[6] 또한 노리나가 전집의 해제를 담당한 오쿠보 다다시(大久保正)도 '학자로서의 노리나가의 신념의 실천'이라고 평했다.[7]

이처럼 이색적인 노리나가의 유언장과 두 개의 묘에 대한 관심은 무엇보다 고바야시가 말년에 쓴 비평 『모토오리 노리나가』의 강렬한 인상에 힘입어 널리 알려졌다고 하겠다. 고바야시의 비평은 노리나가의 묘를 찾아가는 일화로 시작된다. 어느 날 불현듯 그곳에 가보고 싶다는 생각에 고바야시가 마쓰자카를 방문했으나, 이 지역의 택시 운전수도 야마무로산 쪽의 묘지에 대해서는 전혀 아는 바가 없다고 하여 함께 찾아다녔다는 이야기다. 고바야시는 "유언장에는 자기에 관한 것만, 그것도 장례에 관한 것만이 쓰여 있다. 그는 장례방식에 대해서는 오늘날 이른바 양묘제라 불리는 당시 풍습에 따른 것이지만, 이 또한 유언장의 살아 있는 내용과는 무관하다. 내가 그의 유언장을 그의 유작이라 부르고픈 까닭도 거기에 있다"라고 말한다.[8] 훗날의 신초 문고판(新潮文庫版) 부록에는 『신초(新潮)』 1977년 12월호를 재록하는 형태로 고바야시와 에토 준(江藤淳)의 대담이 실려 있는데, 여기서도 다음과 같이 노리나가의 유언장이 화제가 된다.

> 에토: 노리나가가 두 개의 묘를 만들도록 유언하는 그 발상이 매우 재미있었습니다. 본문 중에도 있습니다만, 당시 그러한 양묘제의 예가 많았었나요?
>
> 고바야시: 오늘날 양묘제라고 부르는 것 같은데, 그것은 당시의 풍습에 따랐을 뿐입니다. 그러나 그에 관해 그런 식의 유언장을 썼다는 것은 대단히 독특한 것입니다. 세계 어디에도 없지요. 그 점이 매우 흥미롭습니다.
>
> 에토: 노리나가의 장례식은 역시 유언대로는 안 되었지요.
>
> 고바야시: 그것은 막부의 관청에서 문제 삼아 그대로는 되지 않았습니다. 빈 관으로 장송한다는 기괴한 일이 나중에 어떤 말을 들을까 하는 이유였지요.[9]

고바야시는 노리나가의 지시가 양묘제(兩墓制)라는 당시 풍습에 따른 것이라고 여기저기서 말하지만, 이 점에 대해서는 보다 신중해야 할 것 같다.

양묘제란 시신을 매장하는 지점과 석탑을 건립하는 지점이 멀리 떨어져 있고, 이때 시신이 없는 석탑 내지 묘석만이 제사의 대상이 되는 경우를 일컫는 용어다. 양묘제에서 시신을 묻은 '매묘(埋墓, 우메바카)'는 대개 일정 기간이 지나면 완전히 버려지고, 혼을 모시고 제사를 지내는 '예묘(詣墓, 마이리바카)'만 기억된다. 즉 사자의 육체와 영혼의 분리를 전제로 하는 장묘 방식이다. 이러한 양묘제가 에도 시대 일본의 일반적인 관습이었다는 점도 의심스러우나,[10] 설령 그렇다 해도 노리나가의 지시가 과연 양묘제에 따른 것인지는 더욱 의문이 남는다. 노리나가가 원한 것은 보리사 주쿄지의 석탑은 어디까지나 가묘로 하고, 야마무로산의 무덤에 자신을 묻고 그곳에 영혼이 영원히 머무를 수 있도록 해 달라고 해석되는 다소 복잡한 내용이었다. 그는 제사와 성묘도 기본적으로 이중으로 해 주기를 원했다. 또한 다른 곳에 사는 제자들이 성묘하길 바란 곳은 주쿄지가 아니라 오히려 묘라쿠지 쪽이었다. 게다가 야마무로의 무덤에 심은 벚꽃이 시들지 않도록 관리까지 당부한 것을 고려하면, 그는 이 묘를 영속적인 것으로 구상했다고 이해된다. 그렇다면 일견 주쿄지의 묘를 제사를 위한 예묘로 볼 수는 있겠지만, 야마무로산의 묘를 시신을 묻고 잊어 버리는 매묘로 보는 것은 지나치게 단순하고 섣부른 추론에 불과하다.

만약 이와 같은 장묘 방식이 당시 적어도 마쓰자카 일대에서 일반적으로 행해지는 것이었다면, 실제로 노리나가의 사후 유족들과 제자들이 의논하여 결국 유언대로 하지 않은 점도 제대로 설명이 되지 않는다. 9월 29일 새벽 노리나가의 영면 후 다음날인 10월 1일 심야부터 이틀에 걸쳐 집행된 장례식 관련 기록이 남아 있다. 여기에 덧붙여진 문구에 의하면 "주쿄지에 가라다비하는 것은 삼갈 수밖에 없다." 또는 "밤중에 몰래 야마무로에 보내는 것은 삼갈 일이다"라고 적혀 있다.[11] 유언장의 지시대로 하다가 관청에서 문제 삼았을 경우에 해명이 곤란하므로 삼가야 한다는 내용이다. 결국 유언대로는 실행하지 않았음을 짐작할 수 있다.[12]

2) 야마무로산의 묘를 둘러싸고

1800년 7월에 유언장을 쓰고 난 노리나가는 약 두 달 후에 제자들과 함께 묘라쿠지를 찾아가 자신이 직접 묘를 쓸 자리를 정한다. 그 사정은 노리나가의 후계자인 모토오리 오히라(本居大平)가 노리나가의 임종 전후 모습을 날짜별로 기록해 둔『오히라옹 수기 서사(大平翁御手記之寫)』에서 엿볼 수 있다. 9월 어느 날, 노리나가가 오히라에게 야마무로산에 묘 자리를 보러 가자고 상의했다. 이에 오히라는 민감한 반응을 보이면서도 신중하게 대처한다. 기록에는 "그때 좋은 일도 아니라 아무 대답도 못하고 잠시 침묵했다. 그리고 대답하기를, 현세의 사람이 죽고 난 다음 일을 염려하시는 것은 주제넘은 것이며 고학(古學)의 정신에 역행하는 것이 아니냐고 말했다"[13]라고 되어 있다. 그리고 나서의 두 사람의 대화는 남아 있지 않아 알 수 없으나, 아무튼 노리나가는 계획을 강행했던 것 같다. 9월 16일 밤, 강석(講釋)이 끝난 후에 노리나가는 제자들에게 이튿날 아침 7시경에 야마무로산에 가겠다고 고한다. 그리고 다음 날인 17일에 열두세 명의 제자를 데리고 묘라쿠지를 방문하여 산 속에 묏자리를 정하고 부지를 매입한다.

그 예정지에 관해서는 묘소까지 가는 길과 묘소 배치도에 관한 그림을 노리나가가 직접 남겼다(〈그림 1〉, 〈그림 2〉). 이 자료들은 노리나가가 이날의 감

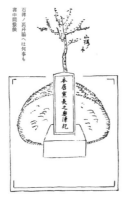

〈그림 1〉 야마무로 산 분묘도
(『전집』, 20권, 232쪽)

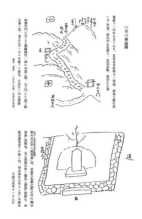

〈그림 2〉 야마무로 산 분묘도
(『전집』, 20권, 238쪽)

회를 읊은 노래 15수와 함께 전해지고 있다.[14] 그 후에도 노리나가는 이때 작성한 분묘도에 대해 다시 치수 등을 구체적으로 기록하고, 또한 봉분 위에 벚나무 외에 소나무 한 그루도 같이 심도록 지침서를 고친 것으로 보인다(〈그림 3〉, 〈그림 4〉).[15]

노리나가가 야마무로의 묘라쿠지를 자신의 영면의 장소로 정한 것은 어떤 이유에서일까. 오히라의 수기에는 묘라쿠지 주변 풍광에 대한 구체적인 설명이 보인다. 이곳은 마을에서 떨어진 야마무로산 속에 위치하는데, 풍광이 절묘하여 이 절의 암자에서 동쪽으로는 이세 만(伊勢灣)을 바라보고 있으며, 가을에 날씨가 좋으면 후지산까지 조망할 수 있다고 한다.[16] 타 지역의 제자들이 성묘를 왔을 때 길을 알려주기 위한 문장이라고도 추정되지만, 아무튼 전망이 좋고 풍광이 매우 뛰어난 곳이라는 점이 적어도 이곳에 묘를 쓴 일차적인 이유로 보인다.

또한 묘라쿠지는 주쿄지와 같은 정토종 계열의 절이다. 모토오리 집안은 본래 묘라쿠지와도 깊은 관계가 있었던 것으로 추정된다. 1784년의 저작

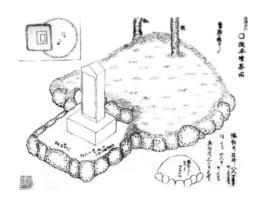

〈그림 3〉 개정분묘도
(『전집』, 별권 3권, 176쪽)

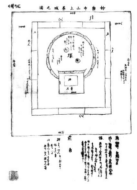

〈그림 4〉 개정분묘도
(『전집』, 별권 3권, 177쪽)

『별본 가문의 옛이야기(別本家の昔物語)』에 의하면, "요코타키(橫瀧)의 염불당, 야마무로의 묘라쿠지 등에도 선조들의 위패가 있고 옛날에 기부한 물품이 있다. 묘라쿠지에는 지금도 탁잣밥을 공양한다. 요코타키에는 진상하지 않는다"[17]라고 되어 있기 때문이다. 게다가 당시 묘라쿠지의 주지인 법예(法譽)는 원래 주쿄지의 주지였다가 은거하여 묘라쿠지의 암자로 옮긴 이로, 노리나가는 이 주지승과 친교도 있고 해서 때때로 묘라쿠지를 찾아와 전망을 즐겼다고 한다.[18]

근대 일본에서 노리나가 연구의 선구자격인 무라오카 쓰네쓰쿠(村岡典嗣)는 노리나가가 죽음에 임박하여 가문의 종교이자 어린 시절부터 경도되어 있었던 정토종 신앙으로 회귀한 것이라고 설명했다.[19] 그러나 노리나가가 불교식 장례를 인정한 것은 사실상 표면적인 것일 뿐, 실질적으로는 그것을 거부하려는 의지가 곧 유언에 담겨 있다고 할 수 있다. 장송 시에 염불은 일체 거부했고, 또한 장례 행렬의 중심이 되는 상여는 정작 비어 있으므로 그곳에 노리나가 자신은 부재하는 것이나 다름없다. 요컨대 유언의 지시는 당시의 관례를 존중하며 그대로 따르고 있는 것처럼 보이지만, 본질적인 부분에서는 결코 섞이지 않도록 치밀하게 짜인 계획이었던 셈이다.

3) 노리나가의 입장

평소에 그가 불교를 사상적으로 부정하고 신랄하게 비판하면서도 집안의 각종 법사, 보시, 염불 등의 불교식 관습을 그대로 유지하려고 노력했던 사실은 남아 있는 기록들을 통해 짐작할 수 있다.[20] 주쿄지의 불교식 장례도 이와 같은 맥락에서 이해해야 할 것으로 보인다. 유언장에 여러 번 반복적으로 등장하는 '물론(勿論)', '보통으로(世間並に)', '세간의 방식대로(世間並之通り

に)', '선조 대대로의 방식으로(先祖達之通りに)' 등의 표현에서도 이러한 경향을 확인할 수 있다.

노리나가의 수필 『다마카쓰마(玉勝間)』에는 「도에 맞지 않는 세상의 관습」이라는 항목에, "도에 맞지 않는다고 하여 세상에 오랫동안 계속되어 온 것을 갑자기 없애는 것은 좋지 않다. 다만 그 폐해가 되는 부분을 잘라내고, 있는 것은 있는 대로 두면서 참된 도를 물어야 한다. 만사를 억지로 도에 맞게 고치려 들면 개중에는 참된 도의 정신에 부합되지 않는 것도 있다. 만사는 흥하는 것도 망하는 것도 성하는 것도 쇠하는 것도 모두 신의 뜻이므로, 인력으로 움직일 수 있는 것이 아니다"[21]라고 되어 있다.

노리나가의 『답문록(答問錄)』에도 보면 '선악사정(善惡邪正)의 차는 있다 해도 유교도 불교도 도교도 모두 넓게 보면 그때그때의 신도(神道)'라고 했다. "유교로써 다스려야 할 일을 유교로써 다스려야 하고, 불교가 아니고서는 안 되는 일이라면 불교로써 다스려야 한다. 이것이 모두 그때그때의 신도이기 때문이다. 그것을 오로지 상고의 법에 따라 후세도 다스려야 한다고 생각하는 것은 사람의 힘으로 신의 힘을 이기려는 것으로 맞지 않다. 오히려 그때그때의 신도에 반하는 것이다."[22] 즉 노리나가의 사상은 단순한 복고주의와는 구별해야 한다. 외국의 사상이 들어오기 이전의 상고가 분명 이상적 시대이기는 하나, 후세는 정치도 인심도 이미 바뀐 지 오래임을 인정해야 한다고 하는 것이다. 그렇기 때문에 오랫동안 관습으로 굳어진 것들은 그것이 유교식이나 불교식이라 하더라도 성급하게 고치거나 폐지해서는 안 된다는 입장이다.

『다마카쓰마』의 「기일·상월·회기에 대해」에는 "애초에 이 회기(回忌)라는 의식도 매달의 기일과 비슷한 종류로, 상고에는 분명히 없었을 터이므로 없애도 될 것 같은데, 그렇지가 않다. 어떤 관습도 상고와는 다르다는 이유로 하나같이 버리려 함은 바람직하지 않다. 그것은 도가 지나친 것이다. 폐해만 없다면 당세의 관습에 어긋나지 않는 것이야말로 좋은 것이다. 또한 개중에는 옛것보다 지금의 것이 더 뛰어난 경우도 어찌 없다 하겠는가"[23]라고 하여, 단순히 당대의 사회적 제도적 관습에 따라야 한다고 말하는 데 그치지 않고, 좀 더 적극적으로 후세의 법도가 상고보다 뛰어난 경우도 있음을 지적하기도 한다.

가장 말년의 저작인 『우이야마부미(宇比山踏)』에도 집안에서 대대로 행했던 법사를 중시한다는 입장에 대해 다음과 같이 밝히고 있다. 일본 상고의 도(道)는 고대 문헌에 기록되어 있는데, 그것을 세상의 학자들이 불교나 유교에 의거하거나 혹은 그 뜻을 빌려 설명하는 폐단에 대해 비판하는 문맥이다.

불교에 의존하여 설명하는 사람이 말하는 행법도 대개 불가의 행법을 따라 만든 것이므로, 황국(皇國)의 옛 의식이 전혀 아니다. 또한 근래에 유교 신도가 (神道家)가 이것이야말로 신도의 의식이라면서 행하는 것, 장례, 상례, 제사 의식 및 그 밖의 것도 모두 세속과는 다르다. 따로 다른 형식을 만들어 행하는 일도 있는데, 이 또한 유교의 뜻을 섞어 만든 것이 많다. 결코 옛 의식의 모습은 아니다. 무엇이든 고대에 중국풍을 우러러 많은 것을 그 나라 식으로 고쳤기 때문에 상고의 의식은 사라져 전해지지 않은 것이 많다. 그래서 그 정확하고 상세한 내용은 알 수 없게 되었다. 실로 한탄스러운 일이다. 가끔 시골에는 상고의 의식이 남아 있는 경우가 많다고는 해도, 그것도 불교풍이 섞여 있어 올바르게 전해진 것은 드물 것이다. 본래 도(道)는 위에서 행하는 것이며,

위로부터 아랫사람에게 베푸는 것이다. 아랫사람이 제멋대로 정하여 행하는 것이 아니다. 그러므로 신도가들이 신도의 의식이라 하여 세간의 모습과 다른 방식을 행하는 것은, 설령 그것이 고대의 의식과 합치하는 부분이 있다 해도, 지금 세상에서는 사사로운 것이다. 도는 천황이 천하를 다스리는 정대공공(正大公共)의 도이다. 개인이 사사로이 스스로 편협하고 작게 설명하며 마치 무당처럼 혹은 기묘한 의식을 행하면서 그것을 신도라 함은 한심하고 슬프기 그지없는 일이다. 무릇 아랫사람은 좋든 싫든 그때그때 위에서 정한 규범을 따르고 행하는 것이 바로 고도(古道)의 뜻이다. 나는 이처럼 생각하기에 집안에서 선조의 제사, 부처에 대한 공양, 승려에 대한 보시 등도 그저 선대로부터 해 왔던 대로, 세간의 풍습과 다름없이 소홀히 하지 않도록 할 따름이다.[24]

여기서 볼 수 있는 것은 고도(古道)를 고대 생활로의 복귀와 엄격히 구별하여, 학문상의 신념과 생활태도 사이에 논리적 정합성을 관철하는 삶의 방식이다. 학자는 그저 도를 탐구하고 밝히는 것만이 책무이고 제멋대로 도를 행해서는 안 된다는 것이 노리나가의 지론이었다. 따라서 일견 기이하게 보이는 두 개의 묘도 적어도 노리나가 안에서만큼은 모순되지 않았음을 납득할 수 있다.

노리나가의 유언이 지시한 묘와 장례의 형식이 당시의 상식에서도 파격적인 것이었음은 틀림없다. 요컨대 그것은 사회의 통념에 반하는 의식이나 행동을 하는 것을 매우 경계했던 노리나가가 세간의 이목을 의식하여 사회적 체면을 유지하면서, 동시에 자신의 학문적 신념을 지키기 위한 방편이었다고 생각할 수 있다. 원래 노리나가의 생업은 소아과 의사인데다, 학문적으로는 약 500명의 제자를 거느리는 스즈노야(鈴屋)의 선생이라는 위치에 있었으며, 무엇보다 1792년에 기슈(紀州)의 번주(藩主)를 모시게 되면서부터는 무사 신분과 동렬이 되어 그에 상응하는 사회적 체면이 요구되었다고 할 수 있다. 그러나 결국 노리나가의 여러 가지 입장이 착종하는 유언장을 두고, 이미 당사자들은 물론, 후대의 연구자들은 그의 진의를 헤아리기가 난해하여 혼란을 초래하게 되었다. 노리나가의 유언장을 계기로 하여, 그가 영혼의 행방과 사후세계를 어떻게 이해하고 있었는지에 관한 사상의 문제로 논의로 이어가보고자 한다.

4. 영혼의 행방과 사후세계에 대한 담론

1) '요미노쿠니'설

앞에서 본 오히라의 반응은 노리나가의 제자로서 지극히 당연한 것이었다. 더구나 평소 스승의 사상을 잘 이해하고 있다고 믿었던 만큼 당혹스러움도 컸을 것이다.

노리나가는 제자들에게 보이지 않는 것에 대해 생각하는 것은 바람직하지 않다고 가르쳤다. 그리고 사람은 죽으면 누구나 '요미노쿠니(黄泉国·夜見国)'라는 저승으로 간다는 것이, 사후세계에 대한 노리나가의 입장이었다. 『고사기전(古事記伝)』 권6에 이자나기 신이 죽은 이자나미 신을 만나러 '요미노쿠니'로 향하는 기사에 대한 주해는 다음과 같다.

요미는 죽은 사람이 거처하는 곳이다.…햇불을 밝혔다는 구절을 보면 어두운 곳으로 보이며,…또한 아래쪽에 있는 나라다. 이 요미에 대해, 외국의 유·불서에서 인간의 생사에 관한 이치를 논한 것들에 익숙해져 버린 후세 사람들은 불교든 유교든 자기 마음이 끌리는 대로 해석하기 마련이지만, 모두 잘못된 것이다. 그러한 외국의 서적을 본 적이 없는 상고 시대의 마음으로 돌아가, 그저 죽은 자들이 가서 사는 곳으로 이해해야 한다.[혹자가 묻기를, 죽어서 요미노쿠니로 가는 것은 이 몸이 가는 것인가. 대답하기를, 이 몸은 송장이 되어 이 세상에 머무르고 요미노쿠니에는 혼이 가는 것이다.…] 고귀한 자도 천한 자도 선한 자도 악한 자도 죽으면 모두 요미노쿠니로 가는 것이다.[25]

일본의 고전에 의하면 '요미(黃泉)'란 사자들의 나라이고, 지하에 있는 어두운 곳이라는 점 외에 더 이상은 알 수가 없다고 단언한다.[26] 즉 선인이든 악인이든 모두 어두운 '요미'로 갈 뿐이기 때문에, 죽음만큼 두려운 것은 없다. 따라서 죽음 앞에서 인간은 슬퍼하는 것밖에 다른 도리가 없다. 그것은 또한 신이 관장하는 일이기에 인간의 힘으로는 어쩔 수가 없다. 결과적으로 신의 의지를 거역할 수 없는 인간에게 죽음은 슬픔으로 받아들이는 것 외에 다른 방도는 없다고 하는 것이다.

물론 이러한 노리나가의 '요미노쿠니'설은 불교나 유교에서 말하는 생사에 대한 교설을 강하게 의식한 것이다. 『다마카쓰마』「인간의 탄생과 사후의 일」이라는 항목에 보면, 죽음에 대한 불안과 공포로 인해 세상 사람들이 불교에서 말하는 극락과 같은 세계에 의지하는 것은 인지상정이라고 하면서도, 그러한 안심을 기대할 수 없다고 비판한다. 유교의 경우도 "죽어서 육신이 없어지면 마음과 정신도 함께 사라져 남는 것이 없다고 하는 것은 잘 생각해보면 실로 그럴 듯한 이치라 여겨진다"고 하여 일면 긍정하는 것 같으면서도, 그러나 이 생각은 바로 "무릇 사물의 이치는 끝이 없는 것으로, 불의 빛깔은 빨갛지만 불에 탄 물건은 검게 되고, 또 재가 되면 하얗게 되기도 한다. 이처럼 항상 생각 밖의 일이 있어, 결국 생각만으로 짐작하는 것은 매우 잘못된 경우가 많다. 따라서 사람이 죽은 후의 일도 인간의 지혜와 얕은 이치로 헤아릴 수 있는 것이 아니라, 인간의 사고를 넘어서는 것이다"[27] 라고 이어지며 부정된다.

『답문록』에 의하면, 직접적으로는 특히 유교 사상과 결합된 스이카 신도(垂加神道)의 안심론에 비판의 초점이 맞추어져 있다.

> (생각해도) 무익한 일을 이리저리 생각하여, 예컨대 이 천지의 도리는 이러이러하다거나 사람이 태어나는 이치는 이러이러하다거나 죽으면 이러이러하게 된다거나 하는 등이다. 이것은 사실 모르는 것을 여러 가지로 논하여 저마다의 편협한 사고로 안심을 말하는 것이다. 모두 외국의 유교·불교와 같이 거짓이고, 결국은 무익한 공론일 따름이다.[28]

그럼에도 불구하고 굳이 신도의 안심을 정해야만 한다면, 이라는 식으로 논의가 이어진다.

> 고서를 잘 본다면, 사람들이 안심이라 말하는 것이 없다는 것도, 그 안심은 무익한 공론으로 모두 외국에서 만든 설이라는 것도 자연히 알게 되리라. 이것이 진정 신도의 안심이다. … 신도의 이 안심이란 사람이 죽으면 선인도 악인도 모두 요미노쿠니로 가는 것이다. 선인이라고 해서 좋은 곳에 다시 태어나는 일은 없다. 이는 고서에 분명히 나와 있다.[29]

유교나 불교의 안심론과 달리 오히려 '안심 없는 안심'이야말로 곧 신도의 안심이라는, 잘 알려진 역설의 논리다. 인간이 생각할 수 있는 범위를 넘어서는 일은 알 수 없는 채로 두어야 한다는, 이른바 불가지(不可知)설이다. 이처럼 노리나가는 사후세계에 대한 관념적 지향을 최대한 억제하고 사후구제에 의한 안심론을 배격했다.

1787년에 노리나가가 도쿠가와 사다하루(德川治貞)에게 헌상한 『다마쿠시게(玉くしげ)』라는 의견서를 보더라도 죽음과 사후세계에 대한 노리나가의 입장은 거의 그대로 반복된다.

> 사람은 귀한 자도 천한 자도 선한 자도 악한 자도 모두 죽으면 반드시 요미노쿠니로 가야 하므로, 이 세상에 죽음만큼 슬픈 일은 없다. 외국의 설 가운데는 이것을 슬퍼해서는 안 될 도리라고 설하거나, 또는 이생에서의 행위의 선악에 의해 심판을 받고 그에 따라 죽어서 가는 곳도 여러 가지라고 상세하게 설한다. 때문에 세상 사람들 모두 이런 것들에 현혹되어 그 설들을 그럴듯한 것으로 생각하고 믿는다. 죽음을 깊이 슬퍼하면 어리석은 마음의 미혹함으로 여겨지므로 이를 부끄러워하며, 일부러 헤매지 않는 척, 슬프지 않은 척 해 보이고, 또는 사세(辭世)라고 하여 깨달음을 얻은 양 이 세상을 떠나는 말을 남긴다. 이는 모두 위선적인 것으로, 인정(人情)에 반하고 참된 도리에 맞지 않는 것이다.[30]

이와 같은 노리나가의 '요미노쿠니'설에 따르면, 죽음 이후의 세계에 대해 생각하는 것 자체가 바로 그가 비판했던 외국의 설에 가담하는 것이나 다름없다. 또한 기본적으로 이승과 저승은 완전히 단절된 세계로, 사후세계와의 왕래는 불가능한 것으로 이해된다. 그렇다면 노리나가가 야마무로산에 따로 묘를 정하고 그곳에 찾아와주길 원했던 것을 대체 어떻게 받아들여야 할까. 정작 스승은 자신의 '요미노쿠니'설을 포기한 것인가 하는 의문이, 오히라를 비롯한 제자들에게는 계속될 수밖에 없었던 것이다.

2) 영혼분재설

무엇보다 문제가 되는 것은 노리나가가 1800년 9월 17일 제자들과 야마무로산을 찾았을 때 읊은 노래들이다. 「야마무로행 영초(山室行詠草)」에 들어 있는 노래 15수 가운데 몇 수만 살펴보자.

> '산 속 깊이 마지막 안식처 정해 두니/ 마음에 걸려 있던 구름이 걷혔구나'
> '영원히 살 곳이라 생각하니/ 대나무 아래가 좋다고 정했네'
> '이제부터는 덧없는 몸이라 생각하니 한스럽구나/ 영원한 거처를 찾고 있자니'[31]

노리나가가 자신의 묘소를 비로소 원하는 곳에 정해 놓았다는 안도감, 그리고 야마무로산에 영원히 머물고 싶다는 그의 심정은 '영원한 거처(千世のすみか)'라는 표현 등에 단적으로 나타나 있다.

그리고 나서 이듬해인 1801년 3월에도, 노리나가는 와카야마(和歌山)에서 돌아오자마자 꽃구경을 겸해 야마무로산을 다시 찾아 그곳의 벚꽃을 보고는 만족하여 돌아온다. '야마무로산 영원한 봄의 거처에 갇혀/ 바람에 지는 일 없는 벚꽃을 실컷 보리라'[32]라는 노래는 이 무렵의 심경을 읊은 것으로 추정된다.

이처럼 노리나가가 말년에 야마무로산에서 읊은 노래들의 내용은 그의

'요미노쿠니'설, 즉 사후에 영혼은 오직 '요미노쿠니'로 갈 뿐이라는 입장과 상반되는 것으로 보인다. 위의 노래가 대표하듯이 노리나가 만년의 언동에 보이는 모순적인 발언들은 결정적으로 사후관에 대한 그의 사상적 변화를 의미하는 것일까.[33]

노리나가가 자신의 '요미노쿠니'설을 특별히 부정하거나 번복한 것 같지는 않다. 죽기 직전인 1801년의 노래 중에는 '요미노쿠니 생각하면 어쩐지 우울해도/ 끝내 이 세상을 버려야 하리' 또는 '죽으면 모두 요미노쿠니로 가는 줄도 모르고/ 부처님 나라를 바라는 어리석음이여'[34]와 같은 노래들이 여전히 보이기 때문이다.

다시 말해 노리나가가 '요미노쿠니'설로 일관한 것은 분명 사실이다. 그럼에도 문제는 그리 단순하지가 않다. 그는 곳곳에 '요미노쿠니'설과는 미묘하게 다른 것처럼 보이는 사후세계관을 단편적으로 남기고 있기 때문이다.[35] 그것이 바로 분령(分け霊, 와케미타마)이라는 개념, 말하자면 영혼분재설(靈魂分在說)이다. 사람이 죽으면 그 영혼은 모두 '요미노쿠니'로 가는 것이 맞지만, 때로 영혼이 이 세상에 머무는 경우도 있다는 것이다. 예를 들어 다음의 인용은 『고사기전』 권30 주아이 천황(仲哀天皇)의 기사에 나오는 '니기미타마(和御魂; 축복을 내리는 부드러운 신령)·아라미타마(荒御魂; 재앙을 내리는 난폭한 신령)'에 대한 주해에 해당한다.

신에게 영혼(御霊, 미타마)이 있는 것처럼 보통 사람들에게도 제각각 영혼(霊, 다마)이 있다. 그것은 사후 요미노쿠니로 간다고는 하지만, 한편으로는 이 세상에 머무르며 복을 가져오기도 하고 화를 일으키기도 하는 것이 마치 신과 같다. 단 그 사람의 지위의 존귀함과 비천함, 마음의 슬기로움과 어리석음의 강약 등에 따라 이 땅에 영혼이 머무르는 것에 차이가 있어, 처음부터 거의 없는 것이나 다름없는 자가 있는가 하면, 수백 년 수천 년이 지나도 아직 왕성하여 실로 신이 되는 자도 있다. 그런데 요미로 가는 영혼이 이 세상에 남는 것은 원래 있었던 불을 다른 곳으로 옮기면 그 불빛이 오래 남아 있는 것과 같다. 따라서 가지고 간 불이 멀리 갈수록 원래의 불빛은 약해져 사라진다. 오랜 시간이 지나면 남은 영혼은 사라지지만, 존귀한 신은 이 세상에 남아서 사라지지 않고 강해지는 것은 불빛의 힘이 강하여 다른 곳으로 옮기더라도 불빛이 더욱 강해져 변하지 않는 것과 같은 이치다"[36]

노리나가의 해석에 따르면, 현세에서 뛰어난 공적을 이룬 사람의 영혼은 언제까지나 이승에 남아 영향력을 행사한다. 또한 일반 사람들의 영혼도 어느 정도는 이승에 머물렀다가 사라진다. 사람의 성품에 따라 영혼의 작용이 있으며, 이 세상에 머무르는 그 정도가 달라진다고 말하는 것이다. 요컨대 사후에 인간의 영혼이 마치 신과 같이, 현세의 인간 세계에 일정 부분 작용하기도 한다는 것이다. 그러므로 제사를 지내면 신령이 이 세상으로 찾아오거나(来格) 또는 현세에 있는 인간에게 신벌을 내리거나(祟り) 하는 현상들도 설명가능하게 된다.

3) 아쓰타네의 해석

사실 노리나가 자신보다 노리나가의 영혼의 행방을 찾는 문제에 천착한 것은 히라타 아쓰타네(平田篤胤)였다. 아쓰타네는 노리나가 사후에 입문한 제자였지만, 누구보다 노리나가의 학문적 계승자를 자처했다. 1823년 11월 4일 아쓰타네는 야마무로산에 있는 노리나가의 묘지를 참배할 때, '천오백

명 그 많은 제자 가운데/ 특별히 저를 써 주시옵소서'라는 노래를 읊을 정도였다.[37] 그러한 아쓰타네가 노리나가의 설에서 크게 벗어나는 저작 『다마노미하시라(霊能真柱)』를 공표하자, 스즈노야의 여러 문하생들이 모토오리 오히라에게 이에 대해 문의하는 내용의 서간을 보내는 등, 노리나가 제자들 사이에서 파문을 일으키게 되었다.

그러한 아쓰타네 학문의 가장 큰 특색이 바로 유명계(幽冥界)에 대한 관심이었다. 이 점에 대해서는 아쓰타네 스스로도 자신의 독자적인 설임을 자부하여, '옛 사람도 지금껏 밝힌 적이 없고 스승님도 미처 생각지 못한 설'[38]이라고 했다. 아쓰타네는 『다마노미하시라』에서 사람이 죽으면 '요미노쿠니'에 간다는 스승의 설이 틀렸다고 단언한다.

> 스승님의 영혼도 요미노쿠니로 가지 않고 다른 곳으로 갔다고, 나는 확신한다. 스승님은 그곳에서 평온하게 지내시며, 먼저 간 학형들을 불러 노래를 읊고 글을 쓰며, 또한 생전의 자신의 설 가운데 누락되거나 잘못된 곳을 고쳐 새로운 설을 세우고 계시리라. 이러이러한 설은 누구누구의 머릿속에 떠오르도록 해야지 하고 생각하실 것은 눈에 보이듯 훤하여 의심의 여지가 없다.[39]

그렇다면 노리나가의 영혼은 대체 어디에 있다는 것인가. 아쓰타네에 의하면, 그곳은 다름 아닌 야마무로산의 무덤이다.

> 스승님의 영혼이 계신 곳은 어딘가 하니, 바로 야마무로산이다. 스승님은 사람의 영혼이 요미노쿠니로 간다는 설을 다망했던 탓에 바로잡지 못하고 가셨으나, 옛날부터 묘는 혼을 모시기 위해 만든다는 것을 생각하셨기에 일찍

이 묘소를 정해 두셨던 것이다. 그때 읊으신 노래가 '야마무로산 영원한 봄의 거처에 갇혀/ 바람에 지는 일 없는 벚꽃을 실컷 보리라'와 '이제부터는 덧없는 몸이라 생각하니 한스럽구나/ 영원한 거처를 찾고 있자니'이다. 이는 모두 영혼의 거처는 여기이며, 정해진 곳에 머무른다는 것을 깨달으셨기 때문이다. 하물며 야마무로산은 스승님이 생전에 이곳이야말로 내가 영원히 머물 멋진 산이라고 정해 두셨는데, 그곳에 계시다는 것을 어찌 의심하랴.[40]

아쓰타네는 앞에서도 언급한 노리나가의 말년의 노래를 근거로, 노리나가가 스승이 만년에 '요미노쿠니'설을 버린 것이라고 주장했다. 아쓰타네의 결론은 사후 영혼은 무덤 위에 있다는 것이다. 따라서 죽어서 영혼이 된 노리나가도 결코 '요미노쿠니'가 아니라 야마무로산의 무덤 위에 있다는 것이다. 아쓰타네는 노리나가가 이론상 '요미노쿠니'설을 주장한 것일 뿐, 생전에 자신의 묘를 철저히 준비했다는 사실로도 알 수 있듯이, 스스로 선택한 야마무로산의 무덤이야말로 영혼이 진좌하는 곳이라고 말한다. 또한 아쓰타네는 노리나가와 꿈속에서 만난 적이 있는데, 그야말로 노리나가의 영혼이 '요미노쿠니'로 가지 않았다는 틀림없는 증거라고도 했다.

아쓰타네는 이와 관련하여, 뜻이 있는 자는 사후의 거처를 일찌감치 정해 두어야 한다고도 말한다. 그리고 나서 다음과 같은 유명한 말을 남긴다. 자신이 죽으면 육체는 어디에 묻히더라도, 영혼은 노리나가의 곁으로 가겠노라고.

이 몸이 죽고 나서의 내 영혼의 행방은 일찍부터 정해 두었다. 그곳이 어딘가 하니, '죽은 몸은 어딘가의 흙이 될지라도/ 영혼은 스승님 곁으로 가야지'.

올해 먼저 떠난 처와 **나란히**[이렇게 말하면 이상하게 여기는 자가 있을지도 모르나, 불쌍하게도 내 처는 나의 학업을 돕다가 그 노고로 병을 얻어 죽었기 때문에 함께 간다고 하는 것이다. 이에 대해서는 따로 써 두었다.] 바로 날아가 스승님 앞에서 생전에는 열심히 하지 못한 노래에 대해 들으리라. 봄에는 스승님이 심은 벚꽃을 함께 구경하고, 여름에는 청산을, 가을에는 단풍과 달을 보리라. 겨울에는 눈을 보며 느긋하게 영원한 시간을 보내리라.[41]

이상의 아쓰타네의 해석이 어디까지나 자신의 영혼관에 노리나가를 끌어들여 끼워 맞춘 것이라는 인상은 부정하기 어렵다. 앞에서도 언급했듯이, 노리나가가 '요미노쿠니'설을 포기하는 의미로 야마무로산의 묘를 구상했다고는 보기 어렵기 때문이다.

노리나가의 복잡한 사후세계관이 이미 아쓰타네와 같은 내세주의적 세계관으로 발전될 여지를 그 안에 내포하고 있었다고 하는 것이 정확할 것이다. 비록 아쓰타네는 노리나가와는 여러 면에서 다른 지평에 서 있었지만, 훗날 근대 민속학의 아버지라 불리는 야나기타 구니오(柳田國男)가 죽은 자는 조상신이 되어 고향 산천에 머물며 자손을 가호한다고 주장했듯이, 근세의 국학이 근대 학문으로 연결되는 지점에서 노리나가가 던진 세계관의 문제를 발전시킨 것은 아쓰타네의 공적임이 분명하다.[42]

5. 노리나가의 묘, 그 후

에도 막부 말기, 시대가 메이지(明治)로 바뀌기 직전인 1867년에 야마무로산의 노리나가의 묘지 앞에는 위에서 언급한 아쓰타네의 노래 '죽은 몸은 어딘가의 흙이 될지라도/ 영혼은 스승님 곁으로 가야'를 새겨 넣은 가비 (歌碑)가 세워졌다. 그리고 메이지 시대에 들어와 1875년에는 노리나가와 아쓰타네의 영을 합사한 야마무로야마 신사(山室山神社)가 창건되어 묘지 옆에 자리했다. 이 신사는 1889년에 마쓰자카 시내로 이전, 1931년에는 모토오리 신사(本居神社)라고 개칭되어 현재에 이른다. 특히 1900년의 대대적인 보수 공사로 모습이 크게 바뀌었다. 여러 번의 개축 과정을 거치면서, 노리나가의 석비 앞에는 노리나가가 유언장에 금했던 화통이 양쪽에 설치되고 중앙에는 새전함까지 놓인 적도 있다. 현대식의 벚꽃을 조각한 돌담 따위도 그에게는 쓸모없는 것이었다. 비석이 묘석과 같이 취급되면서, 정작 묘의 중심인 봉분은 방형으로 정비되어 묘석의 토대 정도로밖에 보이지 않는, 결국은 불교식 묘지와 거의 다름없는 모습이 되고 말았던 것이다. 무덤 속의 노리나가가 통탄했을 일이다.[43] 참고로 노리나가 사후 200년을 기념하는 2001년, 그의 유언장에 최대한 가까운 형태로 묘를 복원하는 사업이 이루어졌다.

일견 상식을 깨뜨리는 장묘 방식을 지시한 노리나가의 유언은 그의 일관된 사상이 응축된 또 다른 표현이었다. 그리고 그것이 안고 있는 문제는 노리나가 자신은 가담하지 않은 듯해도, 훗날 영혼의 행방이나 사후의 안심과 같은 종교사상적 논의를 이끌어냈다는 사실을 부정하기 어렵다. 노리나가와는 또 다른 지평에서, 노리나가에 의해 형성된 지적 담론의 장이 근세 후기에 확대 재생산되었다는 점에서, 노리나가의 유언장은 국학자들의 사후세계 담론을 불러일으키는 결정적인 계기였다고 할 수 있다.

상여는 망자의 집
-조선시대 상여의 연속성과 불연속성

/ 임현수

1. 머리말

우리나라에서 언제부터 상여를 사용했는지는 분명하지 않다.[1] 상여에 대한 언급은 고려사에도 나오는 것으로 보아 적어도 고려시대 이전부터 상여를 사용한 것으로 보인다. 하지만 그 형태나 규모에 대해서는 알 수 없다. 상여의 형태나 규모에 대하여 대체적인 정보를 알 수 있는 시기는 조선시대 들어서면서부터이다. 국가 의례를 규정하고 있는 오례서, 주자가례를 비롯한 가례서, 국장에 대한 정보를 담고 있는 왕실 의궤, 현존 실물 상여 등을 통하여 조선시대 상여의 변천을 재구성할 수 있다.

이 글은 문헌 자료와 실물 자료를 중심으로 한국 전통 상여의 변천을 추적할 계획이다. 그러나 상여의 변천사를 재구성하는 것이 본고의 궁극적인 목표가 아니라고 하는 점을 분명히 해 둘 필요가 있을 것 같다. 이 글은 상여의 역사성에도 불구하고 상여를 상여이게 만드는 것이 무엇인지를 찾아보고자 하였다. 상여의 본질 혹은 정체성에 대한 관심이 이 글의 문제의식이다. 이 글은 자료의 한계로 말미암아 조선시대 상여에 제한한다. 조선시대 상여는 신분에 따라 규모와 형식의 측면에서 상이점을 드러낸다. 하지만 왕실 상여의 경우 신분의 차이를 넘어서 규범적인 위치를 점하고 있었다. 왕실 상여는 일반 계층에서 따르고 본받아야 할 모델의 기능을 담당하였다. 이 글은 왕실 상여와 일반 계층의 상여에 이르기까지 역사적 변화와 차이에도 불구하고 이들을 관통하는 공통 요소가 무엇인지 탐구하였다.

이런 작업을 수행하기 위해서 비교가 필수적이라고 하는 점은 두말할 필요도 없다. 왕실 상여가 이 글에서 중심적인 자리를 차지하는 것은 분명하다. 하지만 왕실 상여가 당시 형성된 구조와 모습으로 완성되기까지 어떤 전신을 거쳤는지를 알아보는 것이 중요하다. 왕실 상여와 그 전신 사이의 비교를 통해서 차이를 넘어선 연속성을 발견할 수 있다면 상여의 정체성을 확인하는 데 중요한 근거를 마련할 수 있을 것이다. 왕실 상여와 그 후신이라고 할 수 있는 일반 계층의 상여를 비교하는 작업도 마찬가지이다. 필경 그 규모의 면에서 일반 계층의 상여는 왕실 상여와 비교할 수 없을 만큼 축소될 수밖에 없다. 그럼에도 양자 사이에 공통점이 있다면 그것 역시 상여의 정체성을 이해하는 데 주요 통로가 될 것이다.

이 글은 2장과 3장에서 왕실 상여의 전신이라고 할 수 있는 유거와 식관을 비교할 것이다. 4장은 2장과 3장의 결과를 토대로 왕실 상여를 다시 유거와 비교하는 장을 마련한다. 5장에서는 왕실 상여와 그 후신인 대부, 사, 서인의 상여를 비교한다. 2장부터 5장까지는 문헌 자료에 등장하는 상여를 중심으로 논의가 진행되는 데 반해, 6장은 현존하는 실물 상여에 초점을 맞춘다. 현존하는 실물 상여는 얼마 되지 않는다. 이러한 실물 상여는 문헌 자료에 소개되었던 상여와 비교할 때 형태상으로 차별성을 보인다. 이 글은 왕실 상여가 현존 실물 상여와 어떤 상관성이 있는지를 간략하게 고찰할 예정이다. 그렇게 함으로써 실물 상여가 왕실 상여와 전혀 다른 계통에서 출현한 것인지 아니면 여전히 왕실 상여로부터 영향을 받아 형성된 것인지를 추론하고자 한다.

2. 식관(飾棺)

조선시대는 국상이 발생했을 때 국장도감, 빈전도감, 산릉도감 등을 설치하여 행사에 필요한 제반 물품과 도구를 준비하였다.[2] 그중 재궁을 장지까지 운반하는 데 사용한 상여를 제작하는 일은 무엇보다도 많은 재원과 인원이 요구되었다. 왕실의 상례인 만큼 상여의 종류도 다양하였다.[3] 대여(大輿)는 왕실 상여 가운데서 실제로 재궁을 실어 나르는 역할을 담당하였으며, 그 규모도 다른 상여에 비하여 가장 크고 웅장하였다. 상여 중에 가장 중심적인 자리를 차지한 것이 대여였다. 조선시대 당시 대여가 공식적으로 국장에 사용되기 시작한 것은 세종 이후의 일이다. 다음의 기록에 따르면 대여가 처음부터 국장에서 사용된 것이 아님을 알 수 있다.

> 예조(禮曹)에서 아뢰기를, "중국은 토지가 평평하고 넓으므로 장사에 유거(柳車)를 쓰지만은, 본국은 도로가 험조(險阻)하온데, 역시 유거(柳車)를 쓰는 것은 미편(未便)합니다. 이번 대행왕비(大行王妃)의 재궁(梓宮)이 계행(啓行)할 때에는 『가례(家禮)』의 어깨에 메는 상여[肩擧喪輿]의 제조에 의하여 정교(精巧)하게 만드소서." 하니, 그대로 따랐다.[4]

위의 기록은 세종 28년의 일로 종전까지 사용하던 유거를 대여로 바꾸기로 결정하는 장면을 묘사하고 있다. 이 기록에 따르면 대여와 유거의 가장 큰 차이점은 이동 방법에 있었다. 도로 사정으로 말미암아 조선에서는 중국과 달리 유거를 쓰는 데 많은 불편함이 있으므로 어깨에 메는 상여로 바꾸는 것이 합리적이라는 판단이다. 유거가 사람이나, 말, 소 등을 이용하여 이동하는 수레 형식의 상여였다면 대여는 사람이 직접 어깨에 메는 상여였다. 나중에 언급하겠지만 조선의 상여는 중국의 영향을 받아 제작되었는데, 중국 문헌에 상여를 지칭하는 용어로서 온량거(轀輬車), 이거(轜車), 유거, 상거(喪車) 등이[5] 주로 사용되었던 것으로 보아 원래 상여의 이동 방법은 수레 형식이었던 것으로 보인다. 대여라는 말은 주자의 『주자가례』나 구준(丘濬)의 『가례의절(家禮儀節)』과 같이 후대 문헌에서 확인된다.[6] 조선이 성리학을 기본 이념으로 삼아 성립된 국가임을 감안하면 유거에서 대여로 바꾼 이면에는 지리적인 조건뿐만 아니라 주자가례의 영향을 받았을 가능성이 크다.[7]

조선시대에 들어와 유거에서 대여로 바꾼 것은 나름 획기적인 사건이었을 것으로 보인다. 고려시대의 기록을 검토할 때 당시만 해도 일반적으로 수레 형식의 상여가 이용되었을 것으로 추정되기 때문이다.

명종 13년 11월 계미일에 왕태후 임씨(任氏)가 죽으니 의창궁 옆에 빈소를 모시고 왕이 아침 저녁으로 가서 울었다. 윤달 갑인일에 순릉에 장사 지낼 때 왕이 이거를 인도하여 의창궁에서 미륵사까지 걸어갔다. 그리고 장사를 지낸 후 상복을 벗었다.[8]

공민왕 14년 2월 갑진일에 휘의공주가 죽으니 3일간 조회를 중지하고 백관들은 검은 갓 쓰고 흰 옷을 입었다. 빈전, 국장, 조묘도감 및 산소령반법, 위의와 상유, 이거, 제기, 상복, 반혼복완, 소조관곽, 묘실, 포진초상 등을 차리는 13색(色)을 설치하였다.[9]

위의 두 기록에 의하면 왕실 상례 때 이용한 상여가 모두 이거로 나타난다. 고려 시대 귀족들의 상례 문화를 파악하는 데 중요한 자료로 활용되고 있는 묘지명(墓誌銘)도 제한적이지만 상여에 대한 약간의 정보를 제공한다. 이를 분석한 연구에 따르면 일반 귀족 계층도 상례 때 수레 형식의 상여를 이용한 것으로 보인다.[10] 따라서 조선 세종 당시 대여로 바꾸기 전까지 수레 형식의 상여를 사용한 것은 오랜 관행이었던 것으로 판단된다.

앞서 언급한 바와 같이 문헌 기록에는 고려 시대의 상여에 대하여 구체적인 정보가 남아 있지 않다. 하지만 고려 시대 수레식 상여의 전모를 짐작할 수 있는 것이 조선시대 유거 관련 기록이다. 조선실록은 대여뿐만 아니라 유거에 관한 정보도 싣고 있기 때문에 대여로 전환하기 전까지 전통적으로 사용했던 수레식 상여를 알 수 있는 좋은 자료이다. 그런데 한 가지 염두에 두어야 할 것으로 대부분의 조선시대 예제가 그렇듯이 실록에 기록된 유거도 경전에 근거하여 제작되었다는 점이다. 『예기(禮記)』는 유거의 원형을 제시한 경전이었던 것으로 판단된다. 유거에 대하여 살펴보기 전에 경전에서 묘사한 상여의 모습을 검토하고 넘어가도록 한다. 먼저 경전 기록에는 유거라는 명칭이 보이지 않는다. 대신 식관(飾棺)이란 용어가 보이는데, 상여의 기원이 관을 장식하는 관행에서 비롯되었음을 짐작할 수 있다. 『통전(通典)』에 의하면 식관의 연원은 주나라 때까지 거슬러 올라간다.

주나라 제도에서는 나라에 국상이 나서 영구가 바깥을 향하여 길을 갈 때

가 되면, 상축이 관을 장식하고, 곧 수레에 실은 다음 인도하여 나아간다.[11]

위의 인용문을 보면 영구는 식관 후 수레에 실어 운반되었음을 알 수 있다.『예기』「상대기(喪大記)」에는 식관 방법과 수레의 종류가 신분별로 소개되어 있다. 신분에 따른 식관법은 다음과 같다.

[1] 국군(國君)의 출장(出葬) 시 관(棺)을 장식한다. 대개 관 덮개를 이용하여 관을 덮는다. 관 덮개는 나무를 이용하여 뼈대를 만든다. 꼭대기와 네 변의 주위에 휘장(帷幔)을 부착한다. 위 꼭대기를 황(荒)이라 하고, 네 변의 주위를 유(帷)라 한다. 황 중앙에 무늬가 있는 비단을 봉합하여 만든 박(瓜) 모양의 원형 꼭지를 설치하는데, 이를 제(齊)라 한다. 관 덮개는 궁실(宮室)을 상징하며, 황의 가장자리 처마 부분에 접하고 있으면서 떨어지는 빗물의 낙수를 상징하며 늘어뜨려져 있는 것을 지(池)라 한다. 지는 반통(半筒)형의 긴 통이며, 대나무 가지를 이용하여 골격을 만들어 바깥 부분에 푸른 베를 붙인 것이다. 지 밑으로는 꿩의 도안을 그린 깃발 모양의 비단이 걸려 있는데, 진용(振容)이라 한다. 영거(靈車)가 나아갈 때 진용은 바람에 흔들린다. 국군이 사용하는 유에는 용을 그린다. 황의 앞면과 좌우 양측에는 각각 한 개의 지를 달고, 지 아래에 진용을 건다. 황의 가장자리에는 도끼 모양의 화문(花紋)을 그리고, 또한 가운데에는 3행의 불꽃 모양의 화문과 3행의 아(亞) 모양의 화문을 그린다. 관 덮개 안에 있는 영구(靈柩)는 소금저(素錦褚)라고 하는 별도의 흰 비단으로 만든 소옥(小屋)을 덮는데, 소옥도 또한 황과 유가 있다. 황과 유를 연결하는 적황색 유대(紐帶)는 6줄이다. 제는 다섯 가지 색깔의 비단을 꿰매고 그 위에 다섯 개의 조개껍질을 덮는다. 도끼 모양의 화문을 그린 삽선(翣扇) 두 자루, 아 모양의

화문을 그린 삽선 두 자루, 운기(雲氣) 화문을 그린 삽선 두 자루가 있다. 삽선의 양쪽 끝 부분 위에는 규옥(圭玉)을 붙인다. 삽(翣)의 모양은 부채(扇)와 유사하다. 나무줄기를 이용하여 테두리를 만들고 그 위에 흰 베를 늘어뜨린다. 삽의 넓이는 3척, 높이는 2척 4촌, 모양은 사각형, 자루의 길이는 5척이다. 영거가 길을 나아갈 때 영거를 가리며, 장지에 들어갈 때 영구를 가린다. 지 아래 동어(銅魚)가 매달려 있는데, 영거가 움직이며 나아갈 때 동어가 흔들리며 지를 추켜올리는 모습이 마치 물고기가 연못 위로 뛰어오르며 사방으로 물방울이 튀는 형상(魚躍拂池)을 연상시킨다. 관속(棺束)과 관 덮개를 연결하여 견고하게 묶는 적황색 유대는 6줄로서 좌우 각 3줄씩이다. 한쪽은 유 안쪽으로 관속을 묶는 적황색 유대이고, 다른 한쪽은 유 바깥쪽 좌우로 나와서 사람들이 영거가 기울거나 뒤집히지 않도록 제어를 할 수 있는 적황색 유대로서 6줄이며, 좌우 각 3줄씩이다.[12]

[2] 대부(大夫)가 사용하는 유에는 운기를 그린다. 황의 앞뒤로 각각 한 개의 지를 단다. 지 아래로는 진용을 매달지 않는다. 황의 가장자리는 운기를 그리고, 중간에도 3행의 불꽃 모양의 화문과 3행의 아 모양의 화문을 그린다. 관 덮개 내부에 있는 영구는 별도의 흰 비단으로 된 소옥으로 덮는다. 적황색 유대 2줄, 하늘색 유대 2줄이 있다. 제는 세 가지 색깔의 비단을 이용하여 꿰매고, 그 위를 세 개의 조개껍질로 덮는다. 아 모양의 삽선 두 자루, 운기 화문이 그려진 삽선 두 자루가 있다. 삽선의 양쪽 측면 위에는 채색된 날개털을 꽂는다. 지 아래 요동하면 지를 추켜올리는 동어 장식이 있다. 관속과 관 덮개를 견고하게 묶는 유대가 있는데, 앞면에 있는 두 줄은 적황색이고, 후면의 두 줄은 하늘색이다. 수레의 유 양쪽에 사람들이 제어할 수 있는 피대(披帶)가 있는데, 좌우 각각 2줄씩이며, 전후 색깔이 유대와 같아서, 앞은 적황색, 뒤쪽은

하늘색이다.[13]

[3] 사(士)가 사용하는 것은 흰색 베로 만든 유, 흰색 베로 만든 황이며, 다만 황의 앞면에 한 개의 지가 매달려 있으며, 지 아래는 꿩을 그린 긴 비단이 걸려 있다. 적황색 유대가 좌우 각각 한 개씩 앞쪽에 있고, 흑색의 유대가 좌우 각각 한 개씩 뒤쪽에 있다. 제는 세 가지 색깔의 비단으로 꿰매고, 그 위를 한 개의 조개껍질로 덮었다. 운기 화문을 그린 삽선 두 자루가 있다. 삽선의 양쪽 끝에는 색깔이 있는 깃털을 꽂았다. 관속과 관 덮개를 묶는 유대가 앞쪽 가장자리에 두 줄이 있는데, 적황색이고, 뒤쪽 가장자리에 있는 두 줄은 흑색이다. 사람들이 영거를 제어하여 뒤집히지 않도록 하는 긴 피대가 좌우 각각 두 줄씩이 있는데, 모두 적황색이다.[14]

위의 세 인용문은 각각 군왕, 대부, 사가 죽었을 때 식관하는 방법을 소개한 글이다. 신분의 차이 때문에 식관할 때 동원되는 장식의 종류나 수가 다르게 나타나지만 그 구조는 동일하다. 예를 들어 군왕의 유에는 용을 그리는 데 반하여 대부의 유에는 구름을 그리고, 사의 유에는 아무런 문양을 그려 넣지 않는다. 식관에 소요되는 장식의 종류와 수를 신분별로 구분하여 하나의 도식으로 정리하면〈표 1〉과 같다.

〈표 1〉 군, 대부, 사의 식관 대조표

	[1] 군	[2] 대부	[3] 사
황	도끼 문양 불꽃 문양 3행 아 문양 3행	구름 문양 불꽃 문양 3행 아 문양 3행	문양 없는 흰색 베
유	용 문양	구름 문양	문양 없는 흰색 베
제	오색비단 다섯 개의 조개껍질	삼색비단 세 개의 조개껍질	삼색비단 한 개의 조개껍질

지	동어 어약불지	동어 어약불지	동어 없음 꿩을 그린 비단
진용	지 아래에 부착	지 아래에 없음	지 아래에 없음
소금저	있음	있음	없음
유대피(紐帶披)	훈뉴(纁紐) 6줄 훈대(纁戴) 6줄 훈피(纁披) 6줄	훈뉴(纁紐) 2줄/ 현뉴(玄紐) 2줄 훈대(纁戴) 2줄/ 현대(玄戴) 2줄 훈피(纁披) 2줄/ 현피(玄披) 2줄	훈뉴(纁紐) 2줄/ 치뉴(緇紐) 2줄 훈대(纁戴) 2줄/ 치뉴(緇戴) 2줄 훈피(纁披) 2줄/ 치뉴(緇披) 2줄

삽(翣)	보삽(黼翣)	2 자루	없음	없음
	불살(黻翣)	2 자루	2 자루	없음
	화삽(畫翣)	2 자루	2 자루	2 자루

또한 식관이 끝난 영구는 수레에 싣게 되는데, 이때 사용된 수레도 신분에 따라 다르다. 경전에 수록된 해당 문구를 인용하면 다음과 같다.

⑴ 국군의 장례 때 순(輴)을 이용하여 영구를 싣는다. 하관 때 4가닥의 긴 줄과 도르래를 장착한 두 조각의 나무 기둥을 이용한다. 새의 깃털을 이용하여 영구차가 나아가고 멈추는 것을 지휘한다. 새의 깃털은 의장용 지팡이이다. 나무 자루 위 끝에 한 묶음의 꿩 꼬리털을 매단다.[15]

⑵ 대부의 장례 때 바퀴살이 없는 수레바퀴(輇)를 이용하여 영구를 싣는다. 하관할 때 두 가닥의 긴 줄과 도르래를 장착한 두 조각의 나무 기둥을 이용한다. 띠(茅)를 이용하여 영구차가 나아가고 멈추는 것을 지휘한다. 나무 자루 위 끝에 한 묶음의 흰 띠를 매단다.[16]

⑶ 사의 장례 때 국거(國車)를 이용하여 영구를 싣는다. 하관 때 두 가닥의 긴 줄을 이용하여 직접 손으로 잡고 관을 내린다. 나무 기둥은 사용하지 않는다. 영구차가 집을 나설 때 큰 공포를 이용하여 영구차가 나아가고 멈추는 것을

지휘한다.[17]

위의 세 인용문은 영구를 실을 수레의 명칭, 하관 때 사용하는 줄과 나무 기둥의 수, 수레 이동 시 지휘하는 데 쓰이는 도구 등에 대한 정보를 신분별로 담고 있다. 〈표 2〉는 이를 간단히 정리해 본 것이다.

〈표 2〉 군, 대부, 사의 수레 대조표

	[1] 군	[2] 대부	[3] 사
수레의 명칭	순	전[18]	국거
하관용 줄	4줄	2줄	2줄
하관용 나무기둥	2조각	2조각	사용하지 않음
수레 안내 도구	꿩 꼬리털을 매단 지팡이	흰 띠를 매단 지팡이	공포(功布)

위 표에 의하면 군, 대부, 사가 각각 이용하는 수레의 명칭은 순거, 전거, 국거이다. 그럼 이들 수레를 끄는 방법은 무엇이었을까. 경전에 의거할 때 여러 사람이 수레에 연결된 긴 줄을 끌어 이동했던 것으로 보인다. 이 긴 줄은 인(引)이라고 하는 데, 다음은 이것과 관련된 인용문이다.

영구를 실은 수레에 피대를 설치하고, 수레를 끄는 줄과 연결한다.[19]

지금까지 경전에 근거한 식관 규정을 살펴보았다. 식관은 신분에 따라서 서로 다르게 이루어졌으며, 식관이 끝난 영구는 따로 수레를 마련하여 실은 후, 긴 줄로 연결하여 사람들에 의하여 운반되었다는 점을 알 수 있었다. 〈그림 1〉은 이러한 식관 규정에 의하여 복원한 이미지이다. 이 이미지는 군왕의 식관을 복원한 것이다.[20]

제

황

동어

지

진용

유

〈그림 1〉 고대 경전에서 제시한 식관 이미지

3. 유거와 식관

앞서 살펴본 식관 규정은 조선시대 유거를 제작하는 데 중요한 기준이었
다. 조선시대 유거 관련 기록은 경전에서 말하는 식관과 완전히 동일한 것
은 아니었지만, 거의 모든 참조 사항을 경전에서 취하였다.

유거는 『예기』「상대기」 및 『의례경전통해속(儀禮經傳通解續)』, 『문헌통고(文
獻通考)』「식관조」에 모두 이르기를, "임금은 유에 용을 그린다. 세 개의 지를
설치하고, 진용을 매단다. 도끼 문양, 3행의 불 문양, 3행의 아 자 문양을 황
위에 그린다. 관 덮개 안에 소금저를 만들되, 유와 황을 설치한다. 훈뉴 6줄을
설치한다. 제는 오색 비단에 다섯 개의 조개껍질로 만든다. 영거가 움직이며
나아갈 때 동어가 흔들리며 지를 추켜올린다. 훈대 6줄, 훈피 6줄을 설치한
다"고 하였는데, 이제 이 제도를 사용하면서 참작하여 만들었다.[21]

위의 인용문은 『예기』「상대기」의 식관 규정을 그대로 옮겨 실으면서 유
거가 이 규정을 참고하여 제작되었음을 밝히고 있다. 이 글에서는 유거의

구조와 요소, 장식 등을 경전의 식관 규정과 비교함으로써 양자의 공통점과 차이점을 따져보기로 한다. 우선 기록상 가장 큰 차이점은 경전의 식관조에 는 수레 만드는 법과 수레 위에 올릴 본체 틀 제작법이 빠져 있지만, 실록의 해당 항목에는 이 두 가지 제작 방법이 실려 있다. 또한 경전에는 삽의 종류 와 개수, 제작 방법에 대한 내용이 실려 있지만, 실록에는 이것에 대한 언급 이 없다. 수레와 본체 틀은 식관을 위한 전제 조건이란 점에서 경전에 해당 항목이 빠진 것은 별 문제될 것이 없다. 오히려 실록의 기록은 경전에서 언 급되지 않았던 수레와 본체 틀의 제작법을 보완해 주는 것으로 이해할 수 있다. 실록에 삽에 대한 언급이 없다고 해서 유거의 둘레에 삽을 배치하지 않았다고 말할 수는 없다. 삽은 조선시대 장례 행렬에서 늘 상여 주변에 배 치된 주요 장식물이었다.

수레, 본체 틀, 삽이 식관과 유거를 구성하는 필수 요소로서 양자를 비교 하는 유의미한 항목으로 볼 수 없다면, 남는 것은 본체를 감싸는 장식물이 다. 우선 유거 장식물에 대한 실록의 기록을 각 구성 요소별로 나누어 인용 한다.

[1] 별갑(鱉甲) : 단주(短柱)의 사이에 소주(小柱)를 세우는데, 좌우로 각각 세 기 둥씩이며, 사이에는 정판(精板)을 대고 거상(車箱) 안으로 네 모퉁이에 기둥을 세우는데, 높이가 4척 2촌 5푼이요, 기둥 위에 양(樑)과 동(棟)을 시설하여 집을 만들고 압청 단자(鴨靑段子)를 덮게 되니, 이른바 별갑이다.[22]

[2] 보황(黼荒)/화삼렬(火三列)/불삼렬(黻三列) : 가장자리를 따라 흑백보문(黑白 黼文)을 그리니, 이른바 보황이다. 중앙에는 불이 올라가는 형상 석 줄을 그리 고, 또 두 뱀이 서로 등진 모양을 석 줄로 그리게 되니, 이른바 화삼렬 · 불삼

렬이다.[23]

[3] 제(齊) : 다음에 가죽나무[椵木]로 제를 만들어, 형상이 둥글어 수레 덮개와 같으니, 높이가 3척, 직경이 2척 남짓한데, 별갑 위에 설치하고, 한가운데는 오채증(五綵繒)으로 입혀서 줄줄이 차서가 있게 하고, 또 오색주(五色珠)를 연달아서 오항(五行)이 되게 하니, 각 길이가 1척이다. 제 위에 모아 잡아매니, 이른바 제의 오채(五綵) · 오패(五貝)이다.[24]

[4] 운두(雲頭)/용두(龍頭)/유소(流蘇) : 다음에 가목(椵木)에는 운두를 새기고, 황변(荒邊)의 사면에는 용두를 새기고, 네 모퉁이에는 유소를 드리운다.[25]

[5] 용유(龍帷) : 다음에 백저포(白紵布)로 유를 만들고 사면에 용을 그리게 되니, 이른바 용유이다.[26]

[6] 삼지(三池) : 또 대로 엮어서 농(籠)을 만들고 청저포(靑紵布)를 입혀 유(柳)의 위 황변 삼면의 조단(爪端)에 걸어서 궁실의 물받이처럼 하게 되니, 이른바 삼지이다.[27]

[7] 진용(振容) : 다음에 청황증(靑黃繒) 열 다섯 폭으로 용(容)을 만드는데, 길이가 한발[丈]이 넘게 하여 번(幡)과 같게 하고 꿩을 그려 지의 아래에 달아, 수레가 떠날 때에 번(幡)이 움직이게 되니, 이른바 진용이다.[28]

[8] 동어(銅魚) 아홉/어약불지(魚躍拂池) : 다음에 동어 아홉을 만들어 지(池)의 밑 진용의 사이에 단다. 지(池) 하나에 어(魚)가 셋씩이다. 수레가 떠나게 되면, 어(魚)가 날뛰게 되어 위로 지(池)에 넘실거리니, 이른바 어약불지이다.[29]

[9] 훈뉴(纁紐) 여섯 줄 : 다음에 훈백(纁帛)으로 잡아매어 상개(上蓋)와 변장(邊障)의 벌어진 데를 연접시킨다. 양옆에 각 세 개씩이므로 여섯 개씩인데, 이른바 훈뉴가 여섯이란 것이다.[30]

[10] 소금저(素錦褚) : 소금(素錦)으로 집을 만들어 궁실(宮室) 모양으로 하여 황

(荒)의 밑에 두니, 높이가 2척 8촌 5푼, 너비가 3척 5촌, 길이가 9척 1촌이니, 이른바 소금저이다.[31]

[11] 훈대(纁戴) 여섯 줄 : 그리고 다음에 훈백(纁帛)으로 대(戴)를 만든다. 그것으로 관(棺)을 매어 유골(柳骨)에 붙도록 하여, 관이 견정(堅定)된다는 것이다. 관의 횡속(橫束)이 세 개인데, 일속(一束)마다 두 끝에 각기 가죽을 구부려 끈을 만든다. 대(戴)를 끈에 꿰어서 유골(柳骨)에 매므로 육대(六戴)인데, 이른바 훈대가 여섯이란 것이다.[32]

[12] 훈피(纁披) 여섯 줄 : 다음에 훈백(纁帛)으로 피(披)를 만들어 한쪽 머리로는 연접시킨 유(柳)의 대(戴) 가운데에 매고, 한쪽 머리는 유(帷) 밖으로 나오게 하여, 사람이 끌도록 되게 하였다. 대(戴)마다 매기 때문에 또한 여섯이라 한다. 만일 수레를 끌고 높은 데를 오르게 되면 앞으로 끌어서 수레가 앞이 높아짐을 방지하고, 내려갈 때에는 뒤로 끌어서, 수레가 엎어지는 것을 방지하고, 왼편으로 틀어지면 오른편으로 당기고, 오른편으로 틀어지면 왼편으로 당겨서 이러 저리 왔다 갔다 하지 않게 하는 것이니, 이른바 훈피가 여섯이란 것이다.[33]

유거 장식물에 관한 위의 실록 자료를 경전의 식관 규정과 비교하면 몇 가지 차이점을 제외하고는 거의 유사한 것으로 나타난다. 이를 표로 정리하면 다음과 같다.

〈표 3〉 경전 식관과 실록 유거의 장식물 비교

	경전	실록
공통점	보황/화삼렬/불삼렬	경전 규정과 동일
	제	경전 규정과 동일
	용유	경전 규정과 동일
	삼지	경전 규정과 동일
	진용	경전 규정과 동일
	동어/어약불지	경전 규정과 동일
	훈뉴 여섯 줄	경전 규정과 동일
	소금저	경전 규정과 동일
	훈대 여섯 줄	경전 규정과 동일
	훈피 여섯 줄	경전 규정과 동일
차이점	황	황에 대한 명칭을 별갑이라 함
	용두/유소가 없음	용두/유소가 첨가됨
	가목에 대한 언급 없음	제의 재질로 가목이 언급됨
	가목에 대한 언급 없음	가목에 운두 새김
	제의 재질 오채증	재질을 오색 단자로 바꿈
	진용의 재질 청황증	재질을 유청초로 바꿈
	동어의 개수 표기 않함	동어의 갯수를 아홉으로 표기힘
	훈뉴의 재질 훈백	재질을 홍주로 바꿈
	소금저의 재질 소금	재질을 백릉으로 바꿈
	훈대의 재질 훈백	재질을 홍주로 바꿈
	훈피의 재질 훈백	재질을 홍주로 바꿈

위의 표에 의하면 유거의 모습은 경전의 식관과 거의 유사한 것으로 나타난다. 다만 장식물의 구성 요소를 지칭하는 명칭이나 제작에 소요되는 재질에서 약간의 차이를 보인다. 양자의 차이점 중에서 가장 두드러진 것은 용두와 유소 부분인데, 이는 원래 식관 규정에는 없는 것이 유거 제작에 새로 포함된 것이다. 실록에 따르면 용두는 유거의 황변, 즉 별갑 둘레 4면에 새기고, 유소는 네 모퉁이에 드리운다. 이는 나중에 살펴보겠지만 유거에서 대여로 전환되었을 때 용두가 3차원의 조각물로 바뀌고, 유소를 용두에 매

달아 아래로 드리우게 되는 형식과 대조된다. 〈그림 2〉는 조선시대 김장생이 저술한『가례집람도설(家禮輯覽圖說)』(1685년)에 나오는 유거의 모습이다.[34] 그림 아래 부분을 유심히 살펴보면 수레의 이름을 전(輇)으로 표기하고 있다. 이 그림은 유거의 윤곽을 대략적으로 스케치한 것에 불과하므로 세부적인 장식이 표현되어 있지 않다.

　유거의 모습을 실제에 가깝게 재현한 것은 〈그림 3〉이다.[35] 그러나 이 그림은 중국 황제의 유거이기 때문에 조선시대 유거와 일치하지 않을 가능성이 높다.[36] 현재 조선시대 왕실 유거를 그림으로 표현한 것이 남아 있지 않기 때문에 양자를 직접적으로 비교할 수는 없다. 하지만 전체적인 구조와 분위기는 이와 유사했을 것으로 보인다.

　경전 식관 규정과 유거는 세부적인 측면에서 약간의 차이점을 드러내지만 전체적으로는 유사한 구조와 형태를 지닌 것으로 판단된다. 유거는 경전의 식관 규정을 충실히 계승한 결과물이라고 해도 무방하다. 그렇다면 양자는 무엇을 형상화하기 위하여 그렇게 다양한 장식과 구조물들을 동원한 것일까. 사실 이에 대한 답변은 이미 위의 인용문 곳곳에서 암시되었던 것으로 보인다. 식관 규정에서 관을 덮는 상여 본체를 '궁실'로 지칭한 것이라든

〈그림 2〉『가례집람도설』의 유거

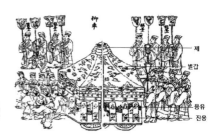

〈그림 3〉『삼례도』에 나오는 중국 황제의 유거

지, 유거의 별갑 부분을 형성하는 목조 틀을 일컬어 대들보(樑)나 용마루(棟) 등의 명칭으로 묘사한 것은 상여가 가옥을 형상화한 것이라는 점을 드러낸다. 실제로 식관과 유거 본체는 크게 두 부분으로 구성된다. 본체에서 황과 별갑으로 지칭되는 윗부분과 유나 용유로 불리는 아랫부분이 그것이다. 윗부분은 가옥의 지붕에 해당되며, 아랫부분은 가옥의 네 벽에 해당된다. 『예기』「상대기」의 식관 규정에 대한 역대 주요 주석을 보아도 상여가 집을 상징하는 기물이라고 하는 점이 분명하다.

정현(鄭玄)은 다음과 같이 말하였다. 식관이란 도로와 광중(壙中)을 화려하게 꾸며서 많은 사람들이 돌아가신 부모님을 기피하지 않도록 하기 위함이다. 황(荒)은 덮개(蒙)이다. 옆의 덮개를 유(帷)라고 하고, 위의 덮개를 황(荒)이라 하는데, 모두 유거(柳車)를 덮는다. … 지(池)는 대나무로 만들며 수레에 내리는 작은 대발처럼 생겼으며, 푸른 베로 덮는다. 유거는 궁실을 상징하는데, 위쪽 덮개인 황의 가장자리 끝에 지를 매달아 마치 낙숫물을 받는 것 같은 모양을 형상화하였다. 제후와 대부는 구리로 물고기 형상을 만들어 지 아래에 매달았다. 요적(搖翟)은 청색 바탕에 다섯 가지 색을 이용하여 명주 위에 꿩을 그려 매단 것인데 진용이라 하며, 수초가 흔들리는 것을 상징한다. 유거가 이동할 때 (지가 흔들리는 모습은) 물고기가 못 위로 뛰어오르는 모습을 형상화한 것이다.[37]

공영달(孔穎達)은 다음과 같이 말하였다. 유는 유거의 가장자리 휘장으로서 흰 베로 만든다. 왕과 제후의 유에는 용을 그려넣는데, 이는 임금의 덕을 상징한다. 지는 대나무를 엮어서 만든 통으로 청색 베로 감싸 황의 가장자리 끝에 걸어놓는데, 궁실에서 낙숫물을 받는 모습을 상징한다. 천자가 사는 집은 네 면으로 물을 대고, 네 면에서 낙숫물을 받기 때문에 유거에 네 개의 지를 단다. 제후의 집도 또한 네 면으로 물을 대지만, 유거에는 뒤쪽의 지 하나를 제외하기 때문에 세 개의 지를 매단다.[38]

위의 두 인용문은 정현과 공영달이 식관을 어떻게 이해하고 있었는지를 전한다. 두 사람 모두 상여를 궁실의 축소판으로 이해하고 있었다는 것을 확인할 수 있다. 또한 위의 인용문을 보면 고대부터 이미 유거라는 말이 식관과 거의 동의어로 함께 쓰이고 있었다는 사실도 확인된다. "식관은 버드나무를 이용하여 골격을 만든 다음 비단으로 덮은 것으로 바깥으로 유(帷)와 황을 덮는다. 그러므로 그것을 유(柳)라고 부르는 것이니, 그 나무 재질을 가리켜 이름을 지은 것이다. 또는 장(牆)이라고도 부르는데, 관(棺)의 사면을 두르고 있어서 궁실의 담장과 유사하기 때문이다."[39] 이 인용문은 식관이 유(柳)라고 불리게 된 연유와 더불어 궁실을 모형으로 제작된 것이었음을 여실히 보여준다.

4. 왕실 대여와 유거

세종 때 새로 도입된 대여는 이전의 유거와 많은 차별성을 드러낸다. 유거에서 대여로 전환하는 데 주요 근거였던 『주자가례』에는 대여 제작법이 소개되어 있다. 하지만 이 책에서 제시된 대여와 실제 왕실에서 사용한 대여는 매우 다르다. 『주자가례』의 대여는 사대부 계층을 기준으로 고안된 것이므로 왕실 대여와 비교할 때 규모와 장식 면에서 매우 소박하다.

대여는 유거와 운반하는 방법이 다르기 때문에 전체적인 구조가 상이할 수밖에 없었다. 대여는 사람들이 직접 메는 구조이므로 멜대와 그 위에 영구를 안치할 구조물, 그리고 이를 밖에서 보이지 않게 가려줄 본체가 필요하였다. 『주자가례』에 소개된 대여 제작법도 이와 같이 세 가지 부분으로 구분할 수 있다.[40] 『주자가례』는 대여에 들어가는 장식을 최소화하는 것을 원칙으로 한다. 대여의 장식이 들어갈 자리는 본체 부분이다. 본체는 나무를 이용하여 뼈대를 형성한 후 그 주위를 천으로 둘러싸는 형식이다. 『주자가례』는 본체를 덮는 장식이라고 할 수 있는 죽격(竹格)을 다음과 같이 소개하고 있다.

대나무로 격자를 만든 다음 비단을 덧씌운다. 윗부분은 촬초정과 같은 모양을 하고, 사방은 휘장을 두른다. 네 귀퉁이에 유소를 드리운다.[41]

〈그림 4〉는 『주자가례』에 소개된 대여의 각 부분을 함께 결합해 놓은 이미지이다. 이 그림은 위쪽에 위치한 죽격이 아래에 놓인 본체 틀을 덮음으로써 대여가 완성된다는 것을 형상화하고 있다.

왕실에서 사용한 대여는 『주자가례』의 대여와 구조적으로 동일하다. 왕실 대여는 『주자가례』의 대여와 마찬가지로 멜대, 영구를

〈그림 4〉 『사례편람』에 소개된 대여도

안치하는 소방상(小方牀), 본체 세 부분으로 구성되었다. 하지만 왕실 대여는 규모와 제작 방식, 장식의 측면에서 상당한 차이점을 보여주고 있다. 왕실 대여의 구조와 제작 방법에 관한 최초의 정보는 『오례의(五禮儀)』(세종, 1451년)

에 수록되어 있다. 『오례의』에 수록된 내용은 추후 『국조오례의(國朝五禮儀)』(성종, 1474년)에 다시 게재된다.

왕실 대여는 앞서 살펴본 식관 및 유거와 상당히 다른 면을 지닌 상여였다. 우선 식관과 유거가 수레 형식임에 반하여 왕실 대여는 메는 방식을 취한다. 당연히 제작 방법이 다를 수밖에 없다. 또한 영구를 안치하는 부분인 대여의 소방상은 식관과 유거에는 없는 것이다. 식관과 유거에서 왕실 대여의 소방상에 해당하는 것은 소금저이다. 수레와 멜대 위에 각각 설치하는 본체의 구조나 제작 방법도 앞의 운반 방식과 소방상의 유무로 인하여 당연히 달라질 수밖에 없다. 무엇보다도 양자의 결정적인 차이는 본체에 부가되는 장식에서 드러난다. 왕실 대여는 식관과 유거의 장식을 계승한 측면도 있지만, 이전에 볼 수 없었던 장식도 많다. 이 글에서는 대여의 멜대, 소방상, 본체를 구성하는 틀에 관한 논의 대신 장식적 측면에 주목한다.[42] 특히 왕실 대여와 유거의 장식을 비교함으로써 대여가 어떻게 변천하였는지를 살펴보고자 한다. 다음은 왕실 대여의 장식에 대한 언급이다.

별갑(鼈甲)을 만들어 현벽 위에 가(加)하고, 먼저 배방목(排方木)을 좌우에 각각 1개씩과 전후에 각각 1개씩을 설치하고 만충연(彎衝椽) 4개를 설치하는데, 그 모양은 궁륭(穹窿)형이어서 지붕과 같다. 그 위의 중간에 당하여 접연통(接椽桶)이 있고 또 그 위에 구리로써 복련엽(覆蓮葉)을 만들어 대(臺)로 하고, 정자(頂子)를 대(臺) 위에 설치하여 황금(黃金)으로 바른다. 다음에 선연(扇椽) 6개를 좌우(左右)에 각각 2개씩, 전후에 각각 1개씩을 설치하고 다음에 죽연(竹椽) 10개를 좌우에 각각 3개씩, 전후에 각각 2개씩 설치하고 죽망(竹網) 4개를 펴고 아청색(鴉青色)의 저사(紵絲)로써 덮어 씌우고, 붉은 빛깔로써 불(黻)을 좌우에 각각 2개씩, 전후에 각각 1개씩을 그린다. 또 사면(四面)에 상하(上下)의 판자 처마[板簷]를 설치하여 위의 처마는 밖을 향하여 기울어지는데 자황색(雌黃色)을 사용하여 비단 무늬[錦紋]를 그리고 아래 처마는 위의 처마를 연하여 바로 드리우는데 또한 자황색(雌黃色)을 사용하여 수파련(水波蓮)을 그리고 청색·녹색·홍색 3색(色)의 저사(紵絲)를 사용하여 주름을 잡아 세 겹의 처마[簷]를 만들어 아래 처마의 안에 드리우고, 또 3색(色)의 저사(紵絲)를 사용하여 낙영(落纓)을 만들어 서로 섞어서 사면(四面)에 드리운 처마[垂簷]의 안에 매단다. 충연(衝椽)의 4각(角)에는 용(龍)을 만들어 오채(五彩)를 나타내고 고리를 용구(龍口)에 설치하여 유소(流蘇)를 드리우고 사면(四面)에 빙 둘러서 진용(振容)을 드리운다. 유청색(柳靑色)의 생초(生綃) 24폭(幅)을 사용하여, 폭마다 꿩을 3줄씩 그린다. 또 홍색 저사(紵絲)로써 휘장[幃]을 만들어 현벽(懸壁)의 위와 4기둥의 밖에 붙인다.[43]

위의 인용문에 의하면 왕실 대여의 본체는 별갑과 현벽 두 부분으로 나누어진다. 별갑이 가옥의 지붕에 해당한다면 현벽은 사방 벽에 해당한다. 별갑은 궁륭형의 만충연, 선연, 죽연, 죽망 등을 설치하여 틀을 형성한 후 아청색의 저사로 덮는다. 별갑 맨 꼭대기는 연꽃 모양의 장식을 하고, 저사 위에는 아 자 문양을 그린다. 현벽의 윗부분에는 처마를 설치하여 금문과 수파련을 그려 넣는다. 처마 부분에 삼색의 저사를 이용하여 세 겹의 주름과 낙영을 만들어 설치한다. 별갑 네 귀퉁이에는 용을 만들어 끼웠고, 용의 입 부분에는 유소를 드리웠다. 본체 네 면은 명주로 짠 옷감에 꿩을 그려 넣은 진용을 두른다.

〈표 4〉는 왕실 유거와 대여를 비교한 것이다. 이 표에 따르면 대여의 별갑 부분은 유거와 달리 제작에 들어가는 소재를 상세하게 열거한다. 별갑의

꼭대기도 유거와 달리 연꽃의 형상을 취한다. 별갑 네 모퉁이는 입에 유소를 단 용을 조각하여 배치하는데, 유거의 경우에는 용두를 그림으로 대체하고 있는 차이를 보인다.

〈표 4〉 왕실 유거와 대여의 비교

비교	유거	대여
	별갑	별갑: 만충연, 선연, 죽연, 죽망, 저사
	제	구리 재질의 복련엽/정자
	보황/화삼렬/불삼렬	아 자 문양 좌우2, 전후1
	처마 없음	처마에 금문과 수파련, 세 겹의 주름, 낙영
	별갑 둘레에 용두/유소	별갑 네 모퉁이에 유소를 입에 문 용
	용유	현벽
	삼지	없음
	진용	진용
	동어/어약불지	없음
	훈뉴 여섯 줄	없음
	훈대 여섯 줄	없음
	훈피 여섯 줄	없음

그 밖에도 왕실 대여는 유거가 지니고 있었던 구성 요소 몇 가지를 생략하고 있다. 대여에는 삼지나 동어, 용유 등이 없다. 〈그림 5〉, 〈그림 6〉, 〈그림 7〉[44]은 각각 『오례의』, 『국조오례의서례』, 『정조국장도감의궤』에 실린 왕실 대여의 이미지이다. 이 그림들을 보면 왕실 대여가 식관이나 유거와 비교할 때 일정한 변형을 거쳐 형성되었음을 알 수 있다.

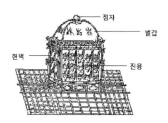

〈그림 5〉 『오례의』 (세종 1451년)에 소개된 왕실 대여

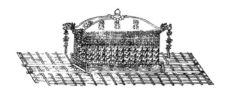

〈그림 6〉 『국조오례의서례』(성종, 1474
년)에 수록된 대여.

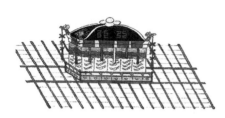

〈그림 7〉 1800년 정조 국상 때 사용했던
대여. 〈그림 5〉와 〈그림 6〉을 보면 별갑
위에 불꽃 문양과 아(亞)자 문양이 각각
3열씩 그려져 있는 것을 볼 수 있지만, 여
기에는 그와 다르게 표현되어 있다. 『오
례의』와 『국조오례의서례』에는 불(黻),
즉 아 자 문양을 좌우로 2개, 전후로 1개
씩을 그리게 되어 있으므로 이 이미지가
더 정확하게 묘사된 것으로 판단된다.

그러나 이러한 차이에도 불구하고 왕실 대여가 구현하고 있는 형상이 집
이라고 하는 사실 만큼은 변하지 않는다. 별갑의 형태를 궁륭형 지붕과 같
다고 한다든지, 별갑과 네 면의 현벽 사이에 설치된 판자를 처마(簷)라고 부
른다든지, 별갑 아래로 휘장을 두른 네 면의 주위를 현벽으로 지칭하는 사
례를 고려하면 대여 역시 소형 가옥으로 취급되었다는 점을 인정하지 않을
수 없다. 그렇다면 대여는 식관 및 유거와 단절된 이질적 상여가 아니라 동
일한 뿌리에서 나온 변형 상여에 불과하다고 평가할 수 있을 것이다.

5. 왕실 대여와 양반 및 서인의 상여

왕실 상여는 양반이나 서민들이 사용하던 상여에 많은 영향을 끼쳤다. 조
선시대 상여의 형태나 규모, 종류는 신분에 따라 많은 차이가 있었다. 그중
왕실 상여가 차지하는 비중은 모든 상여의 모델이기도 하였다는 점에서 주
목을 요한다. 조선시대 양반과 서인의 상여는 왕실 상여 가운데 대여와 견

여(肩輿)의 영향을 많이 받은 것으로 판단된다. 왕실의 대여와 견여는 이를 테면 본 상여와 보조 상여의 관계로 설명할 수 있을 것이다. 왕의 재궁은 보통 대여에 싣고 묘지까지 운반하는데, 대여가 나갈 수 없는 상황이 발생하면 보조 상여인 견여에 옮긴다. 견여는 대여보다 규모가 작고 형태도 다르다. 이러한 견여가 양반과 서인의 상여에 끼친 영향은 적지 않다. 이 장에서는 우선 왕실 대여가 양반과 서인 상여에 끼친 영향력을 문헌 자료를 통해서 검토한다. 왕실 견여가 양반과 서인 상여에 끼친 영향에 대해서는 장을 달리 하여 언급하기로 한다. 현존하는 실물 상여와 문헌 자료에 등장하는 왕실 견여의 비교를 통해서 양자의 영향 관계를 추정할 것이다.

1) 대부, 사, 서인의 대여

『국조오례의』(성종, 1474년)에는 대부, 사, 서인의 대여에 관한 정보가 담겨 있다. 여기에 실린 대부, 사, 서인의 대여는 왕실 대여와 구조와 형태는 거의 동일하지만 규모나 장식의 측면에서 축소된 상태이다. 한 가지 특이한 점은 대부, 사, 서인의 대여가 사람들이 어깨에 메는 멜대 형식을 취하지 않고 있다는 사실이다. 이동 방법은 유거처럼 수레 형식을 취하고 있으며, 수레 위의 소방상과 본체만이 왕실 대여의 형식을 취한다. 대부, 사, 서인의 대여는 유거와 왕실 대여를 혼합한 형태라고 할 수 있다. 여기서 대부, 사, 서인 대여의 본체 장식 부분을 설명한 대목을 소개하면 다음과 같다.

> 별갑(鱉甲)을 만들어 현벽 위에 가(加)하고, 먼저 배방목(排方木)을 좌우에 각 각 1개씩과 전후에 각각 1개씩을 설치하고 만충연(彎衝椽) 4개를 설치하는데, 그 모양은 궁륭(穹窿)형이어서 지붕과 같다. 그 위의 중간에 당하여 접연통(接

椽桶)이 있고 또 그 위에 나무로써 복련엽(覆蓮葉)을 만들어 대(臺)로 하고, 정자

(頂子)를 대(臺) 위에 설치한다. 다음에 대나무 선연(扇椽)을 설치하고 죽망(竹網)

을 편 다음, 청색 베를 이용하여 4개의 들보를 감싼다. 또 사면(四面)에 상하(上

下)의 판자 처마(板簷)를 설치하여 위의 처마는 밖을 향하여 기울어지게 하고,

청홍색 베를 이용하여 주름을 잡아 두 겹의 처마(簷)를 만들어 아래 처마의 안

쪽으로 드리운다. 충연(衝椽)의 4각(角)에는 봉두(鳳頭)를 만들어 채색하고, 고리

를 봉구(鳳口)에 설치하여 유소(流蘇)를 드리운다. 사면(四面)에는 빙 둘러서 진

용(振容)을 드리운다. 유청색(柳靑色)의 명주 26폭을 사용하여, 폭마다 꿩을 3줄

씩 그린다.[45]

　위의 인용문을 보면 왕실 대여와 비교할 때 구조적인 유사성을 유지하고

있지만, 세부적인 면에서는 차이점이 있음을 알 수 있다. 별갑 위에 설치하

는 복련엽을 왕실 대여는 구리로 제작하지만, 대부, 사, 서인의 상여는 나무

로 만든다. 그리고 왕실 대여는 복련엽 위에 설치하는 정자에 금색을 입히지

만, 위의 상여는 아무런 조치를 취하지 않는다. 별갑의 뼈대를 감싸는 천도

왕실 대여는 비단을 사용하지만, 위에서는 베를 이용하는 차이점이 있다. 왕

실 대여는 이 천 위에 아 자 문양을 그려 넣지만 대부, 사, 서인의 대여는 아

무것도 그리지 않는다. 위의 상여는 현벽 위 네 변에 설치하는 처마와 장식

물도 왕실 대여에 비하여 소략하다. 무엇보다 위의 상여는 별갑 네 모퉁이에

용 대신 봉두를 설치한다는 점에서 왕실 대여와 비교된다. 사방을 진용으로

두르는 것은 공통적이다. 요컨대 왕실 대여와 대부, 사, 서인의 대여는 본체

를 장식하는 항목의 종류나 재질, 수량 등에서 차별성을 드러내고 있다.

　『국조오례의』에서 제시한 대부, 사, 서인용 대여는 아쉽게도 이미지로 남

아 있는 것이 없다. 세종 이후 수레 형식의 유거에서 멜대 형식의 대여로 바꾸는 조치로 인하여 『국조오례의서례』에서도 대여에 대한 설명만 수록된 상황에서 대부, 사, 서인용 대여가 다시 유거의 잔영을 남기고 있다는 것은 약간 모순적으로 느껴진다. 왜 대부, 사, 서인 대여의 이동 방법이 유거의 수레 형식을 취했는지에 대해서는 지속적인 연구가 필요할 것이다.

그런데 『국조오례의』에서 규정된 대부, 사, 서인 대여와 달리 멜대 형식의 대여를 양반 계층에서 사용한 흔적이 있어서 주목을 끈다. 정조22년(1798년) 윤행임(尹行恁)은 자신의 어머니 조씨의 상례를 치르면서 행사의 전체 과정을 기록하였다. 『읍혈록(泣血錄)』이 바로 윤행임이 기록한 책인데, 여기에는 당시 사용되었을 것으로 추정되는 대여의 이미지가 수록되어 있다. 〈그림 8〉[46]을 보면 지붕은 별갑 형태로 되었고, 꼭대기에는 연봉오리가 있다. 별갑 네 모퉁이에는 유소를 입에 문 용두가 배치되어 있으며, 현벽 주위를 진용이 둘러싸고 있다. 유심히 살펴보면 대여 앞뒤에 정(丁) 자 모양의 용이 배치되어 있다. 『읍혈록』의 내용 중에는 대여에 관한 언급이 없으므로, 실제 윤행임이 이 대여를 모친의 상례 때 사용했는지는 불확실하다. 또한 별갑 네 모퉁이도 봉두가 아니라 용두가 배치되어 있어서 왕실 대여와 상통하는 측면이 있지만, 정 자 모양의 용이 배치된 것은 왕실 대여 규정에는 없는 것이어서, 이 대여를 왕실 대여와 동일한 것으로 보기도 어렵다. 무엇보다도 자신의 집안 행사에 사용되지도 않은 왕실 대여를 그림으로 남겨 놓을 필요는 없었을 것이다. 그러므로 이 대여를 당시 양반 계층이 사용했던 대여의 한 형태로 보는 것도 무방하지 않을까 생각한다. 결국 양반 및 서인들이 사용했던 대여가 왕실 대여와 비교하여 단지 이동 방식이나 규모, 장식상에서만 차별성을 띨 뿐 구조와 형태는 동일하다면 전자도 가옥의 형상화

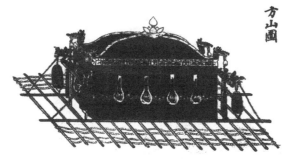

〈그림 8〉 조선시대 양반 대여의 모습

인 것은 말할 필요도 없다.

2) 소여

조선시대 양반과 서인 계층은 대여 이외에도 소여를 사용했던 것으로 보인다. 『사례편람(四禮便覽)』(1844년)에는 소여에 대하여 다음과 같이 언급하고 있다.

> 살펴보건대 대여의 제도는 진실로 좋다. 그러나 가난한 집에서는 마련할 수 없는 것이니, 세속 제도를 따라 상여를 써도 무방하다.[47]

> 소여: 말목(馬木: 괴어 놓는 받침나무)이 딸린다. 지금 풍속에 상하에서 통용되는 것이니, 그 만드는 법은 대여와 비슷하지만 다만 작은 방상을 쓰지 않고, 휘장 덮개만 쓰고, 위에는 앙장을 치고 앞뒤에 네 개의 사롱을 달아 촛불을 밝히는 데 쓴다.[48]

위의 인용문은 경제적으로 대여를 쓸 형편이 못되는 사람들에게 소여를

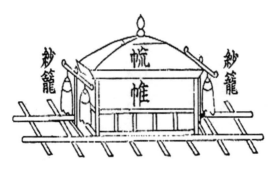

<그림 9> 『사례편람』에 소개된 소여

권하고 있다. 『사례편람』에서 상여는 소여와 같은 의미를 지닌 용어로 사용된다. 소여는 전체적인 구조를 대여에서 따왔지만, 규모나 장식의 측면에서 대여보다 매우 소박하다. 〈그림 9〉는 소여의 이미지를 재현한 것이다. 전체적으로 대여를 축소해 놓은 것처럼 보이며 장식이 거의 보이지 않는다. 여기서도 소여는 대여와 마찬가지로 가옥을 형상화한 것임에 틀림없다.

6. 왕실 견여와 현존 실물 상여

조선시대 양반과 서인이 사용했던 상여 중에는 왕실 견여의 영향을 받은 것으로 추정되는 것이 있다. 앞서 언급했던 것처럼 왕실 견여는 순(輴)이라고도 했는데, 대여를 보조하는 기능을 맡았다. 현존하는 실물 전통 상여 중에는 왕실 견여와 형태적으로 유사한 것이 있다. 이 글은 먼저 이와 같은 양자의 유사성을 왕실 견여가 미친 영향사적인 관점에서 추정하고자 한다.

현재 남아 있는 조선시대 상여 중에서 가장 오래된 것은 청풍부원군 상여이다. 1675년 청풍부원군 김우명의 상례 때 제작된 이 상여는 보개로 일컬어지는 상단 부분 앞뒤로 반원형 형태의 박공이 배치되어 있고, 두 개의 박공을 용마루가 연결하고 있다. 두 개의 박공 겉면은 용의 얼굴이 부조되어 있는데, 이를 편의상 용수판이라 부르기도 한다. 박공 위에 설치된 용마루 양 끝은 각각 청룡과 황룡의 머리가 조각되어 끼워져 있다. 전체적인 모양이 일(一)자 형태이므로 편의상 일자용이라 부르기도 한다. 상여의 상단 네 모퉁이에는 봉황의 머리를 조각하여 끼웠다.

양반과 서인들의 상여가 왕실 상여의 영향을 받아 형성되었을 가능성이 높을 수밖에 없다는 상황을 고려한다면, 청풍부원군 상여가 받은 영향 관계에 대해서도 따져볼 필요가 있을 것이다. 왕실 상여 중 견여는 청풍부원군 상여의 형식과 유사하다. 그러므로 왕실 견여가 후자 형식의 상여에 끼쳤을 가능성을 염두에 두고 논의를 진행해 보기로 한다.

〈그림 10〉 숙종 1년(1675년) 청풍부원군 김우명의 상례 때 사용했던 상여. 지붕이 반원 박공형이다. 춘천국립박물관 소장.

왕실 견여가 청풍부원군 상여와 유사한 모습을 갖추기 시작한 시기는 1659년경으로 추정된다. 1659년 효

〈그림 11〉 효종 국장 때 사용한 견여. 지붕이 반원 박공형이다.

종의 국상 때 사용된 견여의 모습을 보면 상단 부분이 청풍부원군 상여처럼 반원형 형태의 박공과 용마루로 구성되어 있는 것을 확인할 수 있다.

하지만 『오례의』(1451년)와 『국조오례의서례』(1474년)에 소개된 견여를 보면 상단 부분 박공의 형태가 삼각형으로 되어 있다. 처음부터 견여의 형태가 반원형의 박공으로 되어 있었던 것은 아님을 알 수 있다.[49]

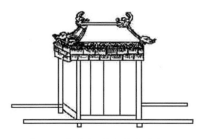

〈그림 12〉 『오례의』에 소개된 견여. 지붕이 삼각 박공형이다.

〈그림 13〉 『국조오례의서례』의 견여 이미지. 지붕이 삼각 박공형이다.

〈그림 14〉 인조국장 당시 사용한 견여. 지붕이 삼각 박공형이다.

1649년 인조의 국상 때 이용한 견여도 삼각 박공형이다. 그런데 인조가 죽고 10년 후에 치러진 효종 국상 때는 견여의 모습이 달라져 있었던 것이다. 효종의 국상 이후 조선 왕실에서 사용된 견여는 반원형 형태의 박공과 용마루로 구성된 것이 대부분이다. 적어도 이러한 사실로 미루어볼 때 효종의 국상 전후로 견여의 형태가 바뀌기 시작했던 것으로 판단된다.

1752년에 간행된 『국조상례보편(國朝喪禮補編)』과 1800년 정조 국상을 기록한 『정조국장도감의궤(正祖國葬都監儀軌)』에는 견여 제작법이 기술되어 있다. 여기에는 견여 상단 박공과 용마루, 네 모서리 부분에 대한 묘사가 청풍부원군 상여와 거의 일치한다.

[1] 전후에는 두공(斗栱)을 설치하고, 두공의 위에는 안팎으로 들보를 설치한다. 그 형체는 지붕 모양과 같다. 먼저 죽망(竹網)을 깔고 아청면포를 씌운다.

들보의 끝에는 독룡(禿龍)의 머리를 설치한다.[50]

[2] 박공(朴工) 2개―피나무를 사용한다. 전후에 각 하나씩이나 길이 5척, 높이 1척 4촌 5푼, 두께 1촌 2푼이다. 당주 칠을 한다. 석자황으로 운룡(雲龍)을 그려 상장(上粧)의 위에 세운다.

내양목(內樑木)―소나무를 사용한다. 길이 6척 4촌, 너비 2촌, 두께 1촌 5푼이다. 정분 칠을 하여 박공의 위에 설치한다.

외양목(外樑木)―소나무를 사용한다. 길이와 너비는 위와 같다. 석자황으로 용을 그려 내양목의 위에 설치한다. 양쪽 끝은 물두(物頭)에 꽂는다.

물두 2개―피나무를 사용한다. 형태는 독용두(禿龍頭)와 같다. 내양목의 양쪽 끝에 세운다. 앞은 푸르고 뒤는 노랗다.

용두(龍頭) 4개―피나무를 사용한다. 각 길이 1척 7촌, 너비 1척 2촌이다. 몸에는 오채(五彩)를 칠하고 복장은 첩금(貼金)을 하고, 입에 납염(鑞染)한 원환(圓環) 각 하나씩 물고 있다.

유소(流蘇) 4개―홍진사(紅眞絲)를 사용한다. 소(梳)에 면사(綿絲)를 넣어 별도로 묶는다. 꿰매는 곳[縬]마다 술[蘇兀]이 있다.[51]

인용문 [1]은 사실 외재궁여(外梓宮轝)에 관한 정보이다. 『국조상례보편』의 견여 항목에는 박공에 대한 언급이 생략되어 있다. 대신 견여의 박공은 외재궁여 항목에서 언급된 것과 동일한 형식을 취한다고 밝히고 있다. 따라서 외재궁여 항목에서 해당 내용을 찾아 인용해 본 것이다. 이 인용문은 앞뒤로 두공을 설치하고 이를 들보로 연결한 다음, 들보의 양끝을 용두로 장식한다는 내용이다. 인용문 [2]는 정조 국장 때 사용했던 견여 제작 방법의 일부이다. 앞뒤 박공 표면에 용을 그려 넣었음을 알 수 있다. 외양목은 박공을 연결하는 용마루로서 그 표면에 용을 그려 넣었고, 양쪽 끝에는 독룡의 머리를 꽂았다. 또한 상여 네 모퉁이에 유소를 입에 문 용두를 배치했음을 알 수 있다. 이러한 견여의 형태는 상여 네 모퉁이가 용두로 배치된 것을 제외하고는 청풍부원군 상여와 동일한 것이다.

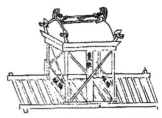

〈그림 15〉『국조상례보편』에 소개된 견여 설계도. 지붕이 반원 박공형이다.

지금까지 왕실 견여가 양반과 서인 계층의 상여에 끼친 영향에 대해서 살펴보았다. 『국조오례의』에도 규정되었듯이 대부, 사, 서인이 주로 사용했던 상여는 대여의 형식을 따른 것이었다. 대여의 가장 두드러진 특징은 지붕이 별갑형으로 되었다는 점이다. 그런데 이와 같은 별갑형 대여 형식과 달리 청풍부원군 상여와 같은 형태가 출현한 것은 매우 이례적인 일로 여겨진다. 청풍부원군 상여의 형식은 대여와 달리 지붕이 반원형 박공으로 설계되어 있다. 왕실 견여와 청풍부원군 상여의 형식

〈그림 16〉 정조 국장 시 사용한 견여 설계도. 지붕이 반원 박공형이다.

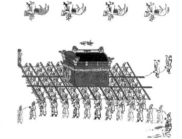

〈그림 17〉 정조 국상 때 사용했던 견여. 지붕이 반원 박공형이다.

사이에서 발견된 유사점으로 말미암아 왕실 대여뿐만 아니라 견여도 양반 및 일반 서인들의 상여에 영향을 미쳤을 것으로 추정된다. 만약 그렇다면 반원형 박공으로 바뀌기 전 삼각형 박공의 왕실 견여도 일반에 영향을 미쳤을 가능성이 높다. 다시 말해서 양반과 일반 서인들 사이에서 삼각 박공형

〈그림 18〉 1856년에 제작된 산청 전주최씨 고령댁 상여. 삼각 박공형 지붕의 상여. 국립민속박물관 소장.

〈그림 19〉 삼각 박공형 상여. 안동민속박물관 소장.

으로 이루어진 상여를 사용하였을 가능성에 대해서도 충분히 고려해 볼 만하다. 산청 전주최씨 고령댁 상여나 안동민속박물관 상여와 같은 삼각 박공형 상여는 이러한 영향 관계의 흔적일 가능성이 높다.

왕실 견여의 상층부는 두 개의 박공 사이를 용마루로 연결하는 것이 기본 구도이기 때문에 분명 가옥의 축소형으로 제작되었다. 삼각 박공형 견여의 경우 기와집 형태를 그대로 드러내기 때문에 의심의 여지없이 집을 형상화한 것이다. 반원 박공형 견여도 얼핏 보기에는 집과 무관한 것으로 여겨질 수 있으나 반원 형태의 두 박공을 사이에 두고 용마루가 이어진 가옥이다. 당연히 왕실 견여의 영향을 받아 형성된 양반 및 서인의 상여도 집을 상징한다.

7. 맺음말

이 글은 조선시대를 중심으로 전통 상여의 변천과 구조를 정리해 본 것이다. 조선시대 왕실 대여가 출현하게 된 배경은 무엇보다 주자가례의 영향 때문이다. 조선 초기 왕실 대여가 국상의 주 상여로 정착하기 전에는 유거를 오랫동안 사용했을 것으로 추측된다. 수레 형식의 유거가 멜대 형식의 대여로 바뀐 것은 상여의 역사에서 큰 전환점이라고 할 수 있다. 하지만 유거든 대여든 유교 경전에 제시된 식관 규정에 근거하고 있었다는 점은 의심의 여지가 없다. 유거와 대여는 식관 규정과 비교할 때 일치점과 차이점을 동시에 지니고 있었다. 유거는 대여에 비하여 식관 규정에서 제시된 구성 요소와 일치하는 점을 더 많이 가지고 있었다. 경전의 식관은 유거와 형태상으로 매우 유사하였지만, 대여와는 사뭇 다른 모습을 지닌 것이었다. 그만큼 대여의 혁신적 의미는 적지 않았을 것으로 판단된다. 하지만 구조적인 측면에서 볼 때 왕실 대여와 식관의 거리는 생각만큼 멀지 않다.

한편 양반과 서인의 상여는 자신들만의 독자적인 전통이 있다기보다는 왕실 상여로부터 많은 영향을 받았다. 이 글은 왕실 상여와 일반 계층의 상여를 비교함으로써 왕실 상여의 영향력을 확인하고자 하였다. 특히 왕실 대여와 견여가 양반과 서인 계층의 상여에 끼친 영향력은 매우 크다. 왕실 대여의 영향을 받은 상여로는 대부와 사, 서인의 대여와 소여가 있다. 이 둘은 왕실 대여와 크기나 소요되는 부속품, 장식품 등에서 차이가 있을 뿐 전체적인 형태나 구조는 거의 일관성을 유지하였다. 왕실 대여로 대표되는 이러한 상여의 특징은 별갑형 구조에서 찾을 수 있을 것이다. 반면 왕실 견여의 영향을 받은 것으로는 반원 박공형과 삼각 박공형 상여가 있었다.

본고에서 상여의 역사적 변천과 계층 간 영향 관계를 따져 물었던 배경에는 상여의 정체성에 대한 관심이 자리하고 있다. 이 글은 아직까지도 상여의 본질에 대한 물음이 해결되지 않은 상태로 남아 있다고 판단하였다. 일반적으로 상여는 망자를 장지까지 운반하기 위해 고안된 상구로 보는 경향이 있다. 하지만 이러한 관점은 상여를 단순히 도구적인 차원에서 이해하는 것으로 각 시대마다 상여가 동시대인들에게 가졌을 의미의 영역을 해명하는 데는 한계로 작용할 수밖에 없다. 지금까지 살펴본 상여의 역사적 변천 과정과 구조의 복합적 특성은 도구적인 맥락을 넘어선 의미의 차원을 고려하지 않는다면 상여에 대한 정당한 해명 작업이 불가능하다는 점을 암시한다. 이와 같은 작업을 진행하기 위해서는 무엇보다 상여를 이용하였던 당대인들이 상여에 대하여 품었던 표상이 무엇인지를 살펴보아야 하고, 이를 각 시대별로 비교하는 절차가 필요할 것이다.

상여가 집을 형상화한 결과물이라고 하는 사실은 전혀 새로운 관점은 아니다. 아마도 현재 활동하는 상여 연구자들 중에는 이러한 견해를 지극히 당연한 것으로 여기는 사람들이 많을 것이다. 문제는 너무나 당연한 것으로 생각한 나머지 이에 대한 심도 깊은 관심은 거의 투여되고 있지 않다는 점이다. 지금까지 상여 연구는 상여는 집이라는 명제를 등한시한 채 구조와 형태, 제작 방법, 장식의 상징성 등에 주로 초점을 맞췄다. 상여의 정체성을 고려하지 않고 진행되는 이와 같은 연구 경향은 어떤 의미에서는 주객의 전도를 초래하는 결과로 이어질 가능성이 많다. 물론 엄격한 의미에서 모든 상여 연구는 정체성에 대한 인식 없이는 진행될 수 없다. 본고가 제기하고자 하는 반론은 그러한 정체성이 연구자의 주관적 판단에 입각하여 자의적으로 정해질 가능성이 많다는 점이다. 이 글은 전통적인 문헌 자료를 검토함으로써 상여를 직접 만들어 썼던 해당 시대의 주인공들이 품고 있었던 상여 인식을 살펴보았다. 그 결과 그들은 상여란 집이라는 정체성을 가지고 있었다는 점을 밝힌 것이다. 이 점을 분명히 한다면 지금까지 도출된 상여 해석에 상당한 수정이 필요할지도 모른다는 것이 본고의 입장이다. 식관의 목적을 부모님을 살아 있는 사람처럼 모심으로써 다른 사람들이 외면하지 않도록 하기 위해서라고 말한 정현의 주석[52]을 되새기며 이 글을 맺는다.

죽음 의례에서 옷의 상징성
-불교 상례를 중심으로

/ 구 미 래

1. 죽음과 옷

인간의 몸을 감싸고 있는 옷은 가장 기본적인 개인의 소지품이다. 따라서 누군가의 옷은 그 사람의 존재 자체를 나타내기도 하는데, 이를 옷의 일차적 상징성이라 표현할 수 있을 것이다. 이러한 일차적 상징성은 벗어놓은 옷 또는 특정인의 것으로 마련해 놓은 옷과 같이, 개인의 몸과 분리되어 있을 때 부각되게 마련이다. 옷을 입은 상태에서는 사람을 통해 존재를 인식하기 때문에 옷의 일차적 상징성이 잠재되어 있는 반면, 몸과 분리되어 있을 때 비로소 드러나 의미화되기 때문이다. 이러한 점에서 옷의 일차적 상징성이 극대화된 경우는 바로 죽은 이의 옷이라 할 수 있다.

이와 같이 존재를 드러내는 경우를 옷의 일차적 상징이라 할 때, 개인이 속한 집단·지위나 특정 상황 등 사회적 의미를 드러내는 구실을 하는 옷은 이차적 상징에 속한다. 옷은 인간의 사회적 삶을 반영하고 의미화하는 데 가장 기본이 되는 상징물이기 때문이다. 따라서 각종 제복에서부터 의례복에 이르기까지, 옷을 통해 사회적 관계와 맥락을 드러내고 감지할 수 있게 된다. 나아가 관용적으로 '옷을 벗는다', '옷을 입는다'는 말을 사용하듯이 옷은 이전에 소속되었던 세계나 지위로부터 이탈되거나 그 반대의 경우를 드러내는 뜻으로도 널리 사용되고 있다.

이처럼 옷의 상징성은 크게 두 가지로 나누어지는데, 여기서는 존재를 드러내는 일차적 상징성이 극대화되는 망자의 옷에 주목하고자 한다. 망자의 옷이 지닌 의미가 가장 부각되는 시점은 죽음을 마무리하는 상례(喪禮)의 상황에서이다. 망자를 온전하게 저승으로 통합시키는 과정으로서 상례는 죽은 자의 몸과 영혼, 이승과 저승에 대한 일련의 관념을 체계적으로 반영하고 있어, 망자의 옷에 대한 인식 또한 이러한 맥락 속에서 두드러지기 때문이다.

일반적으로 상례에서 망자의 옷은 죽은 이를 상징할 뿐만 아니라 저승에서 입을 옷이라는 이중적 의미를 지닌다. 그런데 불교 상례의 경우 이러한 옷에 담긴 의미는 더욱 복합적이다. 불교에서는 사람이 죽으면 일정 기간 동안 이승도 저승도 아닌 중유(中有)에 머물다가, 전생에 지은 업에 따라 육도(六道)의 한 세계에 다시 태어난다는 윤회전생(輪廻轉生)의 세계관을 지니고 있다. 따라서 화장(火葬)으로 망자의 몸을 떠나 보낸 다음, 사후 49일간 중유의 존재를 위해 사십구재(四十九齋)를 치름으로써 영혼을 떠나보내게 된다.

불교 상례의 과정을 면밀히 살펴보면 '2회의 씻음'과 '3회의 태움'이라는 의례 체계를 갖추고 있음을 알 수 있다. 이는 망자의 몸과 영혼을 온전히 저승으로 통합시키기 위한 것인데, 이때 옷은 의례 목적을 드러내는 핵심적 상징물의 구실을 하고 있다. 이러한 과정에서 관념적인 옷이 등장할 뿐만 아니라, 물리적인 옷 또한 실제의 옷과 구상화된 종이옷에 이르기까지 다양한 양상을 드러내고 있다. 이와 함께 주목되는 점은 옷에 대한 불교적 의미와 민간의 인식이 이원화된 가운데, 실제 의례 상황에서도 이러한 이원성이 복합적으로 작용하고 있다는 것이다.

따라서 이 글에서는 불교 상례에서 옷의 중층적 의미를 통해 죽음에 대한 불교적 관점을 분석하고, 옷에 투영된 불교와 민간의 이중적 관념을 고찰하였다. 먼저 불교 상례를 몸과 영혼을 떠나 보내는 단계로 구분하여 각 단계에 등장하는 여러 유형의 옷이 어떠한 작용을 하는지 살피는 가운데, 망자를 저승으로 통합시키는 불교 상례의 의례 구조를 분석하였다. 따라서 '옷'이라는 분석틀을 통해 불교 상례를 재조명하고, 의례 속의 의미와 실제 의례주체의 수용 간에 드러나는 차이점에 주목함으로써 의례의 다각적인 이해에 도움이 될 수 있으리라 여겨진다.

이러한 분석이 관념적인 것에 머물지 않도록 하기 위해 실제 불교 상례의 사례를 연구 대상으로 삼았다. 따라서 이 글은 화장을 한 다음 사십구재를 치른 6개 사례를 대상으로 의례에 참관하고[1] 유족과 면담한 내용이 주를 이룬다. 이들은 망자 및 재자(齋者)의 종교와 무관하게, 사십구재를 행한 사례 가운데 화장으로 장례를 치른 경우를 대상으로 선정한 것이다. 현대인의 장례 방식은 종교성을 탈피한 채 각자의 상황과 여건에 따라 선택되는 경향이 뚜렷하여 '매장 후 사십구재' 역시 불교 상례에 해당되지만, 의례를 통해 일관된 생사관을 드러내는 '화장 후 사십구재'가 불교 상례의 본질을 담고 있기 때문이다. 따라서 이 연구의 시점은 현재 행해지고 있는 불교 상례를 대상으로 한 것이며, '옷'이라는 요소를 통한 의례 분석이라 할 수 있다.

<표 1> 6개 조사 사례의 상례 과정[2]

사찰 관련		망자 관련				상례 관련				
사찰명	종파	나이 (성별)	사망 원인	망자 종교	재자 종교	안치 장소	수의	장례	유골 처리	사십 구재
삼천사	조계종	79세 (여)	뇌출혈	불교	불교	장례식장	장례 때 구입	화장	봉안당	03년9월
조계사	조계종	83세 (남)	심근 경색	불교	불교	장례식장	장례 때 구입	화장	산골 +집	04년3월
홍원사	조계종	57세 (남)	자살	기독교	불교	장례식장	장례 때 구입	화장	봉안당 +산골	03년6월
봉원사	태고종	46세 (남)	심장 마비	무속	없음	장례식장	장례 때 구입	화장	산골	04년2월
자비 정사	태고종	100세 (여)	노환	없음	없음	장례식장	장례 때 구입	화장	산골	04년3월
보문사	보문종	85세 (여)	노환	불교	불교	장례식장	장례 때 구입	화장	산골	04년2월

2. 수의, 내세관이 투영된 옷

장례는 망자의 몸을 떠나보내는 의식이다. 이 시기에는 망자의 몸을 깨끗이 씻고 새 옷으로 갈아 입힌 다음 화장이나 매장으로써 주검을 현실과 완전히 분리시키게 된다. 이때 '이승에서 입는 마지막 옷'인 동시에 '저승에서 입을 옷'으로 중요한 민속적 의미가 부여되어 있는 수의(壽衣)가 등장한다. 그런데 불교 상례로 화장을 할 때는 수의의 선택에도 영향을 미치게 된다. 아울러 주검을 '이승에서 입었던 헌옷'이라 보는 불교적 관점이 부각되면서, 몸과 옷에 대한 불교와 민간의 복합적 인식이 드러남을 알 수 있다.

먼저, 몸을 씻고 수의를 입힌 후[襲衣] 포로 묶어[殮] 관에 넣는[入棺] 일련의 과정은 망자의 몸을 본격적인 주검으로 인정하여 다루는 행위라 할 수 있다. 사망한 지 24시간이 지나서야 염습을 할 수 있도록 규정해 놓은 데서도 알 수 있듯이, 이러한 행위는 극히 희박한 소생의 가능성마저 완전히 포기한 상태에서 할 수 있는 것이기 때문이다. 따라서 유족들에게 이 시간은 망자를 완전히 떠나 보낸다는 사실이 생생하고 강렬하게 체험되는 순간이다. 사례의 유족들은 상례 기간 중에서, 임종을 제외하면 염습과 입관을 할 때 "가장 충격적이고 슬펐다"고 입을 모은다. 이처럼 금방 불에 타 버릴 몸을 씻어 주고 새 옷으로 갈아입히는 것은 망자를 떠나 보내는 산 자들의 도리이자, 사후에 대한 관념을 반영하고 있다.

연로한 부모가 계신 집에서 생전에 미리 수의를 장만해 놓는 풍습은 근래에도 널리 행해지는 일이지만, 화장을 염두에 두고 있을 경우에는 사정이 달라진다. 화장으로 장례를 치른 여섯 사례에서 수의를 마련한 상황을 살펴보면 다음과 같다.

우선 6건 가운데 2건은 죽음을 전혀 예측하지 못한 젊은 나이에 갑자기 세상을 떠난 경우로서 예외에 해당한다. 따라서 어느 정도 죽음을 준비해 온 4개 사례를 대상으로 살펴보면, 이 가운데 생전에 수의를 미리 마련해 놓은 경우는 '자비정사 사례'이다. 망자가 백수 되던 해에 세상을 떠난 '자비정사 사례'에서는 망자 생전의 윤달에 동네어른들이 모인 가운데 장녀가 직접 바느질하여 수의를 장만해 놓았던 터였다. 그러나 본래 '자비정사 사례'는 집안 대대로 무덤을 써 왔으나 몇 년 전 선산이 지역개발로 깎여 나가게 되어 남편과 시댁 조상들의 유골을 모두 수습하여 화장을 할 수밖에 없었다. 따라서 망자 역시 뜻밖에 화장을 하게 된 경우로서, 수의 장만도 매장을 전제로 한 것이었다.

갑작스런 죽음을 맞은 2건과 함께 장례식장에서 수의를 구입한 경우는 총 5개 사례였으니, 화장을 전제하면서 수의를 미리 장만해 놓은 경우는 한

건도 없었던 셈이다. 이는 당연한 일일 수밖에 없는데, 생전에 장만하는 수의는 대부분 고가의 것이어서 곧 태워 버리는 화장의 장례법과는 맞지 않기 때문이다. 비록 땅속이라 하더라도 망자가 입고 있는 기간이 길수록 '사후에 입을 옷'에 대한 의미 부여가 커지는 셈이다. 따라서 장례식장에서는 수의를 매장용 · 화장용으로 구분한 다음 다시 품질별로 다양한 가격을 매겨 놓는다. 이에 대해 전문장례식장의 한 제보자는 다음과 같이 말하였다.

> 매장하는 경우엔 대체로 자기네들이 수의를 준비해서 옵니다. 화장을 하는 사람들은 우리가 파는 옷을 사서 쓰는 경우가 많고. 여기 있는 화장용 수의는 다 중국산인데, 13만원부터 시작해서 비싼 건 오류십만 원 짜리까지 있긴 있지만 대부분 좀 싼 걸 쓰는 편이지요. 아무래도 금방 태워 버릴 거니까…. 관도 마찬가지로 땅속에 묻힐 것도 아니고 태우는데 누가 좋은 거 쓰나요? 화장하는 사람들은 종이관도 쓴다던데 여기선 종이관은 취급 안 해요.[3]

그러나 돌아서면 태워 버릴 것이더라도, 사후에 입는 옷에 대한 민속적 관념은 여전히 존재하게 마련이다. 망자가 40대의 나이에 심장마비로 돌연 세상을 떠난 '봉원사 사례'의 경우, 형제들이 화장용 중에서 제일 좋은 수의와 관을 골랐는데도, 어머니(이ㅇ호, 72세)는 "마지막 갈 때 입는 게 진짠데…" 하면서 못내 서운하고 아쉬운 마음을 숨기지 못하였다. 이처럼 화장의 경우 매장보다 수의에 대한 의미 부여가 약화되는 것은 사실이지만, '망자가 저승에서 입을 옷'이라는 관념은 동일한 것으로 여겨진다.

인간은 죽음을 계기로 몸과 영혼을 분리해서 인식하고, 영생이나 내세에 대한 기대는 영혼을 대상으로 이루어진다. 그러나 눈에 보이지 않는 영혼은 존재의 가시적 실체였던 몸을 근거로 인식할 수밖에 없기 때문에 몸은 항상 개인의 정체성을 지닌 대상으로 설정되어 있다. 곧, 이미 생명이 끊긴 주검일 뿐만 아니라 땅속에서 썩거나 불에 타 없어졌다 하더라도 몸은 영혼을 떠올리는 수단이고, 따라서 몸과 짝을 이룬 옷 역시 중요할 수밖에 없는 것이다.

이에 비해 불교에서는 몸이란 '이승에서 잠시 빌려 입었던 옷'이라 보고 있다. 해탈을 통해 윤회에서 벗어나지 않는 한 새로운 몸을 받아 내생의 삶을 살아가야 하므로, 한 생이 다하면 헌옷을 벗고 새 옷을 갈아입듯이 전생의 몸에서 벗어나야 한다는 것이다. 따라서 몸이란 '영혼을 담는 옷'의 의미를 지녀 영혼이 떠난 옷은 폐기시켜야 할 헌옷에 불과하게 된다. 여기서 '영혼(주인)-몸(옷)'이라는 등식이 성립되면서 지금까지와는 다른 차원의 옷, 곧 '윤회를 통해 갈아입는 몸=옷'이 되는 의미가 등장하게 된다. 화장 역시 이러한 맥락에서 헌옷과도 같은 육신을 불태움으로써 이승에 대한 애착과 미련을 끊고 새 옷의 주인이 되라는 의미[4]를 담고 있다.

이처럼 망자의 몸과 옷에 대한 민간과 불교의 두 관점을 그림으로 나타내면 다음과 같다.

〈그림 1〉 망자의 몸과 옷에 대한 관념

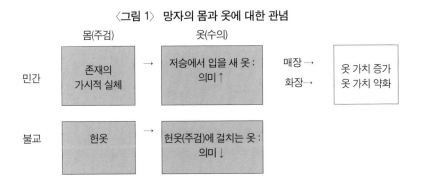

따라서 '화장'이라는 동일한 의례를 치르면서도 불교에서 의미하는 바와 민간에서 보는 관점은 각기 다르게 마련이다. 민간에서는 화장을 하더라도 현세의 몸과 옷이 내세의 존재를 담보한다는 생각을 하는 데 비해, 불교에서는 죽은 후의 몸이란 갈아입어야 할 헌옷에 불과한 것이기 때문에 헌옷(주검)에 다시 걸치는 새 옷(수의)의 의미는 무화되어 있다. 이처럼 근원적으로 다른 출발선상에 있으면서도, 민간과 불교의 의례 주체인 유족과 승려들의 생각은 서로 이러한 의미를 공유하며 넘나들고 있기도 하다.

> 나는 무덤도 싫어. 나는 땅속에 그냥 그렇게 있다는 게 더 무서워. 왜 그러냐 하면, 돌아가시고 나면 혼은 나가고 몸은 옷이래요, 옷. 그러니까 옷은 태워 버리는 게 낫지, 거기 그렇게 있는 게 아휴… 난 싫은데. (사십구재 때) 엄마가 좋아하셨던 옷들을 좀 챙겨서 보내드리려고 했는데…. 그래서 한복 말고도 좀 가져오려 그랬더니 스님께서 필요없다고, 가져오지 말라고 그랬어요.[5]

위에 인용한 '보문사 사례' 유족의 말은, 죽음을 불교적으로 받아들이는 가운데 망자의 몸과 옷이 지닌 민속적 관념을 본연적으로 지니고 있음을 여실히 살펴볼 수 있다. 곧 '사후의 몸'은 입던 옷이니까 태워 버리는 것에 동조하면서도, 망자에게 필요한 옷을 챙겨줘야 한다는 생각에서 벗어나기 힘든 것이다. 승려들의 인식에서도 불교적 관점을 견지하는 가운데 민간의 심성을 공유하는 동일한 경향을 살펴볼 수 있는데, 이에 대해서는 뒤에서 다루고자 한다.

3. 존재의 변화를 드러내는 옷

화장으로써 몸의 처리가 완료되면, 사후 매 7일마다 일곱 번에 걸쳐 사십구재를 치름으로써 망자의 영혼을 저승으로 귀속시키게 된다. 불교에서는 사람이 죽으면 새로운 삶을 받기 전까지 49일간 중유의 존재로 머물게 되고, 이 기간에 유족들이 망자를 위해 천도재(薦度齋)를 올려 공덕을 쌓으면 망자가 보다 좋은 곳에 태어날 수 있다고 본다. 따라서 일곱 번의 의례 가운데 망자의 영혼이 천도되는 날인 막재(7·7일)에 가장 중요한 의미가 부여되어 있어, 막재를 곧 사십구재라 칭하기도 한다. 사십구재에서 망자를 대상으로 한 일련의 의례가 진행되는 가운데, 옷이 지닌 상징성을 통해 영혼의 변환을 드러내는 두 단계에 주목할 수 있다. 이는 망자의 업을 씻어주는 관욕(灌浴)과 망자를 떠나보내는 봉송(奉送)의 단계로, 여기서는 먼저 관욕 단계에 대해 살펴본다.

사십구재에서는 처음 망자의 영혼을 법당으로 맞아들이는 대령(對靈)의 단계가 끝나면, 별도의 공간 또는 영단(靈壇) 옆에 병풍을 치고 관욕을 실시하게 된다. 관욕은 망자가 생전에 몸[身]과 입[口]과 마음[意]으로 지은 삼업(三業)을 깨끗이 씻고 새 옷을 갈아 입는 의례이다. 망자의 영혼이 청정한 상태가 되고난 이후라야 불보살 앞에 나아가 천도를 받을 수 있는 존재가 되기 때문이다.

이러한 존재의 변화 과정을 드러내기 위해 관욕 단계에서는 망자를 상징하는 지의(紙衣)를 대상으로 실제 씻음과 태움의 의례를 행한다. 지의는 흰종이로 작게 접어 끼운 바지·저고리를 두 개 만들어 '여신구(女身軀)·남신구(男身軀)'라는 명칭을 써서 망자의 몸임을 표시하게 된다. 하나만이 아니라 한 쌍을 갖추는 것은 망자를 포함한 이 세상의 범부·범녀를 의미하는 것으로, 모든 고혼(孤魂)을 대상으로 관욕을 실시한다는 의미이다. 불교에서는 개인을 위한 재(齋)라 하더라도 의지할 데 없이 외롭게 떠다니는 고혼을 함께 초청하고 천도해 주고 있기 때문이다. 이렇듯 병풍 뒤편에 지의와 함께 물을 담은 대야와 세면도구 등을 갖추고, 지의를 물에 조금 적셨다가 태우는 행위로써 전생에 지은 업을 씻고 새롭게 태어남을 드러내는 것이다. 또한 병풍 옆에는 유족들이 준비해 온 한복과 속옷·버선(또는 양말)·고무신 등 망자가 관욕 후 갈아입고 떠날 새 옷 일습을 갖추어놓는다.

병풍 뒤에서 관욕을 행하는 동안 병풍 앞에서는 법주(法主)가 진언(眞言)을 외운다. 진언은 삼업을 깨끗이 하는 과정을 몸·입·얼굴·손 등의 씻음에 비유하여 목욕진언(沐浴眞言)·작양지진언(嚼楊枝眞言)·수구진언(漱口眞言)·세수면진언(洗手面眞言)을 읊고, 이어 새 옷으로 갈아입은 다음 불보살 앞으로 나아가는 과정을 화의재진언(化衣財眞言)·수의진언(授衣眞言)·착의진언(着衣眞言)·정의진언(整衣眞言)·지단진언(指壇眞言) 등으로 나타내게 된다. 관욕의 세부과정에 따라 진행되는 진언과 행위 및 그에 따른 의미는 〈표 2〉로 요약할 수 있다.

〈표 2〉 관욕과정에 따른 진언과 행위[6]

목 적	진 언	관욕 행위	의 미
신업(身業) 씻기	목욕진언	지의의 끝을 물에 살짝 담그기	목욕을 통해 몸으로 지은 신업을 씻음
구업(口業) 씻기	작양지진언		버드나무가지(楊枝)를 씹어(嚼) 이를 닦음으로써 입으로 지은 구업을 씻음
	수구진언		물로 입안을 헹구어냄으로써 입으로 지은 구업을 씻음

의업(意業) 씻기	세수면진언		얼굴과 손을 씻음으로써 마음으로 지은 의업을 씻음
해탈복으로 변화	화의재진언	지의를 불에 태우기	법력을 통해 명부의 옷(冥衣)을 해탈복(解脫服)으로 변화시킴
해탈복을 전달	수의진언		해탈복을 받아 입고 매무새를 정돈함
해탈복을 입음	착의진언		
매무새를 정돈함	정의진언		
상단으로 인도함	지단진언	병풍 밖으로 나갈 준비를 함	불보살 앞으로 나아감

진언이 의미하는 바에 따르면 목욕은 곧 신업(身業)을 깨끗이 하는 것이며, 이를 닦고 헹구는 것은 구업(口業)을, 손[手]과 얼굴[面]을 씻는 것은 마음으로 지은 의업(意業)을 깨끗이 하는 것임을 알 수 있다. 의업의 경우는 '낯을 들 수 없다', '손을 씻었다' 등의 관용적 표현에서 감지할 수 있듯이, 얼굴이 곧 그 사람의 마음이고 손은 그에 따른 행동의 표현이라는 의미를 드러내는 것이라 하겠다. 또한 '버드나무 가지를 씹는다(작양지)'는 말은 버드나무 가지가 이를 닦기 위해 지참하는 '비구 18물'의 하나라는 데서 비롯된 것이다.[7]

이처럼 불교 상례에서는 몸뿐만 아니라 영혼에 이르기까지 두 차례에 걸친 씻음의 의례가 행해지고 있음을 알 수 있다. '습'과 '관욕'은 이전세계(이승)에서 다른 세계(저승)로 진입하고자 할 때 필수적으로 따르는 정화(淨化)의 단계로서, 일반 상례와 달리 체계적인 내세관을 지닌 불교에서는 망자의 주검을 처리하고 난 이후에도 영혼을 대상으로 한 씻음의 의례를 행하는 것이다. 아울러 깨끗이 한 다음에는 '새 옷'을 갈아입게 되는데, 망자의 몸을 씻은 뒤에 수의가 등장했듯이 영혼을 씻은 뒤에도 망자가 갈아입을 관념적인 새 옷이 설정되어 있다. 영혼의 씻음은 생전의 업을 씻고 깨달음의 세계로 나아간다는 종교적 의미가 있어, 관욕을 마친 이후에 망자가 입게 되는 옷은 해탈복(解脫服)이라 일컫는다. 관욕 이전의 망자가 명부의 옷(冥衣)을 입은 존재였다면 관욕 이후의 망자는 해탈복을 입은 존재로 표현함으로써, '명의'와 '해탈복'이라는 두 가지 관념적 옷을 통해 존재의 경지가 변화되었음을 드러내고 있다.

그런데 눈에 보이지 않는 영혼을 대상으로 한 의례라 하더라도, 망자의 존재를 드러내기 위해 '지의'를 사용한 것처럼 관욕 후 갈아입는 새 옷 역시 가시적인 옷(한복)을 마련해 놓게 된다. 따라서 지의는 물론 한복 역시 관념적 대상을 드러내기 위해 구상화된 옷인 셈이다. 이들 구상화된 옷의 경우 지의는 관욕 시에, 한복은 봉송의 단계에서 각각 불태움으로써 망자의 주요한 변환 시점을 상징하게 된다. 〈표 2〉에 제시된 바와 같이 관욕 때 지의를 태우는 것은 명의가 해탈복으로 변환되는 것을 나타내고, 봉송 때 한복을 태우는 것은 망자의 영혼이 저승으로 통합되었음을 상징하고 있기 때문이다.

이처럼 관욕에는 종이로 만든 옷, 관념적인 옷, 실제의 옷인 '지의 · 해탈복 · 한복'이라는 세 가지 옷이 등장하며, 망자의 존재 및 종교적 경지가 변화된 상태를 드러내는 구실을 하고 있다. 이러한 일련의 관계를 도식화하면 〈그림 2〉와 같다.

〈그림 2〉 관욕 시 3가지 옷의 유형과 그 의미

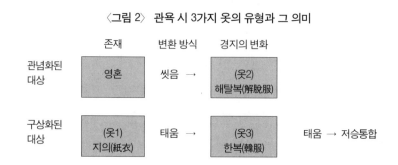

이처럼 관욕에 등장하는 세 가지 옷의 의례적 의미는 비교적 명확하지만, 의례 주체인 유족들에게는 달리 수용되기도 한다. 먼저 '옷1' 지의는 병풍 뒤에 마련해 놓았다가 태우는 것이어서 유족들이 볼 기회는 흔치 않지만, 지의를 접한 이들은 망자를 상징한다는 것을 쉽게 알아차리게 된다. 이는 "어머니를 씻겨 드리려고 만들어 놓은 것 같다"는 '자비정사 사례' 유족(김ㅇ옥, 69세)의 말에서도 잘 드러난다. '옷2' 해탈복 역시 불교신자들의 경우 관욕을 통해 갈아입게 되는 것임을 알고 있으며, 비신자들도 해탈복의 불교적 의미를 유추하기에 어려움이 없다.

이처럼 지의와 해탈복은 의미가 명확하게 드러나는 데 비해, '옷3' 한복의 의미는 복합적이다. 한복은 관욕을 마친 후 갈아입는 새 옷이므로 의례적 의미를 통해 볼 때 해탈복을 구상화한 것에 해당한다. 하지만 실제의 옷이기 때문에 현장에서는 '경지의 변화'라는 종교적 특성에 초점이 맞춰지기보다 '저승에서 입을 옷'이라는 수의, 곧 명의의 의미로 유족들에게 수용되고 있다. 이는 "세면도구 갖고 가서 목욕하신 것으로 알고 있다"는 유족들의 말처럼, 관욕에 대해 '업의 씻음'을 통해 새롭게 존재의 변화가 일어난다고 생각하기보다는 '망자의 목욕'이라는 일반적 의미가 우선한다는 점과 밀접히 연관된다. 따라서 마치 습을 하고 수의를 입듯이 '관욕을 하고 난 뒤에 새 옷을 갈아입는다'는 일반적 의미가 좀 더 폭넓게 수용되고 있는 것이다. 관욕에서 한복을 준비하는 설정 자체가 민간의 관념에 부응하기 위한 것이라는 점에서, '관욕 후 해탈복'이라는 의례적 의미와는 별개로 '목욕 후 명의(冥衣)'라는 인식이 나란히 존재하는 것은 사십구재에서 흔히 접할 수 있는 이원적 의례 관념이기도 하다.

4. 저승 통합을 드러내는 옷

관욕을 마치면 불보살을 향해 극락왕생을 기원하는 불공(上壇勸供)을 올리고 망자에게 제사(觀音施食)를 지낸 후, 망자의 영혼을 떠나 보내는 마지막 의례로서 봉송을 행한다. 승려가 앞선 가운데 영정과 위패, 향로와 촛대, 소각물을 나누어 든 유족들이 법당을 세 바퀴 돌면서 불보살에게 감사의 인사를 올린 다음, 법당 바깥에 위치한 소대(燒臺)에서 의례에 사용되었던 모든 것을 불태우게 된다.

사십구재의 막재는 곧 불교 상례의 탈상(脫喪)에 해당하는데, 마지막 소대 의례는 망자의 옷을 비롯하여 유족들의 상복[8], 위패와 각종 장엄용구를 태움으로써 망자와 유족이 각기 제자리로 돌아가는 탈상의 의미가 부각되는 시간이다. 일반 상례에서도 묘를 만든 후 망자의 옷을 태우고 거상 기간이 끝나면 상복을 벗음으로써 탈상하게 되나, 사십구재에서는 망자와 유족이 자신의 세계로 복귀하는 가시적 행위가 같은 시공간 속에 펼쳐짐으로써 보다 선명한 구도를 지니며, 이러한 가시적 행위의 중심에 '옷'이 놓여 있는 셈이다. 이를 도식화하면 〈그림 3〉과 같다.

〈그림 3〉 봉송 시 옷 태움의 의미

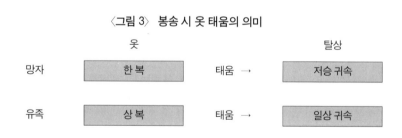

소대에서 태우는 망자의 옷은 관욕 때 병풍 옆에 놓아 둠으로써 망자가

갈아입은 것임을 드러내었던 한복이다. 한복은 새로 구입하는 것이 관례이지만, 망자가 예단으로 받은 것 중 아끼던 한복을 가져온 '자비정사 사례'처럼 망자가 평소에 아끼고 좋아하던 옷을 보내주는 경우도 있다. 와이셔츠와 손수건까지 챙겨서 보낸 '봉원사 사례', 저승에서도 장수하라고 100세의 망자를 위해 흰 실타래를 가져와 태운 '자비정사 사례' 등과 같이, 유족들 스스로 의미를 부여하며 특별한 태울 것을 가져오기도 한다. '조계사 · 홍원사 사례'의 경우는 각기 시내중심가와 주택가에 사찰이 자리하고 있어 위패와 청원문(請願文)을 태우는 것으로 대신하였다. 조계사에서는 날을 정해 한꺼번에 소각하였으며 '홍원사 사례' 역시 유족 측에서 별도로 망자의 옷을 태움으로써, 망자를 보내는 길에 반드시 그의 옷을 함께 태워 보내고 있었다.

반면, 유족의 옷인 상복의 경우는 본래 모두 소각해 왔으나 근래에는 이를 규제함에 따라 도심 사찰을 중심으로 재활용이 가능한 것은 점차 태우지 않는 추세에 있다. 따라서 소대에서 태우지 못하는 상복 · 소창[9] · 고무신 등은 불 앞에서 세 번을 휘돌리는 것으로 태우는 행위를 대신하게 된다('보문사 사례'). 그러나 민가와 멀리 떨어진 산중이나 산기슭 등에 위치한 사찰들의 경우 의례에서 사용한 소창은 물론, 유족의 건 · 완장에서부터 소복에 이르기까지 일체의 상복을 모두 소각하였다('삼천사 · 자비정사 · 봉원사 사례'). 또한 "법당에 모셔 놓았던 영정을 태워 드리면 그렇게 좋다"면서 '삼천사 사례'의 유족들은 망자의 영정까지 소각해 주기를 요청하는 등, 불교에서도 민간에서도 죽음과 관련한 의례를 행할 때 '태움'에 특별한 의미를 두고 있다.

불교에서 이승에 대한 집착과 미련을 모두 끊고 새 몸으로 태어나라는 의미로 화장을 하듯이, 사십구재에서 태움을 중요하게 여기는 것 또한 망자를 위해 '구상화된 모든 물건을 불태워 다시 공(空)의 상태로 돌아간 것임을 상징하는'[10] 종교적 행위의 연장선상에 있다. 소대에서 읊는 염송 내용에도 이러한 의미가 담겨 있다. 망자에게 재(齋)의 공덕을 통해 이승에서의 애착을 끊었는지(忘緣)를 묻고, 만약 아직까지 끊지 못했으면 다시 들으라고 하며 '육신을 떠나보면 꿈속과 같고 세속의 욕심과 번뇌 망상이 모두 공(空)'임을 깨우치고 있는 것[11]이다.

그런데 태움의 의례에 대한 유족들의 정서는 이와 다른 차원에서 진행되고 있다. 이를테면 유족들은 망자가 평소 아끼던 물건을 태우게 되는데, 불교적 관점에서 보면 생전의 물건에 대한 일체의 애착을 끊게 하기 위해 태우는 것이지만 유족에게는 오히려 망자가 저승에서 필요한 것들을 챙겨 보내는 의미가 더욱 크다. 무덤 안에 이승에서의 신분을 그대로 유지하기 위해 필요하다고 생각되는 물건을 껴묻거리(부장품)로 묻는 장속(葬俗)이 광범위하게 드러나고 있듯이,[12] 이러한 생각은 인간의 보편적 심성을 반영하고 있다. 또한 불교적 관점에서 보면 망자는 이미 '한 벌이지만 많은 옷이 되고 많은 옷은 다시 무수한 옷이 되어 끝없는 저승중생들이 다 입을 수 있으며, 크지도 작지도 않고 넓지도 좁지도 않아 그동안 입었던 옷보다 훨씬 훌륭하여 그대로가 열반의 옷(一衣 爲多衣以多衣 爲無盡之衣 令稱身形 不長不短 不窄不寬 勝前所服之衣 變成解脫之服)'[13]인 해탈복으로 갈아입은 상태이다. 따라서 더 이상 세속에서 입었던 형태의 옷이 필요하지 않다. 그러나 산 자들이 인식하는 저승의 삶은 현세에서 보고 느끼는 것과 동일하게 유추될 수밖에 없어, 옷은 물론 노잣돈과 이런저런 일용품도 챙기게 되는 것이다.

이처럼 유품을 태우고자 하는 유족들의 마음은 망자의 무덤에 껴묻거리를 하는 심성과 다르지 않아, 망자의 것을 정리하기 위한 차원에서 이루어지는 태움과는 다른 성격을 지닌다. '홍원사 사례'의 유족들은 망자의 유품을 태우고자 했으나 사찰에서도 화장터에서도 여건상 뜻을 이루지 못하여 고생스럽게 인적이 드문 산속을 찾아 몰래 태우고 돌아왔다.

3일장 지내면서 스님이 사진하고 유품은 화장터 갈 때 가지고 가서 태우라고 말씀하셨어요. 홍원사가 주택가에 있기 때문에 태우면 연기 나고 그러기 때문에 주민들이 신고가 들어온대요. …근데 화장터에서도 안 된다고 해서 거부당하고 가지고 왔거든요. 그래가지고 화장터에서 바로 절에 가서 위패 모시는 날 어떡하냐 그랬더니, 절에서는 못 태운다고 하시더라구요. 그래서 남편하고 상의를 해가지고, 우리 애들하고 식구 4명이 입으시던 깨끗한 옷 한 벌 하고, 신발 한 켤레 하고, 저희 아주버님 소지품 하나씩 가지고…. 그것 태우느라고 참 고생이 많았어요. (웃음) 저기, 양수리 쪽에 아주 사람들이 잘 안 다니는 한적한 산속에, 좀 깨끗한 데 가서 태웠어요. 그래서 다 정리를 하고 내려왔거든요.[14]

유족의 말에서 '다 정리를 하고 내려왔다'는 것은 망자의 모든 옷과 소지품을 없애는 차원의 정리가 아니라 망자가 저승에서 필요한 것을 함께 보내 주었음을 뜻한다. 이는 '옷 한 벌과 소지품 하나씩'만을 태운 것에서도 알 수 있다. 이러한 의미의 태움은 한복뿐만 아니라 와이셔츠와 손수건까지 챙겨서 보낸 '봉원사 사례'에서도 공통적으로 드러나는 현상이다. 태움의 의례는 이처럼 불교적 의미와 전통 상례의 관습 및 유족들의 심성이 맞물린 가운데 사십구재에서 빠질 수 없는 중요한 과정으로 자리하고 있다.

그러나 승려 역시 의례를 통해 대중들과 만나는 가운데 방편적 설명에 익숙해져 있기 때문에, 교리에 충실하기보다는 민간의 심성에 적절한 형태로 맞추는 것이 관례이기도 하다. 막재를 하기 전에 승려는 유족들에게 태울 것을 가지고 오도록 말해 주는데, '보문사 사례'의 승려는 '망자가 가져가는 데 무겁지 않도록' 소대에서 태울 한복은 한 벌만 가져오라고 하였다.

> 스님이, 너무 많이 태우면 (망자가 저승에) 가져가시기 무겁기 때문에 딱 한 벌만 가지고 오라고 해서, 입으시던 한복 한 벌만 가지고 오라고 해서 ○○ 결혼식 때 입었던 한복을 가져온 거래요.[15]

한편, 망자의 옷과 위패와 영정 등을 태우는 소대 의례는 유족들의 감정을 극적으로 고조시키는 시간이기도 하다. 사십구재의 마지막 무렵에 망자를 상징하는 옷이 활활 타오르는 불속에 던져짐으로써, 유족들은 매장·화장 시 몸을 처리하면서 느꼈던 '분리'와 유사한 감정을 겪게 되는 것이다. '보문사 사례'의 외동딸은 어머니를 외쳐 부르며 소대 의례가 진행되는 내내 눈물을 흘렸고, '자비정사 사례'에서는 백수를 한 다복한 망자였건만 상례 때에다 볼 수 있었던 유족·친지들의 통곡이 터져 나왔다. "형님, 좋은 데 가세요!", "극락왕생하세요!"라는 외침과 함께 이어지는 통곡은 대개 60~80 대의 노인들로서, 전통 상례에 익숙한 몸짓을 살펴볼 수 있었다.

이처럼 소대에서 행하는 마지막 봉송의례는 죽은 자와 산 자 모두가 '옷'이라는 상징물을 태움으로써 각자의 세계로 귀속됨을 드러내고 있다. 망자는 저승에서 입을 한복 일습을 불태움으로써 저승으로 통합되고, 유족은 소대 앞에서 상복을 벗음으로써[脫喪] 일상으로 통합되기 때문이다. 상복을 갖춘 경우 유족들은 대개 소대 앞에서 건과 완장과 머리의 리본을 떼고 상복까지 벗게 된다. 따라서 승려와 유족들은 소대로 향하는 길을 '탈상하러 간다'고 표현하기도 한다. 특히 여성들은 일상복 위에 소복을 입고 있기 때문에, 소대 앞에서 소복을 벗어 바로 불속에 던져 넣은 '삼천사·자비정사 사례'에서는 그야말로 '탈상'이 의미가 실감나게 부각되었다.

5. 불교 상례에서 옷의 중층적 의미

불교 상례에서는 몸과 영혼을 처리하는 일련의 과정 속에 여러 유형의 옷이 등장하여 의례를 이끌어가는 중요한 매개체의 구실을 하고 있다. 몸을 떠나 보내는 단계에서는 수의가, 영혼을 떠나보내는 단계에서는 보이지 않는 망자를 대상으로 한 상징적 의미를 나타내기 위해 '존재를 드러내는 종이옷[紙衣]'에서부터 '실제의 옷[韓服]'과 '관념적인 옷[解脫服]'에 이르기까지 다양한 유형의 옷이 설정되어 있다.

아울러 이들 옷은 반드시 씻음·태움의 의례와 연계되어 등장한다. 곧 불교의 상례에는 2회의 씻음과 3회의 태움의 과정이 있어, 옷을 매개로 한 가운데 씻음과 태움이 거듭되고 있는 것이다. 이러한 일련의 과정 속에서 망자 옷이 의미하는 바를 체계적으로 살펴보면 〈그림 4〉와 같다.

〈그림 4〉 **불교의 상례 과정과 옷의 관계**

의례과정		옷의 의미			비 고
		망자	저승의 옷	경지변화	
습(襲)	씻기	몸(씻음)			몸을 대상으로 한 의례
	새옷 입기		수의(착용)		
화장	태우기	몸(태움)	수의(태움)		
관욕	씻기	지의(씻음)			영혼을 대상으로 한 의례
	새옷 입기		한복(착용)	해탈복(착용)	
	태우기	지의(태움)			
봉송	태우기		한복(태움)		저승 통합의 의례

〈그림 4〉를 참조하여 옷을 매개로 한 불교 상례의 의례 구조와 특성을 분석하고 옷의 중층적 의미를 살펴보면 다음과 같다.

첫째, 불교 상례의 궁극적 목적인 '망자의 천도'라는 의미를 드러내기 위해, 영혼을 대상으로 한 단계에서도 몸을 다루는 단계의 '씻기→새옷 입히기→보내기'라는 구조가 동일하게 반복되고 있다는 점이다. '천도'는 망자의 영혼이 불법을 통해 깨달음을 얻게 하여 상승의 세계로 나아가도록 이끌어 주는 종교적 행위이다. 그런데 불보살의 가르침을 통한 본격적인 천도를 하기 전에 생전의 업을 씻어줌으로써 변신을 이룬 상태로 상단에 나아가도록 하고 있다. 불교에서는 업이 남아 있는 한 윤회에서 벗어날 수 없다고 보기 때문에 업을 씻은 상태는 이전과 다른 경지, 곧 해탈을 향해 큰 발을 내디딘 것이라 할 수 있다. 따라서 영혼의 때를 씻고, 새 옷으로 갈아입힌 다음, 망자의 갈 길을 열어 주는 과정이 몸을 처리하는 단계와 동일하다.

이때 실체가 없는 영혼을 대상으로 일련의 의례 과정을 이끌어 나갈 때 옷은 망자의 존재감을 드러내는 중요한 구실을 한. 먼저 지의는 망자를 상징하는 것으로 씻음의 대상인 망자의 영혼을 가시화한 것이다. 따라서 염습의 단계에서 몸을 씻듯이 지의를 물에 적심으로써 영혼의 씻음을 드러낸다. 그런데 의례의 세부 단계에서는 지의가 다시 망자의 옷을 의미하기도 하는데, 이때의 옷은 명부의 세계에서 입는 옷을 뜻한다. 곧 지의를 불에 태움으로써 명부의 옷[冥衣]이 해탈의 세계에 진입한 자의 옷[解脫服]으로 변환되기 때문이다. 여기서 명의와 해탈복은 성(聖)과 속(俗)으로 구분되면서, 옷을 통해 망자가 속한 세계 및 망자의 정체성을 아울러 드러내고 있음을 알 수 있다. 이처럼 지의와 해탈복은 깨달음의 경지로 진입하기 전후의 망자를 각기 나타내기 위해 구상화된 옷, 관념화된 옷이라 하겠다.

관욕 단계에서는 또 한 가지 유형의 옷이 등장하는데, 몸이 없는 영혼을 대상으로 한 의례임에도 불구하고 실제의 옷(한복)을 다시 마련해 놓고 있다. 이는 몸을 씻은 후 수의로 갈아입었듯이, 영혼을 대상으로 한 경우에도 '씻은 후에는 새 옷으로 갈아입는다'는 통념이 여전히 유효하고, 이를 가시적으로 보여주기 위해 실제 옷을 갖추는 것이다. 생전의 업을 없애고 깨달음의 세계에 진입한 상태이므로 관욕을 마친 망자는 해탈복을 입게 되는데, 한복은 이를 가시화한 옷이기 때문에 역시 해탈복이라는 의미가 있다.

이처럼 불교 내세관에 따른 영혼천도의 의미를 반영하기 위해 망자를 상징하는 옷, 사후에 입게 될 옷, 종교적 경지변화를 나타내는 옷에 이르기까지 다양한 상징성을 지닌 여러 유형의 옷들이 의례에 등장함을 알 수 있다.

둘째, 불교에서는 망자의 죽음을 처리함에 있어 '태움'에 좀 더 큰 의미를 두고 있다는 점이다. 이는 의례에서 사용한 구상화된 물품을 소각함으로써 의례적 상황을 종료한다는 의미와는 다른 차원의 것이다. 불교에서 해탈·열반과 같은 의미로 사용하는 '적멸(寂滅)'이라는 말은 번뇌의 불이 꺼져 평온해진 상태를 일컫는다. 번뇌의 뿌리인 탐욕[貪]·분노[瞋]·어리석음[癡]의 삼독(三毒)은 본래 실체가 없는 것으로, 마음을 돌이켜 근원을 직시할 때 삼독의 불이 꺼진 적멸의 경지에 도달할 수 있다고 본다. 화장에서부터 영혼의 천도에 이르기까지, 죽음을 처리함에 있어서도 이러한 관념이 투영되어 있음을 짐작해 볼 수 있다. 곧 죽음을 계기로 거듭나기 위해서는 이승의 번뇌를 모두 소멸시켜 적정(寂靜)의 상태를 회복하는 것이 중요하고, 이전 존재 및 이승과 관련된 집착의 소멸을 명확하게 드러내 보이는 것은 곧 태움의 행위이기 때문이다. 〈표 2〉와 〈그림 4〉를 통해서도 알 수 있듯이 해탈복은 삼업을 씻은 후에 '갈아입는' 새 옷이 아니라, 지의를 태움과 동시에 '변환된' 옷(化衣)이다. 따라서 태움을 통해 이전 존재를 무(無)로 환원시킴으로써 새로운 탄생을 암시하고 있는 것이기도 하다. 이러한 불교의 내세관에 따르면 '이승에서 입었던 헌옷'(몸)의 흔적은 내세의 삶에 걸림으로 작용할 수 있는 셈이다.

이처럼 이승의 헌옷에 해당하는 '몸'에서부터 지의·수의·한복에 이르기까지 모든 물리적인 옷은 불에 타서 소멸되며, 세 차례에 걸쳐 태우는 옷은 결국 망자를 의미하는 것으로 귀결된다. 특히 몸이 없는 상태에서 새 한복을 마련하여 태우는 행위는 매우 상징적이다. 영혼의 천도를 마친 후 마지막으로 다시 한복을 태우는 것은, 이승에서 망자의 존재가 무로 환원되었음을 극명하게 드러내고 있기 때문이다. 따라서 '자비정사·보문사 사례'의 유족들이 한복이 불타는 소대 앞에서 통곡을 한 것처럼 유족들은 한복이 불에 탈 때, 정도는 다르지만 화장을 할 당시와 유사한 느낌을 갖게 된다.

셋째, 의례에 등장하는 옷들은 불교에서 의미하는 바와 민간의 인식이 이원화된 가운데, 실제 의례 상황에서도 이러한 이원성이 복합적으로 작용하고 있다는 점이다. 앞서 살펴본 것처럼 불교에서 망자의 옷을 태우는 것은 이전 존재 및 이승과 관련된 집착의 소멸을 명확하게 드러내기 위한 것이지만, 의례 주체의 한 축을 이루는 유족, 곧 재자(齋者)들의 생각은 이와 많이 다르기 때문이다.

민간에서는 사람이 죽으면 가는 저승은 현재의 정체성을 유지한 채 머물게 된다고 보기 때문에, 수의는 물론 한복 역시 '저승에서 입을 옷'이라는 생각을 강하게 지니고 있다. 이러한 관념은 저승에서 사용할 노잣돈을 챙겨주거나 계절별로 한 벌씩의 옷을 태우는 행위 등을 통해 더욱 뚜렷이 감지할 수 있다. 곧 유족들에게 있어 망자의 옷을 태우는 것은 무덤에 껴묻거리를 넣는 행위와 동일한 것이다.

　따라서 유족들은 윤회와 극락왕생·업장소멸 등의 불교적 내세관을 인식하는 가운데 불교 의례를 치르면서도, 좀 더 근원적으로는 민간의 일반적 저승관을 통해 죽음을 인식한다는 것을 알 수 있다. 뿐만 아니라 오랜 세월 동안 민간의 상·제례를 담당해 오는 가운데 불교 의례에도 이러한 민간의 저승관이 적절히 녹아들었음을 살펴볼 수 있다. 대표적인 예로서, 관욕 때 한복을 마련하는 것은 불교 본래의 의미에 따른 것이 아니라 민간의 심성이 반영된 방편적 설정이기 때문이다. 이처럼 불교의 죽음 의례는 '불법을 통한 망자의 극락천도'라는 이상적 목적을 지니는 가운데 민간의 본연적 심성이 혼재되어, 방편적이고 적극적인 통불교적 특성을 나타내고 있다. 이러한 특성을 '옷'이라는 요소를 통해 분석적으로 들여다본 셈이다.

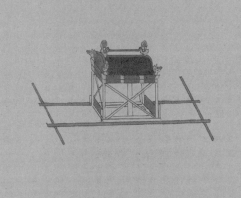

죽음 이후,
기억의 전달

고대 한국인의 저승관과 지옥의 이해

/ 나 희 라

1. 머리말

한반도 일대 주민들이 지옥을 상상하게 된 것은 불교가 전래된 이후의 일이다. 물론 이들도 일찍부터 사후 인간의 존재와 그 운명에 대해 관심을 가졌고 그래서 나름대로의 저승 관념을 가지고 있었다. 그런데 불교가 전래되면서 사후에 인간은 생전의 행위에 대해 심판을 받고 그에 따라 사후세계에서의 운명이 달라진다는 지옥 관념을 접하게 된 것이다. 이러한 새로운 관념은 인간과 사회에 대한 사고방식의 전환을 가져오는 계기가 되기도 했다. 따라서 한반도 일대 지옥 관념의 수용과 그 전개를 살펴보는 것은 이 지역의 역사와 문화를 또 다른 측면에서 이해하는 흥미로운 문제이기도 하다.

그런데 어떤 사회에서 새로운 관념을 이해하는 데는 그와 유사한 전래의 관념이 작용을 하게 된다는 것은 잘 알려져 있는 사실이다. 한반도 일대 주민들이 지옥 관념을 수용하는 과정도 그러하였다. 그리고 이후 지옥 관념의 전개와 발전에도 이러한 문제는 계속 개입하였다. 따라서 '지옥 관념'을 통해 한국의 역사와 문화를 이해하려고 할 때 불교 전래 이전의 저승 관념과 불교의 지옥 관념의 관계를 살펴보는 것은 기초적인 작업이 될 수 있다고 본다. 이에 이 글에서는 불교 수용 이후 불교 설화로 윤색이 되었으나 그 깊은 곳에는 원초적 저승관을 품고 있다고 여겨지는 사복설화를 분석하며 불교 수용 이전의 저승관을 살펴보고, 이를 바탕으로 불교 지옥 관념의 수용과 기존의 저승 관념과의 관계는 어떠하였는가를 설명하고자 한다.

2. 타계관과 저승관

일회적 삶의 시간적·공간적 한계는 일찍부터 인간에게 죽음 이후의 상태에 대해 고민하게 하였다. 그래서 죽으면 육체는 소멸되어도 인간 생명의 진정한 본질인 영혼은 계속 존재한다는 믿음을 일찍부터 가졌다.

그런데 애초에 사후 영혼이 가는 곳이 현세와 분명히 떨어진 곳이라고 생각하지는 않았던 것 같다. 많은 학자들이 사후 영혼의 행방에 대한 초기 단계의 관념은 대체로 생전에 살았던 곳 주변에 머문다고 생각했었는데, 점차 현실 인간 세계와 떨어진 어떤 곳을 설정하게 되었을 것이라고 지적하였다.[1] 중국 신석기시대 앙소문화에서 보이는 주거지 근처의 옹관 매장 흔적이나,[2] 진주 상촌리 신석기시대 주거지 안에 매장된 옹관은[3] 사자의 영혼이 현실의 인간 세상에 머문다는 이른 시기의 생각을 드러낸 것이라 여겨진다. 고대 일본에서도 조몬시대에는 마을의 광장에 무덤을 만들어 사자와 생자가 함께한다는 관념을 보였으나, 야요이시대에는 마을 바깥에 무덤을 두어 사자의 세계가 생자의 세계와 격리 구분되어 따로 '사자들의 세계'가 설정되었다고 한다.[4]

죽음은 물질적 육체의 소멸이며 현실적 시공간의 단절이라는 그 의미가 새겨지면 새겨질수록 사후 영혼은 점점 더 현실 세계에서 그 모습을 감추게 되었던 것 같다. 그리고 현실 세계와는 다른 별도의 세계, 즉 타계(他界)가 사후 영혼이 진정으로 돌아갈 곳으로 설정되었다. 타계는 문화의 차이에 따라, 사회 단계의 발전 정도에 따라 사회마다 다른 양상을 보이기도 했다. 또한 사회 안에서도 계급적 차이나 성(性), 연령 등의 구분에 따라 각기 다른 타계 의식을 보이기도 했다. 천상타계, 지하타계, 해양타계, 산중타계, 낙도타계(落島他界), 일몰처타계(日沒處他界) 등이 다양하게 제기되었다.

그런데 원래 타계는 사후세계(死後世界)일 뿐만 아니라 이상세계(理想世界)이기도 했다. 타계란 인간이 현실을 극복하거나 부정하기 위해 설정한 별도의 세계였던 까닭이다. 그래서 많은 고대 문화에서 신들의 세계, 비현실 세계, 사자(死者)의 세계, 영원한 생명의 세계는 서로 혼동되거나 연결이 되어 등장한다. 중국에서 곤륜산은 신들의 거처이며 영원한 생명이 있는 불사(不死)의 낙원이자 또 사자들의 귀향처이기도 했다.[5] 시베리아 나나이족은 모든 씨족은 각자의 생명나무를 가지고 있는데, 가지에는 새의 모습으로 그려지는 생명혼들이 살고 있고 뿌리는 죽은 자들의 영혼이 살고 있는 지하세계로 연결된다고 믿었다.[6] 생명의 원천과 죽음이 나무로 연결되는 것이다. 고대 한국에서 하늘(그리고 그것을 인간세상과 연결시켜주는 산)은 생명의 원천이며 사후 귀향처로 여겨졌고,[7] 탈해가 버림받은 장소인 바다는 죽음을 뜻하기도 하면서, 한편 갖은 보물을 간직한 비인간세(非人間世)이며 부귀와 풍요를 가져다주는 이상 타계이기도 했다.[8] 고대 일본에서도 사자들의 세계인 황천국(黃泉國)과 영원한 생명과 행복이 있는 상세국(常世國)이 교착되어 있다.[9]

고대인들이 사후세계와 이상세계를 연결시켜 보고자 했던 것은 생명과 죽음을 연대해서 보았던 고대의 생명관에서 출발한 것으로,[10] 이러한 타계에 대한 원초적 사유방식은 이후 저승관의 전개에도 계속적으로 영향을 미쳤다. 사자를 위한 굿에서 불려지는 바리공주 무가에서 사후세계인 저승은 재생과 불사의 약수(藥水)가 감추어진 세계로 그려졌다.[11] 또 뒤에 살펴볼 사복설화에 그려진 사후세계 역시 이러한 원초적 타계 의식의 표현이었다고 생각된다.

한편 많은 사회에서 사자들의 세계는 지하에 설정되는 경우가 많았는데 특히 지하의 사후세계는 어둡고 황량한 곳으로 표현되기도 했다. 가장 이른 시기의 사후 영혼과 저승에 관한 이야기를 전하는 고대 메소포타미아의 이야기에서 죽음 후의 세계는 어둡고 불행한 지하세계였으며 이곳에서 사자는 결국에는 먼지처럼 사라져 가는 존재로 묘사되었다.[12] 기원전 4-3세기의 『초사(楚辭)』「초혼(招魂)」에서도 사후세계의 하나인 지하세계는 어두운 유도(幽都)로 묘사되었다.[13] 이러한 저승관은 매장이나 동굴장 같은 사체 처리 방법에서 비롯된 땅속이나 동굴 공간에 대한 인상과 연관이 있다.[14] 고대 헤브류족의 사자세계인 쉐올(She'ol)은 무덤 자체를 의미하기도 하고 사자들의 영역인 어두컴컴한 곳을 가리키기도 했다.[15] 중국에서 저승을 가리키는 대표적인 용어인 '황천'도 묘실(墓室)을 팔 때 분출하는 지하수를 가리키는 말에서 나중에 무덤을 가리키는 말이 되었고, 춘추시대 이후 점차 사후세계를 대체하는 말이 되었다.[16] 고대 일본의 『고사기(古事記)』에서 여신 이자나미가 사후에 내려간 지하의 황천국도 무덤 축조에 따른 이미지와 관련이 있으며 어둡고 무서운 곳이었다.[17]

그러나 고대 한국에서 사후세계를 이렇게 표현하는 것은 찾기 힘들다. 이것이 사후세계에 대한 고대 한국인들의 낙천적 사고방식을 알려주는 것인지, 아니면 단지 자료가 전하지 않아서 그러한 것인지 분명하게 말할 수는 없다. 무덤이 사후 거주처이며 지하세계와 연결되어 있음을 말해주는 자료에서도 그곳이 어둡고 암울한 곳으로 묘사되지는 않았다.[18] 물론 이 자료들은 왕과 같은 특권층에 관한 것이다. 그러므로 이러한 자료는 특권층의 보장받은 사후 삶에 대한 설명일 뿐이므로, 좀 더 일반적인 고대 한국인의 사후세계관을 말해주는 것이라 단정할 수 없다. 따라서 이상의 근거만으로 고대 한국에서 비관적인 사후세계관이 없었다고 확신할 수는 없다.

그런데 중국이나 일본에서는 불교의 지옥 관념을 수용한 이후 자신들의 최고 권력자를 어둡고 고통스러운 지옥에 몰아 넣는 상상을 하기도 했다. 7세기 중엽 당(唐) 고종대(高宗代) 당림(唐臨)이 편찬한『명보기(冥報記)』에는 불법(佛法)을 박해한 죄로 지옥에서 큰 고통을 당하는 주무제(周武帝) 이야기가 나온다.[19] 또 일본의『부상략기(扶桑略記)』에는 세상의 평안을 어지럽힌 책임을 지고 지옥에 떨어져 고통을 당하는 다이고(醍醐)천황(재위연대 897-930년)과 그 신하들 이야기가 나온다.[20]

한 사회의 최고 정치권력자에게 어떤 일에 대한 책임을 물을 때, 현세에서의 과오에 대한 책임은 정치적·사회적 차원의 여러 수준에서 요구될 수 있다. 그러나 그러한 책임을 묻는 것은 정치적이며 물리적인 힘을 전제로 하기 때문에 최고 정치권력자에게 그것을 쉽게 요구할 수는 없다. 그렇다면 이러한 사고방식이야말로 내세와 지옥을 발생시키는 가장 큰 심리적 요인이 되었겠지만, 내세에서 현세의 책임을 물어 응징을 하는 방법이 있다. 내세를 장악한 종교(내지 교회)의 정치적 힘이 여기서 발현되는 것이다. 9세기 말의 한 텍스트에 의하면 신성로마제국의 황제 카를은 부친과 고관들, 고위 성직자들이 지옥불에서 고통받는 환상(vision)을 보았다고 한다.[21] 중세 유럽인들의 사후세계관에 영향을 준 고대 그리스나 메소포타미아 지역에서도 사회의 유력자가 어둡고 고통스러운 지하세계에 간다는 이야기는 그리 낮

설지 않다. 고대 메소포타미아의 우룩의 왕이었던 길가메시가 엔키두를 찾아 지하세계로 갔을 때 어둡고 먼지투성이인 그곳에 각 나라의 왕과 제사장들이 왕관이 벗겨진 채 하인들처럼 서 있는 것을 보았다.[22] 그리스의 트로이 전쟁의 영웅 아킬레우스는 사자들의 세계에서 왕이 되느니 차라리 비참한 자의 노예로 살더라도 지상에서 살고 싶다고 한탄을 하였다.[23]

그러나 비슷한 시기 통일신라인들은 그러한 자료를 남기고 있지 않다. 황제나 천황 등 사회의 유력자들을 지옥에 빠뜨리는 것은 지옥의 정치사회학적인 측면에서도 살펴보아야 할 흥미로운 문제이지만, 여기서는 원천적으로 무섭고 어두운 지하 타계에 대한 전통적 관념과 관련시켜 생각해 볼 필요도 있지 않나 여겨진다. 지옥을 정치 이데올로기화하는 것, 즉 지옥의 정치화는 현세의 복잡한 권력 관계와 종교 교단의 정치세력화, 그리하여 정치와 종교 간의 역관계와 연관이 있을 것이다. 통일신라는 고대 일본과 마찬가지로 중국의 율령 체계를 받아들여 정치세력과 그 권력 행사의 일원화를 시도했고, 그것이 현실적으로 느슨해진 시기에도 기본적인 방향은 항상 거기로 향하고 있었다. 또 당시 불교 교단은 중국이나 고대 일본과 마찬가지로 정치권력과 연관을 맺고 있었다. 그러니까 통일신라가 중국이나 일본과 달리 교단의 정치세력화가 덜 진행되었기 때문에 최고 정치책임자에게 현실의 정치적 책임을 종교적 차원에서 묻는 시도가 없었다고 할 수는 없는 것이다. 그런데 통일신라인들은 중국이나 일본과 같이 최고 정치책임자를 어둡고 무서운 지옥으로 보내어 징벌할 수 있다는 사고방식을 보여주는 자료를 남기지 않았다. 물론 자료가 없다고 해서 그러한 시도를 하지 않았다고는 할 수 없다. 그러나 아무래도 그러한 자료를 남기지 않았다는 것은 그러한 시도 자체가 그리 익숙한 것이 아니었음을 말해주는 것은 아닐까. 중국이나 고대 일본의 전통적 사후세계관에는 어둡고 무서운 지하세계에 대한 관념이 있었고 여기에 불교의 지옥관이 들어와 결합한 상태에서,[24] 지옥을 정치적으로 이용할 요구가 있었을 때 그리 큰 충격 없이 황제나 천황도 지옥으로 몰아 넣는 것이 가능했을 수 있다.

이러한 방증을 인정할 수 있다면, 빈약하나마 고대 한국의 저승과 지하세계에 관한 자료에서 어둡고 무서운 이미지가 보이지 않는 것은 당시인들의 저승관에 그러한 이미지가 희박했기 때문에 빚어진 결과가 아닐까 조심스럽게 추정해 본다.

3. 사복설화와 저승관

그러면 고대 한국의 저승관이나 지하 타계에 대한 관념을 조금 더 구체적으로 추정해 보도록 하자. 앞에서 지배층에 관한 자료에서 사후 거주처로 무덤(내지 지하)이 상정되기도 했고,[25] 그곳을 안락한 곳이라고 여겼던 관념이 엿보인다고 했다. 그러나 이를 당시 저승에 관한 일반적(또는 대중적) 관념이었다고 단정하기에는 부족하다.

여기에 비천한 인물을 숭고하게 다룬 민중의 설화의식을 잘 보여주는 사복설화(蛇福說話)[26]에 나타난 저승관은 좋은 자료가 된다. 『삼국유사』에 실려 있는 사복설화에 의하면[27] 사복이 어머니가 죽자 그 시체를 메고 지하에 있는 연화장 세계로 들어갔다고 하였다. 이야기 구성에 사복이 비천한 출생과 비인간적 성장을 통해 결국 숭고성을 획득한다는 요소가 삽입되었지만, 이 이야기는 결국 그런 그가 죽은 어머니와 지하세계로 들어간다는 것을 말한다. 여기서 죽음과 지하세계가 연결되어 있으므로, 이 설화는 사후세계로서

지하세계를 상상한 저승관을 표현하고 있다 하겠다.[28]

한편 이 설화의 주요 인물인 사복과 원효가 '흥륜사금당십성(興輪寺金堂十 聖)'으로 추앙받던 인물이었던 만큼, 이 설화를 화엄사상을 설화화한 것으로 이해하고 그 해석을 시도한 것은 무척 흥미롭다.[29] 그러나 필자는 이 이야기 는 세속에서 전승되던 설화이며, 세속의 설화는 사람들이 가지고 있는 믿음 을 확인시켜 줌으로써 감동을 주거나 설득력 있는 전달을 통해 새로운 믿음 을 형성하게 함으로써 생명을 가진다는 점에 주목하고 싶다. 화엄경이나 화 엄사상의 세세한 교리를 정확히 이해하지 못하는 일반인들에게 이 설화가 그렇게 정교한 교리적 의미를 전달해 주면서, 설화로서의 생명력을 가질 수 있었을까? 설화를 전달하고 듣거나 읽는 사람들에게 감동을 주는 것은 그 설화가 세계와 인간 삶의 진실을 어떻게 말하고자 하는가 하는 문제에 달려 있다고 생각한다. 필자는 이 설화가 '뱀 아이(사복)가 죽은 어머니와 함께 지 하의 행복한 세계로 갔다'는 단순한 이야기로서 기본적으로 생사관을 표현 한 이야기라고 보고, 이러한 입장에서 이 설화가 당시 사람들에게 삶과 죽 음의 진실을 어떻게 전해주었는가에 초점을 맞추고자 한다.

이 설화에서 열반(죽음)의 세계는 지하세계이며 연화장 세계라고 하였다. 연화장 세계는 불교의 이상세계로, 원래 특정한 공간이 설정되어 있지는 않 다. 연화장 세계는 『화엄경(華嚴經)』(80권본) 화장세계품(華藏世界品)에 의하면 수미산(須彌山) 가장 위의 풍륜(風輪)이 받들고 있는 향수해(香水海)에 떠 있는 대연화(大蓮華) 가운데에 위치한 불국토(佛國土)이다.[30] 『화엄경』의 연화장 세 계설(蓮華藏世界說)은 원래 마하 바라타의 천지개벽설에서 출발한 것으로, 풍 륜이 있고 나서 그것이 수륜(水輪)을 지탱하며 물 가운데 비쉬누가 있고, 그 배꼽에서 연화를 낳고, 연화로부터 천지만물이 성립한다고 하는 공통점이 있다.[31] 결국 원래 인도신화에서 출발한 연화장 세계에 대한 상상의 근본에는 지하가 아니라 물이 관련되어 있다. 그런데 사복설화에서는 이 연화장 세계가 지하세계로 설정되었다. 불교의 이상세계관을 적용하는 데 있어서의 이러한 차이는 어디서 나온 것일까.

사복설화는 생사관에 관한 이야기이다. 삶과 죽음에 대한 이야기를 하기 위해 등장하는 인물이 사복과 그의 어머니, 그리고 원효이다. 여기서 중심 화자(話者)는 사복(또는 사복과 어머니)이며 원효는 사복이 제시하는 생사의 본질을 극명하게 보여주기 위한 보조 인물이다.[32] 사복과 그의 어머니는 이 설화에서 단순한 화자에 그치는 것이 아니다. 물론 사복의 어머니는 죽은 상태로만 등장하기 때문에 그리 중요하지 않은 존재로 볼 수도 있다. 그러나 이 설화를 전개시키는 발단은 바로 '어머니의 죽음'이다. 그리고 뒤에 언급하겠지만 사복의 본질, 즉 뱀과 여성인 어머니의 신화적 상징성과 연관시켜 생각해 보면, 이 이야기에서 사복과 어머니는 심층적 의미를 지니는 상징적 인물로, 이 이야기의 주제인 생사관의 본질을 그 자체에 구현하고 있는 존재들이다.

사복과 그의 어머니는 어떻게 생사관의 본질을 구현하고 있는가. 우선 사복의 어머니는 남자와 접촉하지 않고도 임신하여 아이를 낳은 존재이다. 남자와 접촉하지 않고 임신을 하는 능력은 여성이 가지는 '생산'의 힘을 신성하게 발휘한 것이다. 일반적으로 여성은 그 '생산'의 힘 때문에 이른 시기부터 특별한 종교적 의미를 부여받았다. 고구려의 신성한 여인 유화 역시 남편 없이 영웅 주몽을 낳았다. 그녀는 생산과 풍요를 상징하는 신적 존재였다.[33] '생산'의 힘을 발휘하는 여성성의 상징인 여신들은 일찍이 지모신(地母神)이며 달의 여신이었다. 여성은 죽음과 재생을 반복하는 달과 마찬가지로 한 달에 한 번씩 월경을 통해 죽음과 재생을 반복하는 존재이며, 또 지상의 모든 것을 품에 안고 생산해 내고 그 죽음을 끌어안는 대지를 상징하는 존재였기 때문이다.[34] 지모신이며 달의 신인 여신들은 또 결혼하지 않는 '성스러운 처녀'이거나 '남편을 원하지 않는 여인'이기도 했다. 애인이 있거나 아들이 있었음에도 불구하고 처녀, 즉 결혼하지 않는 여자라고 여겨졌다.[35] 또 달의 여신은 흔히 암소로 재현되었다. 암소의 뿔은 소멸하고 재생하는 달의 두 측면을 환기시킨다. 달의 여신이 뿔을 머리에 달고 있는 것은 바빌로니아나 그리스 미술에서 공통적으로 나타나는 상징물이다. 또 이집트의 이시스는 달의 여신이며 암소의 뿔로 머리를 장식한 여신이었다. 각배(角杯)는 달의 신의 뿔로 그것으로 천상의 음료를 마심으로써 신과 같은 존재가 되거나 신성한 지혜를 획득하게 된다고 믿어졌다.[36] 사복의 어머니는 전생에 경전을 싣고 다닌 암소였다고 한다.

어머니가 낳은 그 아이는 열두 살이 되도록 말도 못하고 일어나지 못하여 사복(뱀아이)이라는 이름을 얻게 되었다고 한다. 보통 인간과는 다른 사복의 어릴 적 행적은 주몽이나 그 아들 유리처럼 그가 설화상의 영웅임을 말하는 것이고, 그 영웅의 본질은 사복이라는 이름에도 나타나 있듯이 뱀으로 상징될 수 있는 무언가였다. 뱀은 허물을 벗고 동면을 하는, 즉 죽음과 재생을 반복함으로써 결국은 불사의 지혜를 획득한 대표적인 달(lunar)동물이다.[37] 그러므로 뱀은 또한 대지의 풍요와 여성과 관련이 있다.[38] 페르세포네가 뱀의 형태를 가진 디오니소스를 낳았다는 이야기는 이와 연관된다.[39]

죽음과 재생의 속성이야말로 달과 대지의 여신과 뱀을 연결시키며, 그래서 여신과 뱀은 사자와 사자들의 세계(달의 세계나 지하세계)를 지배한다. 고대인들에게 죽음은 그 자체로 완결되는 사건이 아니었고, 재생으로 이어지는 연속적 사건의 전초였다. 따라서 사자들은 재생하기 위해 그러한 힘을 간직한 세계(달)로 가거나, 그러한 힘을 본질로 하는 여신들이 다스리는 세계로 갔다. 많은 사회에서 사자들의 세계는 여신에 의해 지배되었다. 고대 중국에서 장생불사의 지배자인 서왕모는 애초에 질병과 죽음의 지배자였고, 고대 일본에서 황천국의 지배자 역시 여성인 이자나미였다. 수메르의 신화에서 저승을 다스리는 자는 여신 에레쉬키갈이었고, 에벵키 신화에서도 죽은 자들의 세계인 부니의 지배자는 노파였다. 무속의 저승세계 지배자 역시 여성인 바리공주이다.[40] 또한 뱀은 어두운 구멍에 살며 죽음처럼 차갑고 두려움을 준다. 그래서 뱀은 지하세계를 대표하는 동물이며 사자들의 영혼으로 여겨지기도 했다.[41]

이렇듯 사복설화의 중심인물인 사복과 그 어머니는 '여성-달-뱀-죽음과 재생의 반복(불사)-대지와 사후의 지하세계'라는 신화적 상징 속에서 복잡하게 얽혀 있는 것이다. 이렇게 볼 때 이 이야기의 마지막 부분인 사복이 어머니를 업는다는 것은 결국 이승에서 구분되고 대립되었던 것들을 초월하거나 통일시키는 것을 말하는 것이 아닐까. 즉 어머니와 아들이 하나가 되고[42] 살아 있는 것(사복)과 죽어 있는 것(어머니)이 하나가 되었기 때문이다. 그것의 진정한 통일은 결국 여성과 뱀의 상징을 아우르는 지하 타계에 들어감으로써 이루어졌다. 이승에서의 삶으로 분리되었던 어머니와 아들이 대지의 모태(지하세계)로 귀환함으로써 저승에서 다시 통합되는 것이다.

이렇게 본다면 사복설화는 생과 사의 본질을 원시 이래의 신화적 세계관 속에서 설명하려 한 데서 출발한 이야기라고 할 수 있지 않을까. 즉 삶과 죽음은 애초에 둘이 아니어서 삶은 죽음으로 이어지고 죽음은 재생으로 이어진다는 생사관을 말하는 이야기라는 것이다.[43] 그렇다면 사체를 앞에 둔 원효와 사복이 '삶과 죽음이 모두 고통이구나(死生苦兮)'라 했던 것은 '삶과 죽음이 둘이 아니다(死生不二)'는 관점에 서 있는 신화적 생사관의 승화된 불교적 표현이라고도 볼 수 있을 것이다.[44]

그리고 이 지하타계는 이상향(理想鄕)이었다. '띠풀의 줄기를 뽑자 그 아래에 세계가 있었고, 밝고 맑았으며 칠보난간과 장엄한 누각이 있었으니, 인간세상이 아니었다'고 하였다. 풀줄기는 앞에서 본 시베리아 나나이족처럼 인간의 삶과 죽음이(혹은 그 영혼, 혹은 그 세계가) 연결되어 있는 세계의 중심에 있는 우주나무(cosmic tree)의 변형으로 볼 수 있다.[45] 저승인 지하세계가 어둡고 무서운 세계가 아니라 불교의 이상세계로 그려졌다. 당시 신라인들의 세계관에서 저승은 어둡고 무서운 곳이라는 관념보다는 사후 저승으로 가는 것은 원래 '자기 집'으로의 귀환이며 그곳에서 재생을 기다린다는 원초적 이상 타계의 관념이 있었기 때문에 사복설화와 같은 지하세계로의 귀환 이야기가 성립되고 유포될 수 있었던 것이 아닐까 생각한다.

물론 신라 사회에서 저승이 지하세계에만 설정되었던 것은 아니다. 주몽이나 혁거세, 김유신의 경우에서 볼 수 있듯이 천상 타계 또한 널리 알려졌었다. 그러나 천상 타계는 상층 신분이 갈 수 있는 타계였던 것 같다. 계급과 신분의 분화와 차별 이후 발전한 타계관에는 수직적 사회질서에 걸맞은 수직적 타계 질서의 불평등이 나타났다. 고대인들이 생각한 여러 타계 중에서도 최상층의 타계이며 신들의 세계이기도 한 천상타계는 현세 사회질서의 최상층에 있었던 사람들이 갈 수 있는 타계였다.[46]

그러나 천상 타계가 계급질서의 산물로서 좀 더 분화된 사회에서 발전한 타계관이라는 해석을 받아들인다면,[47] 타계관의 분화 이전부터 오랫동안 사람들의 상상을 이끌어 왔던 좀더 원초적이며 대중적인 타계관은 결국 대지로의 귀환을 전제로 하는 지하 타계관이 아니었을까.[48] 그렇기 때문에 사복과 같은 비천하면서도 숭고한 민중설화의 영웅은 지하세계로의 귀환으로 귀결되었고, 또 그 지하세계인 저승은 어둡고 무서운 곳이 아니라 원초적 타계관념인 이상향으로 그려질 수 있었던 것이다.

결국 사복설화는 죽음과 재생이라는 신화적 생사관의 본질과 저승의 하나인 지하세계에 대한 관념, 그리고 원초적 타계 관념 등이 반영된 민간설화에, 윤회와 업보설을 포함한 '생사개고(生死皆苦)'이며 '생사불이(生死不二)'라는 불교의 생사관을 삽입시켜, 불교의 생사관을 일반인들에게 깨닫게 해주는 역할을 한 설화로 재구성·전승되었던 것이라 생각된다.[49]

앞에서 이 설화를 구성하는 세세한 부분을 화엄사상의 은유로 보아 이 설화가 화엄사상을 전한다고 보는 것은 설화의 본 의미를 충분히 드러내지 못하는 것이 아닐까라고 말했다. 그런데 필자 역시 본 설화의 여러 부분을 나누어서 그것들이 신화적 세계관의 상징적 표현이라고 보는 방법을 사용했다. 방법론상에서 다를 바가 없다. 그렇다면 필자의 논지 역시 그리 신뢰할 만한 것이 아닌 것일까.

그러나 신화적 세계관은 인류가 아주 오랫동안 쌓아 올린 오래된 지혜이며, 직관적인 것이어서 분석적이지 않다는 점을 상기할 필요가 있다. 자연과 천체와 대지와 인간의 본성이나 그들의 움직임의 본질은 고대인의 직관적 경험에 의해 현대인들보다 더 예리하게 파악되고 연관지어지고 법칙화되었다. 현대인들은 뱀과 달과 여성을 연관시키는 것이 좀처럼 어렵다. 아니 가능하면 떼어 놓으려 한다. 그러나 고대인들은 죽음과 재생의 반복이라는 점에서 달과 여성과 뱀을 연결시킬 수 있었고 그것들의 상징물들 또한 쉽게 결합시킬 수 있었다. 따라서 그러한 지혜의 우산 안에서 자의든 타의든 생활하고 있었던 사람들에게 '어떤 여자가 남편 없이 뱀아이를 낳았는데, 그 아이는 위대한 존재가 되어 어머니가 죽자 어머니와 함께 땅 속 이상세계로 들어갔더라'는 이야기가 무얼 말하는 것인지 그리 이해하기 어려운 것은 아니었다는 것이다.

결국 사복설화에서 사체와 지하세계, 그리고 이상세계인 연화장 세계가 연결되어 있는 것은, 불교 수용 이후에도 신라인들의 사고방식에는 사자들이 가는 지하 저승은 무섭고 어두운 세계가 아니라 이상적인 세계라는 생각이 있었기 때문에 가능했다고 보아도 될 것이다.

4. 전래의 저승관과 지옥의 이해

한반도에서 지옥 관념은 외래종교의 수용으로 본격적으로 형성되었다. 그러나 앞에서도 언급했듯이 불교가 전래되던 당시 사회의 타계관(혹은 저승관)도 이미 분화되어 있었다. 사회 분화와 계층화가 역동적으로 진행되던 시기, 그리하여 먼저 권력을 장악한 지배층들이 자신들을 피지배층과 확연히 구분해야 할 필요가 있었던 시기에는 내세의 삶 또한 지극히 계층성을 띠었다. 현세의 수직적 사회질서와 마찬가지로 내세 역시 수직적으로 재편되어 최고층이며 최상의 내세인 천상 타계는 현세의 정상에 있는 지배층들에게 우호적인 타계였다. 지배층들은 생전의 사회적·물질적 조건을 그대로(혹은 더 과장되게) 유지하면서 최상의 타계에서 사후 삶을 계속하기를 원했다. 그래서 그들은 거대한 무덤을 조성하고 순장(殉葬)과 후장(厚葬) 형식을 통해 사후 삶의 안정성을 추구하면서 한편으로 타계 질서의 정점에 설정한 천상 타계에서의 삶을 희구하였다. 이러한 사후세계관은 집단적 계층성을 농후히 반영한 것이다. 그러나 사회의 분화 발전은 지배층이 힘을 집중하는 데로만 작용한 것은 아니다. 사회의 분화 발전 속에서 점차 자신들의 힘을 축적시켜 나간 상대적 하층(하급지배층이나 지식인)들은 사회적·물질적 자원을 좀 더 공정하게 분배할 것을 요구하게 되었다. 이러한 진전은 고대 한국에서는 4~6세기에 걸친 사회 변화의 결과이기도 했다. 새로운 자각의 실천자들은 기존의 집단적 계층성이 아니라 개인의 행위와 능력을 분배의 기준으로 세워야 한다고 주장하였다.

개인의 행위와 능력에 대한 새로운 인식은 현세와 내세의 관계에 대해서도 새로운 시각을 제공하였다. 내세의 삶이 현세의 집단성과 계층성에 기반한 물질적·신분적 조건에 의해 규제되는 것이 아니라, 현세에서의 개인의 행위와 능력에 의해 달라질 수 있다는 것이다. 또 내세는 현세의 자동 연장이 아니라 현세의 행위에 대한 보상이나 심판이 이루어질 수도 있는 곳이라는 희망을 가질 수도 있었다.

이러한 상황은 이 시기 인간에 대한 자각과 윤리적 실천 행위를 중시하는 불교가 수용되면서 뚜렷한 방향을 잡게 되었던 것 같다. 특히 불교의 인과 업보와 윤회설은 현세의 행위와 사후의 삶이 어떻게 연관되어 있는가를 설득력 있게 설명해 주었다. 불교에서 제시하는 윤리적 실천 행위는 특히 지옥 관념과 결부되어 사람들에게 영향을 미쳤다.

지옥 관념의 핵심은 현세 행위에 대한 사후 심판과 징벌에 있다. 사후 심판에 대한 관념은 인류 역사에서 이집트에서 가장 먼저 등장하였고, 이후 고대 페르시아에서 발전한 사후 심판 사상 등이 후기 베다 문헌 시대의 인도에 유입되어, 불교의 사후 심판 사상을 형성시키기에 이르렀다고 이해되고 있다.[50] 원래 사후 심판은 현세 삶의 불공정함과 불완전함을 보상하여 차

안(此岸)과 피안(彼岸)의 균형을 유지하려는 인간의 근원적 욕망에서 출발하였을 것인데,[51] 그 전개에서는 사회적 · 정치적인 성격을 농후하게 띠면서 사회와 인간의 생활 방식에 영향을 주었다.[52]

후한대 이후 중국에 불교가 전래되면서 사후 심판과 징벌을 핵심으로 하는 불교의 지옥 사상이 역시 알려졌고, 남북조시대 이후 많은 지옥 관련 경전들이 번역되면서 불교의 지옥 사상은 중국인들의 사고와 생활에 많은 영향을 주었다.[53] 원래 중국에는 어둡고 무서운 사후 지하세계에 대한 관념이 있었고, 후한대에는 인간은 사후에 태산(泰山)으로 돌아가며 그곳에서 태산부군(太山府君)이 귀신을 다스린다는 관념이 있었으나,[54] 지옥 관념의 전제가 되는 심판과 징벌에 대한 명확한 사상은 불교 수용 이후에 꽃피웠다.[55] 고대 일본 역시 어둡고 무서운 지하세계에 대한 관념은 있었으나 지옥 사상이 충분히 드러나게 된 것은 불교 전래 이후였다.[56]

그런데 앞에서 살펴보았다시피, 중국이나 일본에는 어둡고 무서운 지하 저승관이 전래하고 있었던 때문인지 기존의 저승관과 불교의 지옥 사상이 만나 다양하고 풍부한 지옥관을 전개시켰다. 인과업보설을 설득시키기 위해 많은 불교 설화들이 형성되고 유포되었다. 당대(唐代)에 편찬된 『명보기(冥報記)』나 8세기말에서 9세기 전반 경에 일본의 승려 경계(景戒)가 찬술한 『일본영이기(日本靈異記)』는 양국의 대표적인 인과응보담을 수록한 불교설화집으로, 여기에는 지옥에 가서 심판을 받거나 순례를 하는 이야기들도 많다. 또 중국이나 일본에 불교의 지옥 사상이 들어와 유포될 때에 전래의 저승관이 반영되었던 사정도 여러 자료를 통해 볼 수 있다. 중국에서는 불교의 지옥인 니라야(Niraya), 나라카(Naraka)를 그대로 '지옥'이 아니라 앞에 '태산'을 붙여 '태산지옥'으로 번역했다.[57] 『일본영이기』에 보이는 지옥여행담에서는 지옥을 기기시대(記紀時代)의 '위원국(葦原國)'이나 '황천국'으로 부르는 식으로[58] 절충하는 과도기를 보였다.[59]

고대 한국에도 불교 전래 이후 지옥 사상이 소개되었고 통일신라시대에는 사후세계관과 관련해서 지옥에 대한 관념이 널리 퍼졌을 것으로 여겨진다.[60] 그런데 중국이나 일본과 달리 통일신라에는 지옥 관련 이야기를 포함한 인과응보담을 모은 설화집이 편찬되었는지 현재로서는 확인할 수 없고,[61] 비슷한 시기에 전승되던 불교설화들을 많이 채록한 『삼국유사』에도 지옥에 관한 본격적인 이야기는 '선율환생(善律還生)' 이야기를 빼고는 없다. '선율환생' 이야기에서도[62] 신라적 변용은 구체적 지명과 인명 등에 한정될 뿐 전래의 저승관과 관련한 요소는 찾아볼 수 없고 대부분 중국에서 이미 형성된 지옥 관념을 보여주고 있다.

현전하는 자료의 양적·질적 차이의 문제가 있어서 직접적인 비교에는 무리가 있으나, 삼국 간의 지옥 관념의 전개에서 어느 정도 차이가 나는 것을 볼 수 있다. 그 이유에 대해서는 앞으로도 계속 생각해 봐야 할 것이나, 앞에서 누차 언급했듯이 고대 한국에는 어둡고 무서운 지하세계에 대한 관념이 강하지 않았던 것도 그 이유 중 하나로 작용한 것이 아닌가 생각한다. 불교의 지옥 관념이 들어와 유포되었어도 그것을 그리 심각하게 받아들이지 않아 지옥담을 포함한 불교설화집의 편찬 같은 것에 그리 관심을 기울이지 않았던 것 같다. 그리고 불교의 지옥 관념이 신라의 상황에 적용될 때에도 불교의 지옥과 대비할 만한 기존 관념의 요소가 충분치 않았기 때문에, 지옥 관련 설화가 만들어져도 그 과정에서 중국이나 일본의 경우와 달리 전통적 저승 관념을 차용하는 것과 같은 시도가 적었던 것이 아닌가 생각해 본다.

5. 맺음말

고대인의 원초적 관념에서 타계는 사후세계이며 이상세계였다. 따라서 저승은 이상세계이기도 했다. 또 많은 사회에서 저승은 지하에 설정되었으며 그곳은 어둡고 황량한 곳으로 인식되었다. 고대 한국의 자료에서는 사후세계와 이상 타계를 연관짓는 자료들은 많이 보이나, 지하 저승을 어둡고 무서운 곳으로 보는 자료는 잘 보이지 않는다. 오히려 지하 저승을 이상 타계로 설정했음을 우회적으로 보여주는 자료가 있는데, 불교 설화로 윤색된 사복설화가 그렇다. 원초적이며 대중적인 설화의식을 깔고 있다고 여겨지는 사복설화에서 사자가 돌아가는 지하세계가 불교의 이상세계인 연화장 세계로 묘사되었다. 이는 고대인들이 저승과 지하세계, 이상 타계를 연관지어 관념했던 강한 흔적이라 생각된다. 고대 한국의 저승관에서 어둡고 무서우며 비관적인 저승에 대한 관념은 주변의 중국이나 일본과 달리 상대적으로 희박했던 것 같다.

원래부터 무서운 저승에 관한 관념이 희박했다고 한다면, 불교의 지옥 관념이 들어왔을 때 사람들은 이에 대해 무관심하거나 의도적으로 회피하려는 태도를 취했을 가능성이 있다. 그래서 불교 지옥관 전래 초기인 통일신라 시대에, 무서운 저승 관념이 상대적으로 강했던 주변 사회와 달리 지옥과 관련한 인과응보담과 같은 이야기가 덜 유포되었던 것이 아닌가 생각한다.

서울 진오기굿의 죽음과 저승 인식
-「바리공주」를 중심으로

/ 홍태한

1. 머리말

진오기굿은 현재 연행되고 있는 서울굿 중에서도 굿 재차의 엄정함, 삶과
죽음의 문제에 대한 접근 등 서울굿의 백미이다. 망자를 저승으로 천도하는
진오기굿은 서울굿의 현장에서 쉽게 관찰할 수 있는데 그만큼 서울지역 사
람들에게는 망자를 천도하는 의식으로 자리 잡고 있다는 의미이다. 서울굿
이 많이 깨어졌다 하지만, 그래도 진오기굿만큼은 절차를 지켜 가며 연행한
다.

진오기굿은 크게 이승굿과 저승굿으로 나눌 수 있는데, 저승굿에서는 망
자를 저승으로 보내는 과정이 여러 차례 반복되며, 이때 십대왕・시왕가
망・중디・사재[1] 등의 저승 신격이 다양하게 등장한다. 저승굿의 핵심은
「도령돌기」[2]이다. 성장을 한 바리공주의 뒤를 따라 망자가 저승으로 가는
과정을 재현한 이 거리는, 망자가 저승으로 들어가는 과정을 눈으로 볼 수
있게 한다. 「도령돌기」가 끝난 후 「맛조와 노랫가락」[3]이 있어 「도령돌기」
의 의미가 한층 더 부각된다. 이제 망자는 저승에 안착을 했고, 다시 인간으

로 환생할 수 있는 것이다.

「도령돌기」에서 망자를 저승으로 인도하는 바리공주[4]의 일대기는 흔히 무속신화라 불리면서, 진오기굿 「말미」[5]에서 연행된다. 바리공주 복색을 한 무당은 장고를 외로 세워 놓고 방울을 울리면서 긴 노래를 부른다. 상주들은 바리공주 일대기가 구송되는 동안에 망자의 극락왕생을 기원하는 곡성을 한다. 지금은 굿판에서 제대로 굿판에 적응하는 재가집[6]을 만나기가 어렵지만, 그래도 경기도 양평, 양주 등지에서 연행되는 진오기굿판에는 바리공주 일대기를 들으려고 마을의 주민들이 모인다. 이들은 뻔히 알고 있는 바리공주 이야기를 들으면서, 울고 웃는다. 무당의 말이 빠르게 되면 천천히 하라고 제재를 가하고, 혹여 빠트리는 내용은 없는지 감시의 귀를 기울인다. 판소리로 말하면 귀명창이라 할 이들이 있어 진오기굿의 핵심 재차가 어긋나지 않고 연행되었다.

저승굿의 여러 절차 중 망자와 직접적인 거리가 가장 먼 거리는 「말미거리」이다. 망자가 등장하는 대신 망자를 저승으로 인도할 바리공주에 대한 이야기를 길게 구송하고 있으며, 공수가 있는 것도 아니어서 재가집의 입장에서는 지루한 거리가 될 수 있다. 그래서 굿당에서 연행되는 진오기굿 「말미거리」에서는 재가집이 밖으로 모두 나가는 바람에 무당 혼자 긴 노래 「바리공주」를 부르는 것을 볼 수 있다. 재가집이 없다면 내용을 줄이고 단락 몇 개를 빼면서 연행할 수도 있을 터이나, 「말미」를 진행하는 무당은 그렇지 않다. 지루하고 미련할 정도로 모든 단락을 꼼꼼하게 연행한다. 특히 바리공주를 비롯한 일곱 딸이 태어나는 과정은 동일한 사설의 반복인데, 이를 하나도 빼지 않고 반복한다.

이것은 바리공주 일대기에 진오기굿의 핵심이 들어 있다는 의미이다. 바리공주가 약수를 구하러 서천으로 가는 과정은,「도령돌기」에서 망자가 바리공주를 따라가는 과정과 일치한다. 낭화를 던져 길을 열면서 서천으로 가는 모습은, 한삼도령·부채도령·칼도령을 돌면서 저승으로 망자를 인도하는 모습과 같다.

이처럼「바리공주」의 의미가 중요한 것은 이미 여러 선학들이 입증한 바 있거니와, 서울 진오기굿의 연구 성과를 보게 되면「말미」에서 연행되는 바리공주 일대기에 대한 연구 성과가 가장 많다.[7] 바리공주 일대기는 현대문학에도 수용되어 이를 소재로 한 소설과 시도 창작되었을 뿐 아니라 연극으로 공연되기도 했다. 많은 예술가들이 바리공주에서 한국의 원형 심상을 보았다는 의미이다.[8]

이 글에서는「바리공주」의 여러 측면 중 특히「바리공주」무가에 나타난 저승관을 고찰하는 것을 목적으로 한다. 바리공주가 약수를 구하러 가는 도중에 저승에 들러 여러 망자를 구원하고 있어 저승과 직접적인 관련이 있다. 무엇보다 바리공주가 공덕으로 망자를 저승으로 인도하는 신이 되었다는 데에서 저승의 모습을 도출할 수 있을 것으로 기대한다.

먼저 진오기굿의 구조 속에서「바리공주」를 구송하는「말미」거리의 의미를 도출한다. 이를 통해 진오기굿 속에서「바리공주」가 차지하는 위상을 확인할 수 있다. 다음으로「바리공주」의 공간 구조를 통해 저승을 어떻게 인식하고 있는지를 검토하고, 이러한 공간 구조가 어떤 의미를 가지는지를 살펴본다.

2. 진오기굿의 구조를 통해 본「말미거리」의 의미

서울의 진오기굿은 규모에 따라 이름이 다르고, 하는 시기에 따라 이름이 다르다. 탈상 전에 하는 진오기라면 진진오기굿이 될 것이고, 탈상 후 일정한 시간이 경과한 다음에 한다면 묵은진오기가 된다. 이 두 유형의 진오기굿은 성격이나 재차 구성이 판이하게 다르다.[9]

진오기굿의 구성 재차를 보면 모두 이승굿과 저승굿의 격식을 가지고 있다.「바리공주」가 구송되는「말미거리」는 저승굿에 속하는 거리로 저승굿은 다음과 같이 구성된다.

> 1. 뜬대왕
> 1.1. 시왕가망노랫가락
> 1.2. 가망 공수
> 1.3. 중디노랫가락
> 1.4. 중디 공수
> 1.5. 말명 만수받이
> 1.6. 말명 공수
> 2. 사재삼성
> 2.1 삼성 만수받이
> 2.2 혼잡기와 막기
> 2.3 사재베들고 인정쓰기
> 2.4 사재재담
> 2.5 사자타령

개별 굿거리에 대한 상세한 설명보다 전체적인 맥락에서 저승굿의 흐름을 정리한다. 저승굿은 진오기굿의 목적이 이루어지는 부분이다. 가장 먼저 「뜬대왕」이 진행된다. 「뜬대왕」은 앞에 제시한 것처럼 여러 부분으로 구성되어 있는데 하나하나의 의미를 규명해 본다.

무당은 먼저 시왕가망노랫가락을 부른다. 노랫가락이 서울굿에서 신을 청배하는 성격이 있음을 보면, 본격적으로 시왕가망을 청배하고 시왕의 영역으로 들어간다는 뜻이다.

다음으로 「가망 공수」가 이어진다. 한국 무속에서 가망의 존재 의미는 다양하다. 조상거리를 진행할 때도 가망을 제치고 대신을 모시고 그다음으로 조상이 들어온다. 가망을 뿌리로 보는 견해도 있어 본향으로 보기도 하고 조상을 의미하기도 한다. 신을 초청하는 의미를 가진 것으로 보기도 한다.[10] 이제 망자는 저승으로 가야 한다. 그러기 위해서 길을 열어야 하고 그 역할을 가망이 수행한다.

다음으로 「중디노랫가락」이 이어진다. 앞에서 시왕가망노랫가락으로 시왕 가망을 청배했다면 이제 중디에 대한 찬양으로 중디를 맞이한다. 중디가 들어오자 곧 「중디 공수」가 이어진다. 아직 중디의 정체는 명확하게 밝혀진 바는 없다. 진오기 새남굿에 중디밧산이 있는 것으로 보아 죽음과 관련된 어떤 신격인 것은 분명하지만 의미에 대해서는 논란이 있다. 무가 사설을 잘 보면 중디의 정체를 어느 정도는 파악할 수 있다. 중디 공수 무가에 '안당에 외법인지 시왕영금 하직 없는 길을 가서/ 삼문에 걸리여 우느니 눈물이고 지느니 한숨이니/ 오늘은 삼단에 법신 받고 본향에 물구 받아'라는 구절에서 중디의 정체를 알 수 있다.

망자가 죽어서 하직 없는 길을 갔다. 그런데 망자가 들어가지 못하고 삼문에 걸리어 울고 있다. 삼문은 저승으로 들어가는 문을 말한다. 지금이야 신식으로 시왕문을 만들지만 예전에는 가시나무를 베어다가 쌀과 벼에 꽂아 가시문을 직접 만들었다. 넋전을 가시문으로 넘겨 가시가 넘어졌을 때 가시나무가 밖으로 향하면 망자가 저승에 들어간 것이지만, 가시나무가 안으로 넘어지면 다시 같은 동작을 반복했다. 망자가 삼문에 걸리어 우는 것은 이승에 대한 미련과 저승에 들어가지 못하는 어려움 때문이다. 이제 저승에 들어가 왕생극락하고 성불을 해야 하는데 문에서 어쩔 줄을 모른다. 이때 등장하는 것이 중디이다. 그렇다면 중디는 망자를 십대왕이 있는 곳으로 들어가게 해 대왕을 만나게 하는 역할을 하는 신격으로 여겨진다. 사재 거리 무가에 "열세왕의 사재 중디"라는 무가 구절이 있음에서 사재와 중디가 시왕 밑에 있는 하위 신격임을 알 수 있는데 사재가 망자의 혼을 인도하는 신격이라면 중디는 망자를 저승으로 들어가게 하는 신격이다.

중디를 거친 망자는 대왕을 만난다. 대왕 앞에 간 망자는 성불에 대한 확신을 받는다. 성불이 부처님의 제자를 의미하지만, 이는 곧 저승에서 모든 고난이 사라지고 다시 인간으로 환생한다고 믿는 것이다. 그래서 부처님 제자되어 인도환생한다고 여겨진다.

다음으로 「말명만수받이」가 이어진다. 말명은 조상신의 하나로, 지금 막 저승에 들어온 망자가 조상의 가호를 받아 무사히 모든 과정을 넘어서기를 기원한다. 그래야 망자 또한 조상신이 되고 말명으로 좌정할 수 있다. 그리고 길게 십대왕에 대한 내용이 이어진다. 이제 저승에 간 망자는 자신을 심판할 대왕 앞에 가 서야 한다. 그래야 그는 억만사천 제 지옥을 면하고 저승으로 들어가 왕생극락을 할 수 있다. 특히 이 부분을 만수받이[11]로 가창하는데 주목해야 한다. 만수받이를 통해 무가 사설은 정확하게 굿판에 참가한 사람들에게 각인된다. 다음으로 「말명 공수」가 이어진다. 이 부분에서 주목되는 것은 '삼년 탈상 곱게 나게 점지하시마'라는 구절이다. 지금까지가 저승 가는 과정이고 망자의 구원 천도에 초점이 맞추어졌다면, 이제는 살아남은 이들이 무사히 삼년상을 마치게 하는 내용이 등장한다. 진오기굿이 가진 배려의 측면이다. 말명 공수가 이어짐으로 인해 망자의 혼은 무사히 극락으로 가고 망자의 극락 천도는 이루어진다. 이처럼 시왕세계에 들어간 망자는 시왕가망을 맞이하고 가망을 젖히고 중디의 안내를 받아 대왕을 만난 후 말명으로 존재 위상이 바뀐다.

다음에 이어지는 「사재삼성」[12]은 의미가 조금 다르다. 망자가 저승으로 들어가는 과정을 「뜬대왕」에서 노래했다면 이제 굿판에서 망자가 저승으로 가는 과정을 산 자들에게 보여줄 필요가 있다. 사재삼성은 산 자의 입장에서 바라본 저승 가는 과정이다. 뜬대왕에서 보여준 저승 가는 과정이 다시 한 번 반복된다.

「사재삼성거리」는 만수받이로 시작된다. 진오기굿에서 만수받이로 진행되는 거리에는 「안당뒷전」[13]과 「뜬대왕」, 그리고 「사재삼성」이 있다. 이 세 거리의 공통점을 도출하면 만수받이를 하는 의도를 알 수 있다. 만수받이는 주무와 조무가 같은 무가를 반복해서 구송하는 것이다. 반복해서 구송한다는 것은 무가 사설을 강조하는 의미와 함께 굿판에 참가한 사람들에게 명확하게 어떤 내용을 전달하려는 의미가 있다. 「안당뒷전」에서 가창되는 만수받이는 이제 여러 수비 영산[14]들을 풀어먹이고 있으니 굿판에 참가한 사람들은 안심하라는 의미가, 「뜬대왕」에서 가창되는 만수받이는 저승에 가는 과정을 상세하게 알려주는 의미가 있다. 일반 무가와 공수가 일방적인 구송으로 전달에 초점을 맞추고 있다면 만수받이는 화답하여 반응을 보인다. 이를 통해 굿판에 참가한 사람들은 무가 내용을 상세하게 받아들일 수 있다. 사재삼성을 만수받이로 하는 것도 굿판에 사람들을 끌어들이는 하나의 장치이다. 이러이러하게 사재가 와서 망자를 잡아간다는 것을 알린다.

사재는 망자를 잡아 저승으로 가고 여러 가지 격식을 거친 후 다시 왕생

극락을 할 수 있다. 이러한 과정을 거침으로 해서 굿판에 참가한 사람들은 망자가 저승으로 가는 과정을 뜬 대왕과는 또 다른 방법으로 설명을 들은 셈이다.

만수받이가 끝난 후 본격적인 「사재삼성거리」가 연행된다. 먼저 사재가 굿청에 달려들어 망자를 데려가려고 한다. 이는 사재가 제역할을 제대로 수행하는 것인데, 재가집은 두 팔을 번쩍 들고 그를 막는다. 아직 망자가 사재를 따라 저승에를 잘 갈 수 있다는 확신이 없기 때문이다. 사자베[15]를 내놓고 인정을 쓰면서 재가집은 사재를 따라가는 망자의 무사 천도를 확인한다. 이제 망자가 사자를 따라 저승에 갈 것이 정해졌다. 더 이상 재가집과 사재가 부딪힐 일은 없어서 사재는 굿상을 앞에 놓고 재담을 벌이기 시작한다. 실상 이 재담은 굿판의 분위기를 바꾸게 한다. 울음과 슬픔이 가득 차 있었던 굿판은 이제 웃음이 가득한 공간으로 바뀌게 되고 좀 더 객관적인 시각으로 망자가 저승 가는 과정을 바라볼 수 있다.

재가집과 사재의 갈등이 사라지자 사재는 타령을 부른다. 서울굿에서 타령은 「신장타령」과 「대감타령」[16]처럼 신격이 신명이 날 때 부른다. 사재가 신명을 느끼는 것은 망자와 그 가족의 입장에서는 슬픔이다. 사재의 신명은 죽음이고 망자가 저승으로 잡혀가는 것이기 때문이다. 그래서 「사재삼성타령」은 인생무상에 대한 소감을 노래한다.

이제 망자는 사재를 따라 저승으로 떠났다. 망자가 저승으로 가는 과정은 다음 거리에 이어질 말미와 도령돌기를 통해 재현될 것이다. 그러나 사재가 떠났다고 해서 모든 것이 해결된 것은 아니다. 아직 사재보다 더 무서운 삼성이 있다. 삼성은 사재의 하위 신격으로 사재와 달리 또 다른 망자를 만드는 역할을 한다고 믿고 있다. 즉 또 다른 죽음을 막기 위해 삼성을 부른다.

「사재거리」 만수받이 무가에서는 이미 등장한 삼성을 「뜬대왕」에 여러 번 반복되어 나오는 무가 사설 형식에 맞추어 부른다. '아린 삼성은 쓰린 삼성 숨지어 넋진 삼성'으로 이어진다. 이 삼성을 불러주지 않을 때 삼성은 사재보다 더 무서운 힘으로 사람들을 저승으로 잡아갈 수 있다고 믿는다. 그리고 삼성을 따라온 또 다른 하위 신령인 삼성수비[17]를 막아준다. 장구를 치던 무당이 빠른 장구 장단으로 삼성수비를 불러 막아준다.

이렇게 「뜬대왕」에서 「사재삼성」까지는 망자가 저승 가는 과정을 반복해서 보여준다. 뒤를 이어 「말미거리」에서 무속신화 「바리공주」가 구송된다. 저승 가는 이를 인도하는 신격인 바리공주의 내력담이다. 내력담이 끝난 후 실제로 망자가 바리공주를 따라 저승 가는 과정을 재현한다. 이것이 「도령돌기」이다. 한삼도령으로 저승 가는 길을 헤치고, 부채도령으로 장애물을 날린다. 칼도령으로 저승 가는 길에 놓여 있는 장애물을 제거한다. 칼도령이 끝나게 되면 무당은 다른 한 사람과 상을 사이에 두고 대신칼을 주고 받는 과정을 반복한다. 이는 저승문을 여는 의미이다. 이때 대신칼은 열쇠의 구실을 한다.

저승으로 망자가 들어감으로 해서 망자는 사람이 아닌 신으로 바뀌었고 저승의 존재가 되었다. 그래서 가족은 제사를 올리는 「상식거리」를 진행한다. 처음으로 신령으로 바뀐 죽은 이에게 올리는 상이다. 아직도 미진한 재 가집을 위하여 베를 가른다. 이승과 저승을 상징하는 맑은 다리와 흐린 다리를 갈라 모든 장애물이 제거되고 망자는 무사히 극락에 갔음을 암시한다. 문, 인정, 칼, 전, 다리를 섬겨[18] 완벽하게 끝을 낸다. 그리고 「맞조와 노랫가락」으로 망자의 극락왕생이 끝났음을 제시한다. 맞조와 노랫가락은 바리공주 복색을 한 무당과 다른 한 무당이 상을 사이에 두고 절을 하며 부른다.

이때 반드시 씨가 있는 과일을 손에 들고 한다. 이는 망자가 무사히 저승에 갔을 뿐 아니라 후손이 명과 복이 계속 남아 있음을 상징한다.

「뒷영실」[19]이 이어져 오늘 굿을 받아먹은 망자의 소회를 듣는다. 망자는 이제 아무 걱정 없이 극락왕생했음을 말하며 산 자와 마지막 이별을 한다.

이렇게 「뜬대왕」부터 「뒷영실」까지는 한 편의 드라마같다. 여러 신격들이 등장하여 망자를 저승으로 인도하는 것이다. 무당은 노래와 재담, 말, 행동을 통해 망자가 저승 가는 과정을 반복적으로 보여준다. 재가집은 여러 구성 요소들의 반복적인 연행에 의해 굿의 목적이 어떻게 이루어지고 있는지를 확인할 수 있다.

진오기굿의 후반부인 저승굿의 연행 양상과 내용은 다음과 같다.

〈표 1〉 **진오기굿 후반부 저승굿의 연행 양상과 내용**

굿거리	연행 방법	내용
뜬대왕	노랫가락 + 공수 + 만수받이	망자가 저승가는 과정
사재삼성	만수받이 + 타령 + 공수 + 재담	망자가 사자를 따라 저승가는 과정
말미	바리공주 본풀이 구송	망자를 저승으로 인도하는 신의 내력담
도령돌기	노랫가락 + 춤	망자가 저승가는 과정
베가르기	동작 + 만수받이 + 노랫가락	망자가 저승가는 과정
상식	재가집의 제사 올리기	망자가 조상으로 좌정 후 처음 드리는 제사
뒷영실	공수 + 노랫가락	망자의 마지막 작별

저승굿에는 서울굿에서 볼 수 있는 모든 연행 방법이 다 있다. 신을 받들어 모시는 노랫가락, 신이 흥겹게 공수를 주는 타령, 본풀이 구송, 춤과 동작으로 진행하기 등 다양한 요소가 결합되었다. 그런데 「바리공주」가 구송되는 「말미거리」를 제외하고는 모두 망자가 저승가는 과정을 반복적으로 보

여준다. 철저하게 망자를 중심에 놓고 저승의 여러 신격을 불러들이는 굿거리 짜임을 보여준다. 그러나 「말미거리」는 망자에 대한 언급 없이 망자를 저승으로 데리고 갈 바리공주에 대한 내력을 구송한다. 「바리공주」 구송 후에, 세발심지[20]에 불을 밝혀 망자가 사후에 어떤 존재로 변화했는지를 확인하는 내용은 있지만, 「바리공주」는 철저하게 바리공주라는 신에 초점이 맞춰져 있다.

바리공주가 서천서역국에 가서 약수를 구해 오는 과정은 망자가 앞으로 갈 저승 가는 과정을 보여준다는 해석도 가능하다. 서천서역국에서 약수를 구해 돌아오는 바리공주는 물 위에 떠가는 배들을 구경하는데 그 배에는 여러 망자들이 타고 있다. 그들은 이승에서의 행적에 따라 서로 치장이 다른 배를 타고 저승으로 간다. 이것은 바리공주가 다녀온 곳이 이승이 아니라 저승이라는 의미이고, 현재 진행되고 있는 진오기굿의 내용을 그대로 보여주는 것이다.

이처럼 진오기굿 전체의 흐름 속에서 「말미거리」는 성격이 특이하다. 다른 모든 굿거리가 망자를 중심에 놓고 진행하는 반면, 바리공주라는 저승 신격을 중심에 놓고 진행하고 있다. 그러면서도 망자가 가야 할 저승을 다녀오는 과정을 보여주어, 다른 굿거리와 성격은 동일하다. 즉 「말미거리」는 망자를 직접 등장시켜 저승 가는 과정을 보여주는 것은 아니지만, 저승 신을 등장시켜 저승 가는 과정을 간접적으로 보여준다. 「말미거리」 이외의 저승굿 굿거리가 이승에서 저승을 바라보고 있다면, 「말미거리」는 저승에서 이승을 바라보고 있다. 여기에서 바라본다는 것은 굿거리의 핵심 주체가 누구인가에 따라 달라지는 의미이다. 망자를 중심에 놓고 있는 굿거리는 이승에서 저승을 바라보는 것이고, 저승 신격을 중심에 놓고 있는 굿거리는 저승에서 이승을 바라보는 것이다. 서로 다른 시선을 가지고 있지만, 「말미거리」 후반부에서 세발 심지에 불을 붙여 망자의 구원 천도를 확인함으로써 「말미거리」 역시 망자에 초점을 맞춘다. 저승굿의 대부분의 굿거리가 이승에서 저승으로 들어가는 망자에 대한 이야기라면, 「말미거리」는 저승을 다녀온 신격에 대한 이야기로, 오늘 저승으로 들어가는 망자와 그를 보내야 하는 가족을 안심시키는 의도가 내재되어 있다.

3. 「바리공주」의 공간 구조와 저승의 모습

「바리공주」에는 두 개의 세계가 존재하는데, 오구대왕이 살아 있는 일상적인 세계와 바리공주가 약수를 구해 오는 서천서역국이 포함되어 있는 비일상적 세계가 그것이다. 오구대왕이 살아 있는 세계는 제약(制約)이 존재하는 세계로서, 수명이 제한되어 있기 때문에 오구대왕이 병에 걸려서 죽을 수도 있는 세계이다. 또한 인간이 자신의 뜻대로 모든 것을 다하지 못하는 세계이기도 하다. 오구대왕이 연이어 딸을 낳고 아들을 얻지 못해서 고심을 하는 것도 이러한 연유이다.

그러나 서천서역국은 제약이 존재하지 않는 세계이다. 시간과 공간이 제한되어 있는 일상 세계와는 다르다. 바리공주가 많은 과업을 해결하고 아들 구형제를 낳아 주고 와도 일상 세계에서는 별다른 변화가 없을 만큼 시간이 특이하다. 특히 '산신이 허시는 말씀, 여기라 하는 디는 일 년이 하루다, 이 년이 이틀이다, 삼 년이 사흘이로다, 그렁저렁 석삼년 아홉해를 살고나니'라는 구절에서 서천서역국의 시간 구조가 일상 공간과는 다르다는 것이 분명해진다. 또한 '한 발을 내던지니, 한 번을 툭 구르시니, 억만 삼천 고개를 당도하니'라는 구절로 볼 때 이곳은 공간 구조도 일상적이지 않다. 「바리공주」는 일상적인 세계와 비일상적인 세계가 공존하고 있다는 세계관에서 출발한다.

일상적인 세계는 사람들이 일상생활을 영위하는 곳이다. 현실이 그대로 반영되어 있어서 등장하는 사람들도 모두 현실적인 인물들뿐이다. 이들은 미래를 미리 알 수 있는 능력도 가지고 있지 못하여서 점복자에게 미래에 일어날 일을 미리 알아 보려고까지 한다. 현실에 존재하는 여러 가지 제약들을 극복하지 못하고 비일상적인 세계와 접촉함으로써만이 문제를 해결할 실마리를 잡을 수 있다.

반면 비일상적인 세계는 문제를 해결하는 단서를 제공하거나 문제를 궁극적으로 해결시킬 수 있는 세계이다. 바리공주가 버려졌을 때 바리공주를 구원해 주는 인물들은 모두 비일상적인 세계의 존재들로서 일상 세계에서 발생한 문제들을 올바른 방향으로 해결될 수 있도록 기틀을 제시한다.

이러한 일상 공간과 비일상 공간은 수평적 이동을 통해서 서로 연결되어 있다. 바리공주가 약수를 구하는 노정기를 살펴보면, 이 두 세계가 차원은 다르지만 수직적인 이동으로 연결되어 있는 것이 아니라 수평적 이동으로 연결되어 있다. 비록 일상 공간과 비일상 공간이 성격이 분명하게 구별되는 공간이지만 차원이 같은 곳에 존재한다. 서울 지역 바리공주는 서천서역국을 가는 과정이 상세하지 않다. '한 번 걸으니 천리를 가고 두 번 걸으니 이 천리를 간다'는 식으로 나타난다. 그러나 위로 올라간다거나, 아래로 떨어진다는 표현은 없다. 수평적 이동으로 나타난다. 지옥이 하계에 위치하고 있는 것이 통념이나 「바리공주」에서는 지옥이 하계에 있다는 표현은 보이지 않는다. 지옥에 대한 표현이 나타나 있는 다음 구절을 보자.

도남문 밖 썩 나서서 한주령 짚으시니 이천리 가시더군

산은 수첩첩하고 물은 수잔잔헌데 산간을 둘러보니

산간에 세 선관 한 점을 다투시며 바둑을 두시는데

칠공주 들어숙배 내숙배를 들이시구

소한국에 서자로서 국운이 망국하와 병환이 우중해서

약수 삼천리 무장승에 양여수 구하러 가는 길이온데

길을 인도하여 주선이다

소한국에 서자가 웬 말이냐

칠공주 두었다는 것은 삼척동자도 다 아는 바

그대는 석가세존님이 잔명을 구해주었거는

석가세존님 속인 죄로 저 한 곳을 닥치면

풍도 섬중에 갇히리라

그곳을 어찌 해쳐 가려느냐

가다가 죽사와도 가겠난요

그렇다면 부모 효성이 지극허니

부처님 낙화 한 쌍을 주마

이 낙화는 바로 주워 외로 감고 외로 주어 바로 감으면

옥문이 깨지고 성문이 무너지고

가시성 칠성이 무너지리라[21]

    서천서역에 약수를 구하러 가는 도중에 바리공주는 지옥에 도달하는데 이 역시 수평적 이동이지 수직적 이동은 아니어서 지옥 또한 수평적으로는 같은 위치에 있다는 의미이다. 그리고 약수를 구해가지고 돌아오는 도중에

강에서 저승으로 가는 배들의 행렬을 만나는 것을 보아도 사후에 사람의 혼령이 이동하는 저승은 수평적 세계관의 연장이지 수직적 세계관의 반영은 아니다. 일상적 세계에서 수평적으로 놓인 공간이 서천서역국이고 서천서역국으로 가는 과정에 지옥이 있다는 것이 「바리공주」에 나타난 세계의 모습이다.

그러나 여기에 수직적 세계가 없는 것은 아니다. 이와 별도로 수직적 세계로서 천상이 분명히 존재하고 있다. 청의 동자가 내려와서 약수를 구해 오라고 알려주는 부분을 본다.

> 하루는 한날 한시 몽사를 얻으시는데
> 대청정 대들보에 청용황용이 얼크러져 뵈고
> 청애동자 내려와 허는 말이,
> 국왕 양 마마 병환은 일곱째 칠공주 갖다 버리신 죄상이니
> 버린 아기 찾다 약수 삼천리 무장승에
> 양 여수를 구해다 쓰셔야만 회춘허리다
> 허드니 간 곳이 없고 양마마 일시에 몽사를 깨시드니 몽사도 야릇허다[22]

수직적 세계의 존재는 서울 지역 「바리공주」보다는 동해안 지역의 이본에 명확하게 보인다. 바리공주가 인간 세상에 귀양을 왔다고 한 내용과 무장승의 변용이라 할 동해안 지역의 동수자[23]를 설명하는 부분을 가져온다.

> 나는 다른 사람이 아니라 천상에 서왕모의 딸일러니
> 반도질석 나가도 동방석을 잠깐 만내

계수나무 밑에서 잠시 수작하다가 시간이 잠시 어기어서

옥황상제님네 적지하고 인간을 정배하야 갈 바를 모르더니

비리봉 비리암절에 부처님 미륵보살님네가

귀댁으로 지시하여 이제 찾아 왔나이다 어여세 여기소서[24]

동대산 동대천 동수자란 카는 수자 산정에는 천상 사람인데

베리데기도 천상 사람이지마는 동수자도 천상 사람이라

동수자는 천상에 득좌하고

죄를 짓고 인간 세상에 나왔는데 삼십년으로[25]

「바리공주」에서 천상계는 일상적인 이 세상보다는 더 환경이 좋은 세상으로 보인다. 바리공주나 동수자 모두 천상계에서 죄를 짓고 적강(謫降)하는데 이로 미루어 보아 천상계는 극락과 상통하는 세계가 아닌가 한다. 동수자가 자신의 죗값을 다 치르고 올라가고 있다는 것은 죄없는 사람만이 갈 수 있는 세계라는 의미이기 때문이다.

한편 지옥은 죗값을 치르는 공간이라는 의미를 가지고 있다. 지옥으로 가는 길은 극락으로 가는 길과 서로 그 모습이 다르다.

밝은 길은 시왕길이요 넓고도 어둔 길은 칼산지옥

좁고도 밝은 길은 찾아가면 개똥밭이 유리되고

황모란 백모란 철쭉 진달래 노간주 상나무 맨드라미 봉숭아

엉크러지고 뒤틀어졌으니 꽃가지 꺾지 말고

마늘밭에 밟지 말고 뒤돌아 보지 말고

시왕세계 삼삼구품 연하대 시연으로

왕생극락하소사[26]

그리고 망자가 극락으로 가기 위해서는 이승에 미련을 남기지 말아야 한다. '꽃가지 꺾지 말고 마늘밭 밟지 말라'는 것은 더 이상 이승에 어떤 미련도 남기지 말고 저승으로 나가라는 의미이다. 그리고 그들이 저승에 도달하기 위하여 반드시 건너야 하는 것이 강이다. 그 강에는 저승으로 사람들의 혼령을 실어 나르는 배들이 정박해 있다. 여기에서 망자가 이승에 있을 때의 선악에 따라 그들이 타고 갈 배의 모양이 다르다.

그리고 이들이 저승에 들어가면 십대왕을 만나서 심판을 받게 된다. 이들 십대왕은 여러 지옥을 맡아 다스리고 있는데「바리공주」에 각각의 십대왕이 맡아 다스리는 지옥에 대한 설명은 보이지 않는다. 다만 지옥의 종류에 대해서는 다음과 같이 묘사되어 있다.

도산지옥에 흑탄지옥 한빙지옥 금수지옥

발설지옥 철상지옥 거애지옥 흑악지옥[27]

이러한 지옥도 지하의 세계로 묘사되어 있는 것은 아니다. 바리공주가 수평적으로 이동했을 때 도달하는 세계가 지옥이다. 서천서역을 가는 도중에 바리공주가 지나가는 곳이 지옥이라는 것은 극락과 달리 지옥은 일상 세계와 차원이 다른 세계에 존재한다는 뜻은 아니다. 일상적인 세계에서 수평적으로 이동하면 도달할 수 있는 세계로 표현되어 있다.

「바리공주」에 나타난 세계의 구조는 다음 그림과 같다. 천상계는「바리

공주」에 구체적으로 나타나거나 중요한 의미가 있는 배경으로 작용하지는
않는다. 「바리공주」의 중요한 무대가 되는 세계는 일상 세계와 지옥, 그리
고 서천서역국인 수평적 세계이다. 수직적 세계에 대한 인식은 있지만 수평
적 세계만이 중요한 기능을 하고 있다는 것은 한국 무속의 공간 관념이 그
러하다는 의미이다. 지옥과 서천서역국이 일상 세계의 연장선상에 존재하
고, 일상 세계와는 다른 차원인 천상 세계보다 중요한 역할을 한다는 것은
한국 무속의 현실 중심의 사고관의 표현이다.

<그림 1> 「바리공주」의 공간 구조

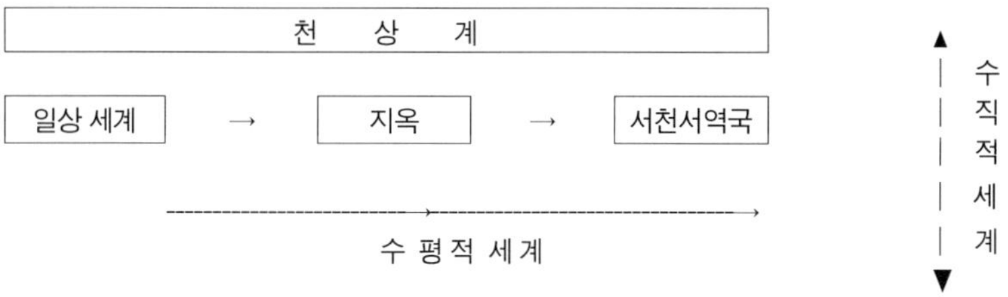

이처럼 「바리공주」에는 천상계라는 공간이 별도로 설정되어 있으면서
도, 지옥과 서천서역국은 일상 세계와 연장선상에 있다. 서천서역국은 천상
계의 또 다른 변용이다. 이렇게 보면 극락은 수평적 연장에 존재하면서, 수
직적 세계에도 존재하는 이중성을 보여준다.

그렇다면 왜 이렇게 극락을 서로 다른 위상을 가진 세계에 존재하게 했는
가. 이것은 한국 무속의 현실 중심 사고관의 반영이다. 천상계가 수직 세계
에 존재할 때 현실과 차원이 다르다. 하지만 수평 세계에 존재할 때는 현실
과 차원이 같다. 극락은 현실의 연장선상에 있는 것으로 보는 것이다. 극락
인 서천서역국이 현실과 같은 차원에 있어 언제든지 이동이 가능하다는 것

은 현실을 중심에 놓고 본 사고관이다.

4.「바리공주」 공간 구조의 의미

수평적 세계관을 가져온 것은 「바리공주」의 공간의 확장과 시련의 극복을 강조하기 위한 장치이다. 이것은 곧 진오기굿의 본래 목적에 부합하기 위한 장치이다.

오구대왕과 길대부인이 혼인을 하는 공간은 궁궐이라는 한정된 공간이다. 연이어 딸을 낳아서 아들을 바라는 마음으로 정성을 들이자 공간은 1차 확대된다. 이본에 따라 다소 차이는 있지만 궁궐이라는 제한된 공간을 넘어서서 산이나 절로 확대되는 것이다. 여기에 딸로 태어난 바리공주를 버리기로 하여 2차로 공간이 확대된다. 그곳은 궁궐에서 상당히 떨어진 장소로 '억만 삼천 지옥 고개 염불 고개 불탄 고개를 넘으시고 까치여울 피바다'[28]이기도 하고, '첩첩한 산중엘 들어가서 치어다보니 만학천봉 그 산이름이 겨드랑산이라 억바우야 덕바우야 물 좋고 정자 좋은 곳이 있는데 바웃돌'[29]이기도 하다. 그리고 이곳은 바리공주를 구원해 주려는 신적인 존재와 접할 수 있는 공간이다. 그러나 1차와 2차로 확대된 공간은 아직 궁궐과 차원이 다른 곳은 아니다. 정성을 들이기 위해 찾아가는 산이나 절과, 바리공주를 버리는 장소는 모두 누구나 쉽게 접할 수 있는 공간이다. 이런 의미에서 공간이 비록 확대는 되었지만 다른 차원으로 확대된 것은 아니다.

공간이 다른 차원으로 확대되는 것은 바리공주가 약수를 구하러 가면서부터이다. 공간의 3차 확대가 이루어지는데 이곳은 누구나 쉽게 갈 수가 있는 공간은 아니다. 약수를 구해 오라는 말에 바리공주의 언니들은 길을 몰라 갈 수 없다고 한다. 결국 누구나 쉽게 갈 수 있는 공간은 아니다. 공간의 3차 확대는 차원이 다른 공간으로의 확대를 의미하는 것이다. 따라서 그 공간은 바리공주 부모의 병을 치유할 수 있는 약수가 존재하는 신성 공간이다.

이러한 공간의 확대를 정리하면 다음과 같다.

<표 2> 「바리공주」 공간 확대 양상

바리공주 내용	배경 공간	공간의 구조	공간의 의미
바리공주 부모의 혼인 및 딸 여섯 낳기	궁궐	일상 공간	기본 공간
기자 치성	산이나 절	일상 공간	공간의 1차 확대
바리공주 버리기	멀리 떨어진 곳	일상 공간과 비일상 공간의 접촉	공간의 2차 확대
약수 구하러 떠나기	서천서역국	비일상 공간	공간의 3차 확대

이상에서 보듯이 「바리공주」는 사건의 진행과 함께 그 공간이 계속 확장되는 구조를 가지고 있다. 그리고 그 공간은 일상 공간에서 시간 구조를 다르게 가진 비일상 공간으로의 확대이다. 일상 공간에서 여러 가지 문제가 발생하고 있지만 그 문제에 대한 해답을 구할 수 있는 곳은 비일상 공간이다. 결국 「바리공주」는 시간 구조를 일상 공간과는 다르게 가진 비일상 공간에 가서야 문제의 완전한 해결책인 약수를 구할 수가 있다.

이러한 「바리공주」의 공간 확대는 다음과 같이 그림으로 나타낼 수 있다.

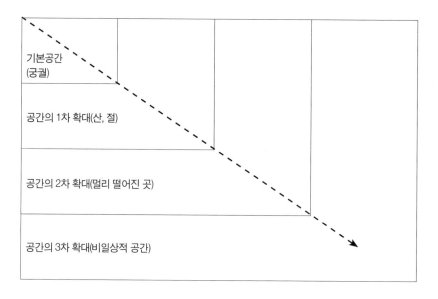

이러한 공간의 확대는 새로운 문제의 파생과 더불어 진행된다. 딸만 여섯을 낳은 오구대왕이 일곱 번째는 아들을 낳기 위하여 기자 치성을 드리는데, 그 결과로도 딸이 태어났기 때문에 모든 사건이 시작된다. 바리공주의 부모는 이렇게 태어난 딸을 버리게 되고, 그로 인해 또 다른 문제가 발생하고 그 문제를 해결하는 구조로 되어 있다. 「바리공주」의 내용은 문제의 발생과 문제 해결의 시도라는 반복 구조로 정리된다. 이러한 문제가 발생하고 문제 해결을 시도하는 「바리공주」의 구조를 정리하면 다음과 같다.

1) 연이어서 딸을 여섯 명을 낳는다.— 문제 발생

2) 아들을 얻으려고 기자 치성을 드린다.— 문제 해결 시도

3) 일곱 번째도 딸을 낳는다.— 새로운 문제 발생

4) 일곱 번째 태어난 딸을 버린다.— 문제 해결 시도

5) 바리공주의 부모가 병에 걸린다.— 새로운 문제 발생

6) 바리공주를 데려와 약수를 구하기로 한다.— 문제 해결의 시도

7) 바리공주와 부모가 다시 만나고 약수를 구해오겠다는 다짐을 한다.—
문제의 1차 해결

8) 바리공주는 약수를 얻는 과정에서 어려움에 봉착한다.— 새로운 문제의
발생

9) 바리공주가 여러 가지 문제를 극복하고 약수를 구한다.— 문제 해결의
시도

10) 바리공주가 돌아오니 이미 죽은 부모의 상여가 나온다.— 새로운 문제
의 발생

11) 바리공주가 약수로 죽은 부모를 구한다.— 문제의 완전한 해결

이러한 「바리공주」의 진행 과정을 공간 구조와 관련시켜 본다. 아직 아들
을 낳지 못한 오구대왕이 자신의 기원을 이루고자 하지만 일상적인 공간에
서는 해결의 실마리를 찾을 수 없다. 따라서 산이나 절로 공간이 1차 확대
된다. 그러나 마침내는 아들을 낳지 못하고 일곱 번째도 공주가 태어나 문
제는 다시 발생하고, 이러한 문제를 해결하기 위하여 오구대왕은 공간을 멀
리 떨어진 곳으로 2차 확대시킨다. 여기에서 다시 문제가 발생한다. 오구대
왕은 마침내 병에 걸리고, 문제를 해결하기 위해서는 버린 바리공주를 찾아
와서 서천서역국에 가서 약수를 구해 와야 한다. 약수라는 것은 오구대왕이
가지고 있는 문제를 완전하게 해결해 줄 수 있는 존재로서 오구대왕의 세계
에서는 구할 수가 없다. 그것은 비일상적인 공간이라고 할 수 있는 서천서

역국에 존재하고 있다. 서천서역국은 일상 공간과는 다른 시간 구조를 가지고 있는 신비한 세계이다. 여기에서 공간의 3차 확대가 이루어진다. 그리고 마침내 그동안의 모든 문제는 바리공주에 의해 완전하게 해결된다.

결국 「바리공주」에서 문제가 계속 발생하는 것은 공간의 확장을 의미한다. 또한 일상 공간에서 발생한 문제의 궁극적인 해결책이 일상 공간과는 다른 비일상 공간인 서천서역국에 존재하고 있다는 것은, 존재의 근원이 일상 공간이 아닌 비일상 공간에 있다는 의미이다.

이러한 비일상성은 바리공주의 시간 구조에서도 찾을 수 있다. 바리공주가 서천서역으로 약수를 구하러 가는 여정은 일상 공간에서 비일상 공간으로의 이동이다. 이러한 비일상 공간은 일상 공간과 구별되는 공간으로 시간구조 또한 특이하다. 바리공주가 태어나서 버림을 받는 부분까지는 일상적인 시간의 흐름이 진행된다. 이러한 일상적인 시간의 흐름이 비일상적으로 바뀌는 것은 바리공주가 서천서역국으로 약수를 가지러 가면서부터이다. 시간의 흐름은 멈춘다. 약수를 급하게 구하러 간 바리공주가 약수 값으로 살림을 살아 주고, 무장승에게 일곱 아들을 낳아 준다는 것은 일상의 시간 속에서는 불가능하다. 약수 지키는 사람으로부터 아들을 낳아 달라는 부탁을 받는데 병에 걸려서 죽음을 앞에 둔 오구대왕의 처지를 생각하면 일상적인 사고의 표현이라고는 볼 수 없다. 이것은 시간 구조가 비일상적이라는 의미이다. 바리공주가 여러가지 과업을 해결하고 약수를 구해 오지만 그 동안에 일상 공간에서는 아무런 변화가 없다. 일상 공간과 비일상 공간은 시간 구조가 다르기 때문이다.

신화에서 시간의 소거는 통과 제의의 과정, 즉 제의적인 죽음을 통해서 나타난다. 제의적인 죽음은 상징적인 죽음으로서, 제의를 통해서 죽음의 과정을 경험하게 하는 것으로 대개 신화의 주인공이 일상과는 격리된 공간으로 들어가면서 이루어진다. 바리공주는 버림을 받는 부분에서 제의적인 죽음을 당한다. 함에 넣어져 버림을 받는데 이때 함이 신화적인 공간이다. 재생의 공간이면서 신성 공간이다. 바리공주가 이러한 함에 들어간다는 것은 시간이 소거되는 의미로서 이때부터 바리공주는 비일상적인 힘을 가진 인물로 존재할 수 있다. 바리공주가 버림을 받는 함은 후반부로 전개되면서 다른 모습으로 존재를 바꾼다. 그것은 비일상 공간이라는 공통점을 가지고 있는 서천서역국으로 나타난다. 서천서역국은 분명 일상 공간과는 구별되는 곳이다. 함이 바리공주의 존재를 다른 존재로 바꾸었듯이 서천서역국 또한 바리공주를 다른 존재로 가치를 바꾸게 한다.

그리고 서천서역국이라는 비일상적인 공간으로 들어가면서 시간은 소거된다. 더 이상 현실의 제약이 있는 시간 질서가 있는 것은 아니다. 일상적인 시간 질서와는 전혀 다른 새로운 시간 질서가 자리 잡게 되고 이러한 일상적인 시간 질서가 사라진 곳에서 바리공주는 시간의 제약 없이 자신에게 부여받은 과업을 해결할 수 있다. 이것은 바리공주가 제의적인 죽음을 통해 시간을 소거시켰다는 의미이다. 따라서 시간이 소거된 곳은 오구대왕의 문제를 해결해 줄 수 있는 약물이 존재할 수 있다. 이러한 비일상 공간에서 일상 공간으로 다시 돌아오는 것은 시간이 제자리를 찾는다는 의미로서 새로운 삶의 부활이라고도 볼 수 있다. 새로운 삶의 부활은 새로운 시간 질서가 시작된다는 의미로서 죽을 위기에 처한 오구대왕이 다시 살아나게 된다.

이러한 사고는 무속의 기본 사고와 일치한다. 무속에서는 존재의 영구 지속을 위해 공간과 시간의 제약을 벗어나 그 존재 근원인 비일상 세계의 영원 쪽에서 존재를 보는 사고가 존재하는데 이를 원본 사고라 한다.[30] 그것은 불가시적 영원 존재인 비일상 세계가 모든 존재의 근원으로서, 비일상 세계로부터 가시적 순간 존재인 일상 세계가 생겨났다고 믿는다. 가시적 순간 존재의 근원을 불가시적 영원 존재로 보기 때문에, 존재는 그 공간적 가시성의 지속과 단절의 문제일 뿐, 존재의 원질 자체는 영원한 것이어서, 그 공간성이 단절되면 존재의 근원인 비일상 세계로 되돌아가 영원 존재로 있게 된다고 믿는다. 이렇게 존재의 근원을 비일상 세계로 보아, 존재는 비일상 세계에서 일상 세계로, 일상 세계에서 다시 비일상 세계로 환원되어, 존재가 순환 체계 위에서 영원히 지속된다.[31] 따라서 「바리공주」에서 발생한 문제는 일상 공간에서 해결되는 것이 아니라 존재의 본질이라고 볼 수 있는 비일상 공간에서 해결책을 찾을 수 있는 것이다. 결국 약수라는 것은 비일상 공간의 힘을 가지고 있는 요소로서 일상 공간에서 발생한 모든 문제를 해결해 준다. 이러한 것은 현실은 제약이 있는 세계, 비일상 공간은 제약이 없는 세계라는 의미로서, 오구대왕의 생명 또한 비일상 공간에서 힘을 가져옴으로써 연장될 수 있다.

바리공주가 약수를 구하기 위해서 겪는 노정은 결국 제약이 있는 일상 세계에서 제약이 없는 비일상 세계로의 귀환을 의미한다. 그리고 그러한 세계가 수평적 세계로 연결되어 있기 때문에 일상 세계와 비일상 세계가 단절되어 있는 것이 아니라 연속되어 있어서 쉽게 이동할 수 있다. 이러한 의미를 바탕으로 할 때 굿판은 일상 세계에서 비일상 세계로의 연결 통로로서 현실에 제약을 가지고 있는 사람들의 제약을 풀어 주는 구실을 할 수 있다. 이러한 의미는 다음과 같다.

〈그림 3〉 바리공주 공간 확장과 문제 해결 관계

문제의 발생과 1차적 해결	새로운 문제의 발생	문제의 궁극적 해결
일상 세계 제약 요소가 있는 세계	공간의 확장	비일상 세계 (서천서역국 제약이 사라진 세계)

〈그림 4〉 공간 확장의 의미

일상 공간	공간의 확장 → 수평적 이동	비일상 공간
오구대왕의 궁궐 및 산천 문제의 연속 발생 제약이 있는 세계		서천서역국 문제의 궁극적 해결 제약이 사라진 세계(약수)

　이러한 맥락에서 「바리공주」의 의미를 생각해 본다. 먼저 주목할 것은 바리공주가 다른 사람은 갈 수 없는 서천서역을 다녀온다는 것이다. 서천서역은 비일상적인 공간이고, 일상과는 다른 시간 구조를 가지고 있다. 그리고 다른 사람이 쉽게 갈 수 없다는 것으로 보아 일상과는 단절된 공간으로 그곳에는 죽음을 극복할 수 있는 매개체로 약수가 존재한다. 오구대왕이 살고 있는 세계는, 오구대왕이 바리공주에게 모든 문제가 해결된 뒤에 신직을 부여하는 것을 보면 역시 예사로운 공간은 아니다. 그렇지만 그곳은 삶과 죽음의 질서가 존재하는 공간으로 모든 제약이 사라진 공간은 아니다. 이에 비해 바리공주가 여행하는 서천서역국은 제약이 사라진 공간이다. 신들이 활동하는 공간으로서 바리공주가 어려움에 처할 때마다 나타나서 바리공주의 여행을 도와준다.

　결국 바리공주는 제약이 있는 공간에서 제약이 사라진 공간으로 자신의 무대를 넓혀 나간다. 그리고 제약이 없는 공간의 힘을 가지고 있는 약수를, 제약이 남아 있는 공간으로 가지고 옴으로써 오구대왕에게 닥친 제약을 해소한다. 「바리공주」에서 공간이 확대되는 것은 이러한 제약을 해소하려는 방편이다. 모든 제약이 사라진 세계의 힘을 제약이 남아 있는 세계로 끌어 오는 것이 바리공주의 역할이다.

이러한 「바리공주」가 오구굿판에서 구송된다는 것은 죽은 사람이 가지 고 있는 제약을 풀어준다는 의미이다. 살아 있을 당시에 미처 다하지 못했 던 한들을 풀어 주고, 망자를 무사히 아무런 제약이 없는 세상으로 인도하 는 「바리공주」를 들으면서 현실에 존재하는 제약은 극복된다. 이러한 「바 리공주」가 약수를 구하는 과정은 다음과 같은 귀환 구조를 가지고 있다.

〈그림 5〉 귀환 구조

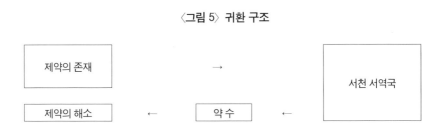

이러한 구조는 그대로 진오기굿에서 찾을 수 있다. 죽은 사람들을 무사히 저승으로 천도시키기 위해 「바리공주」를 구송하는데, 이는 약수를 구해 와 제약을 해소하는 「바리공주」의 내용과 동일하다.

〈그림 6〉 진오기굿과 「바리공주」의 의미

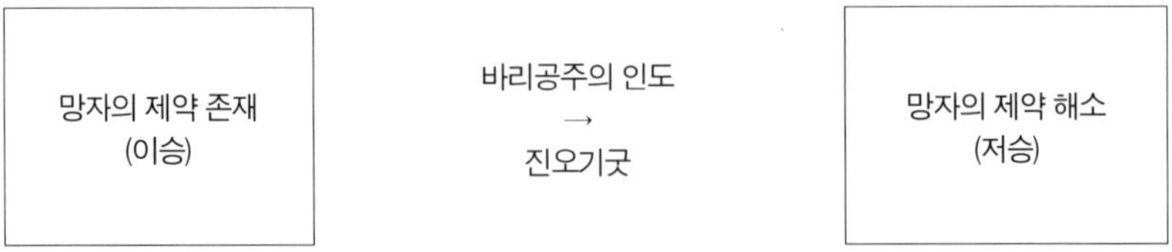

망자의 제약 존재 (이승)	바리공주의 인도 → 진오기굿	망자의 제약 해소 (저승)

이러한 제약을 없애는 요소 덕분으로 「바리공주」는 오랫동안 굿판에서 구송되었고, 현재도 왕성하게 살아서 전승되고 있다.

5. 맺음말

이상에서 「바리공주」 무가에 나타난 저승의 모습을 중심으로 공간관을 살펴보았다. 이 글에서 논의된 내용은 다음과 같다.

진오기굿을 이승굿과 저승굿으로 나눈 후 저승굿이 망자를 저승으로 보내는 과정을 반복적으로 보여주는 의미임을 밝혔다. 특히 「바리공주」를 구송하는 「말미거리」는 저승굿의 다른 거리와는 달리 망자를 중심에 두고 진행하지 않고 저승의 신격을 중심에 두고 구송한다. 다른 굿거리들이 망자를 저승으로 보내는 데 초점을 맞춘다면 말미거리는 망자를 저승에서 맞이하는 신격의 입장에서 굿을 진행한다. 그러나 말미거리 후반부에서 망자의 극락왕생을 확인하는 과정에서, 망자와 저승 신격이 서로 만나게 하는 의미가 있다. 또한 「바리공주」에는 수직적 세계보다는 수평적 세계가 존재한다. 바리공주가 서천으로 약수를 구하러 갈 때에도 수평으로만 이동한다. 서천서역국이 일상 세계와 연속되어 있다는 것은 한국 무속의 현실을 중시하는 사고관의 반영으로 보았다. 이와 함께 「바리공주」에서는 공간의 확대가 계속적으로 일어나는데 궁궐이라는 배경은 점차 산, 멀리 떨어진 곳, 서천서역국으로 확장된다. 공간의 확장은 문제 발생과 문제 해결의 반복과 밀접한 연관을 맺고 있어, 공간이 한 번 확대될 때마다 주어진 문제가 해결되면서 또 다시 새로운 문제가 발생하는 구조이다.

이러한 문제는 모든 제약이 사라진 서천서역국이라는 공간의 등장으로 완전하게 해결된다. 「바리공주」는 제약이 있는 공간에서 제약이 사라진 공간으로 자신의 무대를 넓혀 나간다. 그리고 제약이 없는 공간의 힘을 가지고 있는 약수를, 제약이 남아 있는 공간으로 가지고 옴으로써 당면한 모든 제약을 해소한다. 「바리공주」에서 공간이 확대되는 것은 이러한 제약을 해소하려는 방편이다. 모든 제약이 사라진 세계의 힘을 제약이 남아 있는 세계로 끌어오는 것이 「바리공주」의 역할이다.

이러한 「바리공주」가 진오기굿판에서 구송된다는 것은 죽은 사람이 가지고 있는 제약을 풀어 준다는 의미이다. 살아 있을 당시에 미처 다하지 못했던 한들을 풀어주고, 망자를 무사히 아무런 제약이 없는 세상으로 인도하는 「바리공주」를 들으면서 현실에 존재하는 제약은 극복될 수 있다.

이상의 논의를 통해 「바리공주」의 진오기굿 전체 흐름 속에서의 위상, 수평적 공간 존재의 의미, 공간의 확대와 그에 따른 문제 해결 방식, 「바리공주」 문제 해결 방식과 진오기굿 문제 해결 방식의 공통점 등이 밝혀졌다. 하지만 시간 구조에 대한 해명, 왜 이러한 공간 구조를 가지게 되었는지에 대한 규명 등이 이루어져야 「바리공주」의 의미망이 보다 명백하게 밝혀질 것이다. 무엇보다도 서울 진오기굿이 지금도 왕성하게 전승되고 있음을 고려할 때 이러한 「바리공주」가 진오기굿판 전체 흐름 속에서 어떤 의미망을 가지는지는 앞으로 살펴보아야 할 과제이다. 살아있는 굿판에서의 「바리공주」의 의미 규명이 가장 큰 과제로 남은 셈이다.

현재 서울굿판은 급속하게 변화하고 있다. 제대로 「바리공주」 무가 전체를 구송하기를 꺼린다. 하지만 말미 거리 자체를 부정하지는 않는다. 중요한 의미를 부여한다. 이러한 의미망의 규명은 「바리공주」 무가를 진오기굿 전체의 맥락 속에서 꼼꼼하게 고찰하여야 한다는 과제를 제시한다.

제주 4·3 희생자 위령 의례의 국가화와 그 후
－재구성되는 '사자'의 기억

/ 지 영 임

1. 머리말

　일본에서는 근현대의 전쟁 사망자에 대해 위령과 추도라는 말을 사용하고 있다. '니시무라아키라(西村明)'에 의하면, 위령이란 영혼의 존재를 전제로 한 특정 종교에 관한 말이라는 의견이 있고, 그 대신에 추도라는 말이 사용되기도 한다고 한다.[1] 실제로 야스쿠니신사에서의 '위령'이라는 용어는 일반적인 위령과 달리 '초혼(招魂, 야스쿠니신사에서 사람의 영혼에서 신의 영혼으로 전화하는 의례적 절차)' 의식을 거쳐 신령이 된 충혼을 위로하는 것으로, 야스쿠니신사 제사라는 고유한 교의 및 종교적 의식과 결합된 특정 종교에 속하는 용어라고 할 수 있다.[2] 따라서 '위령'이라는 용어가 전전의 일본의 국가신도 체제하에서는 종교로 취급되지 않았기에 그다지 문제가 되지 않았으나, 패전 후 야스쿠니신사가 종교법인으로 바뀌고, 국가와의 공적 관계가 헌법의 정교분리 원칙에 의해 단절됨에 따라 공공기관 등에서는 '위령'을 사용하는 것은 부적절하다는 점이 지적되기도 하였다.[3] 그러나 야스쿠니신사와 공식적인 식전 이외의 사적(私的)인 의례에는 종교적인 색채가 강한 공양(供養), 제사(祭祀), 위령이라는 말이 빈번히 쓰이고 있다. 사적 의례에 야스쿠니신사 또는 공적(公的) 의례와 달리 종교적 색채가 포함된 말이 비교적 자유롭게 쓰이는 배경에는 유가족들의 전통적인 방식에 따라 산 자와 사자의 관계 속에서 사자 의례가 이루어지고 있는 현실이 존재한다.[4]

그렇다면 한국의 경우는 어떠한가. 한국에서 자주 쓰이는 위령, 추모, '추념(追念)'의 사전적인 의미는 '죽은 사람의 영혼을 위로함' 또는 '죽은 사람을 그리며 생각함' 등으로 정의되어 있으며, 명확한 의미 구분은 되어 있지 않다. 이에 대해 류성민은 한국의 종교 의례와 국가 의례를 중심으로 산 자와 사자와의 상호관계 속에서 추모와 위령을 정의하였는데, 산 자가 사자를 위해 무엇인가를 해 주고 싶을 때는 위령에, 그렇지 않을 경우에는 추모에 중점을 둔다고 한다. 이에 의하면, 종교 의례 중에서 무속과 불교는 위령을, 유교와 기독교·천주교는 추모를 강조한다고 한다. 무속과 불교에서 위령의 요소가 강하게 나타나는 이유는 정상적인 죽음을 맞이하지 못한 자들의 영혼을 위로하는 위령 의례 자체와 내용이 철저하게 사자 중심으로 구성되어 있기 때문이며, 유교의 우제와 기독교·천주교의 의례는 산 자가 중심이 되어 죽음을 긍정적으로 보기 때문에 추모에 중점을 두고 있다.[5]

종교 의례와 달리 국가 의례로 사자의 추모와 위령 의례를 거행하는 경우, 특정한 종교와 관련한 방법을 이용하거나 원용하는 것은 불가능하므로, 정부는 각종 법을 통해서 사자에게 추모와 위령을 거행한다. 한국 정부가 추모와 위령을 위해 제정한 법률은 크게 두 가지로 나눌 수 있다. 하나는 국가와 사회를 위해 죽은 사람에 대한 법률과 국가에 의해 희생된 사람에 대한 법률이며, 또 하나는 국가와 사회에 의해 희생이 된 사람에 대한 법률이다.[6] 전자는 '국가유공자 등 예우 및 지원에 관한 법률', '참전유공자예우에 관한 법률', '독립유공자예우에 관한 법률', '의사상자예우에 관한 법률' 등이며, 후자는 '민주화운동관련자명예회복 및 보상 등에 관한 법률', '광주민주화운동관련자보상 등에 관한 법률', '일제강점하강제동원피해진상규명에 관한 특별법', '거창사건등관련자명예회복에 관한 특별조치법', '노근리사건희생자심사 및 명예회복에 관한 특별법', '삼청교육피해자의 명예회복 및 보상에 관한 법률', '의문사진상규명에 관한 특별법', '제주 4·3 사건진상규명 및 희생자 명예회복에 관한 특별법'(이하 제주 4·3 특별법) 등이 있다.

이중에서도 이 글과 관련한 제주 4·3 특별법은 2000년 1월 12일에 제정·공포되었으며, 이 법의 제1조에 의하면, 제주 4·3 사건의 진상을 규명하고 이 사건과 관련된 희생자와 그 유족들의 명예를 회복시켜 줌으로써 인권 신장과 민주 발전 및 국민 화합에 이바지함을 목적으로 만들어졌다. 2015년 현재, 제주 4·3 사건으로 인하여 사망하거나 행방불명된 자 또는 후유장애가 남아 있는 자로서, 제주 4·3 사건 진상규명 및 희생자 명예회복위원회(이하 제주 4·3 사건위원회)에 신고된 희생자 수는 15,483명이다.[7] 이들은 군·경에 의해 희생된 주민이 대부분이지만, 무장대에 의해 희생된 주민과 군·경도 존재한다. 이에 따라 국가와 사회를 위해 죽은 자 이외에도 국가에 의해 희생이 된 사람들까지 국가 주도하에 위령·추모 행사가 거행되자 기존의 국가유공자와 군인, 경찰을 포함한 우익단체의 반발이 끊임없이 계속되고 있다. 그들은 제주 4·3 사건이 2000년 제주 4·3 특별법 제정, 2003년 진상조사보고서의 발간과 그에 따른 대통령의 공식 사과, 2006년 노무현대통령의 4·3 위령제 참석 등으로 4·3의 재해석을 둘러싸고 '공산 폭동'에서 '국가 폭력'과 '대량 학살 사건'으로 무게중심이 옮겨지게 되자 "공산주의자들의 반란에서 대한민국을 지키다가 산화한 군·경과 무고한 양민들의 죽음은 개죽음에 지나지 않는 것이란 말인가"[8]라고 반발하면서, 대통령의 사과와 진상보고서를 인정하지 않고 있다. 또한 4 · 3 특별법에 따라 가해자와 피해자를 구별하지 않고 4 · 3 희생자로 선정하여 위령제의 제단에 이름을 올리고, 모든 4 · 3 희생자들에 대한 위령제가 거행되자 경찰, 군인, 선거관리위원을 포함한 우익단체 회원 등을 죽인 '폭도'들과 제주 4 · 3으로 인한 수형인들은 4 · 3 위령제의 위령 대상이 될 수 없음을 주장하고, 언론을 통해 성명을 발표하기도 한다.

따라서 이 글에서는 4 · 3 위령 의례[9]를 사례로 국가에 의해 '폭도'라고 낙인찍혔던 사람들의 명예회복이 이루어짐에 따라 4 · 3 희생자 의례가 국가 의례화 되어 가는 과정을 살펴보고, 그 후 사자의 기억이 어떻게 재구성되는지에 초점을 맞추어 한국에서의 위령 · 추도의 문제에 대해 고찰하는 것을 목적으로 한다. 제주 4 · 3 당시 누가 국가유공자로 선정이 되고, 그 유공자들이 국가에 의해 어떤 위령을 받았으며, 진상규명이 이루어진 현 시점에서 제주 4 · 3 위령 의례가 어떻게 변화해 왔는지에 대해 고찰하는 것은 4 · 3을 현대사적 맥락에서 파악하고 재현할 수 있는 중요한 키워드가 될 수 있을 것이다. 또한 이러한 고찰은 한국과 일본의 위령과 추도 문화에 대한 비교의 관점을 마련할 수 있는 토대가 될 것이다.[10]

2. 제주 4·3 관련 위령 의례

제주 4·3 관련 위령 의례의 시작은 1950년 4월 실시된 군사원호법에 의해 국가보상의 대상이 전사자 또는 군복무 중의 순직자로 한정한 것과 관계가 있다. 1948년 정부 수립 이후에 여수와 순천, 그리고 제주도 등지에서 많은 군·경 희생자들이 발생하고, 또한 1950년에 발발한 한국전쟁으로 인하여 전몰군경유족과 상이군경에 대한 지원문제가 사회문제화되자, 1950년 4월 14일 제정·공포된 군사원호법에 따라 공비 토벌 중 전사한 자, 또는 군복무 중 순직한 자의 유족에 대한 원호 업무를 담당하기 위해 군사원호제도를 만들었는데 이것이 군사원호제도의 효시라고 할 수 있다.[11] 군사원호제도의 법적 근거인 군사원호법, 경찰원호법에 따라 본인과 유족에게는 연금이 지급되었는데, 군사원호법의 적용 대상은 상이군경, 장병 또는 상이군인의 유족 및 장병 또는 상이군인의 가족이며, 경찰원호법의 적용대상은 상이경찰관, 상이경찰관의 가족, 순직경찰관의 유족, 청년단, 향토방위대, 소방관, 의용소방대 기타 애국단체원으로서 경찰과 행동을 같이하여 전투 또는 전투에 준한 행위로 상이를 입은 자와 그 가족, 또는 순직한 자의 유족이다. 현재 제주 4·3 관련 국가유공자는 이러한 당시의 군사원호제도에 근거하여 법적 기반을 마련했다고 할 수 있으며, 국가유공자라는 호칭이 도입된 것은 1985년 이후의 일이다. 5·16군사 쿠데타 이후 1961년 7월 29일에 군사원호청이 설치되어 기존의 사회국(원호국)을 중심으로 내무부, 국방부, 체신부 등의 정부기관과 군·경원호회 등 단체에서 하던 업무를 통합·일원화하였다. 이로써 적용 대상도 상이군경, 전몰군경유족 등 군사원호 대상자로부터 독립유공자, 4·19희생자, 무공수훈자 및 순직·공상 공무원으로 확대되어 군사원호청도 원호처로 개칭·승격되었다. 그러나 원호 대상자에 대한 사회 일각의 편견과 1970년대의 경제성장으로 생계지원 위주의 시책에서 예우 중심으로 전환하여 1985년에 「국가유공자 등 예우 및 지원에 관한 법률」이라는 이름으로 물질적 지원과 함께 정신적 예우 시책을 강화하게 되었다. 이 법률에 따라 국가유공자 등에 대하여 종전에는 그 명칭을 원호 대상자로 하던 것을 국가유공자 본인은 국가유공자로 그 유족은 국가유공자의 유족으로, 원호처도 국가보훈처로 변경하였다.

현재 제주 4·3 관련 국가유공자는 군인 152명, 경찰 228명, 민간인 유공자 718명이다.[12] 국가로부터 국가유공자로 인정받은 사람은 「국가유공자 등 예우 및 지원에 관한 법률」에 근거하여 국립묘지에 안장될 자격이 주어지는데, 제주도에서는 지역적 특수성으로 인해 제주도 내 각 지역의 충혼묘지에 다수 안장되었다. 김승태[13]의 자료에 의하면, 충혼묘지에 안장되어 있는 국가유공자는 군인 전사자 8명, 경찰 전사자 164명, 민간인 전사자는 모두 6명이다.[14] 그러면 구체적으로 제주 4·3 관련 국가유공자가 어떠한 사람들로 구성되어 있으며, 그들의 위령 의례가 어떻게 이루어지고 있는지 살펴보기로 한다.

1) 국가에 의한 제주 4·3 관련 위령 의례: 1948년 이후

제주 4·3의 군인 국가유공자는 제주도에서 창설된 국방경비대 제9연대를 비롯하여 다른 지역에서 파견되어 주둔하였던 제11연대, 제2연대, 제1독립대대, 해병대, 무지개부대 등에 소속되었다가 전사 또는 상이를 입은 군인들이다. 군인 전사자의 경우, 제주 4·3 당시 중산간 지역에 대한 초토화 작전으로 인해 무장대와의 충돌이 심했던 1948년 후반과 1949년 전반에 제주도에 주둔한 제9연대와 제2연대에서 각각 40명과 92명, 제6여단 유격대대 27명, 11연대 4명, 해병대 13명 등이다.[15] 2003년 국무총리실 산하 제주 4·3 위원회가 발행한 『제주 4·3 사건 진상조사보고서』에 따르면 1948년 후반과 1949년 전반에 나타난 제9연대와 제2연대의 인명 피해는 한라산 지역에서 직접적인 교전을 펼쳐 집중적으로 발생한 것으로 보이며, 140명의 희생자를 낸 경찰의 경우는 1948년 4월부터 11월까지 41명(29%), 1948년 12월부터 1949년 4월까지 17명(12%), 1949년 5월 25일~1956년 9월 30일까지가 82명(58%)이다.[16] 토벌이 집중적으로 이루어지는 시기보다 1950년 이후 경찰의 희생이 많은 것은 잔여 무장대 진압을 전적으로 담당하게 되면서 한라산 깊숙이 주둔소를 설치하여 교전을 펼치는 중에 많은 희생자가 생기게 된 것이다.

제주도에서 전사한 군인과 경찰은 전체 희생자의 0.2%로 그 비율이 극히 일부이기는 하지만, 제주 4·3의 배경이 국내의 정치적 기반이 취약한 이승만 정권의 정통성 강화와 함께 좌익 세력의 배제에 있었으므로 군·경 전사자들의 위령제 혹은 장례식 등도 중요한 의미를 띠었다.

실제로 박진경 연대장 피살 사건은 육군장 1호로 기록된 고급장교의 첫 희생이어서 세간의 화제를 불러일으켰고 언론에서도 재판 과정이 비중 있게 다루어졌다.[17] 박진경은 1948년 5월초 국방경비대 제11연대장으로 부임하여 강경한 진압작전을 펼치다가 1948년 6월 18일 부하에 의해 암살당한다. 박진경은 암살당하기 3일 전에 중령에서 대령으로 진급하였다. 박진경의 죽음을 애석하게 여긴 딘(William F. Dean) 군정장관은 사건을 직접 조사하기 위해 총포연구 권위자 2명을 대동하고 제주도로 왔다.[18] 딘 장관은 통위부 고문관 로버츠(William L. Roberts) 준장과 함께 제주도에서 현지 사정을 조사한 뒤 제주도에서 장례식을 치르고 이날 저녁 박 연대장의 시신을 싣고 귀경하였다.[19] 서울에서의 박 연대장의 장례는 6월 22일 오후 2시 서울 남산동에 있는 경비대 총사령부에서 유동열 통위부장을 비롯한 부대 관계자와 유가족, 딘 군정장관, 안재홍 민정장관 등 각계인사가 다수 참석한 가운데 부대장으로 치러졌다(〈사진 1〉).[20] 그리고 박진경을 암살한 문상길 중위 등 4

명에 대한 총살형은 1948년 9월 23일 오후 2시 경기도 수색에서 집행되었는데,[21] 이 사형집행 또한 대한민국 정부 수립 후의 제1호로 기록되었다.[22]

박진경의 장례식을 시작으로 군·경 전사자 그리고 우익단체 희생자들의 장례는 국가 차원에서 대대적인 의례를 거행하게 된다. 1948년 10월 7일에는 제주도 남원지서 관하 한남리에서 9월 20일 일어난 무장대와의 충돌로 현장에서 사망한 김경렬 경감과 김제규 경위의 유해가 서울에 도착하자 내무부장관과 수도경찰청장 등 경찰관계자와 유가족들이 유해를 맞았다.[23] 이들에 대한 위령제는 1948년 12월 1일 '전몰장병 합동위령제'를 통해서 이루어지는데, 이때 초대 국방부 장관 이범석은 '국군 3대 선서'라는 실천구호를 공포함으로써 공산주의를 핵심적인 적으로 규정, 반공 이데올로기를 강화하였다.[24] 1949년 4월에는 서북청년회 출신 '순국동지' 38인에 대한 합동위령제가 열렸는데, 이에 앞서 3월 16일 오후 1시 제주읍 중앙광장에는 제주도지사, 제주지구전투사령관, 제2연대장, 참모총장대령, 도경찰국장, 특경대사령관 등을 위시하여 군·경, 도민 등 8,000여 명이 참가한 가운데 거행되었다. 그리고 유골은 군·경, 도민, 서청의 각 대표자들의 경호 하에 18일 서울로 이송되어 24일에는 서울시 공관에서 다시 위령제를 거행하였다.[25] 또한, 국방부 제2회 전몰군인 합동위령제를 앞두고 제주도 주둔 2연대 소속 고병선 대위 이하 92위의 유해가 서울 역에 도착하자, 제주도 지구 및 호남 지구, 38선 등지에서 전사한 전사자와 함께 345위의 합동위령제가 서울운동장에서 거행되었다. 위령제가 끝난 후 전사자 345위의 유해는 1948년 제1회 합동위령제 때 모셨던 102위와 함께 장충단에 안치되었다. 이로써 대한민국 수립 이래 총 447위가 장충단에 안치된 것이다.

제2연대 연대장 함병선은 서울역에서 제주도 토벌에 대해 "이만큼한 희생을 내고 반도를 소탕한 것만은 다행한 일이다. 이 영령들의 뒤를 따라 살아 있는 우리들은 국토를 끝까지 지켜 방위해야겠다"[26]고 했으며, 합동위령제를 마치고 육군 참모총장은 "국내의 정세에 비추어 군의 영령의 정신에 위배되는 도배들은 거국적으로 숙청할 것이며 군·관·민은 일체가 되어 영령의 유지를 계승해야 한다"고 강조하였다. 제주도에서 제2연대의 제주 주둔기에 전사한 장병 중에 위관급 이상은 3명뿐인데 그중 장충단에 안치된 고병선이 가장 높은 계급이다. 연대 교체 직후의 위관급 장교의 희생은 제2연대의 작전계획 수정으로 이어질 정도로 영향력과 파급력이 컸다고 볼 수 있다.[27]

이와 같이 군인은 국가에 의해 위령제가 대대적으로 거행되는 한편, 제주도 각 마을에서도 이들의 공적을 기념하기 위한 공적비 또는 충혼비가 군·경 원호회나 같은 연대 출신 장병들의 이름으로 마을 곳곳에 세워졌다. 그리고 시·군·읍·면 단위로 충혼묘지가 조성된 후에 군인 전사자 추모비는 각 마을의 충혼묘지로 옮겨지기도 하였으며, 현재 충혼묘지에 남아 있는 군인 전사자 충혼비는 남원읍 1기, 안덕면 7기로 확인되었다. 이처럼 군인 전사자의 위령 의례는 국가 또는 지방자치단체가 관할하였으며, 이러한 곳에 안장되지 않은 군인 전사자는 집안의 관습과 전통에 근거하여 위령 의례가 이루어지고 있다.

한편, 경찰 전사자들은 대부분 제주도 내 충혼묘지에 안장되었다.[28] 경찰 전사자들도 사건 초기에는 경찰서장이나 마을주민의 이름으로 제주도 각지에 개별적으로 충혼비가 건립되었으나, 1953년 제주시 건입동 사라봉 기슭에 묘지가 조성된 후에는 제주시 충혼묘지에 일괄적으로 안장되었다. 제주시 충혼묘지는 본래 전사 당시 제주시 거주자에 한하여 안장이 가능하도록 되어 있어 4·3 당시 제주도 전역에 흩어져 있는 경찰 전사자들을 제주시 충혼묘지에 안장하는 것은 문제가 있다며 많은 논란이 일었으나, 제주시 충혼묘지가 제주도의 대표적인 충혼묘지의 성격을 띠고 있을 뿐만 아니라 4·3 당시 경찰이 치안 확보에 기여한 공로가 크다는 이유로 충혼묘지 안장이 가능하게 되었다.[29] 충혼묘지에 대한 관리와 운영은 제주시, 서귀포시, 북제주군, 남제주군이 마련한 조례에 따라[30] 제주시 1곳, 서귀포시 1곳, 북제주군 7곳, 남제주군 5곳으로 모두 14곳의 충혼묘지가 마련되어 있다. 충혼묘지가 조성되기 전에는 제주도 출신 경찰들은 각자의 가족묘지 등에 안장되고, 연고가 없는 타 지역 출신 경찰 전사자들은 현 제주시 건입동 우당도서관 근처의 공동묘지에 안장되었으나, 충혼묘지가 조성된 후에는 충혼묘지로 이장되었다.[31] 이러한 절차에 따라 경찰 전사자들의 위령 의례도 지방자치단체에서 관할하게 되었으며, 이러한 곳에 안장되지 않은 경찰 전사자들은 집안의 관습과 전통에 근거하여 전사자 제사를 거행하고 있다.

한편, 제주 4·3 당시 희생된 서북청년회, 대동청년단, 대한청년단, 민보단, 향보단, 특공대, 학생연맹 등 우익단체원들도 '국가유공자'로 지정돼 정부의 보훈 대상이 되고 있는데, 국가보훈처에 등록된 4·3 관련 민간인 국가유공자는 모두 639명이다. 이들은 대부분이 경찰과 애국단 출신으로 신고되어 있으며, 경찰 출신 105명을 제외한 639명이 우익단체원에 속한다.[32] 우익단체원들은 현지의 제주도 출신들로 구성되고 현지 출신들이 주도했다는 점에서 공격의 대상으로 노출되기 쉬웠으며, 이들 우익 청년단체가 무장대의 주된 공격 대상이 된 이유로는 5·10선거 지지와 우익 활동을 한다는 점이다.[33] 이와 같은 우익단체원들로 구성된 민간인 유공자의 월별 희생을 보면, 1948년 4월, 5월, 11월, 12월, 1949년 1, 2월에 집중되어 있다. 구체적으로 4월 39명, 5월 37명, 11월 98명, 12월 96명, 1월 112명이다. 4월과 5월에 무장대에 희생된 사람들은 4·3 발발 후 한동안 무장대의 공격 대상이 경찰, 서북청년회, 대동청년단 혹은 토벌대에 협조적인 우익인사 및 그 가족으로 한정되어 있었다.[34] 그러나 1948년 11월 중순 이후 토벌대의 초토화 작전이 시행된 이후에는 우익단체원들을 포함한 토벌대의 대대적인 진압작전과 이에 맞선 무장대의 대응으로 충돌이 일어나면서, 무장대는 '우익' 또는 '토벌대편'이라고 판단되는 일부 마을에 대한 습격을 감행함에 따라 무고한 주민들이 희생돼 그 이전과는 차별성을 갖는다.

　민간인 국가유공자도 무장대에 의한 희생자라는 이유로 4·3 사건 직후, 마을사람들에 의해 순직(기념)비·충의비가 세워진 경우도 있으나, 군·경 국가유공자와 같이 위령 의례가 성대하게 치러지지는 못했다. 이는 장례를 치를 경우 우익 및 그 가족으로 지목되기 때문에 즉시 장례를 치르지 못하고 집 근처에 시신을 가매장해 두었다가 '사태'가 수습되고 나서 장례를 치른 경우도 있었으며,[35] 어떤 사람은 '산사람'이 무서워서 시신을 찾으러 가지도 못하고 4·3이 끝나 버렸다고 말하기도 했다.[36] 민간인 국가유공자는 충혼묘지에 안장된 사람보다 가족공동묘지나 공설묘지에 안장된 경우도 많았으나 대한민국전몰군경미망인회 또는 대한민국전몰군경유족회의 회원 자격으로 충혼묘지나 현충일 행사에 적극적으로 참여하고 있다. 충혼묘지에 우익단체원이 안장되기 시작한 것은 최근의 일이며, 민간인 국가유공자는 충혼묘지에 '애국단(원)', '순국청년'이라는 묘비명으로 총 6기가 안장되어 있다.

　이상과 같이 4·3 관련 국가유공자는 4·3 당시 각 마을 사람들과 경찰서장 등의 이름으로 일찍부터 충혼비와 공적비 또는 순직 기념비가 세워졌으며,

국립묘지 · 충혼묘지 조성 후에는 군 · 경 위령제가 국가 또는 제주도에 의해 성대히 거행되었음을 알 수 있다. 국가는 국립묘지에서 거행되는 현충일을 통해, 제주도에서는 각 충혼묘지에서 열리는 현충일 행사를 통해 군 · 경 전사자들의 '애국'과 '희생정신'을 반복적으로 상기시키며, 그 죽음을 국가를 위한 고귀한 죽음으로 확대 · 재생산하는 것으로 활용한다. 대정읍 충혼묘지의 4·3 비문에는 "아 장하고 거룩하도다. 나라 위해 일편단심, 배달의 횃불이요 민중의 등불이요 멸공의 투사로다. 4·3의 붉은 마수 이 땅을 휩쓸 때 이름 모를 골짜기에서 나무 아래서 성담에서 용전분투하다 놈들의 흉탄에 쓰러진 그대들의 충혼 만세에 빛나리라"고 새겨져 있다. 충혼묘지의 이러한 비문은 충혼묘지에서의 위령 의례를 통해 반공 이데올로기를 확대 · 재생산하는 역할을 하며, 또한 충혼묘지가 국가를 위해 '마수'들에 의해 죽어간 국가유공자들의 죽음을 의미화하는 장소임을 말해준다.

〈사진 1〉 제주농업학교에서 열린 박진경연대장의 장례식에서 딘 장관이 연설을 하고 있다
(이 사진은 당시 제9연대 고문관 Charles Wesolowsky 로부터 4.3연구소가 입수한 것이다.)

2) 불교의 제주 4·3 관련 위령 의례: 1966년 이후

군·경 국가유공자와 민간인 국가유공자가 국가와 지방자치단체에 의해 치러지는 가운데, 제주시가 관할하는 충혼각에서도 봉안을 원하는 국가유공자 유족들을 대상으로 지속적으로 위령제가 거행되어 왔다. 매년 음력 3월 18일 봉행하는 '전몰군경합동위령대재'(이하 합동위령대재)가 그것이며, 2006년에 41회 위령대재가 거행되었다. 충혼각은 전몰호국영령의 위패 봉안 및 위령제 봉행 등 넋을 기리기 위해 건립되었다. 한국전쟁 발발 이후 전사한 제주 출신 군인들의 유골을 안치할 곳이 없자 제주시 사라봉 충혼묘지에 안장하기 전에 임시로 안장된 곳이기도 하다. 현재는 제주시 관할로 충혼각 관리를 하고 있는 혜종 스님[37]에 의해 1966년 음력 3월부터 위령제가 개최되었다. 합동위령대재를 열기 전부터 대한민국전몰군경유족회(이하 전몰군경유족회)와 대한민국전몰군경미망인회(이하 전몰군경미망인회)는 각 기관에 공문을 보내 참석을 요청한다. 그리고 언론을 통해 합동위령대재 행사를 알린다. 2005년에 열린 합동위령대재는 전몰군경유족회,[38] 전몰군경미망인회, 충혼각 등의 주관으로 3일에 걸쳐 거행되었다. 첫째 날은 충혼묘지를 참배하여 영혼을 불러들인 후, 영혼을 제단에 모시며, 둘째 날은 충혼제단에 영혼의 축원과 왕생극락을 기원하는 제를 지낸다. 셋째 날은 제주시장을 비롯하여 제주도의회의장, 해군제주방어사령관, 제주지방검찰청장, 보훈지청장 등 기관장 및 외부 인사를 초청한 가운데 1, 2부로 나누어 예식을 치른다. 1부는 국민의례, 추념의 노래, 내빈소개, 제주 분향, 제문 낭독, 추모사, 추도사, 인사말씀, 유족 대표 인사, 일반 분향으로 이루어지며, 2부에서는 천도제가 행해진다. 2부의 천도재는 합동위령대재의 중심 의례로 죽은 이의 영혼을 대상으로 한 의례로서 일종의 사령제라 볼 수 있으며, 의례를 행하는 목적과 의례 구조 등이 민간의 대표적 사령제인 넋굿과 매우 유사하다.[39] 한국의 무속에서 죽은 자는 진오귀굿, 씻김굿, 오구굿 등 무당을 매개로 한 산 자가 치러 주는 사령제를 통해서 저승으로 갈 수 있으며, 불교에서도 역시 산 자가 치러주는 49재, 천도재를 통해서 극락으로 갈 수 있다.[40] 유교가 정상적인 죽음을 맞이한 자들의 의례를 담당해 왔다면, 불교와 무속은 비정상적으로 죽음을 맞이한 사람들의 의례를 담당하며, 천도재나 무속의 해원 의례를 통해 죽음 의례를 치르고 있는 것이다.

이 위령제를 주관한 혜종 스님은 제문에서 '지난 1950년 6·25 민족상잔의 비극으로 인하여 또한 제주도 4·3 사건으로 말미암아 조국의 부름을 받고 국토 사수에 장렬하게 싸우다가 산화한 영령'들의 명복을 빌기 위해 위령대재를 거행하고 있음을 강조했다.

충혼각은 신자들 사이에서는 '군인절'이라고도 불리며, 실제로 신자의 80%가 유족이다. 충혼각은 본존불을 중심으로 왼쪽에는 제주 4·3, 한국전쟁, 베트남전쟁, 군대에서 사망한 육·해·공군, 순직경찰들의 위패가 봉안되어 있으며, 오른쪽에 일반 신자들의 위패가 모셔져 있다. 위패는 각 지부 전몰군경유족회와 전몰군경미망인회에서 회원들에게 공문을 보내 희망자에 한해 충혼각에 의뢰하여 위패를 만든다. 위패는 '고 대한민국 육해공군 제위영령(諸位英靈) ○○○'으로 새겨져 제단에 놓이며, 10년 전부터는 국가를 위해 희생한 애국단원의 위패도 모시고 있다. 위령제에 참가한 제주시 전몰군경미망인회 제주시지회 회장은 "4·3 위령제는 몇천 만원씩이나 보조를 받지만, 우리가 지내는 위령제는 원조를 받기가 어렵다. 이번 위령제를 위해 시와 도를 몇 번이나 찾아가 200만원을 지급받았지만, 재정적으로 매우 힘들다. 나라를 위해서 목숨을 바친 분들한테 어쩌면 이렇게 푸대접을

〈사진 2〉 안덕면 충혼묘지:
민보단 및 한청단원 순직기념비

〈사진 3〉 대정읍 충혼묘지 충혼비

할 수 있느냐"고 하소연했다.

충혼각의 전몰군경위령대재에 참가하는 유족들의 감소로 그 규모와 예산 등이 예전보다 줄어들고, 사람들의 관심도 4·3 위령제에 초점이 맞춰짐에 따라 충혼각에서 열리는 합동위령대재의 의미가 상대적으로 축소된 것처럼 보이지만, 군·경 유족들의 입장에서 보면 그 의미는 매우 크다고 할 수 있다. 충혼각에서 열리는 합동위령대재는 '대한민국의 발전에 지대하게 공헌'하다가 돌아가신 분들을 위령하기 위한 그들만의 유일한 행사로 자리 잡고 있기 때문이며, 죽은 자의 영혼을 구제하는 위령 의례이기 때문이다.

또한 충혼각 이외에도 제주 4·3 합동위령제가 처음으로 치러진 1994년 3월 3일부터 4월 3일까지 한 달간 관음사(조계종 제주교구 본사)에서 '4·3망혼 위령천도대재'가 치러졌으며, 이후 50주년을 맞이하는 합동위령제에서도 불교에 의한 4·3 위령 의례가 본격화되기 시작하였다. 1994년 이후 불교의 4·3 위령 의례는 군·경을 중심으로 충혼각에서 치러지는 합동위령대재와 달리 그 대상을 4·3의 전체 희생자로 하고 있다는 점에서 4·3 위령 대상의 범위가 확대되었다고 할 수 있으나, 억울하게 희생된 자들의 원혼을 진혼한다는 점에서 천도재의 종교적 의미는 공통적으로 지닌 특징이라고 할 수 있다.

3. 제주 4·3 사건 희생자 위령 의례의 국가 의례화[41]
: 1987년 이후

1948년부터 거행된 4·3 관련 위령 의례는 국가 또는 제주도가 주체가 되어 군·경 국가유공자와 민간인 국가유공자 유족을 중심으로 이루어져 왔지만, 1987년 이후부터는 위령 주체와 위령 대상에 변화가 생기기 시작했다. 1987년 6월 항쟁 이후 민주화의 열기는 개인의 제사 의례로만 존재해 왔던 희생자들의 위령 의례를 공식적인 장소에 출현시키는 계기가 되었기 때문이다.[42] 따라서 기존의 4·3 위령 의례의 분석은 1987년 이후를 기점으로 현재까지 위령 의례 변화에 초점을 맞추고 있다. 예를 들면, 1987년부터 1993년까지 의례의 주최자들의 성격에 따라 추모제와 위령제도 양분되어 진행된 시기, 1994년부터 양분된 의례가 합동으로 봉행되는 시기, 1998년부터 김대중 정권이 성립하면서 정치적 자유가 확대되고 위령제는 50주년을 맞아 합동위령제에서 범도민위령제로 진행되는 시기, 2000년 이후의 위령 의례가 합법화된 공식 의례로 정형화되는 시기 등 4단계로 나누어 설명되어 왔다.[43] 이 글에서도 이러한 시기 구분을 따르면서 특히, 4·3 관련 유족회를 중심으로 위령 주체와 위령 대상의 변화에 주목하기로 한다.

1987년 4·3 위령 의례가 일본과 동경에서 공개적으로 개최되었지만, 제주에서 처음 열린 것은 1989년으로, 제주 4·3연구소를 포함한 도내 11개 민주단체가 공동으로 '4월제 공동준비위원회'(이하 공준위)를 결성하여 '제41주기 4·3 추모제'를 공개적으로 개최하였다. 추모제 행사는 3일간 제주 특유의 '큰굿' 제차에 따라 제주도의 1만8천신과 4·3 사건 때 죽은 영혼들을 청해 들이는 것으로 시작되어, 제주 4·3 연구소의 슬라이드 상영, 우리노래연구회의 노래공연과 놀이패 한라산의 '마당굿' 공연으로 전개되었다. 추모의례를 준비한 사람들은 민주화운동을 하던 굿 연구가 문무병 씨와 제주문화운동협의회 등으로 추모제에는 '굿'과 '마당극'이 자주 이용되었는데, 이러한 형식들은 4·3이 무고한 학살이라는 점과 제주민중의 항쟁이라는 뚜렷한 목적성을 드러내며 전개되었다.[44]

한편, 1988년 11월에는 '4·3 사건 당시 공비들에게 납치 또는 습격으로 인하여 피살된 민간인 가족(원호대상자 포함)'을 대상으로 하는 '제주도 4·3 사건 민간인 반공유족회'가 결성되었다. 이 유족회는 '4·3 사건 당시 반공 일선에서 희생된 원혼을 위로하며 나아가 전후세대에 대한 반공정신 함양과 회원 간의 상부상조를 도모한다'는 취지 하에 반공 희생자 파악, 합동위령묘지·위령비 건립, 4·3 자료 발굴 수집·정리, 반공의식 고취를 위한 홍보 등을 주요사업으로 결정하고,[45] 1990년에 '제주 4·3 민간인 희생자 유족회'(이하 유족회)로 개칭, 1991년에 '4·3민간인 희생자 합동위령제'를 신산공원에서 처음으로 봉행하게 된다. 국민의례, 헌화 및 분향, 종교의식, 추념사낭독 순으로 진행된 위령제에는 유가족 등 500여 명이 참석한 가운데 열렸다.[46] 위령제에서 송원화[47] 유족회장은 "40여 년 전 남로당 지령을 받은 붉은 광란배들이 제주도를 공산기지로 만들려고 피비린내 나는 공산폭동을 일으켰다"고 주장한 후, '엄연한 공산폭동을 민중봉기라 왜곡하고 있는 현실을 보다 못해 분연히 힘을 모았다'고 말했다. 그러나 이날 위령제에서 유족

오모씨는 "모든 희생자 영혼을 위로한다기에 왔는데 4·3을 공산폭동으로 왜곡 규정하는데 동의할 수 없다"면서 자신의 할아버지 신위에 꽂힌 꽃을 빼내 한때 주최측과 실랑이를 벌이기도 했다.[48] 이러한 사실은 유족회가 조직의 명칭을 바꿈으로써 위령 대상의 범위도 확대되었으나, 4·3을 '공산폭동'으로 보는 주체측의 인식과 유족의 4·3에 대한 인식의 차이를 극명하게 드러낸 하나의 예라고 볼 수 있다.

1992년의 위령제도 전년과 같은 식순으로 진행되었으며, 김병언[49] 유족회 회장은 추도사에서 "당시 공산주의자들은 속임수로 변방인 이 제주 섬을 사회주의 국가 건설을 위해 싸움터화 했다"고 주장하고 "그러나 이제 암울했던 과거를 청산하고 이웃과 이웃을 위로하고 사랑과 화합의 악수를 나누자"고 말했다.[50] 1993년은 제주도의회가 중재에 나선 가운데 유족회와 공준위가 모임을 갖고 45주년 4·3 합동위령제의 합동추모제 개최 문제를 논의하였으나, 시간의 부족과 시각 차이 등으로 성사되지 못하였다. 그러나 양측은 "위령제는 좌·우익을 떠나 모든 희생자의 영령을 달래는 추모제가 돼야 하며 희생자를 구분해서는 안 된다"는데 공감대를 형성하고, 특히 "올해 4·3 위령제가 비록 나눠 치러지지만 행사시 공산폭동이나 민중항쟁 등의 극단적 용어 사용을 자제하고 희생자들을 위령하는 데만 주력키로 하자"고 입장을 정리했다.[51] 이리하여 '제3회 4·3 사건 민간인 희생자 합동 위령제'는 유족회만의 주관으로 신산공원에서 유족을 비롯, 도지사와 도의회 의장 등 1천여 명이 참석한 가운데 열렸다. 이날 행사에서 유족회장은 "해방 이후 혼란 속에 있었던 이데올로기의 대립은 사라져야 한다"고 주장하면서 "용서와 화합을 내세우는 우리에게 4·3이라는 억울함이 있을 뿐 이쪽저쪽이 있을 수 없음"을 강조하였다.

〈사진 4〉 제주 충혼각에서 열린 제40회
전몰군경합동위령대재(2005년)

〈사진 5〉 같은 날 같은 장소 안쪽에서는
불교식으로 위령

1994년은 하나의 제(祭)를 양측이 따로 집행한다는 비판을 받아 오던 중 비로소 제주도와 도의회의 후원으로 '제주도 4·3 사건 민간인 희생자 유족회'와 '제주 4·3사월제공동준비위원회'가 합동으로 '제46주기 제주 4·3 희생자 위령제 봉행위원회'[52]를 결성하여 제주시 탑동광장에서 '제46주기 제주 4·3 희생자 위령제'를 치르게 되었다.[53] 이날 위령제는 4·3 당시 희생자의 영혼을 부르는 초혼과 헌화 및 분향, 경과보고, 위령제 봉행 취지문 낭독, 종교의식, 주제사, 추모사 및 추도사 낭독 등의 순서로 진행되었다.[54] 4·3 유족은 물론 도지사와 도의회 의장, 국회의원, 지방의회 의원, 각급 기관장과 학교장, 등 각계각층이 모두 참여했을 뿐 아니라 경찰악대가 진혼곡을 연주하기도 했다.[55] 봉행위 김병언 공동의장은 추도사를 통해 "모든 4·3 관련 단체가 하나가 되어 범도민적으로 위령제를 여는 것은 큰 의의가 있다"며 "4월 3일은 어두운 비극의 상징이 아니라 밝은 화합의 날이 돼야 한다"고 밝혔다. 고창훈 공동의장도 추모사에서 "도민 스스로의 힘으로 4·3의 역사를 바로 쓰고 명예를 회복해 나갈 때 제주도인으로서의 자존을 바로 세워 나갈 수 있다"며 "한라산 구석구석에서 한맺힌 통곡소리가 아니라 기뻔 노랫소리가 울릴 수 있도록 4·3의 진상규명이 이뤄져야 한다"고 강조했다. 범도민행사로 처음 열린 이날 위령제에는 4천여 명이 참석하여 관계자들을 놀라게 했으며, 또한 제단 위에는 1만 1천여 개의 위패가 진설되어 4·3에 대한 사람들의 관심을 여실히 보여주었다. 그러나 4·3 위령제 봉행 시 안내 팸플릿에 무장대를 주도적으로 이끌던 이덕구, 조몽구의 이름이 희생자 명단에 등재됨에 따라 4·3 유족회 회장은 "북한에 국가유공자라고 해서 가묘까지 설치되어 있다는 사람을 위령하게 된 데 대해 유족들 볼 면목이 없다"며 "모든 책임을 지고 물러나겠다"고 사임의사를 표명하였다.[56] 이에 대해 4·3 위령제에 참여했던 공준위측 단체와 대표들은 4·3 무장대 지도자 중 한 사람인 이덕구가 추모 명단에 등재된 것과 관련 '이것은 고의가 아닌 촉박한 행사 준비 과정에서 생긴 실수'라며 '진상규명이 이뤄지지 않은 상황에서 이들의 명단이 추모자 명단에 오른 것은 잘못'이라고 해명[57]함으로써 양측간에 드러난 문제는 해결된 듯이 보였다.

그러나 유족회는 1995년 3월 공준위에 보낸 문서에서 "유족회는 민간단체로 정당 및 제도권 밖의 단체와는 어떤 사안에도 공동보조를 맞출 수 없다"며 "지난해 위령제를 공준위와 공동으로 봉행했으나 결과는 유족들의 분열만 가져왔다"고 주장하고 "이 때문에 올해는 공동으로 치를 수 없다"고 밝혔다.[58] 이와 동시에 유족회 회장 김병언은 '4·3「민중항쟁론」배격한다(上)(下)'는 제하의 기고를 통해 "역사가 정립된 때에 대한민국을 거부하였던 4·3을 민중의 이름으로 정당화할 수 없다"고 주장하며, '우리가 민중항쟁론을 거부하는 것은 항쟁한 일이 없으면서 희생되었기 때문에 억울함을 호소하기 위해서'라고 말했다. 이 시기를 전후하여 유족회장의 기고 외에도 각 신문사의 기고란에는 4·3을 공산주의 반란으로 혹은 폭동으로 보는 입

장의 사람들의 기고가 잇따랐다.[59]

위령제 개최를 둘러싸고 갈등을 빚어온 양측단체는 4·3유족들과 51만 도민의 화합을 위해 공준위는 '추모제[60]'라는 명칭을 고집하지 않았고, 유족회는 무장대 가담 혐의가 있는 사망자도 '희생자' 명단에 들어가는 것을 용인하였다.[61] 다만 극단적인 용어(폭동과 항쟁)를 서로 사용하지 않는다는 전제하에 '4·3으로 인해 사망했으나 도민의 정서에 맞지 않는 인사는 위령 대상에서 제외한다'는 합의사항을 도출하고 위령제를 치르게 되었다. 합동위령제봉행위원회가 주최하고 제주도와 제주도의회가 후원한 '제주 4·3 희생자 제47주년 합동위령제'는 탑동광장에서 오전 11시 초혼을 시작으로 헌화 및 분향, 경과보고, 종교의식, 추도사 순으로 진행됐다. 김병언 봉행위원장은 주제사를 통해 "화합이라는 무거운 짐을 지고 한 계단 한 계단 올라가노라면 언젠가는 저 높은 화합의 탑에 이를 것을 굳게 믿는다"고 말했으며, 김문탁 지사도 추도사를 통해 '조국 통일이 진정한 의미의 광복을 완성하는 것이라면 제주 번영은 4·3의 치유를 통한 도민화합으로 성취할 수 있을 것'이라며 참석자 모두가 도민 화합을 강조했다.[62]

1996년 2월 4·3 유족회는 제4차 정기총회를 통해 오선범을 유족회장으로 하는 새 집행부를 구성하고 4·3 48주기를 맞아 공준위와 4·3희생자 위령제를 합동으로 봉행하기로 합의했다. 여기서 주목할 만한 점은 무장대에 희생된 반공 유족 인사 중심이었던 4·3 유족회가 1996년을 기점으로 토벌대에 희생된 유족회장 및 회장단으로 바뀜[63]에 따라 4·3 유족회는 기존의 성격을 조금씩 달리하게 된다. 그동안은 과거 반공유족회 소속 인사들이 수적인 열세에도 불구하고 유족회를 주도했으나, 4·3 진상규명운동이 각계각층으로 확산되고 제주 4·3 특별법 제정이 가시권에 들어오기 시작하면서 유족회 활동에 미온적이었던 유족들이 대거 유족회로 모이기 시작했다. 이를 계기로 유족들은 지난 40여 년 간 사회적으로 금기시되고 불온시 되어 왔던 제사를 공식적인 위령제를 통해 지낼 수 있게 되었다.

한편, 4·3 위령제는 50주년을 맞아 '제주 4·3 사건 희생자 위령사업 범 도민추진위원회'(이하 4·3범추위)[64] 주최로 '제주 4·3 사건 희생자 50주년범도 민위령제'가 처음으로 정부 대표가 참석한 가운데 제주종합경기장 광장에 서 봉행되었다. 이날 행사는 4·3의 상처를 범도민적으로 승화시킨다는 취 지로 발족한 4·3 범추위(위원장 조승옥)가 처음으로 주최한 위령제이다. 봉행 위원회에서 4·3 범추위로의 전환은 지방정부가 재정 및 인원의 행정적 지 원을 담당하는 것을 의미하며, 이로써 위령제의 주체가 민간 영역에서 민· 관 영역으로 확대된 것은 4·3 관련 위령 의례가 국가 의례로의 편입될 가 능성을 시사하는 것이기도 하므로 주체의 전환은 중요한 의미를 갖는다고 하겠다.[65] 오전 11시 입제 선언으로 시작된 위령제는 영령들의 넋을 부르는 초혼에 이어 국민의례, 진혼곡 연주, 헌화 및 분향이 있은 후 각 종교단체 대 표가 불교·기독교·천주교의 종교의식을 주재했다. 이어 조승옥 위원장 의 주제사와 박창욱 유족회장과 도지사와 도의회의장의 추도사 낭독, 추도 시 낭송, 개인별 헌화, 소지, 파제 순으로 진행됐다. 행사장 중앙에 마련된 제단에는 각 읍면별로 11,874명의 위패와 신원 파악이 미진한 무명신위의 위패가 진설돼 유족과 도민들의 헌화·분향이 이어졌다.[66] 50년 만의 정권 교체에 즈음하여 열린 이해 위령제는 여야를 막론하고 4·3 진상규명과 명 예회복을 다짐하고 나서 이른바 '국민정부'의 위력을 실감케 하였으나 지방 선거를 앞두고 정치후보자들의 일방적인 '연설'로 인해 '위령 의례의 장'이 '정치유세의 장'으로 변해 버린 점은 4·3 위령제의 또 다른 변화로 지적된

다.[67]

2000년 1월에는 제주 4 · 3 특별법이 공포되고, 5월에 특별법 시행령이 공포되었다. 3월에는 정부지원금으로 제주시 봉개동 지역에 제주 4 · 3 평화공원 부지가 매입되었다. 의례의 주최자는 제주도가 되었으며 위령제의 진행은 다른 국가적 기념 의례와 비슷한 양상을 띠면서 정형화되었다. 국기에 대한 경례, 애국가 제창, 순국선열 및 4 · 3 영령에 대한 묵념이 이어지면서 국민의례의 형식성이 4 · 3 위령 의례에 강하게 나타나기 시작하였다. 이로써 2000년 이후 2003년 노무현 대통령의 공식적인 사과와 2006년 4 · 3 위령제 참석 등으로 4 · 3 위령 의례는 합법화된 공식 의례가 되었으며, '폭도'라고 낙인 찍혔던 사람들의 명예회복이 의례를 통해서 실현되었다고 할 수 있을 것이다.

한편, 이와 같은 4 · 3 위령제의 국가 의례화에 대해 제주 4 · 3관련 국가유공자들은 어떻게 생각하고 있는 것일까?[68] 제주 4 · 3 관련 국가유공자들은 가해자를 '(산)폭도', '공비', '산사람', '북한사람'으로 불렀으며, 4 · 3 위령제에 지속적으로 참가하는 사람은 거의 없었다. 유족 강O범 씨는 "'공비'들이 와서 아버지를 희생시켰는데, 지금은 '공비'들이 명예회복을 시켜달라고 요구하고 있다"며 "이들에 대한 명예회복은 이루어지지 않아야 한다"고 말했다.[69] 또, '폭도' 침입을 막기 위해 보초를 서다가 '폭도'들에 의해 부친이 돌아가셨다는 강O규 씨도 "4 · 3 위령제는 가고 싶지 않다"면서 "'폭도'는 잘했고 군 · 경은 잘못했다는 말이냐"며 목소리를 높였다.[70] 김O만 씨는 부친이 1948년 11월 '폭도'들에게 가슴과 배 등을 죽창으로 찔리는 모습을 목격했다. 그는 "위령제를 처음 할 때 '죽인 놈'과 '죽은 놈'을 같은 제상에서 제사 지내는 것을 차마 눈뜨고 볼 수 없었다"면서 "대통령이 사과해서는 안 되며 위령제는 따로 지내야 한다"고 주장했다.[71] 이와 같이 4·3 위령제에 참가하지 않는 이유가 분명한 3명의 구술자들은 유자녀회나 유족회에 적극적으로 참여하는 사람들이 많은 것이 특징이며, 6월 6일 현충일에 충혼묘지에 참배하는 것으로 나타났다. 이들은 4·3 위령제가 항쟁이라는 시각을 가지고 있으며, '죽인자'와 '죽은자'가 구별되지 않은 채 위령제를 지내고 있는 사실에 불만을 가지고 있었다.

오○○ 씨는 4·3 희생자 선정에 관해서도 다음과 같이 말하고 있다.

> 내가 도의회 가서 물어보니까 희생자는 국가유공자가 있을 수 있고 폭도가 있을 수가 있고 희생자가 있을 수 있고, 이 구분 한다는 거야. 나는 그것을 믿고 그래서 심사에서 국가유공자가 분명히 될 줄 알았기 때문에 국가의 혜택은 고사하고 아버님의 명예만이라도 찾아야겠다는 하는 생각에서 했는데 그 당시에 모두 신고 된 모든 사람은 전부 희생자로들 몰아쳐 버렸거든. 그래서 나도 희생자 유족이라고 해서 통지가 왔어요. 요 며칠 전에 또 그 어머니 것까지 통지가 왔는데, 난 이걸 가만 생각하니 자식 된 도리로서 이건 분명히 어떤 나는 법적으로라도 명예를 찾아야 되지, 정말 나라를 위해서 나라를 독립하기 위해서, 정부를 하나 대한민국을 건국하기 위해서 하다가 그 사람들 한테 죽었는데 이러한 참 그냥 뭣은 없어지고 폭도들하고 같이 된다는 것은 내 자식 된 도리로서 있을 수 없다. 얘기는 그거예요.

이와 같이 4·3 위령 의례가 국가 의례로서의 면모를 갖추어 가면서 1987년 이전까지 국가의 위령 대상에 포함되지 않았던 사람들이 위령제의 위령 대상이 되자 이에 대한 대응으로 우익 인사들의 재결집이 이루어졌다. 기존에 주도 세력이었던 반공인사들은 '4·3 특별법이 4·3 당시 살인·방화에 가담한 자까지 희생자로 둔갑하는 결과를 초래하고 있다'며 진정한 의미의 희생자를 가리기 위한 별도의 유족회 결성이 필요하다고 주장하였다. 이어 2002년 9월 29일에는 '대한민국건국희생자 제주도 유족회'(이하 건국 유족회)가 결성되었으며, 이날 선출된 건국 유족회 회장 오형인[72]은 "45년 광복 이후 건국 과정에서 4·3 사건으로 공산주의자들에 의해 희생된 원혼을 위로하고 자유 민주주의 체제를 수호하기 위해 결성했다"며 창립 배경을 밝혔다.[73] 류기남 자유시민연대 공동대표는 격려사에서 "47년 8월부터 50년 6월까지 폭도들에게 희생된 이들의 명예를 회복하기 위해서라도 4·3의 성격 규명부터 선행돼야 한다"고 강조했다. 이후 건국유족회는 도민사회에 갈등을 일으킬 만한 영향력을 가지고 활동을 하고 있지는 않지만, 전국의 보수단체와 연계를 가지며 지속적으로 활동을 하고 있는 점은 주목할 만하다.[74]

우익단체들의 이러한 움직임은 4·3 희생자의 위치가 폭력적 행위자(agent)에서 저항적 민중이라는 정치적 행위자, 나아가 국가 폭력의 희생자(victim)로 위치가 전환됨에 따라 생긴 대응의 과정에서 비롯된 것이라고 볼 수 있다. 그리고 4·3 희생자에 대한 이러한 위치 전환은 무장대에 의한 피해자 가족들에게는 군인과 경찰 및 민간인을 가해한 '폭도'의 이름이 올려져 있기 때문에 그들과 같은 제상에서 제사를 지낼 수 없다는 명분을 만들었으며, 우익단체들에게는 '공산폭동론'과 '과잉진압론'을 재현하는 계기를 만들어 4·3 위령 의례에 대한 관심과 참가보다는 충혼묘지, 충혼각을 중심으로 위령 의례가 재현되고 있다.[75]

4. 맺음말

이상으로 1948년부터 현재까지의 국가유공자의 4·3 위령 의례의 변화에 대해 살펴보고, 그 후 재구성되는 사자의 기억에 대해서 고찰해 보았다. 4·3관련 국가유공자의 위령 의례는 4·3이 발발한 직후부터 중요한 의미를 띠었다. 남한만의 단독정부 수립되고 국군이 창설된 이후 연쇄적으로 일어나는 '반란'은 정권의 정통성에 대한 도전으로 부각되어 강경한 진압과 동시에 국민 통합을 위해 전사자의 위령 시스템을 확립하는 것은 중요한 과제가 되었다. 따라서 국가에 의한 군·경 전사자 위령 의례가 성대히 치러졌으며, 제주도에서도 군·경을 위한 충혼비·충혼묘지가 시·군·읍·면 단위로 곳곳에 세워졌다. 수시로 치러지던 위령 의례가 6월 6일 현충일에 국가와 도에 의해 주기적이고 반복적으로 봉행됐으며, 이러한 위령 의례를 통해 반공 이데올로기를 확대·재생산하고, 국가유공자들의 죽음을 의미화하는 작업들이 이루어졌다.

한편, 불교에 의한 4·3 관련 국가유공자 위령의례는 1966년부터 군·경 합동위령대재를 통해 거행되고 있다. 합동위령대재는 억울하게 죽은 영혼들을 위해 천도재를 거행하여 극락으로 보내는 불교의 종교 의례이지만, 국가유공자 유족들을 대상으로 공공기관의 기관장이 참석하여 국민 의례를 행하고 있다는 점에서 국가 의례의 성격을 띠면서 군·경 전사자만의 위령 의례를 거행해 왔다. 그러나 억울하게 죽은 이들을 위무하고 진혼한다는 점에서 불교의 위령 의례는 1994년 이후의 불교의 4·3 위령 의례와 그 맥락을 같이하며 무속의 해원 의례와 함께 전통적인 죽음관을 토대로 면면히 이어져 왔음을 알 수 있다.

〈사진 6〉 2006년 제58주년 제주4·3 사건
희생자 위령제 광경

〈사진 7〉 2006년 제58주년 제주4·3 사건
희생자 위령제 현수막

　제주 4·3 관련 위령 의례가 국가유공자들을 중심으로 국가 의례와 종교
의례 속에서 행해지고 있는 가운데, 1987년 이후 민주화의 진전으로 위령
대상과 위령 주체에 변화가 생겼다. 위령 대상은 군·경의 강경한 토벌에
희생된 1만 5천여 명의 4·3 희생자로 확대되었으며, 위령 주체는 토벌대에
의해 희생된 유족들이 중심이 되었다. 이러한 변화는 1993년 제주도의회의
제주 4·3 특별위원회 구성과 1995년 4·3피해조사보고서 1차 발간, 2000년
제정·공포된 제주 4·3 특별법, 2003년 진상조사보고서의 발간 등의 가시
적인 성과를 근간으로, 1987년 이후 양분되었던 추모제와 위령제가 1994년
합동위령제, 1998년 범도민위령제, 2000년에는 제주도의 주체로 위령 의례
가 치러짐에 따라 이루어진 결과라고 할 수 있다.
　그러나 역설적으로 4·3 위령 의례의 위령 대상과 위령 주체의 변화는 국
가유공자 유족들이 4·3 위령제가 참여하지 않게 된 계기가 되었으며, 결과
적으로 4·3국가유공자가 4·3 위령제에서 배제되는 결과를 초래하였다.
그리고 이러한 변화는 기존의 주도 세력인 반공인사들을 중심으로 한 새로
운 유족회를 결성하게 하였으며, 이 유족회의 회원과 전국연합의 보수단체
들이 연계하여 4·3의 의미를 '공산폭동론'으로 전개하고 있는 점도 변화된

양상이라고 할 수 있을 것이다.

대한민국 수립 당시부터 국가로부터 공인된 사자와, 공인된 사자로 인해 '폭도'가 될 수 밖에 없었던 4·3의 '무고'한 희생자 역시 공인된 사자가 되면서 누구를 기억하고 누구를 배제할 것인가라는 중요한 문제를 남기게 되었다. 4·3 위령 의례의 국가화의 저변에는 수많은 '무고한 죽음'에 대한 추념의 기조가 깔려 있음에도 불구하고 위령 의례의 주체인 국가는 4·3으로 인한 사자를 재정의하고 재맥락화라는 주체로 등장하고 있다. 결과적으로 국가가 4·3 위령 의례의 사자에 대한 기억 방식과 재현 방식을 규정하고 있는 것이다.[76]

1948년부터 현재까지의 4·3 위령 의례의 변화 양상은 서로 폭력의 행위자의 입장에서 폭력을 정당화하는 구조를 가지고 있음은 부인할 수 없다. 그리고 한국에서의 위령·추모의 문제가 일본과 같이 천황제 이데올로기와 종교사 등에 관련된 문제가 아니라, 강력한 반공 이데올로기에 규정되어 온 사실 또한 지적할 수 있을 것이다. 이를 극복하기 위해서 산 자의 입장에서서 좌익과 우익을 구별하는 것이 아니라 좌익이든 우익이든 반공주의의 폭력과 공포 속에서 겪었던 고통과 경험을 다양한 위령 의례의 존재 방식으로 재현할 수 있을 때만이 4·3 위령제가 진정한 의미를 가질 수 있을 것이다. 그리고 4·3 희생자의 다양한 죽음의 모습을 개별화시킴으로써 4·3의 민간인 희생자와 국가유공자의 죽음을 어떻게 포괄해 나갈 것인지에 대해서도 한국사적 맥락에서 고민해야 함과 동시에 동아시아에서의 추모와 위령의 문제와 연관시켜 생각해 보아야 할 것이다.

『삼국사기』에 나타난 고대 한국인의 사생관

/정효운

1. 한국인의 사생관

최근 한국 사회는 고령화 사회로 들어서면서 죽음에 대한 관심이 높아지고 있다.[1] '인간은 왜 죽는가', '죽은 후에는 어떻게 되는가', '죽음을 어떻게 맞이할 것인가' 등등 죽음과 관련된 고민은 현대 한국인의 문제만이 아니라 동서양이라는 공간과 고대부터 현대라는 시간을 초월하는 문제이며, 인간의 삶이 지속되는 한 반복되는 질문이 될 것이다. 종래 죽음에 대해서는 철학이나 종교의 분야에서 주로 관념적으로 다루어졌지만, 오늘날에는 인문학적 과제일 뿐만 아니라 사회과학 및 의과학(醫科學) 등의 다양한 학문 분야에서도 연구되는 융합학문적 성격을 띤 과제이기도 하다. 이러한 사회적 관심은 죽음을 '사생학(死生學)'이나 '생사학(生死學)'이라는 신생 학문 분야로 확장하여 연구하려는 경향을 보이고 있다.

동양사회에서는 죽음에 대한 관념을 '사생관(死生觀)'이나 '생사관(生死觀)'으로 표현하여 왔다. 죽음을 삶과 동일시하여 '생사일여(生死一如)', '생사불이(生死不二)', '생사불이(生死不異)' 등으로 인식하려는 관념은 노장사상이나 불교의 영향으로 형성된 것으로 보인다. 최근 한국인의 죽음인식을 조사한 연구에 따르면, '현대 한국인'의 사생관 형성에 가장 영향을 미치는 요인은 종교이며, 불교를 믿는 사람은 현세 회귀성이 높고 개신교를 믿는 사람들은 내세 지향성이 두드러진다고 한다.[2] 이런 현상은 불교와 기독교의 내세관 차이의 영향일 것이다. 다만, 이 연구는 종교를 불교, 개신교, 천주교로 한정한 조사였기에 한국 전통 죽음관에 많은 영향을 미쳤다고 보는 유교와 도교 외에 그 저변에 자리 잡고 있는 무속신앙까지는 아우르지 못했다고 생각한다.[3] 물론 현대 한국인이라 하더라도 사생관에는 종교나 성별, 연령 등에 따라 차이를 보이는 다양성이 존재한다고 본다.

주지하다시피 죽음에 대한 관념과 사상은 민족과 종교, 국가에 따라 다양하게 전개되어 왔다. 학문적 영역에서 본다면 철학과 종교학, 문학, 역사 등의 인문학적 영역에서 주로 다루어져 왔다고 할 수 있다.[4] 또한 '고대 한국인'의 '사생관'과 '생사관'의 문제도 다양한 분야에서 다루어져 왔고, 사회문화적 관점에서의 접근도 있었다.[5] 여기서는 사생과 생사의 용어 사용례 검토와 더불어 역사적 관점에서 『삼국사기(三國史記)』에 나타난 고대 한국인의 사생관에 대해 살펴보고자 한다.[6]

2. '사생'과 '생사'라는 용어

우선 고대 한국인의 사생관 문제 검토에 앞서 왜 '죽음'을 '사생(死生)'이나 '생사(生死)'라는 용어로 표현하여 왔는지에 대해 살펴보기로 하자. '사생'이나 '생사'의 한자는 '죽음과 삶'이나 '삶과 죽음'으로 해석할 수 있는데, 죽음에 대한 관념, 즉 죽음관을 뜻할 경우에는 '사관(死觀)'이라는 용어를 사용하지 않고 '사생관' 혹은 '생사관'으로 표현하고 있다. 현재 사용되는 '사생학'과

'생사학'이라는 용어는 1960년대 서구에서 죽음문제를 임상분야에서 시작하여 하나의 학문으로 정착시키는 과정에서 '타나톨로지(Thanatology)'를 죽음연구(death studies), 죽음교육(death education) 등으로 번역하면서 사용된 것이다. 타나톨로지를 한국어로 직역하면 사학(死學), 사망학(死亡學), 죽음학 등으로 번역될 수 있지만, 1990년대에 이 학문이 대만과 일본으로 수용되는 과정에서 동양적 정서를 고려한 '생사학'이나 '사생학'으로 각각 번역되었다.[7]

한국의 경우에도 1990년대 말 '타나톨로지'라는 신생 학문이 수용되는 과정에서 '죽음학'회, '생사학'연구소, 호모후마니타스 '사생학' 등으로 다양한 용어로 사용하는 경향을 보이고 있다고 할 수 있다. 또한 '죽음연구', '죽음교육'보다는 '죽음 준비교육'이라는 용어로 많이 사용되고 있다. 이런 표현은 현대 한국 사회의 죽음에 대한 부정적 이미지를 회피하려는 문화적 요인과도 관련이 있다고 생각한다.

'사생학'이나 '생사학'으로 표현되는 신생 학문인 '죽음학' 연구의 한 축을 형성하는 인문학적 분야의 과제를 '생사관'이나 '사생관'이라 표현하는데, 이 용어는 한국과 일본 사회에서는 좀 더 이른 시기부터 사용되어 왔다. 일본의 경우, '사생관'이라는 용어는 가토 도쓰도(加藤咄堂)의 『사생관(死生觀)』[8]이 처음 사용하였다고 하며, 이후 태평양전쟁 시기에 이르러 '사생관'과 '생사관'이 동일한 의미로 사용되었다고 한다.[9] 한국의 경우에는 1950년대부터 '생사관'과 '사생관'이 학술 용어로 사용되었던 것 같다.[10] 오늘날 한국 사회에서 두 학술 용어의 사용 빈도가 어느 정도 되는가를 국회도서관의 전자도서관을 이용하여 검색해 보면 '사생관'의 경우는 148개, '생사관'의 경우는 167개가 추출된다.[11] 사용빈도로 본다면 '생사관'이 좀 더 많이 사용되고 있는 것을 알 수 있다.

'사생'과 '생사'라는 용어의 사용은 시대적으로 좀 더 거슬러 올라갈 수 있지만, 통시적 사용예의 조사는 본고가 의도하는 바가 아니기 때문에, 여기서는 『삼국사기』를 중심으로 관련 예를 검토해 보기로 하자. 먼저 『삼국사기』에서 '사생'이라는 용어를 추출하면 다음과 같다.

① 백결선생이 하늘을 우러러 탄식하며 말했다. "무릇 죽고 사는 것은 운명이 있고 부귀는 하늘에 달려 있기에, 그것이 와도 막을 수 없고 그것이 가도 좇을 수 없는 법이거늘, 그대는 어찌하여 마음 상해하는가? 내가 당신을 위하여 방아소리를 내어 위로하겠소." (『삼국사기』 권 48 열전 8 백결선생)

② 장사를 지내려 하는데 관이 움직이지 않았다. 공주가 와서 관을 어루만지면서 말했다. "죽고 사는 것이 이미 결정되었으니, 아아! 돌아가십시다." 드디어 관을 들어 묻을 수 있었다. 대왕이 이를 듣고 비통해하였다. (『삼국사기』 권 45 열전 5 온달)

③ 유신이 대답하였다. "전쟁의 승부는 세력의 대소에 있는 것이 아니라 오직 민심에 달려 있는 것입니다. 그러므로 주(紂)에게는 억조의 백성이 있었으나, 인심이 떠나고 덕이 떠나 버려 주(周)의 열 명의 신하가 한마음 한 생각을 가진 것만 못하였습니다. 지금 우리는 한 뜻이 되어 죽고 사는 것을 같이 할 수 있으니 저 백제쯤은 두려워할 것이 없습니다." (『삼국사기』 권 41 열전 1 김유신 상)

④ 춘추가 당에 들어가 병력 20만을 얻기로 하고 돌아와 유신을 만나 말했다. "죽고 사는 것이 천명에 달려서인지 살아서 돌아올 수 있었소. 다시 공과 만나게 되니 얼마나 다행한 일이오?" (『삼국사기』 권 41 열전 1 김유신 상)

⑤ 이달에 임금이 병으로 오랫동안 앓아눕게 되었다. 이에 다음과 같은 조서를 내렸다. "… 이제 갑자기 병이 나서 다시 회복하기 어렵게 되었다. 죽고

사는 것은 천명에 달렸으니 다시 무엇을 원망하겠는가? 죽은 후에는 불교의 법식대로 화장할 것이며 유골은 동해에 뿌리도록 하라."(『삼국사기』권 9 신라본기 9 선덕왕 6년 봄 1월)

이상과 같이 다섯 사례가 보인다. 첫 번째는 대악(碓樂)의 유래를 전하는 설화인데, 자비왕대[12]에 백결선생으로 불리는 인물이 다른 사람은 설을 쇠기 위해 방아를 찧는데, 우리는 어찌하면 좋은가 하는 아내의 질문에 대해 사생(死生)의 운명과 부귀(富貴)는 하늘에 있기에 어쩔 수 없다 하며, 대신 노래로 위로하였다는 이야기① 속에 나온다. 두 번째는 594년[13] 아단성 전투에서 고구려의 온달장군이 사망한 후 장례를 치를 때 관이 움직이지 않자 공주가 관을 쓰다듬으며 죽음이 정해졌으니 돌아가자는 말에 장사를 치를 수 있었다는 설화②에 보인다. 내용상 '죽음이 결정되었으니'라고 하여도 무방하지만 '사생'으로 표현하고 있다. 세 번째는 진덕왕 2년(648)에 김유신이 대량주(大梁州) 전투의 보복을 위해 진덕왕에게 군사를 요청하였을 때, 왕이 백제의 군사력을 염려하여 "작은 힘으로 큰 세력을 건드리면 그 위태로움을 어찌 할 것인가?"라는 물음에 유신이 "군사들과 '사생'을 같이 할 수 있기에 두려워할 필요가 없다"③는 결의를 표현하는 데 사용되고 있다. 네 번째는 같은 시기에 김춘추가 당에 들어가 병력 20만을 보낼 것이라는 허락을 얻고 돌아와 유신과 만났을 때 "사생은 하늘에 달려 있기에 만날 수 있었다"④는 표현에 보인다. 다섯 번째는 선덕왕 6년(785) 봄 정월에 왕이 병으로 위독하게 되자, "사생은 하늘에 달렸으니 죽은 후에는 화장을 하여 동해에 유골을 뿌리라"⑤는 조서에 나타나 있다.

이에 반해 '생사'라는 용례는 1개가 기록되어 있다.[14]

ⓔ 19년 가을 9월, 임금이 병이 들자 유언의 조서를 내렸다. "… 살고 죽는 것과 시작하고 끝맺는 것은 만물의 위대한 기약이요, 오래 살고 일찍 죽는 것은 천명이 부여하는 정해진 몫이다. 세상을 뜨는 자는 하늘의 이치에 이르는 것이니, 세상에 남는 자가 지나치게 슬퍼할 필요는 없다. 여러 신하들은 힘을 다하여 충성할 것이며, 가는 사람을 장례 지내고 살아있는 사람을 섬김에 있어서 혹시라도 예절을 어기지 말 것이다. 나라 전체에 포고하여 나의 뜻을 밝게 알게 하라!" (『삼국사기』 권 11 신라본기 11 문성왕)

문성왕 19년(857)에 왕이 병이 들자 유언 조서를 내렸는데, 그 내용에 '생사와 시작과 끝은 하늘의 뜻'이라고 하는 표현이 보인다. 이들 사료에서 알 수 있는 것은 죽음을 '죽음과 삶(死生)'으로 표현하든 '삶과 죽음(生死)'으로 표현하든, 핵심은 인간의 목숨(人命)이란 인간이 어떻게 할 수 있는 것이 아니라 하늘(天命)에 달려 있다고 하는 유교적 표현에서 유래되고 있다는 점이다. 결국, 같은 표현이지만 용례 면에서 본다면 『삼국사기』에서는 '생사' 보다 '사생'을 더 많이 사용하고 있으며, 시기적으로도 '사생'이라는 용어가 선행한다고 볼 수 있다. 참고로 『삼국유사』에는 '사생'과 '생사'라는 표현이 각각 3개씩 보이고, 『일본서기』의 경우에는 '생사'는 보이지 않고 '사생'이 2개 보인다. 따라서 이 글에서는 이런 관점에서 죽음관을 '사생관'으로 표기하고자 한다.

3. 사생관과 고대 종교사상

2012년 종교 현황 보고서에 따르면, 오늘날 한국인의 종교 비율은 무교(無
敎)가 46.48%, 불교 22.8%, 개신교 18.32%, 천주교 10.94%, 기타 1% 순이라
고 한다.[15] 박재현의 조사에 따르면 현대 한국인의 사생관은 종교적 영향을
받으며, 불교인의 경우는 현세 회귀성이, 개신교인의 경우에는 내세 지향성
이 높다고 한다. 현세 회귀성은 죽으면 현세로 다시 태어나거나 현세의 사
람들에게 어떤 영향을 줄 수 있다는 신념을 의미하고, 내세 지향성은 죽은
후에도 행복하고 정의로운 사후세계에서 인간의 삶이 영원히 지속된다는
신념을 의미한다.[16] 이것은 불교의 윤회사상과 기독교의 천국 내세관이 현
대인의 사생관에 영향을 미친 결과라고 볼 수 있다. 아울러 한국인의 절반
정도가 무교(無敎)인 점을 고려한다면, 현대 한국인의 사생관이나 내세관은
복잡성과 다양성을 보인다고 해석할 수 있다.

사생관은 사람이 죽으면 어떻게 되고, 어디로 가는 것인가에 대한 의문이
며 생각이라고 할 수 있다. 종래 이들 문제는 전자를 영혼관, 후자를 내세관
이라는 관점에서 검토하여 왔다. 그런데, 기독교는 19세기 말에 한국 사회
에 전래되었기 때문에, 고대 한국인의 사생관에 영향을 미친 종교는 무교(巫
敎)[17]와 유교, 불교, 도교 등이라 할 수 있다. 이들 종교의 사생관을 살펴보면
서 고대 한국인의 죽음관에 대한 영향관계를 살펴보기로 한다.

1) 무교의 사생관

무교(巫敎)는 외래종교인 유교, 불교, 도교가 고대 한국에 전래되기 이전에
신앙되던 종교라고 할 수 있다. 『삼국사기』에 따르면 신라 2대왕 남해의 왕

호인 차차웅(次次雄)은 자충(慈充)이라고도 하는데, 이는 무당을 가리키는 말이다. 백성들은 무당이 귀신을 모시고 제사를 받들기 때문에 무당을 두려워하고 존경하다가 마침내 존경받는 사람을 자충이라 부르게 되었다고 한다. 이 기록으로 볼 때 무교가 초기 고대 한국 사회에 많은 영향을 미쳤다는 것을 알 수 있다. 무당이 귀신을 모시고, 제사를 받들기 때문에 두려움의 존재인 동시에 존경받는 존재였다는 것은 무교가 고대 한국인의 사생관과 밀접한 관계를 맺어 왔다는 근거가 된다.

한편, 생명과 죽음의 정의는 관점에 따라 다를 수 있으나 인간이 육체와 영혼으로 구성되었다고 보는 사고는 모든 종교에 공통되는 부분이라고 생각한다. 따라서 삶이란 육체와 영혼의 결합이며, 죽음이란 이들 요소의 분리라고 생각하였던 것이다. 이런 관점에서 영혼의 본질을 영(靈)으로 규정하거나 혼(魂)과 백(魄)으로 구분하는 경우가 있다. 전자는 영·육의 이원론적 견해이고, 후자는 혼·백·육의 삼원론적 입장이라 이해할 수 있다.[18]

또한 오늘날 무교의 영혼관은 사람이 죽은 후에 혼은 승천하고, 백은 땅으로 스며든다고 보는 데 비해, 귀(鬼)는 공중에 떠돌다가 제사에 참석하게 된다고 보는 견해도 있다. 이런 관점에서 본다면 혼·귀·백의 삼원론적인 입장이 된다.[19] 이와 같은 관념은 고대 중국인의 혼백 관념에서도 보인다. 선진(先秦)시대의 문헌인 『좌전』소공 7년조에 "인간이 죽어서 귀가 되는데, 귀를 이루는 것은 혼백이며 백이 먼저 생기고 혼은 나중에 생긴다"라고 하고, 진한시대의 문헌인 『예기』「예운」에는 사람이 죽으면 "육체의 백은 내려가고 지기(知氣) 곧 혼은 위로 간다"고 하였으며, 「교특생」에서는 "혼기(魂氣)는 하늘로 돌아가고 형백(形魄)은 땅으로 돌아간다"[20]라고 하였다. 이로 볼 때, 무교의 영혼관이 고대 중국 혼백 관념의 영향을 받았을 가능성을 부정할 수 없다. 그렇지만, 중국에서는 이미 한대에 혼과 백을 엄격히 구분하는 법이 사라졌다는 지적에서 본다면, 시대적 차이가 존재하기 때문에 양자의 직접적인 영향관계는 확인하기 어렵다.[21]

무교의 내세관은 현실 세계인 '이승'과 사후세계인 '저승'이라는 2계(界)의 개념으로 이해하며, 저승을 이승의 연장선상으로, 죽음을 새로운 삶의 시작으로 이해하였던 것이다.[22] 이러한 이분법적 세계관에는 이승에서의 육체는 죽더라도 영혼은 저승이라는 다른 공간에서 다시 살아난다는 영혼 불멸의 관념이 내재되어 있다고 할 수 있다. 이러한 무교적 영혼관과 내세관이 고대 한국인에게 영향을 미쳤기 때문에, 이들 양계를 이어주는 무격이 존재할 수 있는 토양이 되었다고 생각한다. 무격은 이승과 저승을 이어주는 존재임과 동시에 귀신을 불러내어 점을 쳐서 예언을 하는 등 그 중개자적 역할을 하였기 때문에 두려움과 존경의 대상이 되었던 것이다.[23]

그런데 죽음에 대한 무교의 관념은 죽음이라는 '천수를 다한 최종점'에서 발생한다고 믿고, '천수'는 인간이 태어나면서 운명적으로 결정된다고 할 수 있으며 이것을 인공적으로 연장할 수는 없다고 보았다.[24] 그러므로 늙어 병으로 죽더라도 그것은 천수에 가까울 뿐 천수를 모두 누린 것은 아니기 때문에 일반적인 죽음도 모두 불행한 사건으로 치부되는 것이다. 이것이 무교가 죽음과 밀접한 관계를 갖는 중요한 기반이 된다. 또한 죽음 자체는 불행하다고 믿어도 사후세계를 이승보다 좋은 세계로 설정하는 불교와는 차별되는 사생관이라 할 수 있다.[25]

2) 유교의 사생관

무교가 고대 한국의 전통사상이라고 한다면 유교[26]는 불교, 도교와 더불어 중국에서 전래된 외래 사상이라고 할 수 있다. 유교가 고대 한국에 전래된 시기에 대해서는 고구려의 경우 소수림왕 2년(372)에 '대학'을 세워 자제를 교육하였다는 기록이 있고, 백제의 경우는 근초고왕(재위 346~375) 때에 박사 고흥이 국사인 『서기』를 편찬하였던 기록과 『일본서기』와 『고사기』에 아직기와 박사 왕인을 일본에 파견하여 유교 경전을 전하였다는 기록을 참고한다면 늦어도 4세기 이전에는 전래되었을 것이다. 신라의 경우에는 신문왕 2년(682)에 '국학'이 설치되었다고 하지만, 진흥왕 6년(545)에 『국사』를 편찬하였던 기록을 참고로 하자면, 그 전래의 하한은 6세기로 볼 수 있다. 이처럼 중국으로부터 전래된 유교 사상은 고대 삼국의 국가 운영과 사회 질서를 정착시키는 데 많은 기여를 하였다고 생각한다.

여기서는 유교의 기층 사상을 이루는 공자의 사생관에 대해 살펴보기로 하자.[27] 일반적으로 유교는 현세적 사생관을 가지고 있다고 한다. 그 근거는 『논어』 선진편의 공자와 제자인 계로와의 문답에서 찾고 있다.

> 계로가 귀신 섬기는 일을 묻자, 공자는 "살아 있는 사람도 제대로 섬기지 못하는데 어찌 귀신을 섬길 것인가"라고 대답하였다. (또 계로가) "감히 죽음에 대하여 묻겠습니다"라고 하니, "아직 삶도 알지 못하는데 어찌 죽음을 알겠는가"라고 대답하였다.

사람과 귀신, 삶과 죽음의 질문에 대해 공자는 귀신[죽은 사람]과 죽음보다는 삶과 사람[산 사람]이 우선한다는 입장을 보이고 있다. 위 문장은 공자가 사람 섬기는 법과 삶에 관하여 먼저 알 것을 주문한 것으로 보아야 하며, 죽음을 논하지 않았다고 해석하는 것은 타당하지 않다고 본다.[28] 공자는 죽음을 인간으로서는 해결할 수 없는 '천명'이나 '명'으로 보았기 때문에 죽음 속에서 죽음의 문제를 해결하기보다는 삶 속에서 죽음을 해결해야 한다는 점을 강조한 의미로 해석하여야 할 것이다.

죽음을 '명'으로 보는 사고는 옹야편에 보인다.

> 백우가 병에 걸리자 공자가 방문하여 창문에서 그 손을 잡고 "죽는구나 이것도 명(命)인가? 이 사람이 이런 병에 걸리다니 이 사람이 이런 병에 걸리다니"라고 말하였다.

제자의 죽음을 안타까워하면서도 어쩔 수 없는 '명'이라고 생각하였다. 하지만 여기서의 명은 천의 의지가 아니고 일종의 필연성으로, 죽음은 천체의 운행, 사계절의 바뀜, 만물의 생장 등과 같이 인간이 도저히 간여할 수 없는 객관적인 자연의 규율로 보았던 것이다.[29] 이 규율을 '천명'이나 '명'이라 표현한 것은 천명의 범위는 넓어 세상의 일체 사물을 포함하는 의미이고, 명의 의미는 비교적 좁아 인간의 수명을 말한다고 볼 수 있다.[30]

공자는 죽음을 어쩔 수 없는 것으로 받아들이면서도 '단명'에 대해서는 불행이라는 생각을 가지고 있었다.

> 애공이 "제자 중에서 누가 배움을 좋아했는가"라고 물었다. 공자가 대답하기를 "안회란 자가 배움을 좋아하였습니다. 노하여도 옮기지 않고 허물을 두 번하지 아니하였으나 불행히도 명이 짧아 죽었습니다. 이제 없으니 배움을 좋아하는 자를 듣지 못했습니다"라고 하였다. (옹야편)

천수를 누리지 못하는 죽음에 대해서 불행하다고 보는 사상은 무교의 사상과 무관하지 않을 것이다. 한편, 공자는 내세에 대해서는 유보적인 태도를 보였으나 죽음을 어떻게 극복할 것인가라는 측면에서 본다면, 배움을 통한 도(道)의 달성을 죽음의 극복 방안으로 제시하고 있다고 생각한다.[31]

> 아침에 도를 들으면 저녁에 죽어도 좋다. (이인편)

도를 듣는다는 것은 도를 안다는 것이고, 도를 알면 죽어도 좋다는 것은 도를 알면 죽음 문제가 해결된다는 뜻으로 해석할 수도 있다.[32] 이런 점에서 본다면, 유교에 내세관이 없다고 해석하기보다는 충실한 현생의 삶을 강조하는 사생관이 존재하였다고 이해하는 것이 옳다고 본다. 또한 '도'라는 목표가 죽음을 극복하는 사생관의 기제로 작용할 수 있다면, 이를 '왕, 국가, 가족' 등의 주변 관련 집단을 지키기 위한 '충(忠)'이나 '효(孝)'라는 목표로 대체할 수도 있었다고 본다. 그럴 경우 이러한 유교의 사생관은 전쟁이 빈번하였던 고대 한국에서 '충'이라는 국가적으로 요구되는 사상으로 변용될 가능성을 내포하고 있었다고 생각된다.

3) 불교의 사생관

유교와 더불어 고대 한국 사회에 많은 영향을 끼친 불교는 유교보다 늦게 수용되었다. 고대 한국의 불교는 중국을 통해 전래되었으나 중국의 전통 종교였던 유교나 도교와 달리 중국이 수용한 외래종교였다. 따라서 중국을 통해 수용된 불교는 초기 불교나 부파(아비달마) 불교가 아니라 중국화한 대승불교였다고 할 수 있다. 여기서는 고대 한국에 전래, 수용된 대승불교를 중심으로 살펴보고자 한다.

고구려의 불교 전래는 소수림왕 2년(372)에 전진왕(前秦王) 부견이 파견한 승려 순도가 불상과 불경을 가져옴으로써 시작되었고, 고국양왕 9년(392)에는 불교 숭배의 교서를 내려 적극적으로 불교를 수용하는 양상을 보였다. 백제의 경우, 침류왕 원년(384)에 동진의 사신과 함께 온 인도 승려 마라난타에 의해 불법이 시작되었다. 이에 비해 신라는 법흥왕 15년(528)에 불교가 처음으로 시행되었다고 하는데, 그 수용 과정이 고구려 · 백제와는 달랐다. 즉, 눌지마립간(재위 417~458) 때 고구려로부터 온 묵호자가 일선군(지금의 선산) 지역으로 들어와 전파를 시도하였으나 실패하였고, 이어 소지마립간(재위 479~500) 때 고구려 승려 아도에 의해 전래를 시도했으나 이 역시 수용되지 못하다가, 법흥왕 대에 이차돈의 순교에 의해 정착하게 되었다고 기록되어 있다.[33]

신라의 경우, 이처럼 고구려 · 백제와 달리 불교 수용 과정에 갈등이 있었던 원인은 첫째, 이차돈 순교 설화에서도 알 수 있듯이 외래 종교 수용에 대한 귀족층의 반발을 들 수 있다.[34] 둘째, 고구려와 백제의 경우 장기간에 걸친 중국과의 정치 · 문화적 교류가 있었기 때문에 중국화한 불교의 수용에 있어서도 거부감이 적었지만, 신라의 경우는 지정학적인 요인으로 인해 중국과의 교류가 적었기 때문에 새로운 외래 종교인 불교를 수용함에 있어 내부 갈등을 유발할 수밖에 없었다고 추정된다.[35] 셋째, 고구려와 백제가 중국의 전진과 동진으로부터 불교를 수용하였던 데 비해, 신라의 경우 고구려화한 불교의 수용에 거부감이 작용하였을 것으로 추측된다. 또한 당시 신라와 고구려의 관계에서 군사적 긴장 상황이 지속되었던 점도 한 요인으로 작용하였을 것이다.

한편, 불교에서도 영혼과 육체의 분리가 주장되고 있으며, 인간이 살아가는 현실 세계인 현세와 사후세계인 내세가 설정되어 있다고 한다.[36] 또한 삶과 죽음의 과정을 중유(中有), 생유(生有), 본유(本有), 사유(死有)의 사유(四有)로 나누고 있으며, 반복되는 윤회에 의해 사람이 살고 죽는다고 하였다.[37] 따라서 삶과 죽음은 초월해야 할 대상임과 동시에 도달하여야 할 최고의 목적인데 이 상태를 열반이라 보았다. 그러므로 불교의 죽음에 대한 독특한 인식 방식은 생사윤회와 생사즉열반(生死卽涅槃)에서 찾을 수 있다.[38] 이러한 사고가 불교의 독특한 사생관 구조라고 할 수 있다.[39] 하지만 '생'이라 해도 영원한 삶이 아니며 '사'라 하더라도 영원한 죽음이 아니라는 관점은 이전부터 인도의 여러 종교나 사상에 전래되어 오던 윤회전생설을 불교가 수용한 결과라고 할 수 있다.[40]

불교의 윤회전생설은 업인과보(業因果報) 사상이 근거가 되며 선·악과 생·사의 업설은 반복되는 고(苦)이기 때문에 사성제와 팔정도의 파악과 수행을 통해 생사의 괴로움을 뛰어넘을 때, 윤회에서 벗어나 열반의 세계로 갈 수 있다고 보는 것이다.[41] 사성제와 팔정도의 수행을 통해 생사의 고통을 극복하지 못하고 욕망 속에 산다면 중생은 자신의 몸과 입 및 마음으로 지은 업의 질과 양에 따라 육도의 세계에서 생·사를 거듭하는 윤회전생을 반복하게 된다고 설명하고 있다.[42]

"죽음과 삶의 문제를 이처럼 체계적으로 설명하는 불교의 사생관이 고구려나 백제, 신라 등의 지배계층과 지식인들에게 전래되었을 때에는 중국 사회에 수용되었을 때보다 더 큰 정신적 충격을 받았을 것으로 추측된다. 따라서 그 충격의 양상은 무엇보다도 불교의 복잡한 세계관이 고대 한국인의 사고를 뒤흔들고, 한층 더 심오하게 만들었을 가능성이 높다.[43] 중국 특유의 현세 중심적 세계관이 삼세(三世)에 걸치는 무한정한 세계관으로 바뀌었고, 그 삼세를 관통하는 업보설(karma theory)에 대한 이해, 유식학(唯識學)에서 보이는 것처럼 인간의 마음에 대한 철저한 분석, 대승 보살이 말하는 자비와 구원의 개념 등은 동아시아의 종교에서는 거의 경험해 보지 못했던 것이다. 또한 불교는 이미 중국에서 일차적으로 한문화권의 틀로 정리되었기 때문에 중국 문화에 익숙한 우리가 받아들이기에 훨씬 수월했을 것"이라는 지적은 참고할 만하다고 본다.[44]

4) 도교의 사생관

유교와 마찬가지로 중국에서 발생하여 고대 한국에 전래된 도교는 중국 고유의 토착적 종교사상이 집대성되어 민족종교로서 정비된 것이라 할 수 있다. 본시 도가란 노자와 장자의 사상을 중심으로 한 학파를 의미하며, 도교는 중국의 여러 민간 신앙들을 체계화·조직화한 것이다.[45] 즉, 유교와 같이 정돈된 사상 체계를 구성하지 못하고 중국인 사이에서 자연적으로 발생한 무축(巫祝)·참위설·음양오행설 등 잡다한 원시신앙과 혼합되어 불로장생의 신선이 되는 것을 목표로 한 현세 이익적인 신앙이었던 것이다. 따라서 도교는 종교인 데 비해 도가는 철학으로 이해할 수 있을 것이다.[46]

중국 도교가 고대 한국에 공식적으로 전래된 사실은 『삼국사기』 고구려본기 영류왕 7년(624)조에 "당나라에서 형부상서 심숙안을 보내어 왕을 상주국요동군공고구려국왕(上柱國遼東郡公高句麗國王)으로 책봉하고, 도사에게 명하여 천존(天尊)의 화상과 도법을 가지고 고구려에 가서 '노자'를 강의하게 하였다. 임금과 백성들이 이 강의를 들었다"라는 기록에서 찾을 수 있다. 또한 보장왕 2년(643)에 연개소문이 도교의 수용을 왕에게 건의하여 당 태종으로부터 숙달 등 도사 8인과 노자의 『도덕경』을 얻어와 사찰에 머물게 하고 도교를 장려하였다는 기록으로 보아 고구려 말기에 도교가 성행하였다는 것을 알 수 있다.

신라와 백제에 전래된 시기는 기록이 없어 잘 알 수 없지만, 도교는 고구려에서만 성행하였을 가능성이 높다. 그 이유는 "천제(天祭)·무속·산악신앙 등 지리적 여건으로 종교적 의식이 강했기 때문이기도 하지만 정책적으로 국가에서 적극 수용 권장한 데에 그 원인이 있다고 할 수 있다. 백제와 신라의 경우, 종교적 신앙보다는 노자·장자의 서적을 통한 무위자연사상을 자연스럽게 받아들여 자체 사상과 융합하면서 선도(仙道)·선풍 의식을 심화시켜 나가는 양상을 보였다"[47]고 할 수 있다.

그러나, 도교 신앙에 앞서 도가 사상은 좀 더 이른 시기에 고대 한국에 전래되었다고 생각한다. 이것은 『삼국사기』백제본기 근구수왕조에 따르면, 근구수왕이 태자 시절 고구려에 진격하여 크게 이기고 달아나는 병사를 추격하려고 하자 장수인 막고해가 "일찍이 도가의 말에 '만족할 줄을 알면 욕되지 않고, 그칠 줄을 알면 위태롭지 않다'[48]고 하였습니다. 지금 얻은 바도 많은데 어찌 더 많은 것을 구하려고 하십니까?"라고 간언하자 추격을 중지하였다는 기록에서 확인할 수 있다.

신라의 경우에도 도가 사상과 관련된 기록이 보인다. 김유신이 중악석굴에서 난승을 만나 "저는 신라인입니다. 나라의 원수를 보니 마음이 아프고 근심이 되었습니다. 그런 까닭에 여기에 와서 만나는 것이 있기를 바랄 따름이었습니다. 엎드려 빌건대 어르신께서는 제 정성을 불쌍히 여기시어 방술을 가르쳐 주십시오"((『삼국사기』 권 41 열전 1 김유신 상) 김유신의 서손인 암은 "천성이 총명하고 민첩하며 방술 익히기를 좋아하였다. 젊었을 때 이찬이 되어 당에 들어가 숙위하면서 간간히 스승을 찾아 가서 음양가의 술법을 배웠는데, 한 가지를 배우면 세 가지를 이해하였다. 저 혼자 둔갑입성법(遁甲立成法)을 지어 스승에게 바치니 스승이 놀라서 말했다"(『삼국사기』 권 43 열전 3 김유신 하)라는 예에서 신라에도 도가 사상이 전래되었다는 것을 알 수 있다.

한편, 도가는 삶과 죽음의 근원을 기(氣)가 모이고 흩어지는 것으로 보았기 때문에, 영혼에 대해서는 유보적인 입장을 취하였다고 볼 수 있다. 자연과 인간의 긍정적 조화를 추구하는 선진인(仙眞人)이 되어서 천상의 선계로 올라가 불로장생함으로써 죽음을 극복하는 것에 대해 더 많은 관심이 있었다. 그러므로 전통적인 도교에서는 일반적으로 시간을 무한하게 연장하면 육체를 가지고 죽지 않은 채로 영생 또는 불사를 얻을 수 있다고 생각하였던 것이다.[49] 도교의 선계는 현세의 지리적 개념을 가진 특정 지역으로서 봉래산, 봉래도, 방장산 등을 상정하였다.[50]

노장사상에서는 현실 세계만 중시하고 죽음 이후의 사후세계, 즉 내세의 존재는 인정하지 않았다. 사후세계의 존재를 인정하지 않는다는 것은 혼백이라든지 영혼 불멸도 인정하지 않는다는 의미가 된다. 한편, 도가는 기의 취산이 반복되는 선계를 현실 세계와 구별되는 다른 세계로 보지 않기 때문에 도덕적 행위에 따르는 심판의 관념이 존재할 수가 없다. 이와 같은 도가의 세계관은 도교로 발전되면서 변모된다. 만물전변(萬物轉變)의 원리를 깨달아 장생불사의 신선이 되는 것을 전일적 목표로 삼고, 현실 세계의 연장선상에서의 타계인 선계를 상정하고 있기 때문에 장생불사의 신선이 사는 세계는 사후세계와 다르며 현실 세계와도 다른 성격으로 보았던 것이다.[51]

이상에서 고대 한국의 사생관 형성에 많은 영향을 미쳤다고 생각되는 무교, 유교, 불교, 도교의 영혼관과 사생관을 살펴보았다. 여기서는 이러한 각

종교의 사생관이 『삼국사기』에 어떻게 반영되어 있는지를 관련 용어의 용례를 검토하면서 살펴보기로 한다.

4. 『삼국사기』에 보이는 사생관

1) 『삼국사기』와 고대 한국인의 영혼관

『삼국사기』에는 죽음과 죽임에 관한 기록이 많이 있다. 역사서라는 특성 때문이기도 하지만 고대 삼국이 정립하는 과정에서 필연적으로 발생하는 전쟁을 많이 기록한 속성 때문이기도 하다. 『삼국사기』는 역사적 기록이라는 성격 때문에 죽음 문제에 대해서도 한반도를 공간으로 하는 3인칭의 관점에서 서술되었으며, 기록 시점이 당대가 아닌 후대라는 시간적 성격 때문에 타자화하여 기록되었을 여지가 많다고 볼 수 있다. 그리고 죽음과 죽임의 많은 부분은 전쟁과 관련되어 있지만 지진, 기아 등의 자연재해에 따른 죽음도 보이고, 왕이나 무사 등 지배층의 죽음에 대해서도 많은 서술이 보인다. 따라서 『삼국사기』의 기록에 보이는 고대 한국인의 사생관을 죽음과 밀접하게 관련성을 가지는 영혼관과 내세관 문제와 관련하여 살펴보기로 한다.[52]

죽은 사람의 존재 관념[53]을 표현하는 용어로는 혼령(魂靈), 영혼(靈魂), 귀신(鬼神), 혼백(魂魄) 등이 사용되고 있다.[54] 영혼과 혼령은 같은 의미이고, 혼백은 고대 중국인들이 사후 인간의 영혼을 하늘로 가는 혼과 땅으로 가는 백으로 구분[55]한 데서 유래하였다. 즉, 혼과 백이 조화 상태에서 육체에 생명력을 넣어 주고 그 육체가 유지될 때 인간이 살아 있는 것이고, 혼·백·육체의 이 세 요소가 분리되면 죽는다고 보았던 것이다.[56] 또한 백이 살아 있는 사람들의 세계로 돌아온 영혼 또는 귀신을 '귀'라고 하였는데, 이는 귀향을 의미하는 '귀(歸)'와 동음이의의 의미가 있다고 한다.[57] 그런데, 영혼을 혼과 백의 두 요소로 엄격히 구분하는 방법은 한대에 이미 사라졌다고 보기 때문에 이후 고대 한국에서도 그 구분을 염두에 두지 않았다고 한다.[58]

한편, 이들 용어는 혼, 령, 귀, 신 등의 글자를 합쳐 사용한 복합어라 할 수 있다. 이들 용례가 고대 한국에서는 어떻게 활용되었는지 살펴보기로 하자. 고대 한국인도 사람이 죽은 후에는 소멸되는 것이 아니라 혼이나 영, 귀, 신 등으로 표현되는 존재 관념을 가지고 있었다.

우선 『삼국사기』[59]에서는 '혼백'의 사용례는 보이지 않고, '백'도 보이지 않는다. 이는 삼국시대의 영혼관에는 '백'이라는 개념이 없음을 보여주는 것이라 할 수 있다. 용례에 한정하여 좀 더 추정해 보면, 김부식이 『삼국사기』를 편찬한 고려 전기 시기(1145년[인종 23])까지도 혼백을 구별하지 않았음을 보여주는 것으로 해석해도 무방하다. 이 관점에서 본다면 중국 한대 이후 혼백의 구별 개념이 사라졌으며, 그 영향으로 이후 고대 한국 사회에서도 구별하지 않았을 것으로 주장한 상기의 지적은 타당성이 있다고 할 수 있다. 그런데, '혼'의 경우는 신라본기 문무왕의 교서에 2개의 용례가 보인다.

전장에서 공을 세운 사람들에게는 이미 모두 상을 주었고, 싸우다 죽은 유혼(幽魂)에게는 명복을 빌 재물을 추증하였다. (9년[669] 봄 2월 22일조)

헛되이 재물을 쓰고 서책(書冊)에 꾸짖음만 남길 뿐이요, 헛되이 사람을 수고롭게 하고 유혼을 구원하는 것은 못된다. (21년[681] 가을 7월 1일조)

이는 단독 용어가 아니라 '유혼'이라는 복합 용어로 사용되고 있다. 유혼의 용례가 『논어』에는 보이지 않고 문무왕 이전의 기록에도 보이지 않는 것으로 보아, 좀 더 후대의 표현으로 생각되며, 그 의미는 '죽은 사람의 영혼'을 표현하는 것으로 볼 수 있다.[60]

'영'의 경우는 21개의 사례가 보이고 있는데, '선령(仙靈)'(신라본기 실성이사금 12년[413] 8월조), '거령(巨靈)'(신라본기 문무왕 11년[671] 7월 26일조), '종묘지령(宗廟之靈)'(신라본기 신문왕 1년[681] 8월 16일조), '대왕지령(大王之靈)'(신라본기 신문왕 7년[687] 4월조), '영금(靈禽)'(신라본기 성덕왕 32년[733] 12월조), '산해정령(山海精靈)'(신라본기 헌강왕 5년[879] 3월조), '선조신령(先祖神靈)'(유리왕 28년[9] 8월조), '삼령(三靈)'(고구려본기 영류왕 5년[622]조), '영여(靈輿)'(고구려본기 보장왕 4년[645]조), '영화(靈化)', '황령(皇靈)'(이상 백제본기 개로왕 20년[474]조), '영성(靈星)'(잡지 제사조), '영실(靈室)'(열전 김유신전), '영구(靈柩)'(열전 김인문전), '생령(生靈)'(열전 견훤전) 등과 같이 단독 표현보다는 복합 용어로 많이 사용되고 있다.

위의 용례에서 알 수 있듯이 '영'은 신격화한 존재로서의 의미인 신선(선령), 하신(거령)[61], 정령, 천·지·인의 삼령[62] 등으로 표현하기도 하고, 종묘의 영, 대왕의 영, 선조의 영 등의 예와 같이 조상신을 의미하기도 한다. '영실'의 경우는 신령스럽거나 영험이 있는 방의 의미인데 불당, 즉 불교와 연관시켜 사용하기도 한다.[63] 또한 '영여'와 '영구'의 예와 같이 죽은 사람을 지칭하기도 하고 '생령'과 같이 산 사람을 지칭하는 의미로도 사용하고 있으며, '영수'와 같이 새 같은 짐승에게도 사용되고 있다.[64] 이로 볼 때, '영'은 다양한 의미로 사용되었음을 알 수 있다. 아울러 무교나 유교, 도교, 불교 등의 특정한 종교와 연관된 용어는 아니고, 영험이 있는 존재나 죽은 사람의 영혼에 대한 긍정적 의미가 내포되어 있는 용어라 할 수 있을 것이다.

오늘날 죽은 사람의 혼을 '귀신'으로 표현하기도 하는데, '귀신'은 5개 용례 보이지만, 본기에는 1개 용례만 보인다. 앞서 인용한 남해차차웅 1년 3월조의 차차웅에 대한 주석에 보인다. 김대문[65]의 설명에 따르면 차차웅은 무당과 관련이 있고, 무당이 섬기고 제사를 받드는 신이 귀신이라고 한다. 이를 통해 초기 신라의 왕명이 무당과 관련이 있다면 이 시대의 신라는 무교와 밀접한 관계가 있는 사회라는 것을 알 수 있다. 하지만 여기에 보이는 죽은 사람의 영혼을 뜻하는 '귀신'은 8세기 대의 표현이기 때문에 이 용어가 이전 시기의 고대 한국에 통용된 용어라고는 단정하기는 어렵다.[66] 즉, 초기에는 '귀'와 '신'의 용례 구별이 있었을 것으로 생각한다.

그러면 '귀'와 '신'의 용례를 살펴보기로 하자. 단독 '귀'의 용례는 7개가 보인다. 즉, "귀가 엿보는 꾸짖음을 끌어들이게 된다."(신라본기 문무왕 11년[671]조), "죽어서도 은혜를 배신하는 귀가 될까 두렵다."(신라본기 문무왕 12년[672]조), "사람들은 이를 귀가 치는 북소리라고 말하였다."(신라본기 경덕왕 19년[760]조), "봉산(烽山)에서 귀가 울었다."(고구려본기 봉상왕 8年[299]조), "밤에 궁궐 남쪽 길에서 귀가 울었다."(백제본기 의자왕 19년[659]조), "귀가 하나 궁궐 안에 들어와서 큰소리로 '백제가 망한다, 백제가 망한다'라고 외치다가 곧 땅 속으로 들어갔다."(백제본기 의자왕 20년[660]조), "분명히 사람이 아니고 여우귀(鬼)일 것이다."(열전5 온달3)이다.

이들 예에서 알 수 있듯이 '귀'는 긍정적인 의미가 아니라 부정적이고 나쁜 의미의 영혼(惡鬼)이라는 의미이며, 의자왕 20년 조를 참고로 한다면 '귀'는 '혼'이 아니라 '백'과 같은 의미가 있다는 것을 알 수 있다. 이에 비해 '신'은 『삼국사기』에 상당히 많이 나오는데, 그 사용법을 보면 긍정적이고 좋은 의미가 내포되어 있다. 몇 가지 예를 들면 왕의 이름에 '신'이 들어 있는 경우이다. 신라본기에는 신문왕(神文王), 신무왕(神武王), 신덕왕(神德王) 등이 보이고, 고구려본기에는 대무신왕(大武神王) 등이 보인다. 또한 신라의 경우 시조신의 제사를 모시는 곳을 '신궁'으로 지칭하였던 예에서도 추정할 수 있다.

이상에서 『삼국사기』에 보이는 '혼', '영', '귀', '신'의 용례 검토를 통해 고대 한국인의 영혼관에 대해 살펴보았다. 오늘날 죽은 사람의 존재를 관념화하여 일컫는 '영혼'이나 '귀신'은 '영'과 '혼', '귀'와 '신'이라는 각각 다른 개념을 합성하여 사용하고 있다는 것을 알 수 있었다. 고대 중국과 달리 '혼'과 '백'을 나누는 개념이 없었던 듯하고, '혼'도 단독으로 사용되는 예는 보이지 않고 '유혼'이라는 복합 용어로 사용됨을 알 수 있었다. '영'은 '혼'보다 다양하게 사용되고 있으며 무교, 유교, 도교, 불교 등의 특정 종교와 관련지어 사용되지는 않았다고 생각된다. '귀'의 경우, '귀신'과는 구별되는 것으로, 죽은 자의 영혼을 일컫기는 하지만 긍정적 의미보다 부정적 의미가 강하다는 것을 알 수 있었다. '신'의 경우 왕명이나 '신궁'과 같이 시조의 영혼을 모시는 사당에 사용되는 용례로 보아 다른 용어보다 신격화하여 사용되는 용어임을 알 수 있었다. 다음은 고대 한국인의 사생관을 알기 위한 또 하나의 요소인 내세관에 대해 살펴보기로 하자.

2) 『삼국사기』와 고대 한국인의 내세관

고대 한국인의 관념에서도 사람이 죽은 후에는 '혼·영·귀·신'이 된다는 관념이 있다는 것을 알 수 있다. 그런데, 이러한 '영혼'들이 거처하는 공간인 내세에 대해서는 각 종교에서 다른 관념을 가지고 있다. 무교의 경우 죽은 사람이 거처하는 곳으로 이승을 상정하고 있지만, 유교의 경우 죽음을 기의 응집과 발산으로 보기 때문에 사후세계를 상정하기 어렵고, 도교의 경우도 선계라는 표현이 있지만 죽은 사람의 영혼이 가는 곳의 의미는 아니다. 또한 불교의 경우 서방정토나 극락 또는 그와 대응하는 지옥 관념을 상정하기도 하는데, 윤회를 거듭하며 고집멸도(苦集滅道)를 끊을 때 비로소 열반으로 가는 것이라고 이해한다면, 열반은 극락과는 다른 관념의 세계라고 할 수 있다. 이런 내세관이 고대 한국인들에게는 어떻게 반영되어 있는지 『삼국사기』의 용례에서 살펴보기로 하자.

『삼국사기』에는 죽음에 대한 많은 기록들이 있지만, 대부분의 기록들이 어떤 상황에서 죽었는지에 대한 죽음 현상에 대한 것이기 때문에 이들 기록에서 당시 한국인의 내세관을 도출하기 어렵다. 이것은 역사서가 국가라는 제삼자적 입장과 후대라는 3인칭적 서술의 산물이기 때문에 태생적 한계를 내포할 수밖에 없다. 그러나 그중에서도 죽음에 대한 태도나 관념을 엿볼 수 있는 사료들이 있기에 이들 자료를 중심으로 고대 한국인의 사생관에 대해 검토해 보기로 한다.

먼저, 지배층의 사생관을 『삼국사기』 문무왕 21년(681)조에 왕이 사망하면서 유언으로 남긴 조서를 통해 살펴보기로 하자.

> 가을 7월 1일에 왕이 죽었다. … 남긴 조서는 다음과 같다. "과인은 운(運)이 어지러울 때에 속하고 때는 다투어 싸울 때였다. 서쪽을 정벌하고 북쪽을 토벌하여 능히 영토를 안정시켰고 배반하는 자들을 치고 협조하는 자들을 불러 마침내 멀고 가까운 곳을 평안하게 하였다.
>
> 위로는 조상들의 남기신 염려를 위로하였고 아래로는 부자의 오랜 원한을 갚았으며, ㉮살아남은 사람과 죽은 사람에게 두루 상을 주었고, 중앙과 지방

에 있는 사람들에게 균등하게 벼슬에 통하게 하였다. 무기를 녹여 농기구를 만들었고 백성을 어질고 오래 살게 하였다. 세금을 가볍게 하고 요역을 살펴주니, 집집마다 넉넉하고 사람들이 풍족하며 민간은 안정되고 나라 안에 걱정이 없게 되었다.

곳간에는 (양곡이) 언덕과 산처럼 쌓였고 감옥에는 풀이 무성하게 되니, ⓒ 귀신과 사람에게 부끄럽지 않았고 관리와 백성에게 빚을 지지 않았다고 말할 만하다. 스스로 여러 어려운 고생을 무릅쓰다가 마침내 고치기 어려운 병에 걸렸고, 정치와 교화에 근심하고 힘쓰느라고 다시 심한 병이 되었다.

ⓓ운명은 가고 이름만 남는 것은 예나 지금이나 마찬가지이므로, 갑자기 긴 밤으로 돌아가는 것이 어찌 한스러움이 있겠는가?

태자는 일찍이 밝은 덕을 쌓았고 오랫동안 태자의 자리에 있어서, 위로는 여러 재상에 나가고 아래로는 뭇 관리들에 이르러 ⓔ죽은 사람을 보내는 뜻을 어기지 말고 살아 섬기는 예의를 빠뜨리지 말라. 종묘의 주인은 잠시도 비워서는 안 된다. 태자는 곧 관 앞에서 왕위를 이어 서도록 하라.

또한 산과 골짜기는 변하여 바뀌고 사람의 세대도 바뀌어 옮겨가니, 오나라 왕의 북산(北山) 무덤에서 어찌 금으로 만든 물오리의 고운 빛깔을 볼 수 있을 것이며 위(魏)나라 임금의 서릉(西陵) 망루에서 단지 동작(銅雀)이라는 이름만을 들을 뿐이다.

지난날 모든 일을 다루던 ⓕ영웅도 마침내 한 무더기의 흙이 된다. 나무꾼과 목동은 그 위에서 노래를 부르고 여우와 토끼는 그 옆에 굴을 파니, 헛되이 재물을 쓰고 서책(書冊)에 꾸짖음만 남길 뿐이요, ⓖ헛되이 사람을 수고롭게 하고 죽은 사람의 넋을 구원하는 것은 못된다.

가만히 생각하면 슬프고 애통함이 그치지 않을 것이지만, 이와 같은 것은 즐기는 것이 아니다.

죽은 뒤 10일 뒤에는 곧 고문(庫門) 바깥의 뜰에서 ㉬서국의 의식에 따라 화
장을 하라. 상복의 가볍고 무거움은 정해진 규정이 있으니 장례를 치르는 제
도는 힘써 검소하고 간략하게 하라…."

이 사료는 문무왕 21년 문무왕이 사망하면서 유언으로 남긴 조서이다. 여
기에서 당시 지배층의 사생관을 엿볼 수 있다고 생각한다. 장례는 불교식
화장을 요구(㉬)하지만, 죽음에 대해서는 내세적 관점에서 인식하는 것이 아
니라 현세적 관점에서 인식한다고 할 수 있다. 즉, 산 사람(存)이나 죽은 사
람(亡)에게 공평하게 상을 준다든지, 귀신(幽)과 사람(顯)에게 부끄럽지 않았
다(㉱)고 하는 사고는 무교적 관념에 가깝고, 죽음을 이름만 남기고 긴 밤으
로 돌아간다(㉲)는 식으로 인식한다든지, 장례를 후하게 하라(㉳)든지 하는
표현은 유교식 관념의 소산이라 생각된다.

그런데, 문무왕의 같은 21년 7월조에 따르면 왕이 죽어 용이 되었으며, 동
해 바다의 바위에 장사를 지냈기에 그 바위를 대왕석이라 하였다는 설화가
전해지고 있다.

시호를 문무라 하고 여러 신하들이 유언에 따라 동해 입구의 큰 바위에 장
사 지냈다. 민간에서 전하기를, '임금이 변하여 용이 되었다'라 하고, 또 그 바
위를 가리켜 대왕석이라 불렀다.

왕이 호국의 용으로 변하였다는 것은 윤회사상과의 관련성을 상정할 수
있으나, 고대 중국의 민간신앙에서도 용신앙이 존재하였기 때문에 불교적

사생관으로만 한정하여 생각할 필요는 없는 듯하다. 즉 용이 되어 국가를 수호한다는 관념은 유교적인 사생관이나 불교적 사생관으로만 해석하기 어렵다. 용이 되고 싶다는 관념은 불교의 윤회사상의 영향으로 볼 수도 있겠지만, 서방 극락이나 아미타여래에의 귀의라는 측면에서 본다면 불교적 열반 사상이 반영된 것이라 할 수는 없다.

다음은 열전에 나타난 지배층의 사생관을 살펴보기로 하자.

⑦ 흠운이 말을 비껴 탄 채 창을 쥐고 적을 기다리는데, 대사 전지가 달래며 말했다. "지금 적이 어둠 속에서 움직이니 지척에서도 분간할 수 없고, 공이 비록 죽더라도 아무도 알지 못할 것입니다. 더구나 공은 신라의 귀한 신분이며 대왕의 사위입니다. 만약 <u>적의 손에 죽는다면 백제의 자랑거리요, 우리에게는 크나큰 수치가 될 것입니다.</u>" 흠운이 말했다. "<u>대장부가 이미 몸을 나라에 바친 이상 남이 알든 모르든 매한가지다. 어찌 감히 명예를 구하겠느냐?</u>" 그가 꼿꼿이 서서 움직이지 않자, 종자가 말고삐를 쥐고 돌아가기를 권하였다. 흠운은 칼을 뽑아 휘두르며 적과 싸워 몇 명을 죽이고 자신도 죽었다. 이때에 대감 예파와 소감 적득도 함께 전사하였다. 보기당주 보용나가 흠운이 죽었다는 말을 듣고 말했다. "그는 <u>혈통이 고귀하고 권세가 영화로워 사람들이 아끼는 처지인데도 오히려 절개를 지키다 죽었다. 하물며 나 보용나는 살아도 이득 될 것이 없고 죽어도 손해 날 것 없지 않은가!</u>" 그는 곧 적진으로 달려가 적병 몇 명을 죽이고 자신도 죽었다. (『삼국사기』 권 47 열전 7 김흠운)

⑧ 유신은 비녕자가 힘써 싸우고 깊숙이 들어갈 뜻이 있음을 알고, 불러서 이르기를 "날씨가 추워진 후에야 소나무와 잣나무가 늦게 낙엽 짐을 알 수 있는데, 오늘의 일이 급하다. 그대가 아니면 누가 용기를 내고 기이함을 보여

뭇 사람의 마음을 분발시키겠는가?"라고 하였다. 인하여 그와 함께 술을 마시면서 간절함을 보였다. 비녕자가 두 번 절하고, "지금 수많은 사람 중에서 오직 일을 저에게 맡기시니, 저를 알아준다고 할 수 있습니다. 진실로 마땅히 죽음으로써 보답하겠습니다"고 하였다. 나가면서 종 합절에게, "나는 오늘 위로는 국가를 위하여, 아래로는 나를 알아주는 분을 위하여 죽을 것이다. 나의 아들 거진은 비록 나이는 어리나 굳센 의지가 있어 반드시 함께 죽으려고 할 것이다. 만약 아버지와 아들이 함께 죽으면 집사람은 장차 누구를 의지하겠는가? 너는 거진과 함께 나의 해골을 잘 수습하여 돌아가 어미의 마음을 위로하라!"고 하였다. (『삼국사기』 권 47 열전 7 비녕자)

⑨ 필부가 이 사실을 알고 칼을 뽑아 비삽의 머리를 베어 성 밖으로 던지고는 군사들에게 말했다. "충신과 의사는 죽을지언정 굽히지 않는 것이니 힘써 노력하라! 성의 존망이 이 한 번의 싸움에 달렸다." 그리고는 주먹을 휘두르며 한바탕 호통을 치니, 병든 자들까지 모두 일어나 앞을 다투어 성 위에 올라갔으나 사기가 꺾이고 다해 죽고 다친 이가 반을 넘었다. 그때 적이 바람을 이용해 불을 지르고 성을 공격하며 들이닥쳤다. 필부가 상간 본숙, 모지, 미제 등과 함께 적을 향해 활을 쏘았다. 그러나 빗발처럼 날아오는 화살에 온몸이 찢어지고 잘리어, 흐르는 피가 발꿈치까지 적시더니 끝내 쓰러져 죽었다.
(『삼국사기』 권 47 열전 7 필부)

⑩ 계백은 장군이 되어 결사대 5천을 뽑아 이를 막고자 하며 말하였다. "한 나라의 사람으로 당과 신라의 많은 병사를 당해 내자니, 나라의 존망을 알기 어렵다. 내 처자식이 붙잡여 노비가 될까 두렵구나. 살아서 치욕을 당하는 것보다 흔쾌히 죽는 것이 나으리라." 그리고 마침내 처자식을 다 죽였다. 황산의 들에 이르러 세 개의 진영을 설치하였다. 신라 병사들과 맞닥뜨려 싸우려

할 때 여러 사람에게 맹세하며 말했다. "옛날 월왕 구천은 5천의 군사로 오나라의 70만 대군을 격파하였다. 오늘 우리는 마땅히 각자 분발해서 승리를 쟁취하여 나라의 은혜에 보답해야 하리라!" 그리고 드디어 처절하게 싸웠다. 백제군 한 명이 천 명을 당해 내지 못하는 사람이 없으니, 신라군이 끝내 퇴각하였다. 이렇게 진퇴를 네 번이나 거듭하다가, 힘이 다해 전사하였다. (『삼국사기』 권 47 열전 7 계백)

위의 사료는 죽음이 전쟁이라는 비일상적인 요인에 의해 통제되고 있는 사례라 할 수 있다. 즉, 전쟁에서는 국가나 가족을 위한 이타적 죽음을 요구하는 시스템이 기제로 작용하게 된다. 이 경우 개인적 내세관이나 사생관은 전쟁의 승리라는 국가의 목적에 의해 매몰되고 이데올로기로 변용된다고 생각한다. 달리 표현하면 전쟁에서의 승리를 위한 개인적 죽음의 대가는 남은 자들의 삶의 평안이라는 현실적 필요성으로 대체를 강요받게 된다고 할 수 있다.

김흠운은 절개를 위해, 보용나는 명예를 위해 죽음을 택하였으며⑦, 비녕자는 자신을 알아주는 사람을 위해⑧, 필부는 '충'과 '의'를 위해⑨ 목숨을 바쳤다고 기록되어 있다. 하지만 계백의 경우⑩에는 자신의 죽음은 충을 위해 바친 것이 되지만, 동시에 다가올 '수치'라는 덕목 때문에 가족의 죽음을 강요한 사례가 된다. 결국 비일상적인 전쟁을 통해서는 개인적 내세관을 파악하기는 어렵지만, 그 저변에는 당시의 국가나 사회적으로 강요된 사생관이 개인의 사생관을 통제·지배하는 시스템이 작동하고 있었다는 것을 알 수 있다. 이와는 다른 예도 보인다.

선생이 하늘을 우러러 탄식하며 말했다. "<u>무릇 죽고 사는 것은 운명이 있고 부귀는 하늘에 달려 있어, 그것이 와도 막을 수 없고 그것이 가도 좇을 수 없는 법이거늘</u>, 그대는 어찌하여 마음 상해하는가? 내가 당신을 위하여 방아소리를 내어 위로하겠소." 이에 거문고를 타서 방아 찧는 소리를 내었는데, 세상에 이것이 전해져 대악(碓樂)이라 하였다. (『삼국사기』 권 48 열전 8 백결선생)

백결선생전에 보이는 사생관, 즉 죽고 사는 것이 하늘에 달려 있다고 보는 관념은 유교적 사생관이라 이해할 수 있다. 이를 통해 볼 때, 삼국시대의 사생관은 불교의 내세관이 영향을 미친 것이 아니라 충과 효를 강요하는 유교 현세적 사생관이 좀 더 많은 영향을 미치고 있었다고 할 수 있다.

이상에서 『삼국사기』에 보이는 용례와 고대국가의 관점에서 고대 한국인의 사생관을 살펴보았다. 첫째, 오늘날에는 '사생'보다 '생사'를 많이 사용하는 경향을 보이지만, 『삼국사기』나 다른 사서를 통해 볼 때, 당시에는 '생사'보다 '사생'이 좀 더 많이 사용되었고 시기적으로도 선행한다. 둘째, 고대 한국인의 사생관 형성에는 무교, 유교, 불교, 도교 등의 다양한 종교 사상이 영향을 미쳤다고 생각되지만, 불교 도입 이전에는 무교와 정치적 윤리로서의 유교와 민간 신앙으로서의 도교의 영향이 강하였다고 생각한다. 셋째, 『삼국사기』의 용례를 통해 볼 때, 고대 한국인의 영혼관에는 혼백의 개념이 없었고, 오늘날의 영혼을 의미하는 영, 혼, 귀, 신 등의 용어는 각기 다른 개념으로 사용되었다는 것을 알 수 있었다. 넷째, 고대 삼국시대의 사생관은 『삼국사기』의 사례로 볼 때, 다양한 영혼관은 반영되어 있으나 내세관을 엿볼 수 있는 예가 없기 때문에 극락이나 정토와 같은 불교의 사생관은 확인할 수 없다. 오히려 충과 효를 강요하는 유교의 현세적 사생관이 좀 더 많은 영향을 미쳤다고 볼 수 있다.

이것이 삼국시대의 특징인지 아니면『삼국사기』의 역사서로서의 속성 때문인지, 김부식을 비롯한 편찬 유학자들의 유교적 사생관이 반영된 결과인지에 대해서는 추후 검토되어야 할 것으로 본다. 왜냐하면『삼국유사』라든지 분묘나 고분벽화, 금석문 등의 고고학적 자료에 불교나 도교 등의 내세관을 추측할 수 있는 요소가 보이기 때문이다. 이런 점을 참고로 한다면, 고대 한국인의 사생관 형성에는 동일한 하나의 이데올로기가 작동한 것이 아니라 국가와 사회 속의 계층성과 지역성, 중층성 등의 다양한 요소가 복합적으로 영향을 미쳤다고 생각된다.

한편『삼국사기』에 나타난 고대 한국인의 죽음은 국가나 지배 집단의 유교적 사생관에 의해 통제되고 강요되는 양상을 보이는 것을 알 수 있다. 이는 삼국이 고대국가로 나아가기 위해서 서로 각축하며 전쟁이 일상화하던 시기였기에 더욱 더 그러하였다고 생각된다. 왕을 정점으로 하는 고대국가의 사생관은 내세적 삶보다 현세적 삶에 중점을 두었기 때문에 지배층에 대해서는 충의 실천을, 피지배층에 대해서는 의의 실천을 강요한 결과, 국가나 사회로부터 강제된 유교적 사상이 고대 한국인의 사생관에 많은 영향을 미쳤다고 볼 수 있다. 또한 국가를 위해 전쟁에서 목숨을 바칠 것을 요구하기 위해서는 내세에 대한 관념보다 공적에 따른 현세적 관직과 토지의 보수, 그리고 약탈에 따른 현실적 이익 추구가 죽음에 대한 보상적 기제로 대체되었을 것으로 생각한다.

정화, 신성함, 조상의 탄생
-힌두교 죽음 의례의 구조와 기능

/김진영

1. 힌두 죽음 의례

인도에서 힌두교를 신앙하는 힌두인들은 죽음을 신성시한다. 그들은 윤회를 인정하는 사후관을 갖고 있기 때문에 죽음을 삶의 단절이라고 생각하지 않고 또 다른 삶의 전제로 여긴다. 힌두인들은 생과 사를 분리하거나 어느 쪽에 우위를 두기보다는 삶을 의례를 통해 정화하듯이 죽음이라는 또 다른 삶의 단계도 의례를 통해 부정(aśauca)을 제거하면서 정한 상태로 만들고 죽음에 신성함을 부여하려고 노력한다. 리그베다 시대에는 죽은 자는 누구나 쉽게 조상이 되어 신들과 함께 천계의 즐거움을 공유했다. 하지만 시간이 흐르면서 힌두인들은 사자가 조상이 되는 문제를 철학적으로 사색하고 여기에 의례적인 의미를 부가하면서 조상이 되는 과정과 조상으로서의 삶에도 신성한 위계를 부여하였다.

이 글은 이러한 힌두 죽음 의례의 주요한 구조와 기능을 대표적인 죽음 의례인 슈라다제(śrāddha祭)와 그 소제(小祭)인 사삔디까라나제(sapiṇḍīkaraṇa祭)를 중심으로 다루어 보고자 한다. 의례의 학문적 분석을 위해 힌두의 주요

경전인 베다를 주요한 텍스트로 설정하여 죽음 의례의 근본적 의미를 알아 보는 것이 글의 목적이 될 것이다. 인도의 죽음 의례, 특히 힌두 죽음 의례를 다룬 국내 선행 연구에는 현실적인 힌두식 장례법과 생생한 현장 연구에 기반을 둔 김경학, 이은구, 김도영, 류경희 등의 연구가 있다.[1] 이 글은 이러한 연구동향과는 다르게 고대 인도의 주요한 경전인 베다에 근거하여 힌두 죽음 의례의 고유한 양상과 목적을 밝히고자 한다. 종교 경전에서 다루는 죽음 의례는 피상적이고 이상적 형태라고 비판받을 수도 있지만, 베다는 힌두인들의 본질적인 가치 체계를 담고 있어서 힌두 죽음 의례의 근본 형태를 바르게 들여다 볼 수 있으며, 무엇보다 연구의 내외연적 확장이 용이하여 힌두 죽음 의례를 비롯해 인도인들의 문화적 심성의 심연을 파악하기 쉽기 때문이다.

방대한 베다 문헌에서 의례적 측면은 주로 상히따(Saṃhitā), 브라흐마나(Brāhmaṇa), 아란야까(Āraṇyaka), 수뜨라(Sūtra) 등 전통적인 베다의 연대기적 배열에 나타난다. 베다의 의례적 연구에서 죽음 의례의 문학적인 수사(修辭)와 신화적인 구성은 상히따 문헌을 통해 유추하고, 기타 기술적인 정보는 브라흐마나와 수뜨라 문헌(Śrauta-sūtra, Gṛhya-sūtra, Kalpa-sūtra 등)을 참고하는 것이 정설이다. 특히 수뜨라 문헌은 대표적인 베다학자인 밀리우스의 분류법 상 후기 베다에 속하고, 빗젤의 분류 체계로는 후기 수뜨라베다에 속하면서 베다의 의례적 형태와 기원을 다루는 주요한 내용을 담고 있기 때문에 주로 참고하였다.[2] 반면 죽음 의례의 경우는 뿌라나(Purāṇa)로 불리는 고담(古談) 문헌군에서 대표적인 죽음 의례와 그 내용이 비중 있게 나타나는 특징이 있다. 특히 『가루다 뿌라나(Garuḍa Purāṇa)』의 제 II 장에서 죽음 의례에 해당되는 제식들과 죽음의 문제를 상세히 다루고 있어서 힌두 죽음 의례의 전반적인 내용을 추적하기 쉽고 다각도로 검토가 가능하기 때문에 이 문헌도 주요하게 활용하기로 한다.

2. 산 자와 죽은 자의 결탁 의례, 슈라다제

힌두교의 바람직한 죽음은 자연스러운 죽음이자 동시에 선한 죽음이다. 베다 초기에 백세(百歲)의 삶을 꿈꾸던 힌두인들은 장수하며 살다가 자연스럽게 죽는 것을 최고의 가치로 여겼다. 그리고 이러한 죽음 이후에 자식과 친족이 치러 주는 장례를 통해 조상이 되는 힌두식 순리를 지향했다. 이처럼 힌두에서 가장 바람직하고 선한 가치의 죽음은 장수한 후에 자연스럽게 죽고 죽음 의례로 완성되는 죽음이라고 할 수 있다.

힌두 죽음 의례에서 주검을 정화하는 화장제(火葬祭, antyeṣṭi)는 가장 기본적인 죽음 의례로서 사자를 이승에서 분리하는 통과의례(saṃskāra)이다.[3] 산 자들은 화장제를 통해 사자의 육신을 불태워 마지막 인연을 끊음으로써 그가 저세상의 존재임을 천명하지만, 사자는 조상이 되는 슈라다제가 완수되기 전까지 생과 사의 경계에 걸린 불안한 존재이기 때문에 화장제만으로 죽음 의례가 완수되는 것은 아니다. 이는 힌두의 사자가 죽음 이후 쁘레따(preta)라는, 생한 존재도 아니고 죽은 존재도 아닌 생사 중간에 걸친 임계(臨界)적인 존재의 단계를 거치므로 발생하는 문제이다. 늘 굶주림과 갈증에 허덕이면서 산 자 곁에서 헤매는 쁘레따라는 불안한 존재는 오직 의례를 통해서만 조상으로 거듭나 산 자와 사자 모두에게 안정된 존재가 될 수 있으므로, 힌두에서 죽음 의례는 내외적으로 매우 중요한 의미가 있다.

리그베다를 비롯한 초기 베다 시대에는 죽음 이후에 누구나 쉽게 조상이 되므로 화장제만으로 죽음 의례의 전반적 과정을 완수할 수 있었다. 하지만 베다 초기의 일반적인 조상제례(pitṛyajña, piṇḍapitṛyajña)[4]가 수뜨라 시대 이후 에콧디슈따제(ekoddiṣṭa祭)를 포함한 복잡한 슈라다제(śrāddha, 祖上祭)[5] 체제로 정착되면서 이 제식을 통해서만 조상이 될 수 있는 시대로 변천한다.[6] 즉 죽음 후에 주검이라는 극도의 부정이 화장터의 불에 의해 정화되기 시작한 후, 슈라다제라는 죽음 의례의 전반적인 과정을 약 1년 동안 거치면서 신체적이고 외적인 부정을 제거하는 것 외에도 영적이고 질적인 정화 작용을 거듭하게 된다. 이를 힌두 죽음 의례의 전반적인 틀에서 조망해 보면, 화장제는 슈라다제의 첫 의례로서 주검을 정화하며 본격적인 슈라다제로 이어주는 가교 역할을 하면서 의례적 의미를 가중시키는 선제적인 단계로 편입되었다고 볼 수 있다. 이렇게 힌두 죽음 의례는 상당 기간 치러지는 슈라다제로 규정되기에 이른다. 또한 힌두 죽음 의례는 화장제를 포함한 슈라다제로 정의하고 구분하는 것이 일반적이다. 이러한 방식을 따르는 베다학자 곤다의 고전적인 분류법[7]을 중심으로 슈라다제를 3단계로 구분하여 의례 명칭, 제례 기간, 부정성, 대표 제례 등을 간략히 제시해 보면 다음과 같다.

〈표 1〉 슈라다제(śrāddha祭)의 종류와 내용

힌두식 명칭	의례 기간	부정성(不淨性)	대표 제식
나와 슈라다제 (nava sraddhas)	1~10일	부정한 슈라다제	화장제(antyeṣṭi祭)
나와 미슈라 슈라다제 (nava-misra-sraddhas)	11일~1년	혼합(반쯤 부정한) 슈라다제	사자만을 위한 제식 (ekoddiṣṭa祭)
빠르와나 슈라다제 (parvaṇa sraddhas)	12일~1년	순수한 슈라다제	사삔다까라나제 (sapiṇḍikaraṇa祭)

첫 번째 슈라다제는 사자가 죽은 후 첫날부터 10일 동안 진행되는 '나와 슈라다제(nava śrāddhas)'로서, 현대의 장례식에 해당되는 임종 의례를 포함한 화장제가 대표적이다. 이는 주검을 다루면서 시작되는 가장 부정한 슈라다제로, 첫날부터 쌀과 참깨 등으로 만든 경단인 6개의 삔다(piṇḍa)를 바친 후에 10일 동안 매일 하나씩의 삔다를 공양하는 방식으로 진행되는데, 이 삔다를 통해서 쁘레따는 사후세계를 여행할 미세한 신체를 구성하게 된다. 두 번째 슈라다제는 '반쯤 부정한 슈라다제(nava-miśra-śrāddhas)'로, 제11일에 에꿋디슈따제를 행하면서 본격화된다. 이 제식은 온전히 사자만을 위한 제식으로서 사자가 쁘레따의 상태에서 벗어나 야마계(Yamaloka)를 여행할 힘을 얻게 하는 목적을 갖고 진행된다. 세 번째는 '순수한 슈라다제(pārvaṇa śrāddhas)'로 사자와 직계 삼대 조상들이 모두 모이는 진정한 슈라다제로서 가장 순수한 죽음 의례로 정의한다. 이 슈라다제에서 가장 중요한 제식은 조상으로 전변하는 기능을 담당하는 사삔디까라나제로서 12일에 시작하여 다음 해 음력 기일(tithi)이 될 때까지 행해진다.

이렇듯 힌두 죽음 의례, 즉 슈라다제는 가장 부정(不淨)한 화장제가 먼저 거행되고 이후 덜 부정한 순서대로 진행된다. 반쯤 부정한 슈라다제에서 에꿋디슈따제는 사자 당사자만을 위한 유일한 죽음 의례로서 11일 이후에도 한 달, 여섯 달, 일 년 간격으로 거행된다. 이후의 슈라다제는 사자와 조상 모두를 위한 형태로 집단성을 띠며 진행되는데, 특히 12일에 행하는 사삔디까라나제는 조상으로의 전이를 완성시켜 주면서 전체 죽음 의례의 절정을 이루게 된다. 사삔디까라나제의 후반 의례에 이르러서 사자를 상징하는 삔다와 삼대 조상들의 삔다를 차례대로 섞으며 "너의 아버지에게로 가라"라고 말한 후 최종적으로 사자와 조상들의 삔다를 하나로 뒤섞는 그 순간 사자는 쁘레따를 지나 조상이 되어 삼계 안에 있는 조상의 세계로 편입된다.[8] 실제로 전체 의례의 마지막에 해당되는 사삔디까라나제는 죽음 의례를 완성하는 의례로서, 다음해 기일까지 총 1년에 걸쳐 치러지면서 배고픔과 갈증으로 괴롭힘 당하는 쁘레따 상태의 사자를 해방시켜 준다. 죽음 의례가 거행되기 이전의 쁘레따는 매우 불안정한 상태로, 대부분의 쁘레따는 악한 마음을 먹지 않지만 일부는 산 자들에게 들러붙어 괴롭힌다. 또한 정확한 죽음 의례를 행하지 않거나 의례가 완성되지 못하는 경우에도 쁘레따는 조상이 되지 못한 채 불안정한 상태로 남게 되어 산 자를 위협하게 된다.[9] 그러한 의미에서 사삔디까라나제는 힌두 조상제인 슈라다제의 본질적인 의미인 조상으로의 질적인 전이를 완수해 주는 대표적인 제식이기 때문에 높이 평가된다. 문화인류학자 골드(Gold)는 사삔디까라나제를 '특정한 자연을 중화시켜 주는 동시에 헤매는 불길한 위협과 간섭을 잠재적인 자선의 근원으로 평화롭게 일반화시켜 변형시키는 제식'으로 정의한다.[10] 골드 외에 스티븐슨(Stevenson), 퀘일(Quayle), 에비슨(Evison) 같은 문화인류학자들도 다양한 현장 연구를 통해 이 제식은 지역적인 특성이 있음에도 불구하고 베다의 원형적 틀을 그대로 유지한 채 힌두 죽음 의례의 진정한 의미를 추구하고 있다고 인정하고 있다.[11]

이러한 사삔디까라나제를 비롯한 슈라다제는 사자만을 위한 것이 아니다. 사자와 산 자 모두에게 상호 이익이 되는 것에 목적이 있으며, 생과 사양방향으로 공덕이 교환되어야 함을 전제로 진행된다는 점에 유의해야 한다. 여기서 말하는 상호 이익은 사자는 조상이 되어야 하는 책무를 수행하는 것이고, 산 자는 사자에게 괴롭힘 당하지 않는 것을 말한다. 사자는 개인의 능력만으로 조상이 될 수 없고, 슈라다제를 통해서만 조상이 될 수 있기 때문에 산 자들의 공덕이 필요하다. 샤삔디까라나제가 수행되는 1년 동안 사자의 유족들과 사삔다(sapiṇḍa) 친족들은 바라문들에게 음식과 선물을 주고 가난한 자들에게 보시하면서 공덕을 쌓아 사자가 완전히 조상이 되도록 돕는다.[12] 이렇게 산 자들은 슈라다제를 수행하면서 생기는 공덕을 포함한 종교적인 노력들을 제공하여 사자가 쁘레따라는 림보(limbo) 상태에서 빠져나와 조상으로 상향 이동하도록 만들고, 이를 통해 후손은 쁘레따를 주변에서 제거하고 조상으로 전환시켜 자신들을 도와주는 존재로 만들어 현실적인 이익을 취할 수 있게 된다.[13] 결국 사자가 조상이 되는 문제는 슈라다제에 절대적으로 의존하기 때문에, 힌두 죽음 의례는 개인의 문제가 아니라 가족과 친족의 공덕의 문제로 전이(轉移)되는 주요한 특징을 갖고 있으며, 상호의 이익을 충족시키기 위해 시행된다고 말할 수가 있다.

3. 기억에서 지우는 조상

리그베다 시대의 인도인들은 죽음 이후에 누구나 조상이 된다는 긍정적인 사후관을 갖고 있었다. 『리그베다』(10.15.1)의 조상찬가에서 사자들은 각각 높은 영역, 낮은 영역, 중간의 영역에서 소마(soma)를 좋아하는 아버지라고 불리면서 천·공·지 삼계에 널리 퍼져 있다고 전해진다. 조상이 갖는 3단계 위계의 원형을 나타내는 이 문구를 통해 사자는 삼계라는 공간적 위치를 점유한 조상의 세계에 자연스럽게 합류함을 알 수가 있다. 또한 『리그베다』(10.14.16)에서는 조상은 위치상으로 상·중·하로 나뉘고, 시기상으로 전·후로 구분되면서 6개의 위계로 세분화되는 것을 알 수 있다.[14] 이러한 고전적인 조상의 위계는 죽음 개념의 변화와 맞물려 수뜨라 시대 이후 죽음

의례가 본격적으로 정착되면서 신화적인 색채를 띠고 발전한다. 자연스럽게 조상으로 합류하던 리그베다의 세계관이 변화하면서 죽음 이후에 인간은 쁘레따라는 임계적 존재에서 조상으로 전환되는 죽음 의례의 작업을 거치게 된다. 또한 죽음 의례를 통해 조상이 된다는 것은 조상의 세계에 편입되고 그에 맞는 적절한 위계를 획득하면서 그 위계의 장소와 신격이 배당되는 것이므로 본 의례에서 중요하게 취급된다.

힌두 죽음 의례는 총 4세대에 걸친 집단적인 조상군을 소집하고 사자가 그 조상군에 합류하기 때문에 조상의 위계는 의례 안에서 의미론적인 구조를 지닌 채 정착된다. 실례로 아버지가 사자인 경우 상주인 아들은 제주가 되고, 사자인 아버지인 부(1대)를 비롯해 조부(2대), 증조부(3대), 고조부(4대)가 제장에 불려오게 된다. 다시 말해 아버지가 사자인 죽음 의례에서 직접적으로 요청되는 조상은 부계 세대의 삼대를 말한다. 이들은 최근에 죽은 조상들로서 우주적 공간인 삼계를 점유하는 신들과 함께 각 공간을 공유하면서 제식을 통해 살아 있는 자손들과 공생한다. 삼대의 조상들은 자신들의 공간에서의 영양과 삼계 너머에 존재하는 초월적인 상태를 여행할 자양물이 필요하고, 산 자들은 현세에서의 건강·장수·부·임신 등의 소원을 이루어줄 신과 가까운 천계의 매개체로서의 조상이 필요하다. 즉 조상의 삼계라는 위계는 현세의 인간과 죽음 이후의 조상이 서로의 안녕을 위해 제식적으로 화합하는 세대의 장을 의미화한 것이다.[15] 이러한 조상의 위계는 사삔디까라나제를 통해 얻어진다. 다시 말해 의례를 통해 쁘레따는 조상으로 전이된 후 집단적인 조상군에 합류하는데 이 과정을 조상의 이름, 조상이 머무는 장소, 함께 하는 신격 등을 배치하여 다음과 같이 정리할 수 있다.[16]

<표 2> 사삔디까라나祭 이후 조상의 위계체계

	조상의 이름	조상이 머무는 장소	조상에 배치되는 신격
4	먼 조상	초월계(超越界)	위슈웨데와(Visvedevaḥ)
3	증조부(prapitamaha)	천계(天界, svarga)	아디띠야들(Adityas)
2	조부(pitamaha)	공계(空界, antarikṣa)	루드라(Rudra)
1	부(pitṛ)	지계(地界, pṛthivi)	와수들(Vasus)

위의 조상의 이름에서 산 자와 밀접한 관계, 혹은 산 자의 기억 속에 존재하는 조상의 첫 세 그룹은 우주의 세 영역에 거주하면서 3개의 신격과 함께하는 존재이므로 신과 밀접한 관계를 형성하며 산 자와 신들 사이의 중개자로서 활동한다. 살아 있는 친족들의 적절한 숭배가 이어지는 한 삼대의 조상들은 친족들의 이익에 개입하고, 신들에게 그들의 보호를 요청하면서 서로를 도와 적절한 균형을 유지한다.[17] 여기서 삼대의 조상들은 각각 아디띠야(Ādityas), 루드라(Rudra), 와수(Vasu)라는 신격과 하나의 무리를 형성하는데, 이 신격들은 일반적인 신이 아니라 군소신격집단(gaṇadevatas)에 속하는 독특한 위상을 갖는다. 이들은 힌두의 대표신인 쉬와(Śiva)가 머무는 천상의 거주지인 칼리라사(Kailāsa)에 살면서 쉬와의 아들인 가네샤(Gaṇeśa)의 지휘를 받는 신군(神軍)들로서 언제나 무리로 행동한다. 아디띠야에는 12개, 루드라에는 11개, 와수에는 8개의 신격들이 포함되어 있으며, 쉬와를 수호하는 신들의 부대와 같은 기능을 하는 일종의 하급신이라고 할 수 있다.

위와 같은 힌두 조상 위계 구조는 베다의 엄숙 제례인 소마제(Soma祭)에서 아침, 점심, 저녁 세 번 소마를 압축하며 요청하는 세 가지 신격의 구조와 근본적으로 동일하다. 『샤따빠따 브라흐마나』(Śatapatha-Brāhmaṇa 4.3.5.1)에서 구축되는 화단(火壇)의 바닥 구조와 이에 등장하는 세 가지 신격과도 동일하며, 화단의 맨 위 4층이 초월적인 우주를 상징하는 형태를 띠는 것도 같다. 안정적인 3대의 조상 위계는 4대로 넘어가면서 초월적 영역으로 전환되며, 이곳은 편재한 방위(方位, diś)와 동일시된다. 삼계를 넘어서는 초월계는 모든 방향과 어디에나 있는 방위로서의 편재성에 기반한 초월적 공간인데,[18] 여기서 주목할 부분은 네 번째에 해당되는 초월계가 『리그베다』(10.125)에서는 제식의 언어(vāc), 다른 수뜨라 문헌에서는 제식적인 감탄사(svadhā)와 동일화되면서 추상적 제식 개념이 가득한 곳으로 설명된다는 점이다.[19]

사삔디까라나제의 삼대의 조상이 배치되는 세 가지 신격이 자연현상을 인격화한 반면, 고조부가 배치되는 위슈웨데와 신격은 보편성(universality)의 개념을 인격화한 9개의 신격이 포함된다.[20] 현대 베다학자와 제식학자의 대다수가 초월적 세계의 위슈웨데와 신격을 '모든 곳에 편재하는 신'으로 해석하고 있지만 이는 분명한 오류이다.[21] 여기서의 초월계는 모든 곳에 위치하는 제식의 언어와 감탄사와 동일화된다는 점에서 확인할 수 있듯이, 보편적 개념이 충만한 곳으로서 이곳의 위슈웨데와 신격은 죽음 의례에서 사용되는 추상 개념을 신격화한 신군으로 볼 수 있다.

이를 바탕으로 제식적 관점에서 조상의 위계를 해석해 보면, 산 자의 기억과 가까운 삼대의 조상은 심리적으로 현존하는 인물로서 죽음 의례의 주요 공물인 삔다와 물을 직접 소비한다. 하지만 삼대를 넘어서는 존재, 즉 아버지가 삼대에 유입되면서 삼대에서 떨어져 나간 고조부는 새로운 단계에 접어든다. 이른바 '먼 조상'이 된 고조부는 근접한 셋을 잘라 낸 후에 '기억에서 지우는(lepa) 조상'이 되면서 삔다와 물이 아닌 '제식의 잔여물(ucchiṣṭa)'

을 받는 존재로 분리된다. 수뜨라 문헌들에서는 이 개념을 확장하여 감정적인 측면에서 삼대 조상의 집합을 가족과 사회의 기억 안에서 '눈물의 얼굴을 가진 조상(aśrumukha-pitaraḥ)'이라고 명명하고 삼대 이상의 조상은 무명씨로서 '기쁜 얼굴을 가진 조상(nāndīmukha-pitaraḥ)'으로 구분한다.[22] 베다 체계에서 4단계로 상향 조정된 '먼 조상의 기쁜 얼굴'은 산 자의 기억에서 삭제되고 공감능력을 상실하면서 추상적인 반신(demigod)으로 숭배되는 조상의 신성한 즐거움을 의미하는 말이다.[23]

간략히 정의하면 힌두 죽음 의례는 '조상들(pitaraḥ)의 신격화 과정'의 축약판이다. 여기서의 조상은 일반적인 조상, 먼 선조를 포함한 복수형 단어로서, 선인(仙人, ṛṣi)이라는 역사 이전의 존재도 포함하는 광범위한 조상군을 지칭한다.[24] 죽음 의례에서 나타나는 조상의 위계는 기본적인 부계 삼대를 기준으로 삼으며, 여기서 상승한 위슈웨데와의 세계에 머무는 '먼 조상'의 위계는 천계에 더 가까우므로 인간보다는 신에 가까운 존재로서 더욱 신격화된 상태라고 할 수 있다. 이 부분에서 힌두 죽음 의례에 요청되는 다수의 신들의 특성을 유의할 필요가 있다. 죽음 의례에서 나타나는 신들은 상당한 신격(devatā)에 해당되지만 힌두신화에 나타나는 일반적인 신(deva)의 개념과는 다른, 군소신격에 해당되는 하급신의 지위라는 점을 간과해서는 안된다. 일반적으로 힌두 의례에서 신을 요청할 때는 성사(聖絲)를 왼편 어깨에 놓는 반면 조상을 불러낼 때는 오른쪽에 성사를 둔다. 화장제에서 상주가 성사를 오른편으로 바꾸는 의례적 동작을 취하는 것도 힌두 죽음 의례가 철저히 슈라다제라는 것을 알 수 있게 한다. 또한 신들은 짝수, 조상은 홀수를 선호하며, 신은 쌀과 보리 같은 곡물을, 조상은 참깨를 좋아하고, 신은 동쪽에, 조상은 남쪽에 위치하며, 신의 제장은 사각형, 슈라다제는 원형에서 열리는 방식으로 신과 조상은 선호하는 것과 방향이 정반대로 대칭을 이룬다. 다시 말해 힌두 죽음 의례에서 요청되는 것은 조상이며, 이 조상과 함께하는 군소신격들이 동행하기 때문에 죽음 의례에서는 조상과 신격이 서로 상부상조하면서 사자가 천계의 몸을 얻게 해 주기 위해 조직적으로 움직인다고 할 수 있다.[25] 즉 죽음 의례를 통해 사자는 조상이라는 신성한 지위를 얻게 되어 군소신격과 동등하게 천계의 한 공간을 점유한 후 일정한 시간이 흐른 뒤 반신과 같은 먼 조상이라는 신격화된 지위로 상승하는 이중적인 구조로 조상의 신성화 단계를 구분하고 있는 것이다.

4. 의례를 초월한 신성한 죽음

힌두에서 죽음 의례가 중요한 이유는 화장을 통해 주검의 정화 의례가 시작되고 쁘레따의 임계성을 죽음 의례가 제거해 주면서 사자를 조상으로 만들어 주기 때문이다. 즉 슈라다제를 통해 사자가 조상이라는 신성한 위계를 획득하고 반신이 되는 질적인 변환을 거듭한다는 점은 힌두 사상 체계에서 매우 중요한 의미가 있기 때문에, 힌두인들은 화장제를 비롯한 죽음 의례에 상당한 가치를 부여하고 죽음 의례를 행하는 죽음을 바람직한 죽음, 자연적인 죽음, 선한 죽음이라고 일컫는다.[26]

역으로 말하면 죽음 의례를 행할 수 없는 특수한 죽음의 경우는 비정상적인 죽음이 된다. 이러한 부자연스러운 죽음에 해당되는 대표적인 경우는 사고사, 자살, 유아의 급사 등을 들 수 있다. 실례로 익사 같은 사고사로 시신을 찾을 수 없는 죽음을 맞이한 경우는, 인간의 영혼이 들어 있다고 알려진 꾸샤(Kuśa)풀로 인간 형태의 모형(effigy, 彫像)을 만드는데, 이 '가짜인간

(kuśaputtalikadeha)'을 주검 대신 태우는 정화의식을 치르면서 이 죽음의 문제점을 의례적으로 해소한다. 또한 이러한 잘못된 죽음의 경우는 나라야나발리제(nārāyaṇabali祭)라는 특수한 제례를 통해 죽음을 교정하면서 치료하는 방법도 제시된다.[27] 나라야나발리제라는 죽음 의례는 죽음이 발생한 지 11일째 되는 날 행하는, 죽음의 잘못을 치유하는 대표적인 수정 의례로서 사자를 직접적으로 신성화시키는 효능이 매우 뛰어난 제식으로 알려져 있다. 이 제식을 행한 사자는 죽음의 잘못을 용서받을 뿐 아니라 비슈누(Viṣṇu)의 천계인 바이꾼따야(Vaikuṇṭha)로 곧바로 직행할 수 있는 힘을 얻게 된다.

불행한 방식의 죽음은 사자의 영혼이 조상이 되지 못한 채 쁘레따로 남아서 산 가족에게 해가 될 수 있으므로 문제가 된다. 예를 들어 어린 시절에 억울하게 죽은 사자가 있다면 그 쁘레따는 자신의 어머니에게 부착되어 다음 생까지 떠날 수가 없게 되고, 산 자들의 주변에서 그들을 괴롭히며 현생에 머물기 때문에 특별히 나쁜 죽음으로 규정된다.[28] 따라서 힌두인들은 불행한 죽음의 경우 적절한 죽음 의례의 대안을 추구하여 죽음의 잘못을 수정하고 치료하는 방식을 모색하였고, 베다의 제작자이자 실제로 의례를 집행하는 바라문(婆羅門, Brāhmaṇa) 계급은 나라야나발리제라는 특정한 의례를 고안하고 강력한 의미를 부여하여 전통적인 죽음 의례의 정화력과 복잡한 신성화 과정 없이도 사자를 천계에 도달할 수 있게 하는 제식적 해법을 제시하였다.[29]

이러한 부적절하고 나쁜 죽음 중에서도 가장 문제가 되는 것이 자살이다. 인도에서도 자살은 대표적인 악한 죽음이지만 힌두에서는 자살을 두 종류로 구분한다. 정신적 혼란과 자기 파괴적인 자살과, 자신의 의지에 의한 영웅과 수행자의 자살로 양분하여 보는 것이다. 특히 사회적 영웅과 수행자의 자살은 재생의 바퀴로부터 완전히 해방되는 것으로서, 자아를 깨우는 성스러운 것으로 취급하여 나쁜 죽음이 아니라 신성한 죽음으로 분리한다.[30] 여기서 사회적인 영웅은 전쟁 용사(vīra)와 과부 순사로 불리는 사띠(satī)가 해당되고, '고행자의 단식에 의한 자살인 살레깐나(sallekhanā)'로서의 수행자의 자살을 꼽을 수 있다. 이 세 가지 죽음 형태는 자기 폭력과 살해의 의미에서의 자살이 아니라 자발적이고 선한 죽음에 해당되기 때문에 힌두에서는 죽음 의례가 필요없다. 이들은 복잡한 죽음 의례의 과정이나 특정한 대안의례가 없어도 곧 바로 신성을 획득하고 천계의 신격 단계로 돌입한 특별한 존재가 된다.

국가와 사회의 이데올로기를 위해 목숨을 바치는 전쟁 용사는 다른 문화권에서도 인정되는 죽음 형태이지만 남편의 죽음을 따르는 사띠의 경우는 인도문화권의 특수한 죽음으로 본다. 힌두에서 주체적이고 자발적인 사띠는 '여성 최고의 다르마(stīr-dharma)'로 규정되며, 이를 행하여 분신한 여성은 곧 바로 여신(devī)으로 신격화된다. 즉 전장의 영웅과 사띠 같은 형태의 죽음은 사회 가치 체계에서 고귀함을 부여 받아 죽음 의례를 통한 조상의 위계 획득의 단계를 생략하고 곧 바로 신성화되는 단계로 접어든다. 일반적으로 사자가 천계로 가서 조상이 되는 것은 개인의 힘으로 이룰 수 없으며 상당한 기간이 소요되는 공동의 작업이지만 이들은 즉각적으로 신성화되어 신격의 경지에 오르게 된다. 이 두 가지 유형의 죽음은 사회적인 선한 가치로 평가되면서 신성화에 박차를 가하는 끄샤뜨리아(kṣatriya)의 계급 이데올로기에 기반한 죽음 체계로 파악할 수 있다.[31] 이러한 방식의 죽음에서 가장 중요한 점은 자의에 의한 선한 형태의 자살이어야 하며, 이는 죽음을 정복한 신성한 죽음으로 불리기도 한다.

반면 수행자의 자살은 자신의 몸을 단계적으로 굶겨서 죽는 살레깐나로 행해진다.[32] 이 특수한 자살은 죽음을 앞둔 수행자가 스스로 죽음을 마무리 짓는 수행자의 전통적인 문화 양태로 인식하여 선한 가치로 판단한다. 앞의 두 가지의 자살 형태의 이데올로기와는 다르게 이 자살은 바라문 계급의 이데올로기를 지향하면서 영적인 가치 체계를 지닌 것으로 평가받는다. 다시 말해 수행자의 살레깐나는 종교적인 죽음으로서 가장 완전하고 정신적인 죽음의 형태로 분류되어 죽음 의례의 양상도 전혀 다르게 진행된다.

　힌두의 가장 대표적인 수행자인 산야신(samnyāsin)이 살레깐나로 죽음에 이르면 그들은 화장하지 않고 매장한다. 다시 말해서 힌두인들의 이상적인 삶의 사주기(āśrama)의 마지막 단계인 산야신 수행자는 사후에 화장하지 않고 매장하기 때문에 전형적인 힌두 죽음 의례의 범주에서 벗어난다.[33] 이들은 힌두 가치 체계에서 중요한 사회적 의무를 마치고 수행의 길에 접어든 자발적인 고행자들로서, 사회적 연결 매체인 가족관계가 절연되었으므로 가족과 사삔다라는 친족 단위의 죽음 의례의 단계 자체를 밟지 않는다. 또한 이들은 신, 조상, 리쉬에게 진 빚(ṛṇa)이 없으며, 쁘레따의 위협에서 자유로운 존재이므로 죽음 의례가 필요없다고도 볼 수 있다.[34] 힌두인들은 이 세상에서 자신의 의무를 행하는 것을 자신을 둘러싼 존재의 빚을 갚는 행위로 생각하는데, 산야신의 존재는 이러한 모든 사회적 구속력과 가치 체계를 초월한 상태라고 할 수 있다.

　초월적인 상태인 산야신들이 이미 신성한 존재라는 것은 까르마(karma)이론과 연결 지어 설명되기도 한다. 힌두에서는 아주 어린 아이가 죽은 경우 전통적인 장례를 치르지 않고 매장을 한다. 『가루다 뿌라나』(Garuḍa Purāṇa 2.24.4)에서 어린 아이가 죽은 경우 아주 적은 양의 까르마만 쌓였기 때문에 죽음 의례가 필요없으며, 나쁜 까르마가 생성되기 이전에 죽었기 때문에 화장하지 않는다고 설명한다. 어린 아이의 나이에 대한 규정은 베다 텍스트마다 다르다. 이가 나기 전, 두 살, 27달, 세 살 이하, 삭발식(cūḍākaraṇa) 이전, 입문식(upanayana) 이전 등으로 다양하게 규정하는데, 『가루다 뿌라나』(2.43.3)에서는 네 살 이하의 아이로 정하고 있다.[35] 어린 아이가 까르마가 없기 때문에 매장하는 것과 달리 산야신은 까르마를 이긴 자이며, 모든 까르마에서 자유로운 존재이기 때문에 매장하는 것으로 구분한다.[36]

이러한 산야신 수행자는 베다 시대부터 지금까지 철저히 매장이라는 장례법을 따른다. 산야신들은 죽음을 통해 개체성의 해탈을 이루고 절대와의 합일을 마친 상태의 성스러운 존재로서 기존의 죽음 의례가 필요하지 않아 매장하는 것이다. 좀 더 엄밀히 살펴보면, 죽음 의례가 필요없다기보다는, 산야신은 수행자로의 입문식이자 정화 의례를 행하는데 이 딕샤제(dīkṣā 祭)가 죽음 의례와 동일하기 때문에 반복하지 않는다고 보는 것이 정확하다. 딕샤제는 일년에 걸쳐 진행되는데 이 기간이 바로 일반인의 장례 기간에 해당하므로 별도의 죽음 의례를 행하지 않는 것이며, 딕샤제를 행한 수행자는 그때부터 진정한 사자(死者)로서 인정받는다.[37] 이는 수행자가 스스로를 태우고 금욕하는 독특한 힌두 수행 방식인 따빠스(tapas)의 열기로 이미 육신을 태운 존재로 풀이하고 죽음 의례의 불이 필요없다고 설명되기도 한다. 즉 속세를 포기한 산야신 수행자는 살아있는 사자이며, 고행자로서는 따빠스의 불 속에서 자신을 천천히 태워 알맞게 구워진 제물로서 이미 내적으로 타 버렸으므로, 죽은 후에 다시 화장할 필요가 없는 것이다.[38] 『샤따빠따 브라흐마나』(Śatapatha-Brāhmaṇa 1.1.1.6; 3.1.1.8)에서는 딕샤제를 행하는 수행자가 그 자체로 인간이 아니라는 점을 지적하면서, 하나의 신격이 된다고 하여

이 제식이 인간의 상태에서 신의 상태로 이행시키는 제식이며, 부정을 정으로 전이시키는 정화 의례라는 점을 분명히 한다.[39] 여기서 주목해야 할 점은 죽음 의례의 주요한 기능인 전이와 신성성의 획득을 딕샤제가 완수하고 있다는 것이다.

그렇다고 해서 산야신이 사망할 경우 아무런 죽음 의례가 행해지지 않는 것은 아니다. 매장에 근거한 간단하고 소박한 장례가 진행된다. 우선 시신을 무덤 안에 앉히고, 주검의 무릎에 그가 사용하던 발우를 놓고, 나무로 된 컵에 물을 채워 오른손에 놓아 준 후, 동물이 주검을 훼손하는 것을 보호하기 위해 흙으로 덮어 무덤을 만들고 위에 기념석을 세우는데 이를 사마디(samādhi)라 한다.[40] 여기서 사마디는 육체적인 신체를 떠나 명상에 든 상태로서, 브라흐만(Brahman)과 완전히 합일한 경지를 말하는 것이다. 즉 사후의 산야신은 육신을 떠난 자유로운 영혼의 상태에 머물러 있으며, 죽은 상태가 아니라 대삼매(大三昧, mahāsamādhi)에 든 것이기 때문에 매장한다.[41]

또 다른 힌두의 대표적인 수행자인 사두(sādhu)와 아고리(aghori)의 경우도 주로 매장을 한다.[42] 무덤을 파서 가부좌 자세, 즉 요가 자세로 앉힌 후 바닥에서 턱까지 소금, 장뇌(camphor), 백단향 등을 섞어 채운 다음 매장하는 간단한 장례를 치르고, 산야신과 마찬가지로 사미디 비석을 세우는 것으로 알려져 있다.[43] 힌두 수행자들은 저명한 산야신과 사두 등의 사마디를 중심으로 모여들어 그 주변에서 수행하면서 천계의 지도자에게 가르침과 도움을 받는다.[44] 또한 힌두교도들은 이 장소를 성지(tīrtha)로 만들고 순례지로 추앙한다. 이처럼 힌두의 종교에서 말하는 죽음의 가장 완성된 모습은 기세자(棄世者)들의 이상적인 죽음으로서, 그들의 무덤은 수행자의 영적인 공동체를 엮어 주는 표시로서 의미가 더욱 강조된다.[45] 즉 힌두 수행자들은 종교적 성자로서 이미 신성화된 존재이기 때문에 죽음 의례를 통한 정화와 신성화 과정이 불필요하며 이러한 까닭으로 전통적인 죽음 의례 없이 매장하고 그들의 사마디의 성역화를 통해 또 다른 신성화 과정을 겪게 된다.

5. 힌두 죽음 의례의 가치 체계

힌두인들의 이상적인 죽음관을 담은 베다 텍스트는 시대에 맞게 다양하게 변화하며 죽음의 문제를 의례적으로 해소하고 철학적인 사색을 거듭했다. 힌두 죽음 의례는 인간의 가장 큰 고통인 죽음을 산 자와 사자 공동의 이익을 위한 집단적이고 신성한 사건으로 취급한다. 그리고 죽음의 유형마다 외형적인 정화의 기능뿐 아니라 질적인 정화를 거듭하면서 사자를 신성화하는 데 커다란 의미를 두었다. 더불어 조상의 존재를 신격화한 후 신성한 이중적인 단계로 세분화하여 죽음 이후의 존재를 산 자들과 공덕을 공유하는 존재와 이를 초월하는 존재로 양분하였다.

이 글은 힌두 죽음 의례의 대표적인 슈라다제가 죽음 의례의 본질적인 의미를 담고 있는 의례임을 밝히고, 사자의 임계적 상황과 정화 의례를 통해 조상으로 전환시키는 의례적 전이 과정의 의미와 근거를 알아보는 것으로 시작되었다. 이를 통하여 힌두 죽음 의례의 가장 중요한 역할은 사자를 조상으로 만드는 것이며, 이는 산 자와 사자의 안녕을 위한 것임을 조명하고자 하였다. 이 과정에서 생물학적 죽음을 겪은 사자가 쁘레따라는 임계적인 상태를 경험한 후 슈라다제라는 죽음 의례를 통해 조상으로 변이되는 과정과, 화장제가 정화와 통과의례로서의 근본적인 역할을 하면서 슈라다제로 흡수되어 정의되는 분류 체계도 알아보았다. 특히 사자가 조상으로 전이

된 이후 조상의 위계에 따른 배치, 공유하는 신격과 공간적 위상에 따라 부여되는 조상의 임무, 다층적인 조상의 세계를 반영한 신성화의 이중 구조를 집중적으로 분석하였다.

또한 이를 바탕으로 죽음 의례를 행하지 않고도 죽음 자체가 정화력을 갖는 신성한 죽음에 대해서도 살펴보았다. 힌두인들은 스스로를 해방시키고 속죄하는 의도적인 목적의 자살을 선한 가치로 인정하는데, 특히 고행주의적 관점에서 수행자들의 죽음의 양상과 의례적 형태를 높이 평가한다. 힌두인들은 잘못된 죽음을 수정하거나 의례적 대안을 추구하면서 죽음을 정화하고 신성화시키려고 노력하였고 이러한 과정 자체가 필요없는 진정한 죽음의 형태가 성자와 수행자의 의지와 자발성에 기인한 죽음이라는 점을 강조하였다. 이러한 의미에서 보면 힌두의 죽음 의례는 죽음의 부정을 정함으로 변환시키는 신성한 작업이며, 죽음 자체로 신성함을 획득한 성스러운 죽음을 통해 영적인 죽음의 신성성을 의도적으로 부각시키려 했음을 알 수 있었다.

힌두 죽음 의례의 의미를 간략히 요약해 보면 다음과 같다. 일상적인 죽음에 대한 힌두 죽음 의례는 사자가 슈라다제에 의해 천계로 상승하여 조상이 되는 신성화 구조로 이루어진다. 또한 슈라다제를 비롯한 힌두 죽음 의례의 가장 주요한 기능은 사자를 신성한 조상의 존재로 변이시키는 것이다. 이로써 조상이 된 자는 산 자와 공유할 수 있는 능력을 소유한 삼대 조상이라는 일차적인 위계를 갖고, 그 이후에 이를 초월한 먼 조상이라는 이차적인 위계를 이루면서 조상 신성화의 이중 구조로 존재한다. 다시 말해서 힌두는 죽음 이후의 존재를 인간과 공조하며 서로의 안녕을 기원하는 조상과 이를 넘어서는 초월적인 존재인 조상의 이차적 단계를 설정하여 조상의 존재가 신과 같은 신성한 존재이며 신격이 상향 조정됨을 강조한다. 나아가 사회적인 성인과 종교적인 성자의 특수한 죽음을 통해 죽음 의례의 도움 없이도 즉각적인 신성화가 가능하다는 점을 역설한다. 그리고 이러한 특별한 죽음의 과정과 의례적 의미를 부각시키면서 힌두 죽음 의례의 신성화 구조와 그 기능을 대체할 수 있는 선한 죽음의 독특하고 신성한 가치 체계를 제시한다고 볼 수 있다.

참고문헌

죽음의 연습으로서의 의례_ 이창익

로살도, 레나토, 2000, 『문화와 진리: 사회분석의 새로운 지평을 위하여』, 권숙인 옮김, 아카넷.

Agamben, Giorgio, 1998, *Homo Sacer: Sovereign Power and Bare Life,* trans. Dniel Heller-Roazen, Stanford: Stanford University Press.

Agamben, Giorgio, 2004, *The Open: Man and Animal,* trans. Kevin Attell, Stanford: Stanford University Press.

Ariés, Philippe, 1974, "Death Inside Out," trans. Bernard Murchland, *The Hastings Center Studies* 2-2.

Bataille, Georges, 1989, *Theory of Religion*, trans. Robert Hurley, New York: Zone Books.

Bloch, Maurice, 1982, "Death, Women, and Power," Maurice Bloch & Jonathan Parry, eds., *Death and Regeneration of Life*, Cambridge: Cambridge University Press.

Cronenberg, David & Serge Grünberg, 2006, *David Cronenberg: Interviews with Serge Grünberg*, London: Plexus.

de la Saussaye, P. D. Chantepie, 1891, *Manual of the Science of Religion*, trans. Beatrice S. Colyer-Fergusson, London and New York: Longmans, Green, and Co.

Eliade, Mircea, 1958, *Birth and Rebirth: The Religious Meanings of Initiation in Human Culture*, New York: Harper & Brothers Publishers.

_____, 1973, *Australian Religions: An Introduction*, Ithaca: Cornell University Press.

_____, 1976, "Mythologies of Death: An Introduction," *Occultism, Witchcraft, and Cultural Fashions: Essays in Comparative Religions*, Chicago: The University of Chicago Press.

Geertz, Clifford, 1973, "Person, Time, and Conduct in Bali," *The Interpretation of Culture*, New York: Basic Books.

Hertz, Robert, 1960, "A Contribution to the Study of the Collective Representation of Death," *Death and the Right Hand*, trans. Rodney & Claudia Needham, Glencoe: The Free Press.

Hubert, Henri & Marcel Mauss, 1981, *Sacrifice: Its Nature and Functions*, trans. W. D.

Hall, Chicago: The University of Chicago Press.

Lewis, Clive Staples, 1936, *The Allegory of Love: A Study in Medieval Tradition*, New York: Oxford University Press.

Mauss, Marcel & Henri Beuchat, 1979, *Seasonal Variations of the Eskimo: A Study in Social Morphology*, trans. James J. Fox, London: Routledge & Kegan Paul.

Mauss, Marcel, 1979, "The Physical Effect on the Individual of the Idea of Death Suggested by the Collectivity (Australia, New Zealand)," *Sociology and Psychology: Essays*, trans. Ben Brewster, London: Routledge & Kegan Paul.

Metcalf, Peter & Richard Huntngton, eds., 1991, *Celebrations of Death: The Anthropology of Mortuary Ritual*, 2nd Edition, Cambridge: Cambridge University Press.

초분과 씻김굿 속의 산 자와 죽은 자_ 조경만

박주언·황루시, 1988, 「무가」, 『진도무속현지조사』, 서울: 국립민속박물관.

이윤선, 2009, 「진도지역 상례를 통해서 본 의례와 놀이의 연행 의미」, 『비교민속학』 38, 비교민속학회.

이종철·조경만, 1987, 「민속자료」, 『진도군의 문화유적』, 무안: 목포대학교 박물관.

조경만, 1988, 「무의식」, 『진도무속현지조사』, 서울: 국립민속박물관.

한국방송공사, 1988, 「죽음」, 『다큐멘터리 진도 2』, 서울: 한국방송공사(다큐멘터리 60min).

Bloch, Maurice & Jonathan Parry, 1982, Death and *Regeneration of Life*, Cambridge: Cambridge University Press.

Basso, K. H., 1996, "Wisdom Sits in Places," S. Feld and K. H. Basso, eds., *Senses of Place*, Santa Fe: SAR Press.

Douglas, Mary, 1962, *Purity and Danger*, London: Routeledge and Kegan Paul.

_____, 1978(1970), *Natural Symbols*, Middlesex: Penguin Books.

Mauss, Marcel, 1934, "Techniques of the Body," in Margaret Lock & Judith Farquhar, eds., 2007, *Beyond the Body Proper*, Durham: Duke Univ. Press.

Meskell, L., 2005, "Objects in their Mirror Appear Closer than They Are," in D. Miller, ed., *Materiality*, Durham: Duke University Press.

Rist, S., 2006, "The Importance of Bio-cultural Diversity for Endogamous Development," in COMPAS-ETC & CDE, *The Interplay of Worldviews: Globalization and Locality* (proceeding); http://www.bioculturaldiversity.net/papers.htm.

Royce, Anya Peterson, 2004, *Anthropology of the Performing Arts*, Walnut Creek: AltaMira Press.

Turner, Bryan S., 1984, *The Body and Society*, Oxford: Basil Blackwell Pub.

Ward, W., 1997, "Dancing around Meaning and Meaning around Dance," in H. Thomas, ed., *Dance in the City*, Houndmills: Macmillan Press.

두 개의 무덤, 하나의 시신_ 배관문

사토 히로오, 2011, 『일본열도의 사생관』, 성해준 옮김, 도서출판 문.

야마구치 가즈오, 2011, 『일본의 국학자 모토오리 노리나가의 사생관』, 지식과 교양.

이와타 시게노리, 2009, 『일본 장례문화의 탄생』, 조규헌 옮김, 소화.

大野晋・大久保正 編, 1968-1993, 『本居宣長全集』, 筑摩書房.

岡田千昭, 2006, 『本居宣長の研究』, 吉川弘文館.

神野志隆光, 1986, 『古事記の世界観』, 吉川弘文館.

小林秀雄, 1977, 『本居宣長 上・下』, 新潮社.

田原嗣郎 他 校注, 1973, 『平田篤胤・伴信友・大国隆正』, 日本思想大系50, 岩波書店.

東より子, 1999, 『宣長神学の構造: 仮構された「神代」』, ぺりかん社.

松本滋, 1981, 『本居宣長の思想と心理』, 東京大学出版会.

村岡典嗣, 1928, 『本居宣長』, 岩波書店.

_____, 1944, 「鈴屋余響 その二」, 『本居宣長全集 月報第5号』, 岩波書店.

상여는 망자의 집_ 임현수

『고려사』 (http://www.krpia.co.kr)

『국역조선왕조실록』 (한국고전번역원 http://www.itkc.or.kr)

『國朝五禮儀』

『國朝五禮儀序例』

『禮記』

『五禮儀』

『儀禮』

국립문화재연구소, 2008, 『국역 국조상례보편』, 민속원.

_____, 2005, 『국역 정조국장도감의궤 2』, 민속원.

김장생, 2003, 「가례집람도설」, 『국역 사계전서 3』, 정선용 옮김, 민족문화추진위원회.

박종민, 2010, 「한국상여의 변용과정 연구」, 한국학중앙연구원 박사학위논문.

＿＿＿, 2003, 「조선 초기 國喪用 운반용구고: 『世宗莊憲大王實錄』 「五禮儀」와 『國朝五禮儀』를 중심으로」, 『민족문화』 26.

＿＿＿, 2004, 「조선 초기 국상용 왕실 대여(大轝)와 대부 · 사 · 서인용 대여의 비교」, 『민속학연구』 14.

박진훈, 2006, 「고려 사람들의 죽음과 장례: 官人 가족을 중심으로」, 『한국사연구』 135.

정종수, 2000, 「상여고」, 『생활문물연구』 창간호, 국립민속박물관.

장경희, 1999, 「朝鮮後期 凶禮 '都監'의 匠人 硏究」, 『미술사논단』 8.

주희, 2003, 『주자가례』, 임민혁 옮김, 예문서원.

한국정신문화연구원, 2000, 「泣血錄」, 『朝鮮時代 冠婚喪祭 IV』.

＿＿＿, 2000, 「增補四禮便覽」, 『朝鮮時代 冠婚喪祭 II』.

Groot, J. J. M de., 1892, *The Religious System of China, Its Ancient Forms, Evolution, History and Present Aspect, Manners, Customs and Social Institutions Connected Therewith*, vol. 1, Leiden: Brill.

(唐)杜佑, 1988, 『通典』, 北京: 中華書局.

(宋)聶崇義, 『三禮圖』 (中國哲學書電子化計劃 http://ctext.org/zh)

孫希旦 撰, 1989, 『禮記集解』, 北京: 中華書局.

王文錦 譯解, 2005, 『禮記譯解』, 北京: 中華書局.

죽음 의례에서 옷의 상징성_ 구미래

구미래, 2004, 「불교 전래에 따른 화장(火葬)의 수용양상과 변화요인」, 『韓國宗教民俗試論』, 민속원.

＿＿＿, 2005, 「사십구재의 의례체계와 의례주체들의 죽음 인식」, 안동대학교대학원 박사논문.

김진, 1999, 「무아설과 윤회설의 문제」, 『철학논총』 19, 새한철학회.

대한불교조계종 포교원, 2004(2판), 『통일법요집』, 조계종출판사.

법현, 1997, 『영산재 연구』, 운주사.

沈祥鉉, 2000, 『佛敎儀式各論 II: 시련 · 재대령 · 관욕』, 한국불교출판부.

安震湖 篇, 韓定燮 註, 2001, 『釋門儀範』, 法輪社.

오형근, 1995, 『불교의 영혼과 윤회관』, 새터.

임재해, 1990, 『전통상례』, 대원사.

장철수, 1995, 『옛무덤의 사회사』, 웅진출판.

홍윤식, 1991, 『영산재』, 대원사.

고대 한국인의 저승관과 지옥의 이해_ 나희라

『古事記・祝詞』, 1958, 倉野憲司 等 校注, 日本古典文學大系 1, 東京: 岩波書店.

『大方廣佛華嚴經(80卷本)』, 1924, 大正新修大藏經 10, 東京: 大正一切經刊行會.

『望月佛教大辭典』, 1933, 望月信亨 著, 東京: 世界聖典刊行協會.

『冥報記』, 1995-1999, 續修四庫全書1264・子部・小說家類, 上海: 上海古籍出版社.

『扶桑略記』, 1897, 國史大系 第6卷, 東京: 經濟雜誌社.

『三國史記』, 1941, 朝鮮史學會 編, 京城:近澤書店.

『三國遺事』, 1982(1977), 李丙燾 譯註, 서울: 廣曺出版社.

『日本靈異記』, 1995, 日本古典文學全集 10, 東京: 小學館.

金敬姬, 2003, 「義寂의『法華經集驗記』에 대한 고찰」, 『日本文化學報』 19, 한국일본문
    화학회.

金相鉉, 1982, 「蛇福說話의 佛教的 意味」, 『史學志』 16, 檀國史學會.

_____, 2000, 「義寂의『法華經集驗記』에 대하여」, 『東國史學』 34, 동국대학교 사학회.

金哲埈, 1971, 「東明王篇에 보이는 神母의 性格」, 『柳洪烈博士華甲記念論叢』; 1975, 『韓
    國古代社會研究』, 知識産業社에 재수록.

金泰坤, 1985, 『韓國의 巫俗神話』, 集文堂.

김상현, 1991, 「蛇福說話에 나타난 華嚴思想」, 『新羅華嚴思想史研究』, 民族社.

김상현・舟橋京子・田中良之, 2001, 「상촌리유적 출토인골에 대하여」, 『진주상촌리유
    적』, 경상남도 동아대학교박물관.

김정희, 1996, 『조선시대 지장시왕도 연구』, 一志社.

김헌선, 1999, 「사복불언설화 이해의 층위」, 『한국민속학』 31, 민속학회.

나희라, 1996, 「西王母神話를 통해 본 古代中國人의 生死觀」, 『宗教學研究』 15, 서울대
    학교 종교학연구회.

_____, 2005, 「신라의 건국신화와 의례」, 『한국고대사연구』 39, 한국고대사학회.

_____, 2008, 『고대 한국인의 생사관』, 지식산업사.

朴永哲, 1997, 「나라카(Naraka)에서 地獄으로: 불교의 번역과 중국문명」, 『歷史教育』
    63, 역사교육학회.

사재동, 1990, 「원효불기의 문학적 연구」, 『배달말』 15, 배달말학회.

오대혁, 1999, 『원효 설화의 미학』, 불교춘추사.

유희수, 1995, 「(書評)권력의 내깃거리로서의 중세말 지옥의 표상」, 『西洋史論』 47, 한국 서양사학회.

李市埈, 2003, 「『日本靈異記』の冥界觀: 先代中國說話集の影響を中心に」, 『日語日文學 研究』 47-2, 韓國日語日文學會.

張美鎭, 1995, 「불교문화권에 있어 '地獄'의 原神話的 要素와 그 의미」, 『美術史學』 7, 불 교사학회.

趙東一, 1971, 「說話」, 『口碑文學槪說: 口碑傳承의 韓國文學的 考察』, 一潮閣.

조동일, 1990, 『삼국시대 설화의 뜻풀이』, 集文堂.

편무영, 1996, 「시왕 신앙을 통해 본 한국인의 타계관」, 『민속학연구』 3, 국립민속박물 관.

하딩, 에스터, 1996, 『사랑의 이해』, 김정란 옮김, 문학동네.

현용준, 1980, 「체스본풀이」, 『제주도무속자료사전』, 新丘文化社.

玄容駿, 1992, 「古代 韓國民族의 海洋他界觀」, 『巫俗神話와 文獻神話』, 集文堂.

黃浿江, 1972, 「蛇福說話試論」, 『韓國敍事文學硏究』, 단국대출판부.

Anisimov, A. F., 1963, "Cosmological Concepts of the Peoples of the North," in Henry N. Michael ed., Studies in Siberian Shamanism, Toronto and Buffalo: University of Toronto Press.

Brandon, S. G. F., 1967, The Judgment of the Dead: The Idea of Life After Death in the Major Religions, New York: Charles Scribner's Sons.

Cassirer, Ernst, 1944, An Essay on Man: An Introduction to a Philosophy of Human Culture, New Haven: Yale Univ. Press; 에른스트 카시러, 1988, 『인간이란 무엇인가: 문화철학서설』, 최명관 옮김, 서광사.

Eliade, Mircea, 1983, Traité d'histoire des religions, Paris: Payot; 미르치아 엘리아데, 1993, 『종교사 개론』, 이재실 옮김, 까치.

Homer, 1919, The Odyssey, trans. A. T. Murray, Cambridge: Harvard University Press.

Le Goff, Jacques, 1991, La Naissance du Purgatoire; 자크 르 고프, 1995, 『연옥의 탄생』, 최애리 옮김, 문학과 지성사.

MacCulloch, J. A., 1911, "Serpent-Worship: Introductory and Primitive," in James Hastings, ed., Encyclopedia of Religion and Ethics, New York: Charles Scribner's Sons.

Sandars, N. K., 1960, The Epic of Gilgamesh: An English Version, Penguin Classics; N. K. 샌다스 판독, 1978, 『길가메시 서사시』, 이현주 옮김, 범우사.

Stevan L. Davies, 1987, "Soul: Ancient Near Eastern Concepts," in M. Eliade ed., *The Encyclopedia of Religion*, New York: Macmillan Publishing Company.

Tober, Linda M. & F. Stanley Lusby, 1987, "Heaven and Hell," in M. Eliade ed., *The Encyclopedia of Religion*, New York: MacMillan Publishing.

Turner, Alice K., 1995, *The History of Hell*, San Diego: Harcourt Brace &Co; 앨리스 K. 터너, 1998, 『지옥의 역사』 I · II, 이찬수 옮김, 동연.

道端良秀, 1979, 「中國佛教における地獄の思想」, 『中國佛教思想史の研究』, 東京: 平樂寺書店.

棚瀬襄爾, 1966, 『他界觀念の原始形態: オセアニアを中心として』, 京都: 京都大學東南アジア研究せんたー.

山口昌男, 1969, 「地獄以前: シャーマニズムの日本的展開」, 『傳統と現代』 1969年 1月號, 東京: 學燈社; 板本要 編, 1990, 『地獄の世界』, 東京: 溪水社에 재수록.

山下晋司, 1996, 「葬制と他界觀」, 大林太良 編, 『日本の古代』 13, 心のなかの宇宙, 東京: 中央公論社.

西郷信綱, 1976, 「古代日本の冥界」, 『地獄と人間』, 東京: 朝日新聞社.

石田瑞磨, 1982, 「地獄とは何か」, 『書齋の窓』 1982年 1月~12月號, 東京: 有斐閣; 板本要 編, 1990, 『地獄の世界』, 東京: 溪水社에 재수록.

水野正好, 1986, 「生者と死者の織りなす古代」, 金關恕 編, 『宇宙への祈り』, 集英社.

守屋俊彦, 1972, 「金の宮: 靈異記における他界」, 『甲南國文』 19, 甲南女子大學國文學會; 板本要 編, 1990, 『地獄の世界』, 東京: 溪水社에 재수록.

岩本裕, 1965, 「地獄思想の展開: 古代インドにおける地獄思想とその起源」, 『地獄と極樂』, 東京: 三一新書; 板本要 編, 1990, 『地獄の世界』, 東京: 溪水社에 재수록.

依田千百子, 1985, 「朝鮮の葬制と他界觀」, 『朝鮮民俗文化の研究』, 東京: 瑠璃書房.

中野美代子, 1988, 「中國人における死と冥界: 地獄をデザインするまで」, 『佛教思想』 10(死), 佛教思想研究會 編, 京都: 平樂社.

泉芳璟, 1941, 『地獄と極樂: 來世思想の考察』, 東京: 法藏館.

杜正勝, 1991, 「生死之間是連繫還是斷裂?: 中國人的生死觀」, 『當代』 58, 臺北: 合志文化公社.

余英時, 1985, 「中國古代死後世界觀的演變」, 『中國哲學史研究』 4, 天津: 天津人民出版社.

于爲剛, 1988, 「中國地獄觀念的形成與演變」, 『社會科學戰線』 1988年 4期, 長春: 吉林人民出版社.

蒲慕州, 1993, 『墓葬與生死: 中國古代宗教之省思』, 臺北: 聯經出版社.

서울 진오기굿의 죽음과 저승 인식_ 홍태한

김태곤, 1981, 『한국무속연구』, 집문당.

홍태한, 1998, 『서사무가 바리공주 연구』, 민속원.

_____, 2005, 『서울진오기굿』, 민속원.

_____, 2005, 「서울굿 가망청배에서 가망의 의미 연구」, 『한국민속학』 41, 한국민속학회.

홍태한 외, 1997-2003, 『서사무가 바리공주전집』(전 4권), 민속원.

제주 4·3 희생자 위령 의례의 국가화와 그 후_ 지영임

『경향신문』

『국제신문』

『동아일보』

『서울신문』

『자유신문』

『제민일보』

『제주신문』

『중앙일보』

『한겨레신문』

『한라일보』

강창일·현혜경, 2004, 「기억투쟁과 4·3 위령 의례」, 『기억투쟁과 문화운동의 전개』, 선인.

_____, 2006, 「4·3기억의 굿을 통한 재현」, 『항쟁의 기억과 문화적 재현』, 선인.

국가보훈처, 1992, 『보훈 30년사』.

구미래, 2005, 『사십구재의 의례체계와 의례주체들의 죽음 인식』, 안동대학교박사학위논문.

김종민, 1999, 「4·3이후 50년」, 『제주 4·3연구』, 역사비평사.

김영범, 2004, 「기억투쟁으로서의 4·3문화운동 서설」, 『기억투쟁과 문화운동의 전개』, 선인.

고성만, 2005, 『제주 4·3담론의 형성과 정치적 작용』, 제주대학교 사회학과석사논문, 2005.

_____, 2011, 「4.3과거청산과 희생자」, 『탐라문화』 38.

남상구, 2005, 「전후 일본에 있어서의 전몰자추도시설을 둘러싼 대립」, 『한일관계사연구』.

니시무라 아키라, 2002, 「위령과 폭력: 전쟁사망자에 대한 태도 이해를 위해」, 『종교문화
　　비평』 2, 청년사.

박찬식, 2011, 「4 · 3 사자(死者)에 대한 기억 방식의 변화: 제주지역민을 중심으로」,
　　『4 · 3과 역사』 11.

백숭기, 2003, 「4 · 3의례와 역사적 기억」, 『제4회 5 · 18기념 국제학술대회 자료집』.

송현동, 2006, 「현대 한국의 장례의식에 나타난 죽음관」, 『종교연구』 43, 한국종교학회.

시마조노 스스무, 2004, 「종교학의 현재와 동아시아 종교학의 역할: 전몰자 추도문제 및
　　국가신도 개념과 관련하여」, 『종교연구』 37, 한국종교학회.

이은나, 2006, 「4 · 3의례와 음악: 제주 4 · 3사건 범도민위령제를 중심으로」, 『항제의 기
　　억과 문화적 재현』, 선인.

임대식, 1999, 「제주 4 · 3항쟁과 우익청년단」, 『제주 4 · 3연구』, 역사비평사.

정근식, 2006, 「비교와 종합을 향하여」, 『항쟁의 기억과 문화적 재현』, 선인.

제민일보4 · 3취재반, 1994, 『4 · 3은 말한다』 1, 전예원.

＿＿＿, 1994, 『4 · 3은 말한다』 2, 전예원.

제주도경찰국, 1990, 『제주경찰사』.

제주 4 · 3사건진상규명 및 희생자명예회복위원회, 2003, 『제주 4 · 3사건 진상조사보고
　　서』.

제주도청4 · 3사건 지원사업소 자료.

조명기 · 장세용, 2013, 「제주 4 · 3 사건과 국가의 로컬기억 포섭 과정」, 『역사와 세계』
　　43.

차문준 · 김승태, 2002, 『제주도』 106, 제주도.

충의회제주도지부, 2003, 『제주 4 · 3사건 진상조사보고서 반론』.

『朝日新聞』

『毎日新聞』

『統一新聞』

大江志乃夫, 2001, 『靖国神社』, 岩波新書.

池上良正, 2006, 「死者の声を聴くこと: 慰霊と追悼をめぐって」, 『現代宗教』, 東京堂出
　　版, 2006.

清水昭俊, 1998, 「儀礼の外延」, 『儀礼: 文化と形式的行動』, 東京大学出版会.

済民日報4 · 3取材班, 2004, 『済州島四 · 三事件』, 新幹社.

柳聖旻, 2006, 「追慕と慰霊の双曲線: 韓国の宗教儀礼と国家儀礼を中心に」, 『現代宗
　　教』, 東京堂出版.

Hq. USAFIK, G2 Periodic Report No. 863, 18 June 1948.

Hq. USAFIK, G2 Weekly Summary No. 123, 23 Jan.

강ㅇ규 외 구술채록 6명.

『삼국사기』에 나타난 고대 한국인의 사생관_ 정효운

고병철 외, 2012, 『한국의 종교현황』, 문화체육관광부 보고서.

곽만연, 2005, 「불교의 죽음관」, 석당학술총서 11, 『한국인의 죽음관과 생명윤리』, 세종
    출판사.

곽상훈, 1955, 「나의 사생관」, 『사상계』 3-12, 통권 29, 12월, 사상계사.

나희라, 2008, 『고대 한국인의 생사관』, 지식산업사.

로이, 마이클, 1993, 『고대중국인의 사생관』, 이성규 옮김, 지식산업사.

박선영, 1986, 「한국인의 죽음의식(불교): 죽음 앞에 초연한 불교적 삶」, 『전통문화』 9.

박재현 외, 2011, 「한국인의 사생관에 대한 실증적 조사 연구」, 『조사연구』 12-3.

박태상, 1994, 『한국 문학과 죽음』, 문학과 지성사.

윤종갑, 2004, 「신라불교의 신체관과 영혼관: 『삼국유사』와 『삼국사기』를 중심으로」,
    『한국철학논집』 15.

이기동, 2012, 「유학에서 보는 삶과 죽음」, 정현채 외, 『삶과 죽음의 인문학』, 석탑출판.

이상목, 2005, 「한국인의 죽음에 대한 인식과 생명윤리」, 석당학술총서 11, 『한국인의 죽
    음관과 생명윤리』, 세종출판사.

이영재, 2012, 「6세기 말 고구려의 정국과 대왜 교섭 재개의 배경」, 『역사와현실』.

이인복, 1979, 『한국문학에 나타난 죽음의식의 사적 연구』, 열화당.

정효운, 2006, 「일본서기와 고대사상」, 『일어일문학』 29.

_____, 2009, 「한국 사생학의 현황과 과제: '호모후마니타스사생학' 구축을 위한 제언을
    중심으로」, 『동북아문화연구』 21.

조병옥, 1952, 「인간의 이상과 가치: 생사관을 중심하여」, 『자유세계』 1-5, 8/9월 합병호,
    홍문사.

최길성, 1994, 『한국 무속의 이해』, 예전사.

최준식, 1992, 「신선설에 나타난 장생불사관」, 『죽음이란 무엇인가』, 도서출판 창.

황필호, 1992, 「죽음에 대한 현대 서양철학의 네 가지 접근과 한국인의 접근」, 『죽음이란
    무엇인가』, 도서출판 창.

加藤咄堂, 1904, 『死生觀』, 井洌堂.

島薗進, 2006, 「解說 死生學研究と死生觀」, 『加藤咄堂著 死生觀』, 水心肆書.

余英時, 1985, 「中國古代死後世界觀的演變」, 『中國哲學史研究』 4.
詹萬生, 1996, 『中國傳統人生哲學』, 中國工人出版社.

정화, 신성함, 조상의 탄생_ 김진영

김경학, 1995, 「힌두의례와 공간의 상징성」, 『한국문화인류학』 28-1.
김도영, 2010, 『내가 만난 인도인』, 산지니.
김진영, 2013, 「베다 초기에 나타난 죽음(mṛtyu) 개념의 기원과 전개 양상」, 『인도철학』 37.
_____, 2008. 『베다제식의 신화적 구조』, 동국대학교 박사학위논문.
류경희, 2013, 『인도의 종교와 종교문화』, 서울대학교출판부.
이은구, 2006, 『세계의 장례문화』, 한국외국어대학교 출판부.
정승석, 1984, 『리그 베다』, 김영사.
포르 베르나르, 1997, 『동양종교와 죽음』, 김주경 옮김, 영림카디널.

Allsop, Marcus, 2000, *Western Sadhus and Sannyasins in India*, Arizona: Hohm Press.

Crawford, S. Cromwell, 1995, *Dilemmas of Life and Death: Hindu Ethics in a North American Context*, New York: SUNY Press.

Dhavamony, M., 1999, *Hindu Spirituality*, Roma: Editrice Pontificia Università Gregoriana.

Filippi, G., 1996, *Mṛtyu*: Concept of Death in Indian Traditions, New Delhi: D.K.Printworld.

Firth, S., 1997, *Dying, Death and Bereavement in a British Hindu Community*, Leuven, Brussels: Peeters.

Gold, Ann G., 1990, *Fruitful Journeys: The Ways of Rajasthani Pilgrims*, California: University of California Press.

Gonda, Jan, 1980, *Vedic Ritual: The Non-Solemn Rites*, Leiden: E. J. Brill.

Jacobs, Stephen, 2010, *Hinduism Today: An Introduction*, New York: Continuum.

Jacobsen, Knut A., ed., 2010, *Brill's Encyclopedia of Hinduism, Vol. 2: Sacred Texts and Languages Ritual Traditions Arts Concepts*, Leiden: Brill.

Kaelber, Walter O., 1990, *Tapta Marga: Asceticism and Initiation in Vedic India*, Delhi: Sri Stagaru.

Kane, P. V., 1973, *History of Dharmasastra*, Vol. 4, Poona: Bhandarkar Oriental Research Institute.

Keith, A. B., 1925, *The Religion and Philosophy of The Veda and Upanishads*, Vol.2, London: Oxford University Press.

Klostermaier, Klaus K., 2007, *A Survey of Hinduism*, New York: SUNY Press.

Knipe, D.M., 1972, "One Fire, Three Fires, Five Fires: Vedic Symbols in Transition", *History of Religions*, Vol. 12 No. 1, (Aug), 28-41.

_____, 1977, "sapiṇḍīkaraṇa: The Hindu Rite of Entry Into Heaven,", E. Reynolds, eds., *Religious Encounters with Death*, London: Pennsylvania State University.

_____, 2007, "Hindu Eschatology", in Jerry L. Walls, ed., *The Oxford Handbook of Eschatology*, Oxford: Oxford University Press.

Michaels, Axel, 2003, *Hinduism: Past and Present*, trans. Barbara Harshav, Princeton: Princeton University Press.

O'Flaherty, W. D., 1980, *Karma and Rebirth in Classical Indian Traditions*, Berkeley: University of California.

Oestigaard, Terje, 2005, *Death and Life-Giving Waters. Cremation, Caste, and Cosmogony in Karmic Traditions*, Oxford: BAR.

Parry, Jonathan, 1982, "Sacrificial Death and the Necrophagous Ascetic", in M. Bloch & J. Parry, eds., *Death and the Regeneration of Life*, Cambridge: Cambridge University Press.

_____, 1994, *Death in Banaras*, Cambridge: Cambridge University Press.

Sayers, M. R., 2008, "Feeding the Ancestors: Ancestor Worship in Ancient Hinduism and Buddhism", Ph. D. dissertation, Texas University.

Stutley, Margaret & James Stutley, 1977, *A Dictionary of Hinduism-its Mythology, Folklore*, London: Routledge.

Tull, H. W., 1990, *The Vedic Origins of Karma: Cosmos As Man in Ancient Indian Myth and Ritual*, Albany: State University of New York Press.

虫賀幹華, 2011,「ヒンドゥー教の葬儀・祖先祭祀研究(1): 特定の死者に対する継続的供養儀礼の成立について」,『宗教学年報』29.

주석

죽음의 연습으로서의 의례_ 이창익

1 David Cronenberg & Serge Grünberg, *David Cronenberg: Interviews with Serge Grünberg*, London: Plexus, 2006, pp. 117-123. 크로넨버그가 언급하는 책의 원제 목은 다음과 같다. Clive Staples Lewis, *The Allegory of Love: A Study in Medieval Tradition*, New York: Oxford University Press, 1936.

2 *The Fly* (1986), *Dead Ringers* (1988), *Naked Lunch* (1991), *M.Butterfly* (1993), *Crash* (1996), *eXitenZ* (1999).

3 Giorgio Agamben, *The Open: Man and Animal*, trans. Kevin Attell, Stanford: Stanford University Press, 2004, pp. 29-31.

4 *Ibid.*, p. 24.

5 Robert Hertz, "A Contribution to the Study of the Collective Representation of Death," *Death and the Right Hand*, trans. Rodney & Claudia Needham, Glencoe, IL: The Free Press, 1960. 로베르 에르츠의 이 글은 원래 1907년에 『사회학 연보(*Année Sociologique*)』 제10권에 발표된 것이다. 에르츠의 장례식 분석의 중요성에도 불구하고 그의 연구는 국내에 거의 소개되지 않고 있다. 일차적으로 현재의 글은 에르츠의 논의에 대한 연구자들의 관심을 촉진한다는 소박한 목적에서 시작된 것이다. 죽음 표상에 대한 유사한 맥락에서의 연구로는 마르셀 모스의 다음 글을 참조할 만하다. Marcel Mauss, "The Physical Effect on the Individual of the Idea of Death Suggested by the Collectivity (Australia, New Zealand)," *Sociology and Psychology: Essays*, trans. Ben Brewster, London: Routledge & Kegan Paul, 1979, pp. 35-56.

6 Robert Hertz, *op. cit.*, p. 29

7 *Ibid.*, pp. 32-33, p. 118 note. 24, p. 119 note. 33.

8 *Ibid.*, pp. 36-37.

9 영혼과 정령의 구별에 대해서는 P. D. Chantepie de la Saussaye, *Manual of the Science of Religion*, trans. Beatrice S. Colyer-Fergusson, London and New York: Longmans, Green, and Co, 1891, p. 37을 참조하라.

10 Robert Hertz, *op. cit.*, p. 38.

11 *Ibid.*, p. 39.

12 *Ibid.*, p. 40

13 머리사냥에 대해서는 다음 글을 참조하라. 레나토 로살도, 『문화와 진리: 사회분석의

새로운 지평을 위하여』, 권숙인 옮김, 아카넷, 2000, 27-59쪽.

14 Robert Hertz, *op. cit.*, p. 41.

15 *Ibid.*, p. 123 note. 83.

16 *Ibid.*, p. 42.

17 *Ibid.*, p. 123 note. 85.

18 *Ibid.*, p. 124 note. 92.

19 *Ibid.*, p. 124 note. 91.

20 *Ibid.*, p. 43.

21 생명력을 전유하는 장치로서의 장례식의 의미에 대해서는 다음 글을 참조하라. Maurice Bloch, "Death, Women, and Power," Maurice Bloch & Jonathan Parry, eds., *Death and Regeneration of Life*, Cambridge: Cambridge University Press, 1982, pp. 211-230.

22 Robert Hertz, *op. cit.*, p.44.

23 '시체 먹기(necrophagia)'에 대한 자세한 논의는 다음 글을 참조하라. Jonathan Parry, "Sacrificial Death and the Necrophagous Ascetic," Maurice Bloch & Jonathan Parry, eds., *op. cit.*, pp. 75-110.

24 Robert Hertz, *op. cit.*, p. 126 notes. 102-103.

25 *Ibid.*, p. 127 note. 108.

26 *Ibid.*, p. 45, p. 127 note. 112.

27 희생제의의 이러한 메커니즘에 대해서는 다음 책을 참조하라. Henri Hubert & Marcel Mauss, *Sacrifice: Its Nature and Functions*, trans. W. D. Hall, Chicago: The University of Chicago Press, 1981.

28 Robert Hertz, *op. cit.*, p.46.

29 *Ibid.*, p. 47.

30 '장례식의 상상력'과 '신화적인 장례지리학'에 대해 논의하면서 엘리아데는 죽음이 '새로운 존재에 대한 상상력'의 모체라고 주장한다. 다음 글을 참조하라. Mircea Eliade, "Mythologies of Death: An Introduction,"*Occultism, Witchcraft, and Cultural Fashions: Essays in Comparative Religions*, Chicago: The University of Chicago Press, 1976, pp. 32-46.

31 Robert Hertz, *op. cit.*, pp. 47-48, p. 128 note. 121.

32 *Ibid.*, p. 52.

33 *Ibid.*, p. 131 note.142.

34 *Ibid.*, pp. 131-132 note. 144.

35 *Ibid.*, p. 132 note. 147.

36 *Ibid.*, p. 133 note. 154.

37 *Ibid.*, p. 133 note. 157.

38 *Ibid.*, pp. 53-54.

39 *Ibid.*, p. 54.

40 *Ibid.*, p. 55.

41 *Ibid.*, p. 135 note. 174.

42 *Ibid.*, pp. 56-57.

43 *Ibid.*, pp. 135-136 note. 17.

44 *Ibid.*, p. 57.

45 *Ibid.*, p. 136 note. 180.

46 *Ibid.*, p. 136 note. 182.

47 *Ibid.*, p. 58.

48 *Ibid.*, p. 136 note. 185.

49 *Ibid.*, pp. 58-59.

50 *Ibid.*, p. 60.

51 *Ibid.*, p. 138 note. 201.

52 *Ibid.*, pp. 60-61.

53 *Ibid.*, p. 138 note. 202.

54 *Ibid.*, pp. 138-139 note. 203.

55 *Ibid.*, p. 61.

56 *Ibid.*, p. 139 notes. 207-208.

57 *Ibid.*, p. 140 note. 220.

58 *Ibid.*, pp. 62-63, p. 140 note. 217.

59 *Ibid.*, pp. 140-141 notes. 222-223.

60 *Ibid.*, p. 64.

61 오스트레일리아 원주민의 신화적 시간인 '꿈의 시간(Dream Time)'에 대해서는 엘리아데의 다음 책을 참조하라. Mircea Eliade, *Australian Religions: An Introduction*, Ithaca: Cornell University Press, 1973.

62 Robert Hertz, *op. cit.*, pp. 65-69.

63 *Ibid.*, pp. 69, 144 notes. 254-257.

64 *Ibid.*, pp. 70-71.

65 '같은 이름을 지닌 사람(namesake)'의 종교적 의미에 대해서는 다음 책들을 참조할 수 있다. Marcel Mauss & Henri Beuchat, *Seasonal Variations of the Eskimo: A Study in Social Morphology*, trans. James J. Fox, London: Routledge & Kegan Paul, 1979. pp.

59, 64, 68, p. 114 note. 47. 아이가 조상의 이름을 갖는 에스키모인의 경우에, 아이는 독립적인 존재로 인정받으며 부모가 아이를 구타하는 일도 벌어지지 않는다. 또한 '이름'의 종교적 기능에 대해서 다음 글을 참조하라. Clifford Geertz, "Person, Time, and Conduct in Bali," *The Interpretation of Culture*, New York: Basic Books, 1973, pp. 360-411.

66 Robert Hertz, *op. cit.*, pp. 72-75.

67 *Ibid.*, pp. 75-76.

68 *Ibid.*, pp. 78-79.

69 입문의식의 죽음과 부활의 구조에 대해서는 다음 책을 참조하라. Mircea Eliade, *Birth and Rebirth: The Religious Meanings of Initiation in Human Culture*, New York: Harper & Brothers Publishers, 1958.

70 장례식의 통과의례적 구조에 대해서는 다음을 참조하라. Peter Metcalf & Richard Huntngton, eds., *Celebrations of Death: The Anthropology of Mortuary Ritual*, 2nd Edition, Cambridge: Cambridge University Press, 1991, pp. 79-130.

71 Robert Hertz, *op. cit.*, pp. 80-81.

72 *Ibid.*, p. 82.

73 *Ibid.*, pp. 150-151 note. 323.

74 *Ibid.*, p. 150 note. 322.

75 *Ibid.*, pp. 39-40.

76 *Ibid.*, p. 153 notes. 337-339.

77 레나토 로살도, 앞의 책, 58쪽.

78 Philippe Ariés, "Death Inside Out," trans. Bernard Murchland, *The Hastings Center Studies* 2-2, 1974, pp. 3-18.

79 Georges Bataille, *Theory of Religion*, trans. Robert Hurley, New York: Zone Books, 1989, pp. 23-25.

80 *Ibid.*, pp. 39-40.

81 Giorgio Agamben, *Homo Sacer: Sovereign Power and Bare Life*, trans. Dniel Heller-Roazen, Stanford: Stanford University Press, 1998, pp. 154-159.

82 Maurice Bloch & Jonathan Parry, "Introduction: Death and the Regeneration of Life," Maurice Bloch & Jonathan Parry, eds., *op. cit.*, p. 22.

83 Giorgio Agamben, *The Open: Man and Animal,* pp. 17-19.

84 Maurice Bloch & Jonathan Parry, *op. cit.*, p. 18.

초분과 씻김굿 속의 산 자와 죽은 자_ 조경만

1 로이스는 춤 속에서 고도로 의식화된 상태로 '우리가 누구이며 왜 이러한 존재로 있는지'에 대한 이해가 커진다고 말한다. Anya Peterson Royce, *Anthropology of the Performing Arts*, Walnut Creek: AltaMira Press, 2004, p. 1.

2 워드에 의하면 춤은 문화에 대해 통합적이며, 몸을 매개로 한 소통(bodily communication)이다. 춤을 합리성 여부의 잣대로 평가하는 것은 진정으로 춤을 이해하는 것을 방해한다. W. Ward, "Dancing around Meaning and Meaning around Dance," in H. Thomas, ed., *Dance in the City*, Houndmills: Macmillan Press, 1997, p. 7.

3 사회생활은 어디서나 상징들의 교환을 통해 이루어진다. (그 상징에는-필자 첨가) 자연환경의 속성에 대해 부여하는 다양한 의미들이 있다. 지리적(자연적-필자 첨가) 실재들에 대한 문화적 구성(cultural construction)이 일어난다. K. H. Basso, "Wisdom Sits in Places," in S. Feld and K. H. Basso, eds., *Senses of Place*, Santa Fe: SAR Press, 1996, p. 53.

4 이종철 · 조경만, 「민속자료」, 『진도군의 문화유적』, 무안: 목포대학교 박물관, 1987, 193-293쪽.

5 조경만, 「무의식」, 『진도무속현지조사』, 서울: 국립민속박물관, 1988, 23-51쪽.

6 박주언 · 황루시, 「무가」, 『진도무속현지조사』, 서울: 국립민속박물관, 1988, 92-126쪽.

7 한국방송공사, 「죽음」, 『다큐멘터리 진도 2』, 서울: 한국방송공사, 1988, 60min.

8 한국방송공사, 「죽음」, 『다큐멘터리 진도 2』 참조.

9 Mary Douglas, *Purity and Danger*, London: Routeledge & Kegan Paul, 1962, pp. 2-3.

10 Johann Jakob Bachofen, *Myth, Religion and Mother Right*, trans. E. Mannheim, New York: Bollingen Foundation, 1967의 글을 Maurice Bloch & Jonathan Parry, *Death and Regeneration of Life, Cambridge*: Cambridge University Press, 1982, p. 1에서 재인용.

11 이윤선, 「진도지역 상례를 통해서 본 의례와 놀이의 연행 의미」, 『비교민속학』 38, 비교민속학회, 2009, 87-89쪽.

12 이하는 조경만, 앞의 글, 23-51쪽 참조.

13 박주언 · 황루시, 앞의 글, 102쪽.

14 이종철 · 조경만, 앞의 글, 164쪽.

15 조경만, 앞의 글, 35쪽.

16 위의 글, 49쪽.

17 위의 글, 37쪽.

18 이하 조경만, 위의 글에 수록된 내용을 인용, 재해석함.

19 위의 글, 41쪽.

20 위의 글, 44쪽.

21 박주언 · 황루시, 앞의 글, 122쪽.

22 Marcel Mauss, "Techniques of the Body," in Margaret Lock & Judith Farquhar, eds.,
   Beyond the Body Proper, Durham: Duke Univ. Press, 2007, p. 52.

23 S. Rist, "The Importance of Bio-cultural Diversity for Endogamous Development,"
   in COMPAS-ETC & CDE, *The Interplay of Worldviews: Globalization and Locality*
   (proceeding), 2006, p. 14. http://www.bioculturaldiversity.net/papers.htm.

24 Bryan S. Turner, *The Body and Society*, Oxford: Basil Blackwell Pub., 1984, p. 38.

25 *Ibid.*, p. 39.

26 더글러스에 의하면 사물을 나누는 것은 인간을 나누는 것이다. 사회관계는 사물들 간
   논리적 관계의 원초적 형식을 제공한다. Mary Douglas, *Natural Symbols*, Middlesex:
   Penguin Books, 1978(1970), pp. 11-12.

27 L. Meskell, "Objects in their Mirror Appear Closer than They Are," in D. Miller, ed.,
   Materiality, Durham: Duke University Press, 2005, p. 53.

두 개의 무덤, 하나의 시신: 노리나가의 유언장과 양묘제_ 배관문

1 大野晋 · 大久保正 編, 『本居宣長全集』, 筑摩書房, 1968-1993(이하 『전집』으로 약칭),
   20권, 229쪽.

2 『전집』, 20권, 227쪽.

3 에도 시대까지 신분이 높은 극히 일부 사람들을 제외하고 대부분의 사람들은 목제 좌
   관을 사용하여, 지금도 관에 해당하는 일본어 '히쓰기(ひつぎ)'는 한자로 '棺桶'이라 한
   다. 침관은 근대에 화장이 널리 보급되면서 일반화되었다. 오카다 지아키는 이것을
   분묘에 석실을 만들고 그 안에 토장하는 방식을 따온 것이라고 해석하며, 노리나가의
   신격화 지향과 관련하여 고대 고분 양식의 축소판이라고 지적하기도 했다. 오카다의
   설을 전적으로 수용할 수는 없어도, 노리나가가 에도 시대에 남아 있는 천황릉에 대해
   깊은 관심을 보였다는 점 등에서 경청할 부분이 많이 있다. 岡田千昭, 『本居宣長の硏
   究』, 吉川弘文館, 2006, 398쪽, 422쪽.

4 '오쿠쓰키(奧津紀, オクツキ)'는 무덤을 뜻하는 옛말이다. 『고사기전』 권25에 의하면,
   "오쿠쓰키(奧津城)는 『만엽집(万葉集)』에도 많이 보이는데 사자를 매장하는 곳을 말
   한다. 『일본서기(日本書紀)』 덴치천황(天智天皇) 조에도 오쿠쓰키(丘墓)라고 있으며,
   오쿠(奧)는 땅속(地下, ツチノシタ)을 말하는 것이다."라고 되어 있다. 『전집』, 11권,

153쪽.

5 『전집』, 20권, 232쪽.

6 小林秀雄, 『本居宣長 上卷』, 新潮社, 1977, 10쪽, 21쪽.

7 『전집』, 20권, 23쪽.

8 小林秀雄, 앞의 책, 21쪽.

9 対談「『本居宣長』をめぐって」, 小林秀雄, 『本居宣長 下卷』, 新潮社, 1977, 373쪽.

10 야나기타 구니오(柳田國男) 민속학이 제창한 양묘제가 일본의 장묘제를 설명할 때 전형적인 사례로 오랜 기간 논의되어 온 것은 사실이나, 현재는 이에 대한 비판이 많이 이루어지고 있다. 예컨대 이와타 시게노리는 야나기타에 의해 일본적 원형으로서의 풍장에서 발전한 것이 양묘제라는 식으로 자리매김 되면서, 일본열도 전역의 묘제를 생각할 때는 수적으로 소수에 지나지 않는 이 방식이 장묘 연구의 방향성을 결정짓고 말았다고 비판한다. 즉 육체에서 분리된 영혼을 중시하는 관념이 고대부터 존재해왔다는 공동환상에 불과하다는 것이다. 사토 히로오 역시 양묘제가 사체나 유골에 대한 관심을 드러내지 않는 중세적인 죽음의 관념과는 전혀 이질적인 것으로, 특정한 개인의 영혼을 모시는 석탑 시스템이 보급되기 시작한 근세적 묘제를 전제로 한 것이라고 지적한다. 이와타 시게노리, 『일본 장례문화의 탄생』, 조규헌 옮김, 소화, 2009; 사토 히로오, 『일본열도의 사생관』, 성해준 옮김, 도서출판 문, 2011.

11 『장례식(御葬式)』, 『전집』, 별권 3권, 해제, 34-35쪽.

12 무라오카 쓰네쓰구의 조사에 따르면, 실제로 마쓰자카 부교쇼(奉行所)의 지시로 보이는 문서가 남아있다고 한다. 시신을 한밤중에 몰래 옮기는 식의 기묘한 행위 및 빈 관으로 장례를 치르는 것은 역시 허가할 수 없다는 판단이다. 원한다면 일단 통례대로 주쿄지 본당에서 장례를 치른 뒤에, 유언에 따라 야마무로산으로 보내는 것은 가능하다는 내용의 통지다. 村岡典嗣, 「鈴屋余響 その二」, 『本居宣長全集 月報第5号』, 岩波書店, 1944, 1쪽.

13 『전집』, 별권 3권, 184쪽.

14 『전집』 20권에 수록되어 있는 『야마무로산 묘 관계 서류(山室山奧墓関係書類)』는 「야마무로행 영초(山室山詠草)」 2장, 「야마무로산 분묘도(山室山奧墓図)」 1장, 「야마무로산 묘지 양도증 문안(山室山墓地讓渡証文案)」 1장, 「야마무로산 묘비면 초안(山室山奧墓碑面下書)」 1장을 모아놓은 것이다.

15 『전집』 별권 3권에 『개정분묘도(改正墳墓図)』가 수록되어 있다. 한편 현재 모토오리 노리나가 기념관에 전하는 것은 1882년에 노리나가의 증손에 해당하는 모토오리 노부사토(本居信郷)가 서사한 것으로, 원본은 소실되었다고 전한다. 변경 내용 중에 가장 큰 의문은 소나무에 대한 내용이나, 자세한 것은 알 수 없다.

16 『전집』, 별권 3권, 184쪽.

17 『전집』, 20권, 46-47쪽.

18 이러한 사실과 관련하여 오쿠보 다다시는 당시 주지승과의 친분 관계나 전망 외에도, 묘라쿠지가 모토오리 집안과 관련된 어떤 특별한 이유가 있어 선택되었을 것으로 추정했다. 『전집』, 16권 보주, 812쪽.

19 村岡典嗣, 『本居宣長』, 岩波書店, 1928, 506쪽.

20 『법사록(法事録)』(『전집』 20권에 수록)이나 『별기(別記) 3』(『전집』 16권에 수록) 등에 의하면, 노리나가는 3주기, 7주기 등은 물론, 100주기, 150주기, 200주기의 먼 주기도 정토종의 법식에 따라 꼬박꼬박 지켜왔다.

21 『전집』, 1권, 69쪽.

22 『전집』, 1권, 527-528쪽.

23 『전집』, 1권, 80쪽.

24 『전집』, 1권, 10-11쪽.

25 『전집』, 9권, 237-239쪽.

26 한자 그대로 '황천'이라 번역해도 좋으나, 일본의 국학자들은 중국의 '황천'개념과는 다른 것이라고 주장하기 때문에 '요미'라 해둔다. 또한 '요미노쿠니'라는 세계가 어둡고 지하에 있다는 것도 실은 『고사기전』에 의한 『고사기』의 해석에 불과하다. 노리나가의 지하세계설에 대한 비판은 고노시 다카미쓰의 논의를 참조. 神野志隆光, 『古事記の世界観』, 吉川弘文館, 1986, 76-92쪽.

27 『전집』, 1권, 332쪽.

28 『전집』, 1권, 525쪽.

29 『전집』, 1권, 526쪽.

30 『전집』, 8권, 315쪽.

31 『영고(詠稿)』(『전집』, 15권, 502쪽)에 수록된 노래들로, 후에 가집 『스즈노야슈(鈴屋集)』에도 다시 채록되었다(『전집』, 15권, 151쪽).

32 『전집』, 20권, 237쪽.

33 이에 대해 마쓰모토 시게루는 노리나가의 '요미노쿠니'설에 대한 신념은 변함이 없었지만, '요미노쿠니'로는 사후세계에 대한 어떠한 기대도 할 수 없기 때문에, 바로 거기에 그의 '굴절된 사고'가 있었을 것이라고 지적한다. 또한 야마구치 가즈오도 비슷한 관점에서 노리나가의 타계관의 변화에 주목하는데, 특히 그 이유에 대해 만년의 어학 연구 성과를 들어 이 과정에서 영혼의 작용을 믿게 된 것으로 설명한다. 松本滋, 『本居宣長の思想と心理』, 東京大学出版会, 1981, 136쪽; 야마구치 가즈오, 『일본의 국학자 모토오리 노리나가의 사생관』, 지식과 교양, 2011, 190-203쪽.

34 『이소노카미코(石上稿)』, 「영고 18(詠稿十八)」, 『전집』, 15권, 506쪽.

35 예컨대 야마구치 가즈오는 사후 '요미노쿠니'로 갈 뿐이라고 했던 노리나가가 『고사

기전』 권7(이자나기 신의 히노와카미야 진좌 부분) 이후부터 영혼불멸설을 조금씩 말하기 시작한다고 분석한다. 즉 노리나가가 현신(顯身, 우쓰시미)과 영혼(御霊, 미타마) 개념을 구분하여, "현신은 요미노쿠니로 가고 영혼은 이 세상에 머무르는 것"(야마구치 가즈오, 앞의 책, 182쪽)이라고 말했다는 것이다. 만약 이대로라면, 육신은 송장이 되어 이 세상에 머무르고 요미노쿠니에 가는 것은 혼이라고 했던 노리나가의 설명이 변화하는 지점일 수 있다. 그러나 노리나가의 영혼분재설에서 요미노쿠니로 가는 것은 여전히 영혼이며, 다만 그 영혼의 일부가 이 세상에 머무는 경우도 있음을 덧붙인 것이다. 적어도『고사기전』안에서 '요미노쿠니'설이 바뀌거나 모순을 일으키는 일은 결코 없다고 하겠다. 참고로 노리나가가 현신 · 영혼 개념을 혼동하지 않도록 강조한 것은 맞지만, 그것은 어디까지나 신들이 천상세계나 지하세계 등에 진좌했다는 표현은 현신인 채로 있는 것이고, 동일한 신이 지상의 신사에 모셔지는 것은 현신에서 분리된 영혼이라는 점을 설명하기 위함이다. 이에 대해서는 히가시 요리코의 논의를 참조. 東より子,『宣長神学の構造: 仮構された「神代」』, ぺりかん社, 1999.

36 『전집』, 11권, 388쪽.

37 田原嗣郎,「『霊の真柱』以後における平田篤胤の思想について」, 田原嗣郎 他 校注, 『平田篤胤 · 伴信友 · 大国隆正』, 日本思想大系50, 岩波書店, 1973, 권말 해설, 566쪽.

38 위의 책, 117쪽.

39 위의 책, 119쪽.

40 위의 책, 119-120쪽.

41 위의 책, 121쪽.

42 아쓰타네의 영혼불멸사상과 내세주의에 관해서는 노리나가의 유언장이 안고 있는 영혼의 행방 문제와 관련하여 이 글의 방향성을 제시하는 의미에서 일부 언급한 것이나, 본격적으로는 별고에서 다룰 예정임을 밝혀둔다.

43 노리나가는 에도 시대의 천황릉이 고분 양식이 아니라 불교식 묘지가 되어 버린 사실에 분개했다. 예컨대 1801년 노리나가가 황실의 보리사로서 경내에 에도 시대의 역대 천황릉이 있는 교토의 센뉴지(泉涌寺)를 참배했을 때, '신이 된 천황의 능을 찾아와보니/ 지금은 부처가 되어 버린 일 안타깝도다'라는 노래를 읊은 바 있다. 『이소노카미코(石上稿)』,「영고 18(詠稿十八)」,『전집』, 15권, 514쪽.

상여는 망자의 집: 조선시대 상여의 연속성과 불연속성_ 임현수

1 이 글에서는 상여(喪輿)를 상례 때 사용되는 일체의 운반 도구를 가리키는 용어로 사용한다. 원래 상여라는 말이 처음 등장한 것은 이재(李縡)의 『사례편람』으로 보는 견해가 있다. 이때 상여의 의미는 대여(大轝)와 대비하여 소여(小轝)를 지칭한다. 정종

수, 「상여고」, 『생활문물연구』 창간호, 국립민속박물관, 2000, 6쪽. 하지만 문헌 기록에 따르면 매우 다양한 종류의 운반 용구가 상례에서 사용되었을 뿐만 아니라, 동일한 용도로 쓰이는 운반 기구라도 여러 가지 명칭을 가지고 있었다. 이에 이 글은 다양한 운반 용구를 통칭할 수 있는 용어가 필요함을 절감한다. 상여는 오늘날까지도 가장 일반적으로 사용하는 용어로서 취택하는 데 가장 적절한 것으로 판단하였다.

2 국상 시 흉례 도감의 역할과 동원 인력, 제작 물품 등에 대하여 장경희, 「朝鮮後期 凶禮 '都監'의 匠人 研究」, 『미술사논단』 8, 1999 참조.

3 왕실 상여의 종류와 쓰임새에 대하여 다음 논문 참조. 박종민, 「조선 초기 國喪用 운반용구고: 『世宗莊憲大王實錄』 「五禮儀」와 『國朝五禮儀』를 중심으로」, 『민족문화』 26, 2003.

4 "禮曹啓 中國則土地平衍, 葬用柳車, 本國道路險阻, 而亦用柳車未便. 今大行王妃梓宮啓行時, 依『家禮』肩擔喪轝之制, 精巧製造. 從之."『世宗實錄』 112卷 28年(1446년) 4月 3日. 이하 실록 원문의 번역문은 한국고전번역원(http://www.itkc.or.kr)에서 제공하는 『국역조선왕조실록』을 참고한다.

5 박종민, 「조선 초기 국상용 왕실 대여(大轝)와 대부·사·서인용 대여의 비교」, 『민속학연구』 14, 2004, 165쪽; 정종수, 앞의 글, 5쪽.

6 정종수, 위의 글, 6쪽.

7 『주자가례』는 시신의 운반 도구로 유거대신 대여의 제작 방법을 소개하고 있다.

8 "十三年 十一月 癸未 王太后任氏薨, 殯于義昌宮旁, 私第王朝夕哭臨. 閏月甲寅 葬于純陵王導轜車自義昌宮步至彌勒寺, 釋服."『高麗史』「志 卷第十八 卷之六十四 禮六 凶禮 國恤」. 원문 번역은 KRpia(http://www.krpia.co.kr) 참고.

9 "恭愍王, 十四年二月甲辰, 徽懿公主薨, 輟朝三日, 百官玄冠素服, 置殯殿·國葬·造墓都監及山所靈飯法·威儀·喪帷·轜車·祭器·喪服·返魂服玩·小造棺槨·墓室·鋪陳眞影等十三色."『高麗史』「志 卷第十八 卷之六十四 禮六 凶禮 國恤」.

10 박진훈, 「고려 사람들의 죽음과 장례: 官人 가족을 중심으로」, 『한국사연구』 135, 2006, 169-170쪽.

11 "周制, 大喪, 及祖, 喪祝飾棺, 乃載, 遂御之."『通典』「通典卷第八十六 禮四十六 沿革四十六 凶禮八 喪制之四 蜃車馬明器及飾棺」

12 "飾棺, 君龍帷, 三池, 振容, 黼荒, 火三列, 黻三列, 素錦褚, 加僞荒, 纁紐六, 齊, 五采, 五貝, 黼翣二, 黻翣二, 畫翣二, 皆戴圭, 魚躍拂池. 君纁戴六, 纁披六."『禮記』「喪大記第二十二」. 이하 원문 번역은 王文錦 譯解, 『禮記譯解 下』, 北京: 中華書局, 2005, 664-668쪽을 참고하였다. 번역문의 내용이 원문 보다 긴 까닭은 원문에 표기된 용어들의 의미를 이해하기 쉽게 풀이해 놓았기 때문이다.

13 "大夫畫帷, 二池, 不振客, 畫荒, 火三列, 黻三列, 素錦褚, 纁紐二, 玄紐二, 齊三采, 三

貝, 黻翣二, 畫翣二, 皆戴綏, 魚躍拂池. 大夫戴前纁後玄, 披亦如之."『禮記』「喪大記第二十二」

14 "士布帷, 布荒, 一池. 揄絞, 纁紐二, 緇紐二, 齊三采, 一貝, 畫翣二, 皆戴綏. 士戴前纁後緇, 二披, 用纁."『禮記』「喪大記第二十二」

15 "君葬用輴, 四綍, 二碑, 御棺用羽葆."『禮記』「喪大記第二十二」

16 "大夫葬用輴, 二綍, 二碑. 御棺用茅."『禮記』「喪大記第二十二」

17 "士葬用國車, 二綍, 無碑, 比出宮, 御棺用功布."『禮記』「喪大記第二十二」

18 원문에는 순(輴)으로 표기되어 있으나 정현(鄭玄)에 의하면 전(輇)의 오기라고 한다. 王文錦 譯解, 앞의 책, 666쪽.

19 "設披, 屬引."『儀禮』「旣夕禮」

20 J. J. M de Groot, *The Religious System of China, Its Ancient Forms, Evolution, History and Present Aspect, Manners, Customs and Social Institutions Connected Therewith*, vol. 1, Leiden: Brill, 1892, p. 183.

21 "柳車, 禮記喪大記及儀禮經傳通解續, 文獻通考飾棺條, 皆云, 君龍帷, 三池, 振容, 黼荒, 火三列, 黻三列, 素錦褚, 加帷荒, 纁紐六, 齊五采, 五貝, 魚躍拂池, 纁戴六, 纁披六, 今用此制, 參酌制造,"『世宗實錄』17卷 4年(1422) 9月 6日

22 "短柱間立小柱, 左右各三柱間施精板. 車箱內四隅立柱, 高四尺二寸五分. 柱上施樑棟爲屋, 覆以鴨靑段子, 所謂鼈甲也."『世宗實錄』17卷 4年(1422) 9月 6日. 이하에서 인용하는 유거 장식물 문구는 원래 동일한 책의 같은 면에 수록되어 있다. 이 글에서 장식 요소별로 나누어 소개한다.

23 "緣邊畫黑白黼文, 所謂黼荒也. 中央畫爲火氣三行, 又畫兩已, 相背爲三行, 所謂火三列, 黻三列也."

24 "次用椵木爲齊, 形圓如車之蓋, 高三尺, 徑二尺, 餘施於鼈甲上當中, 以五綵繪衣之列行相次. 又連五色珠爲五行, 各長一尺, 絞絡齊上, 所謂齊五采五貝也."

25 "次用椵木, 刻爲雲頭, 施於荒邊四面, 刻爲龍頭, 施於四隅垂流蘇."

26 "次用白紵布爲帷, 畫龍施於四面, 所謂龍帷也."

27 "又織竹爲籠衣, 以靑紵布掛於柳上荒邊三面爪端, 以象宮室承霤, 所謂三池也."

28 "次用靑黃繪十五幅爲容, 長丈餘如幡, 畫雉懸於池下, 車行則幡動, 所謂振容也."

29 "次鑄銅魚九, 懸於池下, 當振容間. 每池三魚. 車行則魚跳躍, 上拂於池, 所謂魚躍拂池也."

30 "次用纁帛爲紐, 以連上蓋與邊障相離處, 兩旁各三, 故凡六, 所謂纁紐六也."

31 "用素錦爲屋, 象宮室置於荒下, 高二尺八寸五分, 廣三尺五寸, 長九尺一寸, 所謂素錦褚也."

32 "次用纁帛爲戴, 所以繫棺著柳骨, 使棺堅値也. 棺之橫束有三, 每一束兩邊各屈皮爲紐,

令穿戴於紐繫柳骨, 故六戴也. 所謂纁戴六也."

33 "次用纁帛爲披, 以一頭繫所連柳之戴之中, 而出一頭於帷外, 人牽之, 每戴繫之, 故亦六
也. 若牽車登高則引前以防軒車, 適下則引後以防翻車, 欹左則引右, 欹右則引左, 使不
覆也. 所謂纁披六也."

34 김장생,「가례집람도설」,『국역 사계전서 3』, 정선용 옮김, 민족문화추진위원회,
2003, 204쪽.

35 이 그림의 출처는 (宋)聶崇義,『三禮圖』「卷十九」이다. .

36 예를 들어 다음과 같은 언급은 천자의 유거가 다른 신분과 달랐다는 점을 말해준다.
"『예기』「상대기」에 이르기를 군왕의 영구를 장식할 때 보삽 2자루, 불삽 2자루, 화삽
2자루를 쓰며 모두 규옥으로 장식한다고 했다. 대부와 사서의 삽자루에는 새의 깃털
을 장식한다.『예기』「예기」에 이르기를 천자는 8자루의 삽을 쓰고, 제후는 6자루, 대
부는 4자루를 쓴다고 하였다.(喪大記云, 君飾棺, 黼翣二, 黻翣二, 畫翣二, 皆戴圭, 大
夫士皆戴綏, 禮器曰, 天子八翣, 諸侯六翣, 大夫四翣)" 위의 책.

37 "鄭氏曰, 飾棺者, 以華道路及壙中, 不欲衆惡惡其親也. 荒, 蒙也. 在旁曰帷, 在上曰荒, 皆
所以衣柳也. … 池, 以竹爲之, 如小車笭, 衣以青布. 柳象宮室, 縣池於荒之爪端, 若承霤
然. 君大夫以銅爲魚, 縣於池下. 揄翟, 青質五色, 畫之於絞繒而垂之, 以爲振容, 象水草
之動搖, 行則魚上拂池." 孫希旦 撰,『禮記集解』, 北京: 中華書局, 1989, 1184쪽.

38 "孔氏曰, 帷, 柳車邊障也, 以白布爲之, 王, 侯皆畫爲龍, 象人君之德也. 池, 織竹爲籠,
衣以青布, 挂著荒之爪端, 象平生宮室有承霤然. 天子屋四注, 四面承霤, 柳亦四池. 諸
侯屋亦四注, 而柳降一池, 闕於後一, 故三也." 위의 책, 1184쪽.

39 "飾棺, 蓋以柳木爲骨, 衣以繒綵, 而外加帷荒焉. 故或謂之柳, 指其木材言之也. 或謂之
牆, 言其四周於棺, 有似於宮室之牆也." 위의 책, 1185쪽.

40 주희,『주자가례』, 임민혁 옮김, 예문서원, 2003, 335-338쪽 참조.

41 "以竹爲之格, 以綵結之, 上如撮蕉亭, 施帷幬, 四角垂流蘇而已." 위의 책, 336쪽.

42 박종민, 앞의 글, 2004, 171-178쪽 대여의 구조에 대한 분석 참조.

43 "作鼈甲, 加於懸壁上. 先設排方木左右各一, 前後各一. 設彎衝椽四, 其形穹隆如屋. 其
上當中, 有接椽桶. 又其上以銅作覆蓮葉爲臺, 設頂子於臺上, 塗以黃金. 次設扇椽六左
右各二, 前後各一, 次設竹椽十左右各三, 前後各二, 鋪竹網四, 冒以鵝青紵絲, 以朱畫
黻左右各二, 前後各一. 又於四面, 設上下板簷. 上簷向外欹斜, 用雌黃畫錦紋, 下簷連
上簷直垂, 亦用雌黃, 畫水波蓮. 用青綠紅三色紵絲辟積爲三簷, 垂於下簷之內. 又用
三色紵絲爲落纓, 相間懸於四面垂簷之內, 衝椽四角作龍著五彩. 設環於龍口, 以垂流
蘇, 四面周廻垂振容. 用柳青絹二十四幅, 每幅畫雉三行, 又以紅紵絲製幄, 施於懸壁上
及四柱之外."『世宗實錄』「五禮 凶禮序例 車輿 大轝」;『國朝五禮儀序例』「卷之五 凶
禮 車轝圖說」

44 국립문화재연구소,『국역 정조국장도감의궤 2』, 민속원, 2005, 121쪽.

45 "作甒甲, 加於懸壁上. 先設排方木左右各一, 前後各一. 設彎衝椽四, 其形穹窿如屋. 其 上當中, 有接椽桶. 又其上以木作覆蓮葉爲臺, 設頂子於臺上, 次設竹木扇椽鋪竹網, 冒 以靑布椽木四, 又於四面, 設上下板簷. 上簷向外欹斜, 下簷連上簷直垂, 用靑紅布辟 積爲雙簷, 垂於下簷之內. 衝椽四角作鳳頭爲彩. 設環於鳳口, 以垂流蘇, 四面周回垂振 容. 用柳靑紬二十六幅, 每幅畫雉三行."『國朝五禮儀』「卷之八 凶禮 大夫士庶人喪儀」

46 「泣血錄 卷二 戊午」

47 "大轝之制固好, 而有非貧家所能辦者, 從俗制, 用喪轝無妨."『增補四禮便覽』「卷之五 喪禮三」

48 "小轝, (馬木)具卽今俗上下通用者, 其制略倣大轝, 但不用小方牀, 只用帷蓋上施仰帳, 前後設四紗籠, 以備明燭."『增補四禮便覽』「卷之五 喪禮三」

49 본 논문처럼 왕실 견여의 유형을 윗부분의 형태에 따라 구분한 것으로 박종민, 「한국 상여의 변용과정 연구」, 한국학중앙연구원 박사학위논문, 2010, 34-40쪽이 있다. 이 글에서는 삼각 박공형과 반원 박공형을 각각 우진각 지붕형과 박공형으로 부른다.

50 "前後設斗栱, 栱上設內外椽, 其形如屋, 先鋪竹網, 冒以鴉靑錦布, 椽端分設禿龍頭." 국 립문화재연구소,『국역 국조상례보편』, 민속원, 2008, 79쪽.

51 국립문화재연구소, 앞의 책, 2005, 146-147쪽.

52 본고 각주 37 참조.

죽음 의례에서 옷의 상징성_ 구미래

1 의례현장에 참관한 것은 사십구재 때이고, 장례에 관한 내용은 추후 면담을 통해 내용 을 파악하였다.

2 구미래, 「사십구재의 의례체계와 의례주체들의 죽음 인식」, 안동대학교대학원 박사 논문, 2005.

3 제보자: 일산장례식장 직원 신○○(50대). 2003년 6월 14일(토) 경기도 고양시 일산구 장항동 소재 일산장례식장 사무실에서.

4 구미래, 「불교 전래에 따른 화장(火葬)의 수용 양상과 변화요인」, 『韓國宗敎民俗試論』, 민속원, 2004, 97쪽.

5 제보자: '보문사 사례' 딸 김○선(52세). 2004년 3월 2일(화) 서울시 동대문구 답십리동 찻집에서.

6 목적과 의미는 沈祥鉉, 『佛敎儀式各論 II: 시련·재대령·관욕』, 한국불교출판부, 2000, 138-164쪽.

7 위의 책, 138-164쪽.

8 사십구재 때 상복을 갖추는 경우, 여성들은 소복을 입지만 남성들은 대부분 검은 양복을 입게 되므로 이때 태우는 상복은 여성들이 입은 소복과 남성들의 건·완장 등이다.

9 소창은 불교에서 망자의 길을 나타내는 폭이 좁고 긴 흰 천을 일컫는 말로서, 무속의 넋굿에서 길가르기나 길닦기를 할 때 사용하는 길베의 종교적 상징성을 공유하고 있다. 사십구재에서도 주로 관욕 때 병풍 위에 드리우거나, 병풍에서부터 불단(佛壇) 앞까지 이어지도록 바닥에 깔아놓음으로써 관욕을 마치고 망자가 가는 길을 나타내고 있어, 무교의 길베와 동일한 의미를 지닌다.

10 홍윤식,『영산재』, 대원사, 1991, 42쪽.

11 安震湖 篇, 韓定燮 註,『釋門儀範』, 法輪社, 2001, 485쪽. 원문 "施食諷經 念佛功德 離忘緣耶 不離忘緣耶 離忘緣則 天堂佛刹 任性逍遙 不離忘緣耶 且聽山僧 末後一偈 四大各離與夢中 六塵心識本來空".

12 장철수,『옛무덤의 사회사』, 웅진출판, 1995, 110쪽.

13 대한불교조계종 포교원,『통일법요집』, 조계종출판사, 2004(2판), 289-290쪽.

14 제보자: '홍원사 사례' 구○희(48세), 2004년 3월 17일(수), 서울시 광진구 구의동 찻집에서.

15 제보자: '보문사 사례' 망자의 조카(60대). 보문사 사십구재일(2004. 2. 21) 소대에서 봉송의례를 마치고 법당으로 돌아오는 도중.

고대 한국인의 저승관과 지옥의 이해_ 나희라

1 棚瀬襄爾,『他界觀念の原始形態: オセアニアを中心として』, 京都: 京都大學東南アジア研究せんたー, 1966, 2-11쪽.

2 康韻梅,『中國古代死亡觀之探究』, 臺北: 國立臺灣大學出版委員會, 1994, 167쪽.

3 김재현·舟橋京子·田中良之,「상촌리유적 출토인골에 대하여」,『진주상촌리유적』, 경상남도 동아대학교박물관, 2001.

4 水野正好,「生者と死者の織りなす古代」, 金關恕 編,『宇宙への祈り』, 集英社, 1986; 山下晋司,「葬制と他界觀」, 大林太良 編,『日本の古代』13, 心のなかの宇宙, 東京: 中央公論社, 1996, 265쪽에서 재인용.

5 나희라,「西王母神話를 통해 본 古代中國人의 生死觀」,『宗敎學硏究』15, 서울대학교 종교학연구회, 1996, 151-152쪽.

6 A. F. Anisimov, "Cosmological Concepts of the Peoples of the North", in Henry N. Michael, ed., *Studies in Siberian Shamanism*, Toronto: University of Toronto Press, 1963, pp. 206-207.

7 금와(金蛙)를 얻기 위해 산천에 제사했더니 하늘에서 아들을 내려주었다는 이야기나

(『三國史記』卷第13, 高句麗本紀第1, 東明聖王 元年), 단군과 주몽, 혁거세가 하늘을 매개로 지상에 태어나 다시 하늘(또는 산)으로 돌아갔다는 이야기가(『三國遺事』卷第1, 紀異第1, 古朝鮮, 『三國史記』卷第13, 高句麗本紀第1, 東明聖王 元年, 『三國遺事』卷第1, 紀異第1, 新羅始祖赫居世王) 이러한 사정을 알려준다. 김유신이 하늘에서 내려와 다시 하늘로 올라갔다는 것(『三國遺事』卷第2, 紀異第2, 萬波息笛) 역시 그러하다.

8 허황후가 바다 저편에서 많은 보물과 사람들을 이끌고 왔다는 이야기(『三國遺事』卷第2, 紀異第2, 駕洛國記), 수로부인이 다녀온 해중세계(海中世界) 이야기(『三國遺事』卷第2, 紀異第2, 水路夫人), 제주도의 설화(玄容駿, 「古代 韓國民族의 海洋他界觀」, 『巫俗神話와 文獻神話』, 集文堂, 1992 참조)가 그러하다.

9 守屋俊彦, 「金の宮: 靈異記における他界」, 『甲南國文』19, 甲南女子大學國文學會, 1972; 『日本靈異記の研究』, 三彌井書店, 1974; 板本要 編, 『地獄の世界』, 東京: 溪水社, 1990 재수록, 454쪽.

10 Ernst Cassirer, *An Essay on Man: An Introduction to a Philosophy of Human Culture*, New Haven: Yale University Press, 1944; 『인간이란 무엇인가: 문화철학서설』, 최명관 옮김, 서광사, 1988, 132-139쪽.

11 金泰坤, 『韓國의 巫俗神話』, 集文堂, 1985, 제2부 巫祖神話; 편무영, 「시왕 신앙을 통해 본 한국인의 타계관」, 『민속학연구』3, 국립민속박물관, 1996 참조.

12 Stevan L. Davies, "Soul-Ancient Near Eastern Concepts", in M. Eliade ed., *The Encyclopedia of Religion*, New York: Macmillan Publishing Company, 1987, pp. 431-432.

13 "魂兮歸來, 君無下此幽都些. 土伯九約, 其角觺觺些. 敦脄血拇, 逐人駓駓些. 參目虎首, 其身若牛些. 此皆甘人, 歸來, 恐自遺災些."(『楚辭』「招魂」) 中野美代子, 「中國人における死と冥界: 地獄をデザインするまで」, 『佛敎思想』10(死), 佛敎思想硏究會 編, 京都: 平樂社, 1988, 91쪽; 于爲剛, 「中國地獄觀念的形成與演變」, 『社會科學戰線』1988年 4期, 長春: 吉林人民出版社, 1988, 99쪽.

14 W. Wundt, *Elemente der Völkerpsychologie, Grundlinien einer psychologischen Entwicklungsgeshichet der menschheit*, 1913; 棚瀨襄爾, 『他界觀念の原始形態: オセアニアを中心として』, 京都大學 東南アジア硏究センタ, 京都: 創文社, 1966, 10-11쪽에서 재인용.

15 Linda M. Tober & F. Stanley Lusby, "Heaven and Hell", in M. Eliade ed., *op. cit.*, p. 237.

16 蒲慕州, 『墓葬與生死: 中國古代宗敎之省思』, 臺北: 聯經出版社, 1993, 207쪽; 杜正勝, 「生死之間是連繫還是斷裂?: 中國人的生死觀」, 『當代』58, 臺北: 合志文化公社, 1991,

26-28쪽.

17 『古事記』 上卷 黃泉國. 山下晋司, 앞의 글, 305-309쪽; 西鄕信綱, 「古代日本の冥界」, 『地獄と人間』, 東京: 朝日新聞社, 1976, 8-9쪽.

18 "八年, 秋九月, 太后于氏薨. 太后臨終遺言日 妾失行, 將何面目見國壤於地下. 若群臣不忍擠於溝壑, 則請葬我於山上王陵之側. 遂葬之如其言. 巫者日 國壤降於予日 昨見于氏歸於山上, 不勝慚恚, 遂與之戰, 退而思之, 顔厚不忍見國人. 爾告於朝, 遮我以物. 是用植松七重於陵前."(『三國史記』 卷第17, 高句麗本紀第5, 東川王). "五年秋八月, 慕容廆來侵, 至故國原見西川王墓, 使人發之, 役者有暴死者. 亦聞壙內有樂聲, 恐有神乃引退."(『三國史記』 卷第17, 高句麗本紀第5, 烽上王). 위 자료에서는 무덤이 사후거주처이며 지하세계와 연결되어 있다는 관념을 볼 수 있고 또 무덤에서는 음악소리도 흘러나오는 곳으로 묘사되어 있다. 또 『삼국유사』의 미추왕 죽엽군에 관한 설화에서는 미추왕과 김유신은 죽어서도 호위병을 거느리고 있다고 여기는 생각을 읽을 수 있다 (『三國遺事』 卷第1, 紀異第1, 未鄒王 竹葉軍).

19 "周武帝 (中略) 我今身爲白帝, 爲滅佛法, 極受大苦, 可爲吾作功德也."(『冥報記』 下卷 4話)

20 "道賢上人冥途記云 (中略) 金峰菩薩令佛子見地獄時, 復至鐵窟, 有一茅屋, 其中居四箇人, 其形如灰爐. 一人有衣, 僅覆背上, 三人裸袒, 蹲居赤灰. 獄領日, 有衣一人, 上人本國延喜帝王也. 餘裸三人, 其臣也, 君臣共受苦."(『扶桑略記』 第25 朱雀天皇 天慶4年 辛丑 春3月)

21 Jacques Le Goff, *La Naissance du Purgatoire*. 1991; 『연옥의 탄생』, 최애리 옮김, 문학과 지성사, 1995, 239-244쪽.

22 N. K. Sandars, *The Epic of Gilgamesh: An English Version*, Penguin Classics, 1960; 『길가메시 서사시』, 이현주 옮김, 범우사, 1978, 64쪽.

23 Homer, *The Odyssey*, trans. A. T. Murray, Cambridge: Harvard University Press, 1919, p. 421.

24 불교의 지옥이 반드시 지하와 연결된 것은 아니다(아함경전에서 말하는 지옥은 지하로 여겨지지 않는다. 石田瑞磨, 「地獄とは何か」, 『書齋の窓』 1982年 1月~12月號, 東京: 有斐閣, 1982, 原題 「地獄ノート」; 『地獄』, 東京: 法藏館, 1985에 재수록; 板本要編, 『地獄の世界』, 東京: 溪水社, 1990에 재수록). 그러나 불교 지옥 관념의 근원이라 할 서방세계의 지옥은 지하에 위치하는 경우가 많았고, 불교의 많은 경전에서 지옥은 지하의 어둡고 무서운 곳이라는 이미지를 제시하고 있으며, 이것이 불교 지옥 관념의 대강을 형성하였다. 종교사상적 측면에서는 지복(至福)의 공간은 'above'와 'light'와 관련이 있으며, 고통의 영역은 'below'와 'dark 또는 shadowy'와 연결된다(Linda M. Tober and F. Stanley Lusby, *op. cit.*, p. 237). 지옥의 구체적 공간이 반드시 '지하'

에 있어야 하는 것은 아닐지라도 그것의 이미지는 '하늘, 빛, 저 위 어딘가'하고는 다른 '어두운, 아래쪽'과 관련이 있다는 것이다.

25 한국의 타계관에서 지하에 대한 관념은 희박했다고 이해되기도 한다(依田千百子,「朝鮮の葬制と他界觀」,『朝鮮民俗文化の硏究』, 東京: 瑠璃書房, 1985, 369쪽). 사실 무덤을 사후거주처로 생각했다고 해서 이를 반드시 지하세계와 연관시킬 수는 없을 것이다. 그러나 고국천왕과 산상왕, 우씨에 관한 자료에서 분명히 '지하(地下)'라는 용어가 나와 어느 정도는 당시 사람들이 무덤이 지하와 연결되어 있다는 생각을 했었을 가능성이 크다. 또 뒤에 볼 사복설화에서도 당시 사람들이 저승이 지하에 위치하고 있다고 생각했던 것을 읽을 수 있다.

26 사복설화에 관한 중요한 연구로는 다음과 같은 성과들이 있다. 黃浿江,「蛇福說話의 硏究: '우주의 나무' 상징을 중심으로」『文湖』5, 건국대학교 국어국문학회, 1969;「蛇福說話試論」,『韓國敍事文學硏究』, 단국대출판부, 1972에 재수록. 金相鉉,「蛇福說話의 佛敎的 意味」,『史學志』16, 檀國史學會, 1982. 조동일,「삼국유사 불교설화와 숭고하고 비속한 삶」,『三國遺事硏究』上, 대구: 영남대학교 민족문화연구소, 1983;「불교설화에서 본 숭고와 비속」,『삼국시대 설화의 뜻풀이』, 집문당, 1990에 재수록. 김상현,「蛇福說話에 나타난 華嚴思想」,『新羅華嚴思想史硏究』, 民族社, 1991. 김헌선,「사복불언설화 이해의 층위」,『한국민속학』31, 민속학회, 1999. 이중 조동일이 사복설화에는 비천한 인물을 숭고하게 다루는 민중의 설화의식이 나타나있다고 하였다.

27 "京師萬善北里 有寡女, 不夫而孕, 旣産. 年至十二歲 不語亦不起, 因號虵也童. 一日其母死. 時元曉住高仙寺. 曉見之迎禮, 福不答拜而曰, 君我昔日駄經牸牛今已亡矣, 偕葬何如. 曉曰, 諾. 遂與到家, 令曉布薩授戒. 臨尸祝曰, 莫生兮其死也苦, 莫死兮其生也苦. 福曰, 詞煩. 更之曰, 死生苦兮. 二公轝歸活里山東麓. 曉曰, 葬智惠虎於智惠林中, 不亦宜乎. 福乃作偈曰, 往昔釋迦牟尼佛, 娑羅樹間入涅槃. 于今亦有如彼者, 欲入蓮花藏界寬. 言訖拔茅莖, 下有世界. 晃朗淸虛, 七寶欄楯, 樓閣莊嚴, 殆非人間世. 福負尸共入, 其地奄然而合. 曉乃還. 後人爲創寺於金剛山東南, 額曰道場寺. 每年三月十四日, 行占察會爲恒規."(『三國遺事』卷第4, 義解 第5, 蛇福不言).

28 黃浿江, 앞의 글 참조. 황패강은 사복 이야기가 고대인의 장사(葬事)의 의미(모태 복귀 및 재생)를 보여주는 것이라 해석하였는데, 필자도 그 기본 논지에 동의한다.

29 金相鉉, 앞의 글 참조. 이 설화를 구성하는 여러 화소(話素)들을 화엄경을 비롯한 화엄경전과 여러 화엄사상가들의 논설에 맞추어서 이 설화가 화엄사상을 표현한 것으로 해석하였다. 가령 사복이 '12살'까지 불어불기(不語不起)하여 사동(蛇童)이라 했다는 화소를 잘게 나누어서 12살은 12연기를, '불어(不語)'는『화엄경』의 주불(主佛)인 비로자나는 말이 없고 대신 여러 보살을 시켜 말하게 했다는 것을, '불기(不起)'는 생사윤회의 근본이 되는 무명망심(無明妄心)을 일으키지 않았다든지 또는 십지(十地) 중 부동

지(不動地, 童眞地)에 이르렀기 때문에 사동이라 했다고 해석함으로써 이 설화의 모든 부분은 화엄사상의 표현으로 이해해야 한다고 보는 것이다. 그런데 이러한 분석은 이 설화를 하나의 유기적 이야기로 다루는 데 오히려 장애가 되지는 않을까 생각도 된다(趙東一, 「說話」, 『口碑文學槪說: 口碑傳承의 韓國文學的 考察』, 一潮閣, 1971, 55쪽). 화소의 각 단위가 어떤 사상적 은유를 개별적으로 표현한 것으로 이해한다면, 그 화소들이 자체적으로 또는 구조적으로 품어내는 전체적 유의미성을 읽어내는 데 문제가 있다는 것이다.

30 『大方廣佛華嚴經』 80卷本 第8-9卷 華藏世界品.

31 「蓮華藏世界」, 『望月佛敎大辭典』, 東京: 世界聖典刊行協會, 1933, 第5卷, 5040-5043쪽.

32 어머니의 사체를 앞에 둔 임시축(臨尸祝)에서 원효와 사복이 경쟁을 하여 미천한 사복이 이긴다는 이야기 구조는 비속하지만 숭고한 설화적 영웅, 즉 최고인 인물보다 한수 위인 자가 보잘 것 없는 듯이 보이는 무리 가운데 있다는, 그리하여 최고라고 믿는 데서 생기는 자만을 극복할 수 있고 세상의 공평을 세울 수 있다는 설화의 논리를 구현하는 것이라고 한 해석은 탁월하다(조동일, 『삼국시대 설화의 뜻풀이』, 集文堂, 1990, 248-251쪽). 결국 이 설화의 진정한 주인공은 사복이며, 이 설화는 이야기의 발단이 된 어머니의 죽음과 사복을 중심으로 해석하는 것이 타당하다고 본다.

33 金哲埈, 「東明王篇에 보이는 神母의 性格」, 『柳洪烈博士華甲記念論叢』, 1971; 『韓國古代社會硏究』, 知識産業社, 1975에 재수록 참조.

34 여성과 달, 대지의 종교적 관계는 미르치아 엘리아데, 『종교사 개론』, 이재실 옮김, 까치, 1993의 제4장 달과 달의 신비학과 제7장 대지, 여성, 풍요 편을 참조.

35 에스터 하딩, 『사랑의 이해』, 김정란 옮김, 문학동네, 1996, 7장부터 11장 참조.

36 위의 책, 제3장·제12장·제15장 참조; 미르치아 엘리아데, 앞의 책, 162쪽.

37 뱀이 불사(不死)를 획득한 존재라는 관념은 일반적인데, 특히 원래 인간이 불사의 존재가 될 운명이었는데, 전달자의 실수라든지 하는 문제 때문에, 인간은 필멸, 뱀(을 비롯한 기타 달동물, 즉 탈피를 하거나 동면을 하거나 수륙 양서하는 동물들)은 불멸을 얻게 되었다는 이야기들도 많다. 제주도 무가(巫歌)에서도 뱀은 죽는 법이 없이 계속 환생하는 존재로 그려졌다(현용준, 「체스본풀이」, 『제주도무속자료사전』, 新丘文化社, 1980). 미르치아 엘리아데, 앞의 책, 165-166쪽.

38 이집트에서 풍요와 수확의 여신인 Rannut는 뱀으로 표현되었다. 크레타의 지모신(地母神)은 뱀을 몸에 감거나 머리장식으로 하고 있는데, 그 여신은 뱀신격(an older serpent-divinity)의 인태화(人態化)이다. 그리스의 데메테르는 머리를 두 마리의 뱀으로 장식하고 있으며 그녀의 마차는 날개 달린 뱀들이 끈다. J. A. MacCulloch, "Serpent-Worship: Introductory and Primitive", in James Hastings, ed., *Encyclopedia*

of Religion and Ethics, New York: Charles Scribner's Sons, 1911, pp. 399-404, 409-410.

39 *Ibid.*, p. 404.

40 나희라, 『고대 한국인의 생사관』, 지식산업사, 2008, 119쪽.

41 신라토우에 특히 많이 부착된 뱀은 개구리와 함께 대표적인 죽음과 재생을 상징하는 달동물로서 무덤부장품의 장식으로 걸맞은 상징을 가진 존재이다. 뱀이 죽은 자의 영혼과 관련이 있다는 이야기는 전 세계적인 보편성을 가지거니와, 중국과 한국에도 많은 이야기가 전한다.

42 원래 육체적, 심리적 관계에서 출발하여 신화 속에서 어머니와 아들은 둘이며 하나이다. 그래서 여신의 아들은 그녀의 애인이기도 했다. 프리지아의 여신 시벨르의 아들 아티스는 연인이기도 했고 타무즈와 이슈타르의 관계도 그러하였다(에스터 하딩, 앞의 책, 7·9·11장 참조). 한국의 고대신화에서는 유화와 주몽, 혁거세와 알영의 관계가 이와 유사한 면모를 보인다(나희라, 「신라의 건국신화와 의례」, 『한국고대사연구』 39, 한국고대사학회, 2005, 64-65쪽 참조).

43 연속적이며 상보적 생사관에 대해서는 나희라, 앞의 책, 116-123쪽 참조.

44 물론 연속적이며 상보적 생사관이 삶에 조금 더 무게중심을 둔, 그래서 죽음 이후 재생이 필요한 생사관의 측면이 강한 반면에, 불교의 생사관은 생과 사를 모두 극복하려는 관념이라는 점에서 차이는 있다.

45 黃浿江, 앞의 글 참조.

46 나희라, 앞의 책, 95쪽.

47 타계관념의 발달 단계에 대해서는 棚瀬襄爾, 앞의 책, 2-11쪽 참조.

48 이후의 타계관의 전개에서도 짐작하듯이 고대의 지배층들도 천상으로의 회귀를 추구하면서도 현실적으로는 매장이라는 사체처리방법을 결코 포기하지 않았듯이 결국 땅속으로의 귀환을 인정하지 않을 수 없었을 것이다.

49 사복이야기의 맨 마지막이 도량사에서 점찰회를 하였다는 것으로 끝을 맺고 있는 것으로 보아, 사복설화는 점찰법회시에 강창(講唱)되던, 혹은 연극적 상황을 연출하던 바탕 설화로 이해할 수 있다고 한 설명은(사재동, 「원효불기의 문학적 연구」, 『배달말』 15, 배달말학회, 1990; 오대혁, 『원효 설화의 미학』, 불교춘추사, 1999, 136-137쪽 참조) 사복설화의 불교적 전승 양상의 일면을 상상해 볼 수 있게 한다.

50 지옥 사상의 역사와 전개에 대해서는 다음의 문헌을 참고하였다. S. G. F. Brandon, *The Judgment of the Dead: The Idea of Life After Death in the Major Religions*, New York: Charles Scribner's Sons, 1967. Alice K. Turner, *The History of Hell*, Jarcourt Brace, 1993; 『지옥의 역사』 I·II, 이찬수 옮김, 동연, 1998. 岩本裕, 「地獄思想の展開: 古代インドにおける地獄思想とその起源」, 『地獄と極樂』, 東京: 三一新書, 1965;

『地獄の世界』, 板本要 編, 東京: 溪水社, 1990에 재수록. 張美鎭, 「불교문화권에 있어 '地獄'의 原神話的 要素와 그 의미」, 『美術史學』 7, 불교사학회, 1995.

51 기원전 2100년경 이집트의 문학작품인 「The Complaints of the Peasant」에 의하면 한 농부가 부정을 시정하려는 노력의 하나로 사건을 질질 끄는 관리를 사후세계에서 고소하겠다고 위협하는 부분이 있는데, 현세의 불공정함을 내세에서 보상받으려는 사후 심판 사상을 잘 보여주고 있다. S. G. F. Brandon, *op. cit.*, pp. 24-25.

52 山口昌男, 「地獄以前: シャーマニズムの日本的展開」, 『傳統と現代』 1969年1月號, 東京: 學燈社, 1969; 『地獄の世界』, 板本要 編, 東京: 溪水社, 1990에 재수록, 3쪽. 심판에는 주체가 있기 마련이고 심판의 기준인 윤리도덕적 가치는 권력과 밀접한 관계가 있기 때문이다. 그래서 사후심판의 믿음은 사회질서와 그것을 유지하는 가치들에 대한 믿음을 유지시키는 데 역할을 하였다(道端良秀, 「中國佛教における地獄の思想」, 『中國佛教思想史の研究』, 東京: 平樂寺書店, 1979 참조). 특히 사후심판 결과인 징벌의 행사에는 물리력을 행사할 수 있는 권력 관계와 그 체계가 요구되었기 때문에, 지옥 사상의 발전은 중앙집권적 권력체계의 형성이나 관료체계와 관련이 깊다든가 정치적 · 종교적 권력의 행사나 그 역학적 관계와 연결될 수 있다고 이해되고 있다(유희수, 「(書評)권력의 내깃거리로서의 중세말 지옥의 표상」, 『西洋史論』 47, 한국서양사학회, 1995 참조).

53 "自古酷刑未有甚于武后之時, 其技與其具皆非人理, 蓋出于佛氏所說地獄之事也." "佛之言在冊知之者少, 形于繪畵則人人得見, 慘刻之吏, 智巧由是滋矣. 閻立本圖地獄變相, 至今尙有之, 況當時群僧得志, 繪事偶像之盛, 從加知矣."(浩寅 撰 『續史管見』 卷18) "吳道子畵地獄變相, 都人懼罪, 兩市不集屠沽矣."(叶廷珪, 『海錄碎事』 卷14, 百工醫技部, 圖畵門) 于爲剛, 앞의 글, 102쪽에서 재인용.

54 于爲剛, 위의 글 참조.

55 고대 중국의 음침하고 무서운 지하세계에 대한 자료들을 들어서 중국에도 원래 지옥 사상이 있었다고 주장하기도 한다(于爲剛, 위의 글; 余英時, 「中國古代死後世界觀的演變」, 『中國哲學史研究』 4, 天津: 天津人民出版社, 1985). 그러나 지옥 관념의 핵심은 심판과 징벌에 있다. 따라서 심판과 징벌이 결여된 단순히 '음침하고 무서운 지하세계'가 지옥 사상과 연결될 수는 없다고 생각한다.

56 泉芳璟, 『地獄と極樂-來世思想の考察』, 東京: 法藏館, 1941; 山口昌男, 앞의 글, 7쪽에서 재인용.

57 澤田瑞穗, 『地獄變: 中國の冥界說』, アジアの宗教文化 3, 東京: 法藏館, 1986; 中野美代子, 앞의 글, 294쪽에서 재인용. 朴永哲, 「나라카(Naraka)에서 地獄으로: 불교의 번역과 중국문명」, 『歷史敎育』 63, 역사교육학회, 1997.

58 『日本靈異記』, 日本古典文學全集, 東京: 小學館, 中卷 7話, 下卷 37話 참조.

59 李市埈, 「『日本靈異記』の冥界觀: 先代中國說話集の影響を中心に」, 『日語日文學研究』 47-2, 韓國日語日文學會, 2003 참조.

60 김정희는 지옥 사상과 관련 있는 명부신앙이 신라 통일 무렵부터는 전해졌을 것으로 보았다. 김정희, 『조선시대 지장시왕도 연구』, 一志社, 1996, 114-140쪽.

61 통일신라기 편찬된 관련 설화집으로 의상 제자 중 한명인 의적(義寂)이 편찬한 『법화경집험기(法華經集驗記)』를 들 수 있다. 『법화경영험기』는 『법화경』과 관련한 일종의 인과응보담 모음집이다. 이러한 유의 불교경전과 관련한 인과응보담은 이미 중국에 널리 퍼져 있었고 관련 설화집도 여러 권 편찬되었었다. 이러한 이야기에는 불교경전을 업신여겨 지옥에 덜어졌다는 지옥담도 꽤 있다. 그러나 의적의 『법화경집험기』는 이미 중국에서 편찬된 이야기를 모은 것으로(백제인에 관한 것이 하나 있을 뿐이다) 당시 신라사회에 적용되어 전승되었던 이야기는 없다. 『법화경집험기』에 관해서는 다음의 글을 참조했다. 金相鉉, 「義寂의 『法華經驗記』에 대하여」, 『東國史學』 34, 동국대학교 사학회, 2000; 金敬姬, 「義寂의 『法華經驗記』에 대한 고찰」, 『日本文化學報』 19, 한국일본문화학회, 2003.

62 『三國遺事』 卷第5, 感通第7, 善律還生.

서울 진오기굿의 죽음과 저승 인식_ 홍태한

1 십대왕, 시왕가망, 중디, 사재는 모두 진오기굿의 저승굿에 등장하는 저승의 신령들이다. 십대왕은 염라대왕을 비롯한 열 명의 대왕으로 사후 세계를 관장하는 신령이고, 시왕가망은 저승의 근본을 관장하는 신령으로 시왕가망이 있어야 저승문이 열린다. 중디는 이승에서 사재가 데려온 망자를 십대왕 앞까지 인도하는 신령이다. 이에 대해서는 홍태한, 『서울 진오기굿』, 민속원, 2005에서 상세하게 다룬 바 있다.

2 「도령돌기」는 바리공주 복색을 한 무당이 망자를 저승으로 인도하는 과정을 보여주는 굿거리이다. 도령은 도량으로, 굿판이 열리는 장소인 제의공간을 의미하면서, 이승에서 저승으로 옮겨가는 공간을 의미한다. 바리공주 복색을 한 무당은 한삼을 손에 끼고 망자를 인도하는데 이를 한삼도령이라 하고, 다시 부채를 들고 망자를 품에 안고 인도하는데 이를 부채도령이라 한다. 마지막으로는 무구의 하나인 대신칼을 던지면서 저승문을 여는데 이를 칼도령이라 한다.

3 「맛조와 노랫가락」은 「도령돌기」가 끝난 후 두 무당이 마주 보고 서서 부르는 노랫가락으로 반드시 씨가 있는 과일을 손에 들고 부른다. 이는 망자가 저승에 안착했고, 과일 씨의 의미처럼 다시 삶이 이어지기를 소망한다.

4 서울굿에서 무속신화 바리공주 일대기를 부르는 굿거리는 「말미거리」이다. 주인공이 바리공주의 이름을 따서 「바리공주」라고 불러도 무방하다. 이 글에서는 굿거리를

뜻할 때에는 「말미거리」를 사용하고, 무속신화로 주인공의 일대기를 강조하는 의미로는 「바리공주」를 사용한다. 그리고 단순히 무속신화에 등장하는 인물을 가리킬 때에는 「」가 없는 바리공주로 표기한다.

5 서울지역 진오기굿에서는 무속신화 바리공주를 긴 시간을 들여서 구송하는데 이 굿거리의 이름이 「말미거리」이다.

6 재가집은 서울굿판에서 신도를 의미하는 말로, 대개 무당에게 굿을 의뢰한 이를 말한다. 재가집이 있어야 굿이 시작된다.

7 홍태한, 『서사무가 바리공주 연구』, 민속원, 1998. 제1장 연구사 검토에 모든 연구 성과가 검토되었다.

8 최근에 간행된 황석영의 소설 『바리데기』도 이같은 범주에 넣을 수 있다.

9 글쓴이는 진진오기굿과 묵은진오기굿의 차이에 대해 글을 쓴 바 있다. 홍태한, 『서울진오기굿』, 민속원, 2005, 4장 참조.

10 김태곤 선생과 최길성 선생은 가망을 감응(感應)의 와전으로 보며 신의 이름으로 본다. 하지만 서울굿을 꼼꼼하게 관찰한 결과 가망은 그 자체가 굿판의 원리가 되는 신령의 이름으로 보인다. 이러한 가망의 의미에 대해서는 홍태한, 「서울굿 가망청배에서 가망의 의미 연구」, 『한국민속학』 41, 한국민속학회, 2005 참조.

11 만수받이는 서울 지역에서 무가를 부르는 가창방식의 하나로 주무가 한 소절을 부르면 조무가 장구를 치면서 반복해 구송한다. 예를 들어 주무가 "십대왕에"라고 구송하면 조무는 장구를 치면서 "십대왕에"라고 반복 구송한다. 반복을 통해 무가의 각인효과가 발생한다.

12 사재는 사자가 맞는 말이지만, 서울굿에서는 사재라고 칭하기 때문에 사재라는 용어를 쓴다. 삼성은 사자를 따라다니는 하위 신령으로 다음 죽음을 점지하는 역할을 한다. 사자를 따라온 삼성은 다음에 죽이 이가 누구인지 살펴보고 찍는다. 그래서 서울굿판에서는 삼성을 사자보다 더 두려운 존재로 인식한다.

13 안당뒷전은 진오기굿의 전반부인 이승굿의 끝에 행해지는 거리이다. 뒷전은 격이 낮은 여러 신령을 불러들여 풀어먹이는 거리로 일종의 뒷풀이인 셈이다.

14 수비와 영산은 격이 낮은 신령들로 뒷전에 들어와 대접을 받는다.

15 사자가 들고 있는 베로 사자는 이 베를 이용하여 굿거리를 진행한다.

16 신장타령과 대감타령은 각각 신장과 대감이 들어와 흥이 났을 때 부르는 노래이다.

17 삼성수비는 삼성을 따라다니는 또 다른 하위 신령이다. 수비를 잘 대접하지 않으면 꼭 우환이 따른다는 믿음이 서울굿판에 있어서 수비를 각별히 위한다. 삼성이 무서운 신령이므로 삼성을 따라다니는 삼성수비를 더 잘 위해야 하는 것이다.

18 진오기굿에 사용하는 문, 인정, 칼, 전, 다리 등의 무구에 대해 상세하게 일러주는 것을 섬김이라 한다.

19 영실은 진오기굿에서 망자가 들어와 넋두리를 하는 것을 의미한다. 전반부에 들어오
　　는 것을 「영실거리」라 하고, 진오기굿 후반부에 들어와 마지막으로 넋두리하는 것을
　　「뒷영실」이라 한다.

20 진오기굿에 사용하는 무구의 하나로 한지를 새끼줄처럼 꼰 후 넘어지지 않게 고리 모
　　양으로 만든 것이다. 발이 셋이 있어서 세발심지라고 하기도 하고, 새발 모양이어서
　　새발심지라고 하기도 한다.

21 「바리공주 서울 영실본」. 서울 영실본은 '주검과 영혼-노들 말미'라는 이름으로 서울
　　굿판에 내려오는 필사본 문서이다. 글쓴이가 굿판에서 구한 것으로 아직 미공개본이
　　다.

22 「서울 영실본」.

23 무장승과 동수자는 모두 서천서역국에서 약수를 지키는 이들이다. 서울지역에서는
　　무장승이라 하고, 동해안지역에서는 동수자라고 한다.

24 「동래 김경남본」. 최길성, 『한국무속지1』, 아세아문화사, 1992에 수록된 것으로 동래
　　방심굿에서 동해안 양중 김경남이 구송한 자료이다. 그동안 조사된 무속신화 바리공
　　주는 모두 다음 책에 수록되어 있다. 홍태한 외, 『서사무가 바리공주전집』(전 4권), 민
　　속원, 1997-2003.

25 「영일 김석출본」. 김태곤, 『한국무가집4』, 집문당, 1980에 수록되어 있다.

26 「서울 새우젓집본」. 글쓴이가 직접 채록한 자료로 홍태한, 『서사무가 바리공주 전집
　　1』, 민속원, 1997에 수록되어 있다. 새우젓집은 서울지역의 무속인으로 본명은 구개
　　남이나 새우젓집이라는 별호로 널리 알려졌다.

27 「공주 노재용본」. 글쓴이가 직접 채록한 자료로 홍태한, 『서사무가 바리공주 전집
　　1』, 민속원, 1997에 수록되어 있다. 평택에서 무업을 하는 노재용이 공주 계룡산 굿당
　　에서 구송한 자료이다.

28 「공주 노재용본」.

29 「영일 김복순본」. 최정여·서대석, 『동해안 무가』, 형설출판사, 1974에 수록되어 있
　　는 작품으로 영일 오구굿에서 무녀 김복순이 구송한 자료이다.

30 김태곤, 『한국무속연구』, 집문당, 1981, 157-160쪽 참조.

31 김태곤, 앞의 책, 159-161쪽.

제주 4·3 희생자 위령 의례의 국가화와 그 후_ 지영임

1　니시무라 아키라, 「위령과 폭력: 전쟁 사망자에 대한 태도 이해를 위해」, 한국종교문
　　화연구소 편, 『종교문화비평』 2, 청년사, 2002, 252쪽.

2　大江志乃夫, 『靖国神社』, 岩波新書, 2001, 165-166쪽.

3 남상구, 「전후일본에 있어서의 전몰자추도시설을 둘러싼 대립」, 『한일관계사연구』, 2005, 179쪽.

4 池上良正, 「死者の声を聴くこと: 慰霊と追悼をめぐって」, 『現代宗教』, 東京堂出版, 2006, 8쪽.

5 柳聖룟, 「追慕と慰霊の双曲線: 韓国の宗教儀礼と国家儀礼を中心に」, 『現代宗教』, 東京堂出版, 2006, 35쪽.

6 柳聖룟, 앞의 글, 39쪽.

7 제주 4·3위원회는 5차례에 걸쳐 희생자 신고접수를 받았으며, 1차(2000.6~2000.12) 13,138명, 2차(2001.3~2001.5) 888명, 3차(2004.1~2004.3), 4차(2007.6~2007.11), 5차(2012.12~2013.2)에 걸쳐 모두 15,483명의 희생자가 신고 되었다. 이들 중 희생자로 결정된 자는 총 14,231명으로 사망자는 10, 245명, 행방불명자 3,578명, 후유장애자 163명, 후유장애자 163명, 수형자 245명, 유족수는 59,225명이다(제주 4·3사건 진상규명 및 희생자 명예회복 위원회가 밝힌 4·3희생자 최종 신고현황, www.jeju43.go.kr(검색일 2015.1.30).

8 충의회제주도지부, 『제주 4·3사건 진상조사보고서 반론』, 2003, 102쪽.

9 의례(ritual)라는 말의 의미내용은 여러 가지이다. 원래는 종교적, 주술적 신앙의 문맥 안에서 행해지는 행사를 가리키는 말이지만, 문화전반이 세속화한 오늘날 이러한 원래 뜻에서 벗어나는 의미로 쓰이는 경우도 많다. 예를 들면, 종교적 행사를 가리키는 의례와 비종교적 행사를 가리키는 의식(ceremony)과 자주 동의어로 쓰인다(淸水昭俊, 「儀礼の外延」, 青木保·黒田悦子 編, 『儀礼: 文化と形式的行動』, 東京大学出版, 1998, 117쪽). 본고에서 다루는 '위령 의례'는 국가적, 사회적 차원에서 행해지는 세속 의례인 위령제 그리고 불교에서 행해지는 종교의례를 중심으로 다룬다. 또한 기념비, 기념물 등이 전사자를 위령·추모하는 의미를 가지고 있는 경우에도 위령 의례 안에 포함하여 분석하기로 한다.

10 시마조노 스스무(島薗進)는 일본의 전몰자 추도문제가 동아시아 종교학에 공통된 과제와 밀접하게 연관되어 있음을 지적하고 있다. 예를 들면, 전사자 추도와 사자 기억의 양상 및 그 근대적 변용에 관해 동아시아의 관점에서 물음을 던지면서 새로운 비교연구의 가능성을 제시하고 있다.(시마조노 스스무, 「종교학의 현재와 동아시아 종교학의 역할: 전몰자 추도문제 및 국가신도의 개념과 관련하여」, 『종교연구』 37, 한국종교학회, 2004).이와 비슷한 관점에서 보면, 제주 4·3을 통한 추모와 위령 문화에 관한 문제는 제주만의 문제가 아니라 한국의 현대사적 맥락 나아가 동아시아와 다른 지역 간의 차이점과 공통된 특징에 주목할 필요가 있을 것이다.

11 국가보훈처, 『보훈30년사』, 서울, 1992.

12 제주도청 4·3사건 지원사업소 내부자료, 2005년 9월 현재.

13 차문준 · 김승태, 「충혼의 현장」, 『제주도』 106, 제주도, 2002, 215쪽. 이 논문 저자 중의 한분인 김승태 선생으로부터 각 충혼묘지를 돌며 직접 조사한 자료와 그것을 바탕으로 한 의견을 들을 수 있었다.

14 남원읍 2명, 한경면 1명, 한림읍 1명, 애월읍 1명, 구좌읍 1명, 제주시 1명으로 총 7명이다. 이들은 애국청년단원, 한국청년단원(묘비를 작성하는 과정에서 대동청년단원 등은 모두 애국청년단원이나 한국청년단원으로 바뀌었다)으로 안장되어 있다.

15 제주 4 · 3사건진상규명및희생자명예회복위원회, 『제주 4 · 3사건진상조사보고서』, 선인, 2003, 373-374쪽.

16 위의 책, 375쪽.

17 위의 책, 225쪽.

18 『서울신문』, 1948.6.19.

19 박 연대장의 장례는 서울에서만 치러진 것으로 알려졌으나, 딘 군정장관과 로버츠 장군이 참가한 가운데 제주에서 장례식이 치러진 사진이 당시 제주도 주둔 미군 고문관 출신 Charles Wesolowsky(미국 플로리다주 거주)으로부터 제주 4 · 3연구소에 입수함에 따라 제주에서도 박 연대장의 장례가 치러진 사실이 밝혀졌다.

20 『경향신문』, 1948.6.23.

21 『국제신문』, 1948.9.24.

22 제민일보4 · 3취재반, 『4 · 3은 말한다』 3, 전예원, 1997, 217쪽. 박진경은 그 후, 1969년 10월 23일 서울 동작동 국립묘지에 안장되었다. 국립서울현충원 www.snmb.mil.kr(검색일 2015.1.30) 홈페이지에서 '안장자 찾기'검색.

23 『국제신문』, 1948.10.7.

24 국군 3대 선서는 '1. 우리는 선열의 혈족을 따라 죽음으로써 민족국가를 지키자. 2. 우리의 상관 우리의 전우를 공산당이 죽인 것을 명기하자. 3. 우리 군인은 강철같이 단결하여 군기를 엄수하여 국군의 사명을 다하자'이다. 여수 · 순천사건을 계기로 국군의 정신적 지표로 발표된 이 선언문은 1950년에 법률로 제정되었다.

25 『자유신문』, 1949.4.19.

26 『경향신문』, 1949.4.19.

27 제주 4 · 3사건진상규명및희생자명예회복위원회, 앞의 책, 310쪽.

28 제주시 충혼묘지에는 군인보다 경찰의 수가 압도적으로 많은 반면, 국립묘지 안장된 군인 수는 경찰보다 훨씬 많다. 이는 제주도에 주둔한 군인 전사자의 수가 육지 출신이 많은 반면, 경찰 전사자의 대부분은 제주출신이기 때문이라 생각된다.

29 제주도경찰국, 『제주경찰사』, 제주도경찰국, 1990, 350쪽.

30 제주도내 시 · 군은 2006년 7월 1일자로 제주특별자치도로 바뀜에 따라 제주시와 북제주군은 제주시로, 서귀포시와 남제주군은 서귀포시로 통 · 폐합되었다.

31 2002년 6월 1일 현재 제주도내 각 마을의 충혼묘지에 세워진 충혼비는 모두 2,271기이다. 그 중에서 4·3사건과 관련이 있는 충혼비는 178기(7.8%)로, 군인 8기(남원읍 1기, 안덕면 7기), 경찰 164기(제주시 139기, 구좌읍 6기, 조천읍 14기, 한림읍 2기, 우도면1기, 한경면 1기, 대정읍 1기), 민간인 7기이다.

32 제주 4·3사건진상규명및희생자명예회복위원회, 앞의 책, 375-376쪽.

33 우익단체원 중에서도 서청은 이북 지역을 통칭한 서북지역 출신의 월남 청년들로 조직된 대표적인 단체이다. 서청은 4·3사건 직후 민간인 자격으로 제주도에서 우익세력을 강화시키기 위해 투입되어, 훈련도 없이 전투에 투입되어 공산당을 때려잡는다는 명분 아래 백색테러가 노골화되었다. 제주도민에게 서청은 4·3발발 이전부터 테러행위 등으로 제주도민의 감정을 자극하여 4·3발발의 원인으로 거론될 정도로 제주도와 악연을 가지고 있다(제민일보4·3취재반, 『4·3은 말한다』 1, 전예원, 1997, 429쪽). 제주 4·3 당시 우익단체의 활동에 대해서는 임대식, 「제주 4·3항쟁과 우익청년단」, 『제주 4·3연구』, 역사비평사, 1999, 205-237쪽과 그 외 우익단체원들에 대한 미군의 인식에 대해서는 Hq. USAFIK, G-2 Weekly Summary No. 123, 23 Jan 1948을 참조할 것.

34 済民日報4·3取材班, 『済州島四·三事件』 6, 新幹社, 2004, 28쪽.

35 강○규 씨 채록(제주시 구좌읍, 1927년생, 2006.10.23. 채록).

36 고○휴 씨 채록(서귀포시 성산읍, 1922년생, 2006.9.25. 채록).

37 한국전쟁 당시 부상을 입고 상이군인으로 제대한 것이 인연이 되어 충혼각에서 근무하게 되었다고 한다. 1960년대에는 상당히 많은 유족들이 참가하였으나 지금은 그 당시의 3분의 1도 오지 않는다고 한다(2005년 5월 7일 채록, 1927년생).

38 제주시 대한민국전몰군경유족회 회원은 총 319명으로 한국전쟁 193명, 제주 4·3 83명, 베트남전쟁 23명, 기타 20명이다. 제주도 전체에서 4·3관련 유족회 회원은 217명으로 전체 유족회 회원의 약 30%를 차지하고 있다.

39 구미래, 『사십구재의 의례체계와 의례주체들의 죽음 인식』, 안동대학교 박사학위논문, 2005, 146쪽.

40 송현동, 「현대 한국의 장례의식에 나타난 죽음관」, 『종교연구』 43, 2006, 146쪽.

41 1987년 이후의 4·3위령 의례에 관한 서술은 의례를 문화운동의 하나로 파악하고 그 전개과정을 자세하게 그려낸 김종민, 「4·3이후 50년」, 『제주 4·3연구』, 역사비평사, 1999; 김영범, 2004, 「기억투쟁으로서의 4·3문화운동 서설」, 『기억투쟁과 문화운동의 전개』, 선인; 강창일·현혜경, 2004, 「기억투쟁과 4·3위령 의례」, 『기억투쟁과 문화운동의 전개』, 선인 등을 참조할 것.

42 정근식, 「비교와 종합을 향하여」, 『항쟁의 기억과 문화적 재현』, 선인, 2006, 444-445쪽.

43 백숭기, 「4.3의례와 역사적 기억」, 『제4회 5.18기념 국제학술대회 자료집』, 2003; 이
    은나, 「4.3의례와 음악: 제주 4·3사건 희생자 범도민위령제를 중심으로」, 『항쟁의 기
    억과 문화적 재현』, 선인, 2006, 190-191쪽.

44 강창일·현혜경, 앞의 글, 125쪽.

45 『제주신문』, 1988.11.3.

46 『제민일보』, 1991.4.3.

47 송원화의 부친은 고향 오라리에서 무장대에 의해 살해되었고, 본인은 신엄지서에 근
    무하다 무장대의 습격을 받고 부상을 당해 현재까지 후유장애자로 살고 있다(제민일
    보4·3취재반, 『4·3은 말한다』 2, 전예원, 1994, 29쪽).

48 『제민일보』, 1991.4.3.

49 아버지가 선거관리위원장이라는 이유로 1948년 5월 8일에 할머니, 어머니, 동생 둘이
    무장대에 의해 피살당한다. 이러한 개인적인 경험으로 당시 유족회회장은 4·3을 공
    산주의자의 폭동으로 보고 있다. 그러나 『제주일보』를 통해 「4·3유족회와 4·3」이
    라는 제하에 다음과 같은 의견을 피력하기도 한다. "폭동논리를 수용하고 있는 면은
    우익단체와 통하고 운동권과는 배치된다. 그러나 가담한 자에 대해서 명예회복이 되
    어야 한다고 주장하는 면은 부분적으로 운동권과 통하고 우익단체와 배치된다"고 말
    했다(『제주일보』, 1996.3.24).

50 『제민일보』, 1992.4.3.

51 『제민일보』, 1993.2.26.

52 봉행위원회는 유족회 측 3명, 공준위 측 3명 등 모두 6명으로 구성되었으며, 위원장은
    김병언 유족회장이 맡기로 했다(『제민일보』, 1994.3.16).

53 『한겨레신문』, 1994.4.1.

54 『한겨레신』, 1994.4.4.

55 『중앙일보』, 1994.4.4.

56 『한라일보』, 1994.4.4.

57 『한라일보』, 1994.4.30.

58 『한겨레신문』, 1995.3.8.

59 현화진의 내가 겪은 4·3사건(『제주신문』, 1995.3.17), 김태혁의 어느 일가족이 겪은
    '4·3'-남로당에 의한 폭동의 희생자(『한라일보』, 1995.3.21), 남로당지령 아래서의 만
    행-몸서리쳤던 살인극(『제주신문』, 1995.3.22) 등이 두세 차례에 걸쳐 실렸다.

60 유족회에서는 '추모'라는 뜻을 '순국선열의 고귀한 희생의 뜻을 기린다'고 해석하고,
    이렇게 해석을 하면 이덕구 등을 추모하는 뜻이 되므로 '추모'라는 단어를 써서는 안
    된다고 주장했다(『제주신문』, 1996.3.27).

61 김영범, 앞의 글, 55쪽.

62 『제민일보』, 1995.4.4.

63 김종민, 앞의 글, 418쪽.

64 범추위는 4 · 3특별법이 제정될 때까지 위령사업과 명예회복, 위령제 및 위령탑 건립, 4 · 3특별법 제정을 위한 국회 및 정부와의 절충을 담당하는 한시적 성격의 기구로, 제주도 추천인사 40명, 제주도의회 추천인사 40명, 그리고 4 · 3유족회 추천인사 20명 등 총 100인 이내로 구성되며, 제주도로부터 위령사업과 관련한 경비와 운영에 필요한 재정지원, 소속 공무원을 지원받을 수 있는 권한을 가지고 있다(「제주도정」, 1999.8.20).

65 고성만, 『제주 4 · 3담론의 형성과 정치적 작용』, 제주대학교사회학과석사논문, 2005, 48쪽.

66 『제민일보』, 1998.4.3.

67 『제민일보』, 1998.4.4.

68 제주 4 · 3관련 민간인 국가유공자 639명 중 기억력이 명확하며, 본인 또는 직계가족 중 제사를 지내고 있는 유족에 한하여 구술채록을 실시하였다.

69 강○범 씨 채록(서귀포시 남원읍, 1937년생, 2005.12.11. 채록).

70 강○규 씨 채록(서귀포읍 성산읍, 1927년생, 2006.4.11. 채록).

71 김○만 씨 채록(서귀포시 남원읍, 1932년생, 2006.8.20. 채록).

72 5 · 10선거 당일 무장대의 습격으로 국민회 상예회장이었던 아버지가 소나무에 묶인 채 죽창에 찔려 피살되었으며, 그 충격으로 어머니도 쓰러져 건강을 회복하지 못한 채 2개월 뒤 숨졌다.(『제주일보』, 2000.11.8; 제민일보4 · 3취재반, 앞의 책, 2, 231쪽). 특히, 그는 '폭도'중에는 육촌형과 마을사람이 포함되어 있었다고 증언하면서 '폭도'가 위령 대상이 되어서는 안 된다고 주장했다.

73 『제민일보』, 2002.9.29.

74 2004년 7월 자유시민연대 등 43개의 보수단체가 18만 5,684명의 서명을 받고 대통령의 사과표명과 4 · 3진상규명보고서가 위헌이라며 헌법소원을 제기하거나, 2006년 8월에는 뉴라이트 전국연합대표가 제주도재향경우회장의 증언을 토대로 제주 4 · 3을 공산폭동이라고 정의(『한겨레신문』, 2006.8.21)함으로써 4 · 3관련 단체의 강력한 항의를 받은 바 있다.

75 이 글은 무장대에 의한 희생자인 군인, 경찰, 민간인이 4 · 3위령 의례의 국가화 이후, 어떻게 재현되고 재구성되는지에 초점이 맞추어져 있지만, 이와 동시에 4.3 위령 의례의 국가화 이후, 지금까지 국가로부터 공인받지 못했던 4.3희생자들의 죽음의 선별과 재구성의 측면에 대해서는 언급하지 못했다. 예를 들면, 2007년 제주 4 · 3사건 희생자 및 유족 심의 결정 현황을 보면, 신고한 사람은 14,373명이지만 인정된 사람은 13,564명에 불과하다. 이중 불인정 31명, 중복 또는 철회된 사람이 778명이다. 불인

정, 중복, 철회에 해당되는 4.3의 희생자들은 국가로부터 공인된 희생자가 되기 위한 선별과정 속에서 희생자도 가해자도 아닌 애매모호한 상태로 남아있다. 이에 대한 논의는 고성만, 「4·3과거청산과 희생자」, 『탐라문화』 38, 2011 참조.

76 4·3사자에 대한 기억방식의 변화에 관한 논문으로는 박찬식, 「4·3사자(死者)에 대한 기억 방식의 변화: 제주지역민을 중심으로」, 『4·3과 역사』 11, 2011, 89-103쪽; 조명기·장세용, 「제주 4·3사건과 국가의 로컬기억 포섭 과정」, 『역사와 세계』 43, 2013, 205-235쪽 참조.

『삼국사기』에 나타난 고대 한국인의 사생관_ 정효운

1 '웰다잉'에 대한 사회적 관심과 동반된 현상으로 보인다.

2 박재현 외, 「한국인의 사생관에 대한 실증적 조사 연구」, 『조사연구』 12-3, 2011, 117쪽. 이 조사에서는 사생관 형성에 영향을 미치는 변인을 종교 외에 성별, 연령 등도 포함하였는데, 여성이 남성보다 내세지향성과 죽음관여도가 높았으며, 연령이 높아질수록 현세회귀성과 죽음 불안은 낮아지는 반면, 죽음관여도는 높아진다고 한다.

3 종교의 개념은 다양하지만, 현대의 종교적 관점에서 본다면 유교나 도교는 내세관이 없다고 보는 견해도 있고, 무교를 종교로 해석하지 않는 관점도 존재한다고 본다.

4 정효운, 「한국 사생학의 현황과 과제: '호모후마니타스사생학'구축을 위한 제언을 중심으로」, 『동북아문화연구』 21, 2009, 167쪽. 그 외 민속학, 고고학, 미술사학, 심리학, 사회학 등의 학문분야에서도 연구되었다.

5 '고대 한국인'이라는 개념은 관점에 따라 다양하게 정의할 수 있으나, 여기서는 역사적 입장에서 통일신라시대 이전에 한반도에서 거주하였던 종족을 지칭하기로 한다.

6 관련 선행연구로는 윤종갑(「신라불교의 신체관과 영혼관: 『삼국유사』와 『삼국사기』를 중심으로」, 『한국철학논집』 15, 2004, 289-322쪽.)과 나희라(『고대 한국인의 생사관』, 지식산업사, 2008)를 들 수 있지만 전자는 철학적 관점에서, 후자는 한국문화사의 관점에서의 연구라 할 수 있다.

7 Thanatology의 용어 번역과정에 대해서는 정효운, 위의 글, 168-170쪽을 참조할 것. 물론 이 경우에도 대만과 일본에서 '사생학'이나 '생사학'이라는 용어가 사용되지 않았다는 의미는 아니다. 그리고 일본의 경우, '생사학'으로 번역하는 경우는 의료, 복지, 심리, 교육 등의 휴먼 케어 전문직에 의한 간호나 서포트를 중심으로 '생'에 중점을 두고 죽음을 생각하는 데 비해, '사생학'으로 번역되는 경우는 철학이나 종교학의 관점에서 '사'에 중점을 두고 현재의 삶의 방식을 생각하고자 하는 경향이 있다는 주장도 있지만 정착된 구별법은 아니라고 한다.(安藤泰至, 「死生學と生命倫理」, 死生學 1, 東京大学出版会, 2008, 31쪽).

8 加藤咄堂,『死生觀』, 1904, 井洌堂.

9 島薗進,「解說 死生學硏究と死生觀」,『加藤咄堂著 死生觀』, 水心肆書, 2006, 245, 252쪽.

10 국회도서관 전자도서관의 검색기를 이용하면, '생사관'이라는 용어를 처음 사용한 자료로는 조병옥의 「인간의 이상과 가치: 생사관을 중심하여」(『자유세계』 1-5, 홍문사, 1952년 8/9월 합병호, 10-13쪽)를 들 수 있고, '사생관'은 곽상훈의 「나의 사생관」(『사상계』 3-12, 통권 29, 사상계사, 1955년 12월, 42-48쪽)에서 찾아볼 수 있다.

11 http://www.nanet.go.kr(2014.1.7. 검색)

12 열전에는 생몰년을 알 수 없다고 기록되어 있지만, 영해 박씨의 족보에 따르면 신라 박제상의 아들로 실성왕 13년(414)에 태어났고, 자비왕 21년(478)에 관직을 떠났다고 한다.

13 이 시기에 대해서는 이영재, 「6세기 말 고구려의 정국과 대왜 교섭 재개의 배경」,『역사와현실』 83, 2012, 43쪽을 참조.

14『삼국사기』권 16 고구려본기 4 신대왕 2년 봄 1월에 "若賜以不死 放之遠方 則生死肉骨之惠也 臣所願也 非敢望也"라고 하여 '생사'라는 표현이 보이지만, 줄친 부분의 뜻은 "죽을 사람을 살리고 뼈에 살을 붙여주는 은혜입니다."로 다른 예와 다르기 때문에 제외하였다.

15 고병철 외,『한국의 종교현황』, 문화체육관광부 보고서, 2012, 15쪽(통계는 2005년도 자료 사용-).

16 박재현 외, 앞의 글, 106쪽. 이 조사는 1,599명을 대상으로 하였고, 무교 41.15%, 불교 24.83%, 개신교 23.83%, 천주교 9.44%, 기타 0.75% 순이었다고 한다.

17 일반적으로 무교(巫敎)는 무속, 무속신앙, 민간신앙, 샤머니즘 등으로 표현되기도 하는데, 이는 서구적 종교의 정의에 따른 것이라 생각된다. 그런데 그 정의는 학자에 따라 다양하기 때문에 본고에서는 유·불·도에 상응하는 의미로 무교로 표현하기로 한다.

18 황필호,「죽음에 대한 현대 서양철학의 네 가지 접근과 한국인의 접근」,『죽음이란 무엇인가』, 도서출판 창, 1992, 265, 266쪽

19 박태상,『한국 문학과 죽음』, 문학과 지성사, 1994, 책머리 iv쪽. 하지만 무교는 문헌으로 전래되지 않기 때문에 원형이 삼원론이었다고 볼 수는 없다. 이런 관념은 전승과정에서 유교, 불교 등의 사생관이 영향을 미쳐 혼재하며 전래된 결과라고 생각된다.

20 余英時,「中國古代死後世界觀的演變」,『中國哲學史硏究』 4, 1985, 65쪽. 나희라,「영혼에 대한 관념」,『고대 한국인의 생사관』, 지식산업사, 2008, 23쪽 참조.

21 余英時, 위의 글, 69쪽.

22 이상목,「한국인의 죽음에 대한 인식과 생명윤리」, 석당학술총서 11,『한국인의 죽음

관과 생명윤리』, 세종출판사, 2005, 3-4쪽.

23 이런 예는 『삼국사기』 「고구려본기」 유리명왕 19년과 차대왕 3년, 산상왕 13년, 동천왕 8년, 보장왕 4년 그리고 「백제본기」 의자왕 20년조에 각각 보이고 있다.

24 최길성, 『한국 무속의 이해』, 예전사, 1994, 300쪽.

25 위의 책, 301쪽. 그러나 이러한 사상은 서방극락정토 사상이 전래된 이후에 생긴 개념이라 볼 수 있다.

26 유교의 동의어로 유가, 유학 등이 사용되고 있는데, 유가는 학파의 의미, 유학은 공자의 사상을 체계화한 학문, 유교는 유학을 종교적 관점에서 이해하는 것으로 정의한다. 여기서는 사생관을 종교적 관점에서 보기 때문에 유교라는 용어를 사용하며 도교와 불교도 같은 맥락이다.

27 오늘날 유학을 언급할 때에는 신유교라 일컫는 주자학, 성리학, 양명학 등도 포함되지만, 본고에서는 고대 한국에 영향을 준 사상에 대해 언급하고 있기 때문에 이들 학문에서 논하는 귀신론은 논외로 한다. 이 점은 불교나 도교의 경우도 마찬가지이다.

28 이기동, 「유학에서 보는 삶과 죽음」, 정현채 외, 『삶과 죽음의 인문학』, 석탑출판, 2012, 121쪽.

29 詹萬生, 『中國傳統人生哲學』, 中國工人出版社, 1996, 742쪽. 박문현, 「고대 중국인의 죽음에 대한 사유」, 인문연구논집 7, 『죽음과 문화』, 동의대학교 인문과학연구소, 2002, 77쪽.

30 박문현, 위의 글, 77쪽.

31 배움의 기쁨에 대해서는 학이편의 "學而時習之 不亦說乎"라는 말에 잘 나타나 있다.

32 이기동, 앞의 글, 121쪽.

33 묵호자의 불교 전파가 사생관이나 내세관의 사상적 측면보다 '딸의 병'을 낳게 하는 현실적 문제에 귀착되었기에 이 시기에는 불교의 교리 이해보다는 의술이나 무술적 행위와 동일시하여 인식하였다고 볼 수 있다.

34 이러한 불교 수용을 둘러싼 갈등 양상은 고대 일본의 경우도 『일본서기』 흠명기에 보인다.

35 내물마립간 26년(381) 위두의 전진 파견 이후 140년만인 법흥왕 8년(521)에 양나라에 사신을 보냈다는 기록이 보인다. 위두의 파견에는 고구려의 영향이 작용하였다고 보며, 전진이 372년 고구려에 불교를 전한 예를 참고로 하면 불교를 신봉하였던 부견이 신라에도 불교 전파를 강요하였을 가능성이 있다. 또한 528년 법흥왕이 불교를 수용하게 된 원인은 이차돈의 순교가 직접적인 요인이겠지만, 521년의 양에의 사신 파견 시에 양으로부터 불교 전래를 권유 받았을 가능성도 배제할 수 없다고 생각한다. 이때의 사신 파견에는 백제가 간여하였다고 추정된다.

36 이상목, 앞의 글, 5쪽.

37 중생의 윤회전생 과정을 모태기의 생유(生有), 죽음 전까지의 본유(本有), 죽음 순간의 사유(死有), 그리고 다시 삶을 받을 때까지의 중유(中有)의 4개로 나눈다.

38 이상목,「한국인의 죽음관」,『석당논총』29, 석당전통문화연구원, 2000, 106쪽.

39 불교의 사생관을 설명하는 사상으로는 윤회전생 사상 외에 여래장 혹은 극락왕생 사상이 있다. 전자는 소승불교, 후자는 대승불교 사상으로 나누어 이해하려는 견해도 있지만, 중국에 대승불교가 들어올 때에는 두 사생관이 동시에 수용되었다고 볼 수 있다. 또한 중국화된 불교를 수용한 고대 한국 불교의 경우도 그 과정에 있어서는 대승불교만이 아니라 다양한 사상과 교리가 한역경전을 통해 수용되었을 것이다. 이를 토대로 포교의 현장에서는 여래장뿐만 아니라 윤회사상도 설파되었다고 보는 것이 옳다. 그러므로 여기서는 연기설에 기반을 둔 윤회전생설이 여래장 사상에 앞서는 불교의 사생관이며, 불교의 독특한 사생관으로 보아도 좋기 때문에 여기서는 이를 중심으로 설명하기로 한다.

40 박선영,「한국인의 죽음의식(불교): 죽음 앞에 초연한 불교적 삶」,『전통문화』9, 1986, 59쪽.

41 후대의 대승불교에서는 서방 극락세계로 갈 수 있다는 사상으로 변용되었다고 볼 수 있다.

42 이상목, 앞의 글, 110쪽.

43 이러한 양상은『일본서기』흠명기 13년 10월조의 "是法於諸法中, 最爲殊勝. 難解難入. 周公·孔子, 尙不能知. 此法能生無量無邊福德果報, 乃至成辨無上菩提." 내용에서 유추할 수 있다.

44 이상목, 앞의 글, 116쪽; 곽만연,「불교의 죽음관」, 석당학술총서 11,『한국인의 죽음관과 생명윤리』, 세종출판사, 2005, 69쪽.

45 중국에서는 유교가 관학적 성격이 강하였던 데 비해, 도교는 민간신앙으로서 저변을 확대해 나갔다고 한다.

46 정효운,「일본서기와 고대사상」,『일어일문학』29, 2006, 344쪽.

47 두산백과(http://terms.naver.com/entry.nhn?docId=1082688&cid=40942&category Id=31604: 2014.7.11. 검색)

48 노자『도덕경』44장에 "身與貨孰多 得與亡孰病 是故甚愛必大費 多藏必厚亡 知足不辱 知止不殆 可以長久"라고 보인다.

49 최준식,「신선설에 나타난 장생불사관」,『죽음이란 무엇인가』, 도서출판 창, 1992, 166쪽.

50 이인복,『한국문학에 나타난 죽음의식의 사적 연구』, 열화당, 1979, 22쪽.

51 이상목, 앞의 글, 2000, 86쪽. 또한 시간의 연장을 통한 장생불사의 신선이 되기 때문에 신선의 선계는 현실 세계보다 축소된 시간관념으로 보고 있다.

52 사생관을 영혼관과 내세관으로 구분하여 고찰하는 방법은 나희라, 앞의 책을 참고할 것.

53 대부분의 종교에서는 영혼불멸설이 저변을 형성하지만, 그와 반대로 모든 것이 사라진다고 보는 단멸설(斷滅論, 斷見)도 있다.

54 그 외 영신(靈神), 성령(聖靈), 사령(死靈), 유령(幽靈), 유령(遺靈), 유혼(幽魂), 유귀(幽鬼), 망혼(亡魂) 등도 사용된다.

55 하늘은 천이나 신선의 세계, 제(帝)의 세계 등이며 땅은 황천(黃泉) 등의 세계로 이해할 수 있다.

56 마이클 로이, 『고대중국인의 사생관』, 이성규 옮김, 지식산업사, 1993, 42쪽.

57 위의 책, 43쪽.

58 나희라, 앞의 책, 31쪽.

59 본기와 열전을 대상으로 삼았고, 지리지와 직관지 등의 잡지의 용어는 성격이 다르기 때문에 제외하였다.

60 『구당서』에 용례가 보이고 있다.

61 이병도(『국역 삼국사기』, 을유문화사, 1986, 107쪽)에 의하면, "거령(巨靈)은 하신(河神)으로 손과 발로 화산(華山)을 둘로 나누어 물이 흐르게 하였다."고 한다.

62 삼령을 일(日), 월(月), 성(星)으로 보기도 한다.

63 현고잠(懸鼓岑) 수사(岫寺)의 영실(靈室)로 되어 있고, 신라본기 선덕왕 4년(635)에는 영묘사를 완성했다는 기록이 보인다.

64 그 외 '영성(靈星)'은 농사를 담당하는 천전성(天田星)이라고 보며, '영화(靈化)'는 중국의 덕화, '황령(皇靈)'은 중국 황제의 신령함을 의미하는데 개로왕이 북위에 보낸 상표문의 표현이다.

65 생몰년은 알 수 없고 성덕왕 3년(704)에 한산주 도독으로 임명되었다고 한다.

66 나머지 네 가지 용례는 雜志1 祭祀9[『後漢書』云: 高句麗, 好祠鬼神·社稷·靈星], 祭祀11[『梁書』云: 高句麗, 於所居之左, 立大屋, 祭鬼神, 冬又祠零星·社稷.], 志1 樂11[手抱珠鞭役鬼神], 列傳 甄萱15[天地鬼神]인데, 이것들도 중국 사료의 용례와 후대의 기록이라 할 수 있다.

정화, 신성함, 조상의 탄생_ 김진영

1 김경학, 「힌두의례와 공간의 상징성」, 『한국문화인류학』 28-1, 1995; 이은구, 『세계의 장례문화』, 한국외국어대학교 출판부, 2006; 김도영, 『내가 만난 인도인』, 산지니, 2010; 류경희, 『인도의 종교와 종교문화』, 서울대학교출판부, 2013.

2 대표적인 베다분류법으로 꼽히는 佐保田鶴治, Mylius, Witzel의 분류방법은 김진영,

「베다 초기에 나타난 죽음(mṛtyu) 개념의 기원과 전개 양상」,『인도철학』 37, 2013, 7 쪽 참조.

3 힌두에서는 통과의례를 정화의례라고 표현하면서, 삶의 각 단계마다 총 16개의 정화의례를 행하는데 화장제가 마지막 정화의례이다. 화장제의 의미에 대한 정의와 설명은 류경희,『인도의 종교와 종교문화』, 서울대학교출판부, 2013, 222쪽 참조.

4 힌두제식에서 조상제례(pitṛyajña)는 가정제(pāka-yajña)의 한 종류로 분류된다.『샤따빠따 브라흐마나』(Śatapatha-Brāhmaṇa 1.8.1.7)에서 가정제가 베다제식의 주요 분류로 정착되면서 총 400개 이상의 베다제식에서 21개의 의무제(義務祭 nitya-karma)로 정착된다. 김진영,『베다제식의 신화적 구조』, 동국대학교 박사학위논문, 2008, 55-56쪽.

5 이 글의 주요 용어인 슈라다제는 조상제(祖上祭), 조선제(祖先祭) 등으로 한역되고, 조상제로 번역하는 것이 일반적이지만 조상제례와 의미상 오해의 소지가 있어 원어 발음을 그대로 살려서 표기하도록 한다.

6 虫賀幹華,「ヒンドゥー教の葬儀・祖先祭祀研究(1): 特定の死者に対する継続的供養儀礼の成立について」,『宗教学年報』29, 2011, 144-146쪽.

7 Jan Gonda, *Vedic Ritual: The Non-Solemn Rites*, Leiden: E. J. Brill, 1980, pp. 441-443.

8 D. M. Knipe, "sapiṇḍīkaraṇa: The Hindu Rite of Entry Into Heaven," E. Reynolds, eds., *Religious Encounters with Death*, London: Pennsylvania State University, 1977, pp. 120-121.

9 Margaret Stutley & James Stutley, *A Dictionary of Hinduism: Its Mythology, Folklore*, London: Routledge, 1977, p. 233.

10 Ann G. Gold, *Fruitful Journeys: The Ways of Rajasthani Pilgrims*, California: University of California Press, 1990, pp. 90-91.

11 Knut A. Jacobsen, ed., *Brill's Encyclopedia of Hinduism, Vol. 2: Sacred Texts and Languages Ritual Traditions Arts Concepts*, Leiden: Brill, 2010, p. 489.

12 M. Dhavamony, *Hindu Spirituality*, Roma: Editrice Pontificia Università Gregoriana, 1999, p. 230.

13 W. D. O'Flaherty, *Karma and Rebirth in Classical Indian Traditions*, Berkeley: University of California, 1980, pp. 10-11.

14 D. M. Knipe, "Hindu Eschatology," in Jerry L. Walls, ed., *The Oxford Handbook of Eschatology*, Oxford: Oxford University Press, 2007, pp. 173-174; 정승석, 1984,『리그베다』, 김영사, 248쪽.

15 Knipe (1977), *op. cit.*, p. 118.

16 *Ibid.*, p. 119

17 Jacobsen, *op. cit.*, p. 489.

18 A. B. Keith, *The Religion and Philosophy of The Veda and Upanishads*, Vol. 2, London: Oxford University Press, 1925, pp. 221-222.

19 D. M. Knipe, "One Fire, Three Fires, Five Fires: Vedic Symbols in Transition," *History of Religions*, Vol. 12 No. 1, (Aug), 1973, pp. 28-41.

20 H. W. Tull, *The Vedic Origins of Karma: Cosmos As Man in Ancient Indian Myth and Ritual*, Albany: State University of New York Press, 1990, p. 67.

21 Knipe (1977), *op. cit.*, p. 120.

22 M. R. Sayers, "Feeding the Ancestors: Ancestor Worship in Ancient Hinduism and Buddhism," Ph. D. dissertation, Texas University, 2008, p. 156.

23 Gonda, *op. cit.*, p. 443.

24 Axel Michaels, *Hinduism: Past and Present*, trans. Barbara Harshav., Princeton: Princeton University Press, 2003, pp. 144-146.

25 Knipe (1977), *op. cit.*, p. 117.

26 힌두 죽음 의례의 특성상 화장되지 않는 주검은 죽음 의례 자체가 성립되지 않기 때문에 매장(埋葬), 수장(水葬), 풍장(風葬) 등과 같은 장례법에 해당되는 경우는 그 죽음 자체가 특수한 죽음이라고 할 수 있다. 베다에서는 인간의 신체는 지수화풍의 4대 요소에 의해 파괴된다고 보았다. 이 중에서 지와 화는 매장과 화장에 의한 파괴이므로 일반적인 죽음에 해당되지만 수와 풍에 의한 파괴에 대한 언급은 거의 없는 것이 특징이다.

27 Michaels, *op. cit.*, p. 147.

28 S. Firth, *Dying, Death and Bereavement in a British Hindu Community*, Brussels: Peeters, 1997, p. 61.

29 *Ibid.*, p. 79; Knipe (1977), *op. cit.*, p. 116.

30 S. Cromwell Crawford, *Dilemmas of Life and Death: Hindu Ethics in a North American Context*, New York: SUNY Press, 1995, pp. 77-78.

31 Michaels, *op. cit.*, p. 147.

32 자이나전통에서 유래한 수행자 문화의 자발적인 죽음 방법이다. 죽음을 앞둔 수행자가 음식을 줄이기 시작한 후 곡기를 끊어 자신의 삶을 마감하는 방식으로 힌두바라문 문화권에서는 이를 사마디마라나(samādhimaraṇa)라고 명명하여 구분하기도 한다. 사마디마라나는 명상상태에서 생명을 다하는 죽음을 말하며, 육신은 죽었어도 깨어 있는 영혼, 이상적인 죽음을 칭송하는 말이다.

33 Gold, *op. cit.*, p. 100, note 46.

34 Michaels, *op. cit.*, p. 146.

35 이은구는 작명식을 갖기 이전에 사망한 유아로 규정하면서, 『마누법전』(5.68-70)의 해석을 통해 2살과 3살 이하의 아이의 죽음에 대한 매장관습을 소개하고 있다. 이은구, 『세계의 장례문화』, 한국외국어대학교 출판부, 2006, 149-150쪽.

36 G,. Filippi, *Mṛtyu: Concept of Death in Indian Traditions*, New Delhi: D. K. Printworld, 1996, p. 170.

37 Marcus Allsop, *Western Sadhus and Sannyasins in India*, Arizona: Hohm Press, 2000, p. 4.

38 베르나르 포르, 『동양종교와 죽음』, 김주경 옮김, 영림카디널, 28쪽.

39 Walter O. Kaelber, *Tapta Marga: Asceticism and Initiation in Vedic India*, Delhi: Sri Stagaru, 1990, p. 52.

40 Firth, *op. cit.*, p. 54; P. V. Kane, *History of Dharmasastra*, Vol. 4, Poona: Bhandarkar Oriental Research Institute, 1973, pp. 227-231; Jonathan Parry, "Sacrificial Death and the Necrophagous Ascetic," in M. Bloch & J. Parry, eds., *Death and the Regeneration of Life*, Cambridge: Cambridge University Press, 1982, pp. 96-97. 남인도의 특정 커뮤니티에서처럼 매장이 일반적인 경우도 있으며, 매우 가난한 자들이 수장을 택하는 경우도 흔하다. 특이한 경우는 유행병이나 역병에 걸린 시신도 화장하지 않고 수장이나 매장을 한다는 점이다. 이런 병자의 경우 화장을 통해 그 시신을 태우면 신들도 그런 재앙을 맞이하게 될 것을 두려워한다는 속설이 있다. 가장 특수한 경우는 문둥병과 천연두에 걸린 병자들의 수장으로, 이들은 천연두의 여신인 씨딸라(Sītalā)의 직접적인 보살핌을 받기 때문에 화장이라는 신성화 단계가 필요 없는 매우 특수한 사례로 꼽힌다(Michaels, *op. cit.*, p. 147; Filippi, *op. cit.*, pp. 167-178).

41 Stephen Jacobs, *Hinduism Today: An Introduction*, New York: Continuum, 2010, pp. 41-42.

42 힌두교는 크게 쉬와종파와 위슈누종파로 양분된다. 쉬와종파에서 사두는 산야신이지만 위슈누종파에서 이 두 수행자를 구분하기 때문에 산야신이 사두라고 정의하기는 어렵다. 현대 힌두교에서는 사두의 한 종류로 산야신을 보기도 한다.

43 Terje Oestigaard, *Death and Life-Giving Waters. Cremation, Caste, and Cosmogony in Karmic Traditions*, Oxford: BAR, 2005, p. 208; Jonathan Parry, *Death in Banaras*, Cambridge: Cambridge University Press, 1994, p. 260.

44 Klaus K. Klostermaier, *A Survey of Hinduism*, New York: SUNY Press, 2007, p. 154.

45 베르나르 포르, 앞의 책, 135쪽.

찾아보기

[ㅇ]

발표 지면

(※ 이 책에 실린 글은 각각 아래와 같이 발표 또는 게재된 논문을 수정 보완한 것이다.)

이창익, 「죽음의 연습으로서의 의례: 이중 장례식의 구조와 의미」

(『역사와 문화』 19, 문화사학회, 2010.3)

조경만, 「초분과 씻김굿 속의 산 자와 죽은 자」

(「초분과 씻김굿, 인간존재와 자연과 사회의 개념화」, 『민족미학』 11-1, 민족미학회, 2012.6)

배관문, 「두 개의 무덤, 하나의 시신: 노리나가의 유언장과 양묘제」

(「근세 일본 국학에서의 사후세계 담론의 시작: 모토오리 노리나가의 유언장」, 『일본사상』 25, 한국일본
사상사학회, 2013.12)

임현수, 「상여는 망자의 집: 조선시대 상여의 연속성과 불연속성」

(「문헌 자료를 중심으로 살펴본 전통 상여의 변천과 구조」, 꼭두박물관 개관 2주년 기념 학술회의 자료집,
2012.4; 한림대학교 생사학연구소 제12회 콜로키움, 2014.5)

구미래, 「죽음 의례에서 옷의 상징성: 불교 상례를 중심으로」

(「'옷'을 매개로 한 불교 상례의 의례구조와 특성」, 『한국민속학』 45, 한국민속학회, 2007.6)

나희라, 「고대 한국의 저승관과 지옥의 이해」

(「고대 한국의 저승관과 지옥 관념의 이해」, 『한국문화』 38, 서울대학교 규장각한국학연구원, 2006.12)

홍태한,「서울 진오기굿의 죽음과 저승 인식:「바리공주」를 중심으로」

(「서울 진오기굿의 저승관과 그 의미」,『한국학연구』27, 고려대학교 한국학연구소, 2007.11)

지영임,「제주 4.3희생자 위령 의례의 국가화와 그 후: 재구성되는 '사자'의 기억」

(「제주 4.3관련 위령 의례의 변화와 종교적 의미」,『종교연구』48, 한국종교학회, 2007.9)

정효운,『삼국사기』에 나타난 고대 한국인의 사생관

(「삼국사기에 나타난 한국인의 사생관」,『동북아연구』25, 동북아시아문화학회, 2014.9)

김진영,「정화, 신성함, 조상의 자격: 힌두교 죽음 의례의 구조와 기능」

(「힌두 죽음 의례의 신성화 구조와 그 기능: 베다 텍스트의 슈라다제(śrāddha祭)를 중심으로」,『남아시아

연구』19-3, 한국외국어대학교 인도연구소, 2014.2)

타나토스총서06

죽음 의례와 문화적 기억

등록 1994.7.1 제1-1071
1쇄 발행 2015년 5월 29일

엮은이 한림대학교 생사학연구소
지은이 이창익 조경만 배관문 임현수 구미래 나희라 홍태한 지영임 정효운 김진영
펴낸이 박길수
편집인 소경희
편 집 조영준
관 리 위현정
디자인 이주향
펴낸곳 도서출판 모시는사람들
        110-775 서울시 종로구 삼일대로 457(경운동 88번지) 수운회관 1207호
전 화 02-735-7173, 02-737-7173 / 팩스 02-730-7173

인 쇄 상지사P&B(031-955-3636)
배 본 문화유통북스(031-937-6100)
홈페이지 http://modl.tistory.com/

값은 뒤표지에 있습니다.
ISBN 979-11-86502-07-5   94100
SET   978-89-97472-87-1   94100(세트)

* 잘못된 책은 바꿔드립니다.
* 이 책의 전부 또는 일부 내용을 재사용하려면 사전에 저작권자와 도서출판 모시는사람들의
동의를 받아야 합니다.

이 도서의 국립중앙도서관 출판예정도서목록(CIP)은 서지정보유통지원시스템 홈페이지(http://
seoji.nl.go.kr)와 국가자료공동목록시스템(http://www.nl.go.kr/kolisnet)에서 이용하실 수 있습
니다.(CIP제어번호: 2015014352)